SOCIOLOGIA
APLICADA À
ADMINISTRAÇÃO

www.editorasaraiva.com.br

Cyro Bernardes
Reynaldo Cavalheiro Marcondes

SOCIOLOGIA APLICADA À ADMINISTRAÇÃO

7ª edição
revista

Editora
Saraiva

ISBN 978-85-02-07786-7

Editora Saraiva

Rua Henrique Schaumann, 270
Pinheiros – São Paulo – SP – CEP: 05413-010
PABX (11) 3613-3000

SAC | **0800-0117875**
De 2ª a 6ª, das 8h30 às 19h30
www.editorasaraiva.com.br/contato

Diretora editorial	Flávia Alves Bravin
Gerente editorial	Rogério Eduardo Alves
Planejamento editorial	Rita de Cássia S. Puoço
Editores	Patricia Quero
Assistente editorial	Marcela Prada Neublum
Produtores editoriais	Alline Garcia Bullara
	Amanda Maria da Silva
	Daniela Nogueira Secondo
	Deborah Mattos
	Rosana Peroni Fazolari
	William Rezende Paiva
Comunicação e produção digital	Mauricio Scervianinas de França
	Nathalia Setrini Luiz
Suporte editorial	Juliana Bojczuk
Produção gráfica	Liliane Cristina Gomes
Arte e produção	Texto e Arte Serviços Editoriais
Capa	TecSinapse
Atualização da 7ª tiragem	ERJ Composição Editorial
Impressão e acabamento	Intergraf Ind. Gráfica Eireli.

CIP-BRASIL. CATALOGAÇÃO NA FONTE
SINDICATO NACIONAL DOS EDITORES DE LIVROS, RJ.

B444s
7. ed.
Bernardes, Cyro,
Sociologia aplicada à administração / Cyro Bernardes, Reynaldo Cavalheiro Marcondes. - 7. ed. rev. - São Paulo : Saraiva, 2009.

Inclui Bibliografia
ISBN 978-85-02-07786-7

1. Sociologia do trabalho. 2. Comportamento organizacional. 3. Administração de empresas. I. Marcondes, Reynaldo Cavalheiro. II. Título.

08-4935
CDD-306.3
CDU-316.334.22

7ª Edição
1ª tiragem: 2009
2ª tiragem: 2010
3ª tiragem: 2011
4ª tiragem: 2012
5ª tiragem: 2013
6ª tiragem: 2014
7ª tiragem: 2015

*"Não se aprende, Senhor,
na fantasia, sonhando, imaginando ou estudando,
senão vendo, tratando e pelejando."*

CAMÕES, **Os Lusíadas**, canto X, estrofe 153.

Citação do livro **Sobre viver, crescer e perpetuar**,
escrito pelo empresário Norberto Odebrecht.

DEDICATÓRIA

Dedicamos este trabalho àqueles que são
administradores, bem como aos que estão se
preparando para vir a ser um deles.

AGRADECIMENTOS

Agradecemos aos que colaboraram neste livro, contribuindo com sugestões e críticas ou corrigindo-o ou aprimorando-o, Da mesma forma, expressamos nossa gratidão aos que se incumbiram de editorar, imprimir, divulgar e vender esta obra.

Antecipadamente, também agradecemos aos leitores que se dispuserem a cooperar, indicando os pontos a serem modificados, suprimidos ou acrescidos, de modo a melhorar as futuras edições, pois, como as organizações, um livro tem de ser continuamente aperfeiçoado.

Para facilitar a remessa de tais informações indicamos o site da editora Saraiva: www.editorasaraiva.com.br:

PREFÁCIO

O cientista social que deseja buscar explicações do que sucede dentro dos agrupamentos de pessoas, se interessa pela **Sociologia das organizações,** que é um ramo da ciência denominada Sociologia. Diferentemente, o administrador que deseja obter resultados dentro de empresas, repartições públicas, sindicatos e associações, quer orientações práticas destinadas a melhor exercer sua função de **gerenciar** grupos de trabalho. Tal fato é bem claro entre estudantes, pois sempre comentam sobre o que lhes é ensinado: trata-se de um assunto interessante, mas como posso aproveitá-lo no exercício da minha profissão?

Para responder a essa pergunta, este livro, que foi escrito por administradores e destina-se a administradores, traz conhecimentos da **ciência Sociologia**, porém destinados a serem aplicados **à prática da Administração**.

Nessa direção, ou seja, a de procurar contribuir para que você possa aplicar os conhecimentos que obtiver, nosso escopo é fornecer explanações com o fim de entender os **comportamentos dos grupos sociais que formam organizações** e, o que é importante, sugerir prescrições para administrá-los com eficácia e eficiência. Isso, porém, não significa dar orientações de como manipular pessoas, mas permitir que todos os participantes alcancem mais facilmente suas metas dentro do ambiente de trabalho, sejam eles proprietários, empregados ou funcionários. Além disso, que obtenham resultados concretos que satisfaçam as necessidades de **clientes**, sem os quais as **organizações não têm razão de existir.**

Tais explanações justificam o fato de este livro ser destinado tanto a supervisores, chefes, gerentes, executivos ou diretores quanto aos que estão se preparando para vir a ser um deles. Para facilitar a aprendizagem destes últimos, o texto foi preparado para estudo em um semestre letivo e, para isso, foi dividido em 14 capítulos, cada qual para ser estudado em uma semana de duas aulas.

A metodologia proposta é a da aprendizagem centrada no aluno, segundo a qual **o mestre não expõe a matéria**, mas apenas constitui um recurso à disposição da classe, coordenando os trabalhos, esclarecendo dúvidas e, sobretudo, fornecendo dados para a autoavaliação de como estão aprendendo a exercer a profissão de administradores.

Ademais, cada capítulo foi dividido em itens e subitens, nos quais são destacados os conceitos julgados importantes, com a inclusão de **exemplos tirados das práticas administrativas dentro da cultura brasileira**. Complementando, foram elaboradas questões para aplicações dos conhecimentos expostos, e descritos casos reais para exame em grupos, com perguntas relacionadas à matéria a fim de evitar a habitual dispersão nos debates. Isso permite aos alunos treinarem em classe seu futuro desempenho no gerenciamento dos grupos de pessoas.

Com o fim de facilitar o trabalho dos que forem ministrar esta disciplina e, também, a aprendizagem dos alunos, foi composto o **Manual do Professor**. Nele constam sugestões para programas, tarefas individuais e em grupo, bem como respostas das questões. Finalmente, para permitir as exposições dos alunos para os colegas, **todas as figuras deste livro foram disponibilizadas para** *downloads*, tendo a extensão *.jpg para facilitar suas aplicações.

Os interessados poderão acessar o Manual do Professor e fazer *download* das figuras no *site* do site, **http://www.saraivauni.com.br**.

CYRO BERNARDES
REYNALDO CAVALHEIRO MARCONDES

SUMÁRIO

Sociologia   Administração

UMA PONTE ENTRE A SOCIOLOGIA E A ADMINISTRAÇÃO

1

Nas margens do rio São Francisco, em pleno agreste, geólogos de uma fábrica de refratários situada no Sul do país descobriram uma importante jazida de magnesita. Inicialmente, foram construídas instalações industriais muito simples, com o fim de extrair e dar uma primeira queima no minério antes de embarcá-lo. Com isso, surgiram oportunidades de trabalho, que passaram a ser uma verdadeira salvação para aqueles sertanejos sujeitos a uma vida de subemprego crônico na atividade pecuária extensiva ou na agricultura marginal.

Para as minas foi enviado um gerente sulista com capacidade de dirigir e de organizar já demonstrada, mas sua administração foi tão falha que nem ele sabia qual a razão de tantos erros. Seu substituto foi ainda mais bem selecionado, mas teve a mesma sorte do antecessor.

Um geólogo, contratado para estudar o problema da qualidade do minério natural do sertão de um Estado do Nordeste, percebeu que o não entendimento dos valores e costumes dos habitantes da região impedia o relacionamento satisfatório administração-empregados, não obstante os trabalhadores estivessem interessados no serviço. Assim, coisas simples como o apito para iniciar e terminar a jornada diária não tinham o menor significado para aqueles sertanejos que nunca tiveram hora para o trabalho.

Por outro lado, esperavam que o dirigente, tal qual faziam os donos de fazendas, os atendesse em seus problemas financeiros, de saúde e até familiares. Depois que compreendeu tais aspectos peculiares e sem alterar a estrutura organizacional, o gerente fez adaptações nas práticas administrativas. Por exemplo, o número de horas de trabalho por dia deixou de ser fixo, pois o apito somente soava quando tudo estava efetivamente em condições de iniciar a jornada ou no fim do turno, se a descarga do forno tivesse sido completada. Com essas medidas, as minas tornaram-se produtivas.

Esse caso mostra as diferenças de comportamentos relacionados ao desempenho de tarefas, que foram provocadas pela diversidade nos costumes de duas regiões. Não basta, pois, o administrador conhecer técnicas de planejamento, de estruturação e outros assuntos relativos à organização do trabalho. É preciso, também, entender as pessoas, a principal matéria-prima com que lida diariamente, não só como indivíduos que são, mas principalmente como grupo, já que os serviços são levados a efeito coletivamente.

Para isso, a Sociologia pode fornecer um amplo conjunto de conhecimentos, os quais precisam ser "traduzidos" para o administrador em razão dele não ser um cientista e sim um profissional desejoso de saber como enfrentar as dificuldades que surgem no *dia a dia* das empresas. Isso exige uma ponte, ligando a Sociologia como ciência à Administração como prática e, naturalmente, com pilares sólidos em ambas as margens.

Para tornar mais claro tais aspectos, este capítulo objetiva expor no que **consiste essas duas disciplinas** ministradas nas escolas e, também, como podem ser **interligadas**.

1.1 A SOCIOLOGIA E AS ORGANIZAÇÕES

O cinema e a televisão revivem as tribos e as hordas do passado e aproximam de nós as comunidades isoladas de hoje, eliminando o tempo e as distâncias ao mostrarem que o Homem sempre viveu em coletividades. Nada mais natural, pois, que a curiosidade humana levasse a pesquisas para o melhor conhecimento dos fenômenos que ocorrem nessas associações de pessoas, num processo de estudos que percorreu os séculos até o momento em que, acumulados, foi possível designá-los como produto de uma nova ciência, a **Sociologia**. Assim, desde os primórdios do Século 19, foram estabelecidas teorias sobre o que ocorre em comunidades de pescadores, vilas no interior do país e grandes capitais.

Por outro lado, muito antes desta nossa era, começaram a formar-se associações produtoras de bens e prestadoras de serviços, que hoje são designadas pelo termo genérico de **organizações** (entre as quais estão as empresas), tornando-se preponderantes em toda a Terra. Nelas nascemos, vivemos e morremos, pois muitos vêm ao mundo em um hospital, começa estudando em alguma escola, para depois, já adulto, trabalhar em fábricas ou em escritórios, comprar em lojas e supermercados, frequentar clubes e igrejas, assistir a espetáculos em teatros, comer em restaurantes e acabar enterrado em cemitério público ou particular (Etzioni, 1967, p. 7*).

Por esses fatos, a Sociologia tinha que encampá-las em seu **objeto** (estudar grupos sociais), pesquisando e teorizando sua história e os tipos em que se dividem, explicando suas funções e estruturas e comparando-as entre si.

1.1.1 Sociologia geral

Tal qual os seres vivos que são formados por elementos, as células, as organizações são, também, conjuntos de elementos,

---

seus participantes, não importando ser elas prisões, clubes recreativos, fábricas, bancos ou associações de condomínios. Tais participantes enquanto indivíduos isolados são estudados por uma ciência, a Psicologia, mas em coletividades por outra, a Sociologia, pois as pessoas agem diferentemente quando associadas, porque os comportamentos de uma pessoa são influenciados pelos das demais. A Figura 1.1. ilustra essas duas formas de se comportar.

Diversamente de profissões como Engenharia, Medicina e a própria Administração, que são **práticas** em virtude de buscarem resultados concretos, como a execução de pontes e viadutos, a cura de doentes e a fabricação e venda de produtos, a Sociologia é considerada uma **ciência** por estar voltada para explicações de fenômenos, ficando ao lado da Psicologia e da Antropologia, todas chamadas de Ciências Humanas por terem como finalidade o melhor conhecimento do Homem.

Aspectos **psicológicos** individuais   Aspectos **sociológicos** grupais

Figura 1.1 *A Psicologia enfoca os comportamentos individuais, enquanto a Sociologia aborda os comportamentos coletivos.*

A Sociologia como ciência tem um objeto bem definido, o entendimento da vida social humana, cujos fenômenos procura explicar de forma sistemática (Horton & Hunt, p. 20). Assim, estuda a estratificação de todas as sociedades em classe alta, média e baixa, bem como os decorrentes níveis hierárquicos que surgem nas microssociedades: as empresas. Para tais pesquisas utilizam-se **métodos**, quer dizer, regras comuns às ciências de investigação social e, também, **técnicas**, ou seja, formas peculiares para aplicar os métodos gerais a seu campo específico (Lakatos, p. 31-32). Por exemplo, empregando o "método histórico" para a compreensão da cultura brasileira atual, Gilberto Freyre, em seu livro **Casa grande e senzala**, explica crenças, valores e hábitos do Brasil de hoje (a exemplo da valorização do diploma e do horror a trabalhos de "graxa") como consequências da interação das culturas portuguesa, africana e indígena. Para tal finalidade, esse sociólogo utilizou a "técnica da pesquisa" dos documentos históricos e a "técnica da entrevista" com pessoas remanescentes dos latifúndios onde se plantaram cana de açúcar, cacau e café.

Para tornar mais claro o que é a Sociologia, seria conveniente definir essa ciência. Todavia, não existe uma definição e sim muitas, que variam de autor para autor, cada qual enfatizando um aspecto particular de seu objeto, isto é, o homem em sociedade. No entanto, uma delas nos pareceu mais sintética ao afirmar que:

> SOCIOLOGIA é a ciência que estuda a vida social humana (Horton & Hunt, p. 20).

São exemplos de assuntos dessa ciência, em sua parte conhecida por Sociologia Geral, a pesquisa e as teorizações sobre a cultura das sociedades (que diferencia a nordestina sertaneja dos vaqueiros da sulista urbana dos gerentes) e a divisão em classes sociais (que diferencia o operariado da elite detentora do poder econômico e político).

1.1.2 Sociologia Aplicada

Os cientistas sociais têm grande interesse em pesquisar as organizações para particularizar as teorias gerais das ciências do comportamento, entre as quais se inclui a Sociologia.

Como numerosos artigos e livros comprovam, a visão é de visitantes ilustres entusiasmados ao identificar fenômenos dentro das organizações, teorizando sobre eles e buscando explicações dos fatos sociais observados. Para o caso já exposto dos vaqueiros transformados em operários, possivelmente mostrariam que os desentendimentos seriam inevitáveis por se tratar de um fenômeno de choque cultural no qual não houve a "assimilação", e parariam por aí, sem propor solução para o problema dos gerentes. Os administradores não compreendem muito bem a linguagem empregada por esses estudiosos e ainda acham seus trabalhos de pouco valor prático.

Diferentemente, aqueles que trabalham em organizações e são especializados em administrá-las, quando escrevem sobre suas experiências, fazem-no sugerindo medidas práticas para se obter produtividade, conseguir aumento do número de clientes e coordenar pessoas com eficácia. Raramente, tais gerentes, diretores e executivos possuem a abrangência de conhecimentos e a isenção de ânimo que caracterizam os cientistas, de sorte que suas propostas são pragmáticas, mas com pouco embasamento teórico e muitos *vieses*, pois só veem um lado das questões. Entretanto, escrevem de forma simples e inteligível, de sorte que seus livros têm muito sucesso no meio empresarial.

Por isso, são incompletas, tanto as pesquisas que apenas explicam fenômenos sem indicar aplicações práticas, quanto as propostas que fazem recomendações sem base teórica e geral. Para solucionar esse problema, é importante que, por um lado, cientistas levem a efeito estudos de comportamentos dentro das organizações com o fim de fazer avançar os conhecimentos das ciências sociais e, por outro lado, administradores, com base nessas pesquisas, instruam como tornar mais produtivos e satisfeitos seus participantes a fim de melhor atender às necessidades dos clientes. Acontece que, além de fornecer explicações sobre fenômenos sociais, a Sociologia também sugere medidas para intervir na sociedade, seja para fazer ajustamentos, seja para provocar mudanças (Fernandes, p. 97-100). Assim, conhecidas as leis naturais que causam a migração de povos, é possível estancá-la, ou pelo menos direcioná-la, não contrariando essas leis, mas alterando os fatores que causam tais movimentações. Aliás, isso seria um bom trabalho para sociólogos neste país, tendo em vista os problemas causados pelo "inchamento" das cidades em vez do desenvolvimento harmônico para o progresso.

Dessa maneira, descobertas as leis naturais pelos pesquisadores da Sociologia Teórica, podem-se orientar os comportamentos coletivos com base em outro campo, ou seja, o que foi denominado **Sociologia Aplicada**, tendo em vista ser voltado para a prática (Azevedo, 1956, p. 120).

1.1.3 Uma ponte entre a Sociologia e a Administração

Uma das ramificações da Sociologia Aplicada é de nosso particular interesse pelo fato de seu campo abranger a prática das organizações. Trata-se da **Sociologia Aplicada à Administração**, cujas bases são as teorizações resultantes de pesquisas levadas a efeito em sindicatos, empresas, igrejas, escolas, prisões, hospitais, órgãos do governo, em suma, nas organizações formais. Nelas foram estudados o poder, a liderança, as resistências às mudanças, a conformidade às normas, o surgimento dos grupos informais, o aumento da participação das mulheres e muitos outros fatos sociais.

Tais assuntos despertam o interesse de supervisores de gerentes, de diretores, ou de alguém que se prepara para assumir algum desses cargos de chefia. A razão é simples: seja homem ou mulher, o administrador tem a função de influenciar e coordenar pessoas pertencentes a grupos formais e informais e, para ser eficiente, precisa conhecer os processos que direcionam seus comportamentos.

Dessa forma, é construída uma **ponte** que interliga a ciência com a prática, como as já existentes em outros campos das organizações. Um exemplo é o da Pesquisa Operacional, que surgiu e teve importância a partir do momento em que matemáticos foram às empresas e nelas associaram-se a administradores para, em conjunto, desenvolverem novos métodos, visando à maior eficiência na produção de bens e prestação de serviços.

Essa ponte deve ter apoios em ambas as margens, as quais precisam ser bem estudadas para que nelas possam ser construídos pilares sólidos. Por esse motivo, começaremos examinando a margem da Administração.

Neste ponto, um aspecto importante deve ser destacado: os comportamentos das pessoas em grupos são os individuais tornados coletivos, isto é, tendendo para conseguir objetivos semelhantes. Assim, a Sociologia tem uma interface com a Psicologia e, por isso, a Sociologia Aplicada à Administração também se apoia na disciplina Psicologia Aplicada à Administração.

1.2 ADMINISTRANDO ORGANIZAÇÕES PARA OBTER RESULTADOS

Preliminarmente, é preciso tornar claro que este livro se destina àqueles interessados em utilizar a disciplina Sociologia Aplicada à Administração para o gerenciamento de organizações e não aos que pretendem aumentar seus conhecimentos de uma ciência. Tal distinção é importante, pois a literatura destinada a ensinar aplicações de práticas a casos reais da vida profissional é diferente daquela que apenas proporciona informações para o desenvolvimento intelectual.

A separação de abordagens fica aparente logo ao se iniciar a leitura de um livro que visa o ensino e a de outro de cunho científico. Assim, em primeiro lugar, a literatura destinada à aprendizagem de disciplinas em cursos práticos apenas descreve um enfoque, a fim de não confundir o leitor que se inicia no assunto. Já os livros que se ocupam de ciência, como os de Sociologia, tratam os vários temas, descrevendo e criticando as abordagens de diversos autores, algumas se complementando, outras se contradizendo. Em segundo lugar, os textos destinados ao ensino de disciplinas são instrumentos de aprendizagem para desenvolver as capacidades do profissional para aplicações a casos reais de empresas, enquanto os livros e artigos científicos preocupam-se em divulgar pesquisas e teorizações, em geral do próprio autor das mesmas.

Finalmente, os escritos destinados à aprendizagem de práticas têm a estrutura preconizada pelas metodologias do ensino, com linguagem simples, exemplificações de casos, sobretudo brasileiros e questões para aplicação a situações reais. Já os voltados para a divulgação de ciência obedecem à estrutura preconizada para trabalhos científicos, com justificativas (como se fossem teses para serem defendidas perante bancas examinadoras) e com o emprego de palavras cujos significados são restritos aos já conhecedores dos assuntos.

Tais diferenças explicam a razão de grande parte dos estudantes de Administração desprezar a literatura que nada de prático lhes traz para sua vida profissional e apreciar a que se propõe a auxiliá-los a resolver desafios futuros.

1.2.1 As organizações e as empresas

A contínua busca de alimento pelos animais é tão comum que não mais chama a atenção de quem observa pombos e pássaros em liberdade e nem mesmo quem assiste na televisão a filmes sobre o "mundo selvagem". Certamente, esse também era o procedimento mais importante do gênero humano ao iniciar sua história, tendo por fim a obtenção de comida para sobreviver. Entretanto, logo foi percebido que a satisfação dessa necessidade primordial por meio da caça seria obtida com mais eficiência caso levada a efeito coletivamente, uns espantando os animais, outros dirigindo-os para armadilhas, onde eram mortos por terceiros. Assim, surgiu a **divisão do trabalho**, com a consequente necessidade da **coordenação** para que a colaboração mútua fosse efetiva. Todavia, as demais hordas também caçavam, umas interferindo nos territórios das outras, razão pela qual ocorreram os primeiros combates e, em decorrência, a **especialização** para a luta pelos guerreiros. Naturalmente, a caça e a pesca nem sempre eram propícias e as guerras favoráveis, de sorte que se tornou necessário obter a intervenção benigna dos deuses, motivo pelo qual homens se designaram sacerdotes, com a incumbência de intermediar as forças celestes com os desígnios terrenos.

Tais fatos sociais fizeram surgir as primeiras **organizações**, uma reunindo quem caçava, outra quem plantava, uma terceira os que pelejavam pela tribo, naturalmente uma dos que contatavam os deuses e, obviamente, a dos dirigentes que deveriam coordenar todas as demais. Em princípio, cada

4

uma dessas organizações destinava-se a **suprir**, direta ou indiretamente, um tipo de **necessidade coletiva** exigida para a sobrevivência da espécie. No decorrer dos anos, cada uma delas tornou-se perene e com estrutura bem definida, adquirindo características de uma específica microssociedade dentro da tribo, esta como sendo a sociedade mais ampla. Dessa forma, apareceram a organização militar, a religiosa e a política.

Com o passar dos séculos, houve um aumento de conhecimentos e, também, de população, de sorte que as necessidades básicas de sobrevivência foram complementadas por outras delas derivadas, a exemplo de gozar melhor padrão de vida em termos de habitações confortáveis e vestuários mais sofisticados (Malinowski, p. 118). Tais exigências sociais determinaram a criação de uma quantidade enorme de organizações destinadas a satisfazê-las, como se vê nos dias de hoje, cujas características dependem da necessidade que pretendem suprir e do tipo de sociedade na qual se desenvolveram. Em razão dessa variedade, uma fábrica é muito diversa de uma seita religiosa simplesmente porque busca satisfazer outras exigências de seus clientes.

Com base no exposto, você pode classificar como organização qualquer empresa ou órgão público que conheça.

Afinal, como poderia ser definida "**organização**"? De várias maneiras, caso seja tentado satisfazer aos muitos sociólogos, cada qual com um enfoque diferente. Todavia, podemos escolher uma que esteja mais de acordo com nossos interesses, como a seguinte:

> ORGANIZAÇÃO é uma unidade social artificialmente criada e estruturada, continuadamente alterada para se manter no tempo, e com a função de atingir **resultados** específicos que satisfaçam às **necessidades de clientes** existentes na sociedade e, também, às de seus **participantes** (Parson apud Etzioni, 1967, p. 7, com modificações).

O conceito de organização será objeto de análises nos capítulos seguintes deste livro, motivo pelo qual convém ao leitor desde já entender claramente qual seu significado.

1. Primeiramente, a palavra tem significado muito amplo, como o termo "ser vivo", que é aplicável desde à pessoa humana — um ente mais complexo da Terra — até às amebas e protozoários, passando pelos animais e plantas. Por isso, a palavra "organização" precisa ser **particularizada em tipos**, de acordo com as diversas necessidades que pretende satisfazer, tanto dos segmentos sociais de clientes quanto de seus participantes. Como essa subdivisão é assunto muito extenso, ele será examinado em detalhes no decorrer deste livro.

Em segundo lugar, pelo fato de toda organização ser formada por um conjunto de pessoas, ela incorpora vários aspectos que são característicos de sociedades mais amplas. Por isso e pelo fato de habitualmente possuírem número limitado de membros, elas costumam ser vistas na forma de **microssociedades**. Essa é uma das razões de sociólogos interessarem-se pela pesquisa dos fenômenos sociais que nelas ocorrem, como uma extensão do objeto dos estudos de sua especialidade.

Em terceiro lugar, as organizações existem para satisfazer às **necessidades dos clientes**. Neste ponto, o leitor pode argumentar que essa afirmação é correta quando se trata de hospitais, que atendem pessoas em busca da melhoria de saúde, mas não das repartições públicas coletoras de impostos, pois "inexiste a necessidade de ficar com menos dinheiro"... Acontece que o cliente dos órgãos arrecadadores de impostos não é o público e sim o próprio governo, seja municipal, estadual ou federal. Em princípio, este deveria captar recursos dos cidadãos para a eles devolver sob forma de benfeitorias, pois são eles seus verdadeiros clientes.

Finalmente, a organização é um ente abstrato que só existe enquanto seus participantes estiverem emocional ou fisicamente presentes. Essa afirmação contraria a crença das pessoas, que costumam ver na organização, especialmente na que trabalham ou participam, uma entidade concreta tendo personalidade e até objetivos. Para verificar se tal crença é falsa ou verdadeira, basta observar uma repartição pública ou empresa durante e após o horário de expediente. O movimento de pessoas entrando, saindo e executando diferentes atividades desaparece quando todos os participantes vão embora, ocasião em que prédios, salas, mesas e bancadas de trabalho ficam vazios. A partir desse momento, a microssociedade organização deixou de existir. A mesma observação pode ser feita quando uma firma vai à falência e só restam os edifícios abandonados e nem mesmo a marca dos produtos sobrevive.

2. Um tipo de organização deve ser destacado, o que engloba as chamadas empresas. O que significa essa palavra? Como grande parte das definições nas áreas sociais, qualquer tentativa de conceituá-la seria imprecisa e, por isso, passível de críticas. Entretanto, a característica de vender algo destaca-se das demais organizações, a qual poderia servir para caracterizá-la. Assim, pode-se dizer que:

> EMPRESA é um tipo de organização cujos clientes trocam seu dinheiro pelos bens ou serviços que ela produz.

Por causa da existência dessas trocas com base monetária é que as empresas costumam ser denominadas "organizações econômicas".

1.2.2 O administrador e a Administração

Como a organização é artificialmente criada (diferente da Família que é natural), é preciso que alguém a planeje, estruture e opere, coordenando o trabalho de seus membros para que resultados concretos sejam obtidos, isto é, que alguém as **administre**. Tal necessidade de gerenciamento teve início já nas incipientes organizações públicas criadas pelos monarcas locais do antigo Egito, China, Mesopotâmia, e até na América dos Incas, com o fim de a construir e manter operando canais nas margens cultiváveis dos grandes rios e, naturalmente, para arrecadar impostos dos lavradores na forma de grãos do excedente agrícola não consumido na alimentação. Para gerenciá-las foram, então, nomeados funcionários letrados, os antecedentes dos administradores atuais (Tragtenberg, p. 25-28).

Entretanto, foi em decorrência do gigantismo das novas fábricas, criadas na Revolução Industrial da segunda metade do Século 19 que surgiram os administradores como hoje são conhecidos, na forma de profissionais hábeis destinados a suprir as deficiências dos proprietários no planejamento, operação e controle da produção e, também, para intermediar o capital com o trabalho. Até então, os administradores eram desnecessários, porque só existiam pequenas oficinas com o mestre rodeado por artesãos e seus ajudantes. Todavia, o crescimento das empresas particulares na segunda metade do Século 20 se estendeu para as forças armadas, universidades, repartições governamentais, igrejas e hospitais, de sorte que todas organizações passaram a necessitar de administradores profissionais (Drucker, 1981, p. 11-16). Afinal, quais são as funções dos adminstradores? Uma resposta simplificada poderia ser a seguinte:

ADMINISTRADORES são profissionais cujo sucesso depende de experiências e conhecimentos específicos de como planejar, implantar e controlar procedimentos para produção de bens e prestação de serviços, para isso **influenciando pessoas individuamente e em grupos**.

Os conhecimentos podem ser obtidos em cursos formais, porém as habilidades e as experiências somente são conseguidas pelas vivências da prática de lidar com pessoas e grupos de indivíduos. Por isso, possuidores dessas duas últimas características criaram grandes organizações e continuam a administrá-las com sucesso, embora nunca tivessem frequentado escolas de Administração e, muitas vezes, nem cursos básicos, como o colegial. No entanto, a complexidade cada vez maior dos negócios em uma economia globalizada mais e mais exige a formação acadêmica de **Administração**, à semelhança da Medicina e da Engenharia reconhecidas como tais após os "físicos" e "mestres construtores" do passado terem que aprender em escolas e registrar seus diplomas. Todavia, diferente da Medicina, cujos alunos já na faculdade frequentam hospitais sob a orientação de professores, que os ensinam a desempenhar o papel de médico, a grande maioria das escolas de Administração limita-se à ministrar teorias, sem vivenciá-las em fábricas e em empresas prestadoras de serviços.

Acontece que a Administração ainda não alcançou o *status* das profissões já tradicionais, embora ensinada em cursos de nível universitário subordinados às normas do Ministério da Educação e só podendo exercê-la em sua plenitude quem for registrado nos Conselhos Regionais de Administração do Ministério do Trabalho. Sua elevação do atual nível social somente será conseguida pela demonstração clara da proficiência do administrador em sua função de gerenciar organizações para que alcancem sucesso em seus negócios.

Como definir Administração? Uma forma simples (e por isso necessariamente incompleta), é dizer que:

ADMINISTRAÇÃO é a aplicação de técnicas com o fim de estabelecer metas e operacionalizar seu atingimento pelos participantes das organizações, a fim de que obtenham resultados que satisfaçam a suas próprias necessidades e às de seus clientes.

Caso isso não ocorra, a organização torna-se inviável, pois nem seus proprietários e participantes conseguirão nela alcançar seus objetivos. Ademais, fica implícito que seus executores precisam ser orientados naquilo que deles se espera e coordenados em seus esforços coletivos.

Outro aspecto diz respeito à aplicação de técnicas, pois a Administração **não é uma ciência** (embora alguns livros afirmem isso), porque não busca a explicação de fenômenos, como o faz a Física e a Biologia, mas somente obter resultados

concretos que satisfaçam clientes. Ademais, não figura em nenhuma classificação de ciências, como também ocorre com Advocacia, Medicina, Odontologia e outras profissões.

Entretanto, à semelhança da Engenharia, que também aplica técnicas com base em ciências como a Matemática e a Física, a Administração apoia-se na Antropologia, na Psicologia, na Economia, no Direito, na Política, na Matemática, inclusive em uma que mais de perto nos diz respeito, na Sociologia.

Diferente de práticas que se modificam à proporção que as tecnologias progridem, a Administração tem uma particularidade: suas técnicas mudam conforme a cultura da sociedade se altera. Por isso, muitos princípios de gerenciar grupos de pessoas aceitos em décadas passadas não podem mais ser utilizados nos dias de hoje, simplesmente porque as crenças, normas e valores dos indivíduos são outros. Como tais mudanças estão se acelerando, é de se prever que também a Administração do Século 21 será diferente da dos anteriores.

1.3 A ORGANIZAÇÃO E SUAS PARTES FORMAM O PRIMEIRO PILAR

Após terem sido conhecidas algumas particularidades da Administração, pode-se começar a erigir o primeiro pilar da ponte que é a Sociologia Aplicada à Administração, iniciando com o tema das partes das organizações.

1.3.1 A organização é constituída por partes interligadas

Você já deve conhecer o método da divisão de entes complexos em partes, a fim de tornar mais fácil sua compreensão. Assim, a molécula dos compostos químicos é dividida nos átomos de corpos simples e estes em **partículas** específicas, sejam elétrons, nêutrons, mésons ou prótons. Da mesma forma, o ser vivo é dividido em aparelhos (como o respiratório e digestivo), os quais são formados por órgãos, a exemplo dos pulmões e fígado. Estes são compostos por tecidos, entre os quais o epitelial e o muscular. Por sua vez, os tecidos são constituídos pela reunião de **células**, entre as quais citamos as nervosas, as epiteliais e as musculares. As células são a última divisão dos vegetais e dos animais, têm vida própria e são capazes de se multiplicarem.

De forma semelhante, as organizações também são entes complexos em razão de terem muitas partes. Para facilitar, resumimos como formadas por departamentos e estes por secções, as quais são compostas por **pessoas**, que denominamos por "participante".

Na página seguinte, a Figura 1.2 mostra as partes das sucessivas divisões dos três exemplos descritos linhas atrás. O importante a ser destacado é que os entes do primeiro nível estão presentes em todos os situados acima, como as partículas nas moléculas e as células nos seres vivos. Da mesma forma, os participantes das organizações compõem todas as partes dos outros níveis, até atingir o último deles, o da sociedade.

Outro aspecto é da variabilidade, pois elétrons são diversos dos prótons e as células da pele das do fígado e do coração.

6

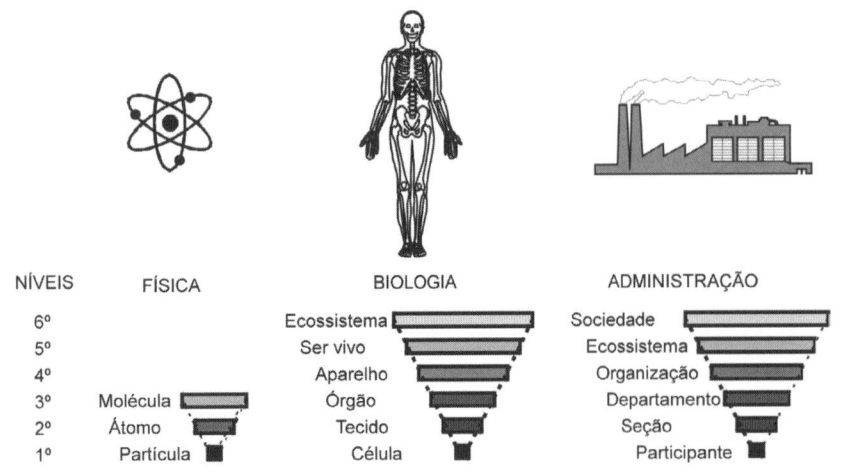

Figura 1.2 *Sucessivas ordens (ou níveis) em que foram analisadas três entidades complexas, com o fim de facilitar sua compreensão.*

As pessoas também divergem entre si, algumas voltadas para especializações, como informática ou magistério, enquanto outras preferem gerenciar atividades dos participantes de uma organização.

Em qualquer dos casos expostos, é a reunião das partes que formam conjuntos. No caso das organizações situadas no quarto nível da Figura 1.2, o primeiro deles, o básico, é o dos **participantes**, sejam proprietários, empregados ou mesmo funcionários públicos. Acontece que todos são pessoas e, por isso, seus comportamentos individuais devem ser estudados pela Psicologia Aplicada à Administração.

Todavia, ninguém está sozinho no mundo, de sorte que sempre formam-se **grupos**, sejam **informais**, como os de um almoço comemorativo, sejam **formais**, a exemplo dos das **seções** operacionais de qualquer empresas. Estas unidades costumam ser reunidas em **departamentos** que, em seu conjunto, irão compor a **organização**. Portanto, para criar o primeiro pilar de nossa ponte, o da Administração, é preciso partir dos conjuntos que constituem as organizações, iniciando com as partes do segundo nível, o das seções (pois o primeiro é o das pessoas). Ocorre que os grupos são estudados pela Sociologia, razão pela qual interessa examinar suas peculiaridades para entender como administrá-los. É o que será feito a seguir.

1.3.2 As partes que compõem uma organização

O modelo escolhido foi o de Mintzberg em razão de não ter uma base teórica e sim a das pesquisas por ele realizadas em organizações existentes.

Os resultados obtidos nas empresas de grande porte estão diagramados na Figura 1.3.

Nela pode-se observar **cinco partes** distintas, cada qual composta por grupos formais com função específica, a seguir resumidos.

1. **Núcleo operacional**. Engloba os grupos que executam as tarefas destinadas a concretizar as finalidades da empresa, que é as de satisfazer necessidades de clientes. Estes, se pessoas, precisam de alimentos, abrigo, transporte e muitas outras exigências da vida cotidiana. Se organizações, elas necessitam de insumos para transformá-los em uma série de operações, tendo a finalidade de, também, servir pessoas.

Por exemplo, as fazendas compram implementos agrícolas e adubos para plantarem frutas e legumes a fim de os fornecerem para empresas que os preparam e os acondicionam. Após, tansportadoras remetem a supemercados, onde são comercializados por pessoas para se alimentarem.

O grupo formal que tem contato com **clientes externos** é o de Vendas, seguido pelo da Produção, que determina a Compras os insumos necessários para atender seu **cliente interno**, isto é, Vendas. Em seguida, vem o Pessoal incumbido da folha de pagamento, recrutamento, etc. finalizando com a Contabilidade, destinada a coordenar o fluxo de dinheiro, em espécie ou virtual, para toda a organização.

2. **Cúpula estratégica**. Grupo dos dirigentes responsáveis pela eficácia da organização, no sentido de atender clien-

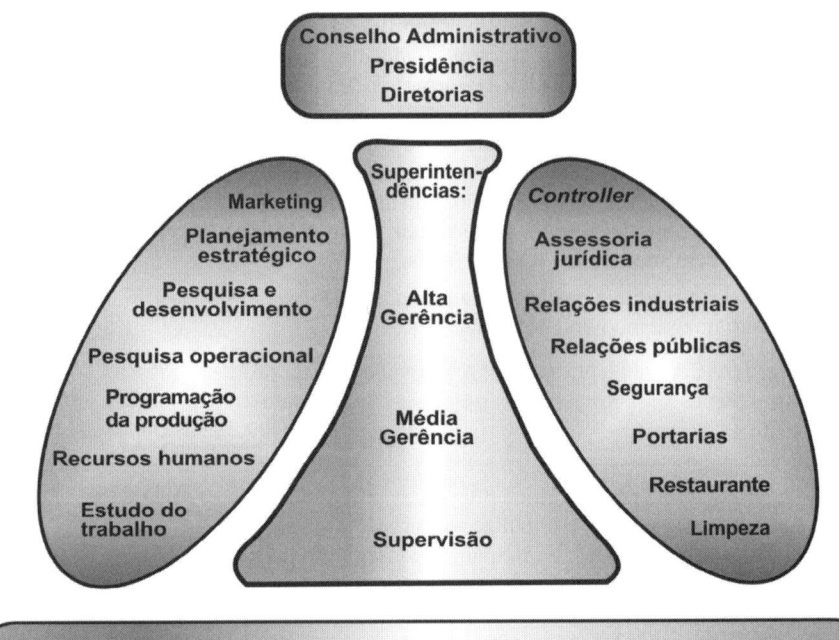

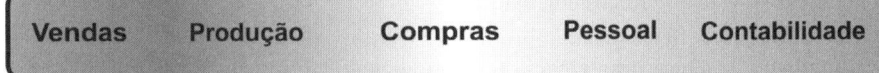

Figura 1.3 *Agrupamentos formais das cinco partes de uma grande organização.*

tes, compensando os riscos dos negócios com lucros que atendam proprietários e participantes.

3. **Linha intermediária**. Os administradores da cúpula estratégica são incapazes de coordenar o trabalho dos executores do núcleo operacional em razão do grande número de atividades. Por isso, nomeiam indivíduos em vários níveis, incumbidos de resolver as dificuldades criadas pela complexidade da organização.

4. **Tecnoestrutura**. Suas principais atividades estão no planejamento e na padronização dos produtos e dos serviços, incluindo o controle de qualidade e treinamento de participantes.

5. **Assessorias de apoio**. Além da estrutura de grupos destinados a concretizar suas finalidades, as organizações precisam de serviços e de materiais que não têm relação direta com serviços e produtos. Muitos deles são terceirizados, a exemplo de limpeza, segurança, restaurante, etc. (Mintzberg, p. 17 a 27).

Neste ponto você dirá: as empresas que conheço são muito mais simples, sem ter essa complexidade do modelo de Mintzberg. Certo, como a micro empresa de um "dogueiro" que comercializa cachorro quente, na qual vende, compra pão e salsicha, além de movimentar o dinheiro que recebe, mas sempre pensando como ampliar esse pequeno negócio.

Isso pode ocorrer, como o de Senor Abravamel, que iniciou a vida como camelô. Com o tempo, conseguiu fazer sua micro empresa crescer e, após adotar o nome artístico de Silvio Santos, ser dono de uma das maiores empresas de televisão do país. Naturalmente, este segue o modelo de Mintzberg, depois de passar por fases intermediárias cada vez mais complexas.

Dessa maneira, ficam explicitados o principais constituintes do pilar levantado do **lado da Administração**, faltando o do lado da Sociologia, que será concretizado no próximo capítulo.

TÓPICOS PARA EXPOSIÇÕES

1.1.1 Sociologia Geral

a) Definir Sociologia; b) explicar o que é ciência, dando exemplos; c) exemplificar assuntos tratados pela Sociologia.

1.1.2 Sociologia Aplicada

a) Mostrar as deficiências nas abordagens de assuntos organizacionais pelos cientistas e pelos administradores, dando exemplos; b) explicar qual é o objeto do ramo da Sociologia Geral chamada Sociologia Aplicada, dando exemplos

1.1.3 Uma ponte entre a Sociologia e a Administração

a) Explicar que os sociólogos podem fornecer conhecimentos da ciência Sociologia para os administradores os aplicar nas organizações; b) pode-se considerar a Sociologia e a Administração como os dois pilares de uma ponte que une a ciência com a prática; c) essa ponte será a disciplina Sociologia Aplicada à Administração.

1.2.1 As organizações e as empresas

a) Explicar com exemplos que as necessidades primordiais da espécie humana levou as hordas primitivas a criar a divisão do trabalho, a especialização das tarefas e a coordenação dos esforços; b) mostrar que tais fatos sociais provocaram o surgimento de organizações; c) apoiado no conceito de organização

e dando exemplos, explicar que ela será viável somente se suprir necessidades de clientes; d) desmistificar a crença de que a organização é um ente concreto.

1.2.2 O administrador e a Administração

a) Explicar que o aumento do porte das organizações fez surgir o especialista denominado administrador; b) mostrar que as técnicas para conseguir resultados foram sistematizadas em uma prática denominada Administração; c) com base no conceito de Administração, explicar que se trata de uma prática e não de uma ciência.

1.3.1 A organização é constituída por partes interligadas

Com base nas Figura 1.2, explicar: a) pelo fato de as organizações serem entes complexos em razão de serem constituídos por grande número de partes, convém seguir o procedimento de estudá-las fazendo sua análise: b) pela aplicação da metodologia sistêmica, a organização pode ser analisada em sucessivos níveis (também chamados "ordens"); c) o resultado eficiente do grupo formal depende da eficiência no desempenho das tarefas de seus participantes, ou seja, do nível que lhe é inferior.

1.3.2 As partes que copõem uma organização

Ainda com base no exemplo da Figura 1.3, explicar: a) o modelo proposto por Mintzberg teve por base suas pesquisa com empresas; b) as partes do modelo são formadas por grupos formais de participantes; c) expor os cinco conjuntos formados por seções, departamentos, etc..

QUESTÕES DE APLICAÇÃO

1. Informe, **justificando** suas respostas, qual das três afirmações seguintes está mais correta e por que as outras duas são discutíveis: a) "a Sociologia é uma das ciências sociais cujo objeto é explicar os comportamentos individuais da pessoa humana"; b) "a Sociologia tem várias ramificações, sendo uma delas a teoria que abrange a ciência chamada Sociologia Aplicada à Administração"; c) "a Sociologia tem uma ramificação cujo objeto é o de propor medidas para que sejam feitas mudanças ou ajustamentos na sociedade".

2. a) Supondo que você pretenda **fundar uma empresa**, por exemplo uma escola, para torná-la viável, especifique de maneira concreta: 1. a **necessidade de pessoas** que pretende satisfazer (razão pela qual sua organização será criada); 2. Características do **cliente externo** como segmento da sociedade, cujas necessidades pretende suprir; 3. **meta** em termos concretos de lucro bruto em porcentagem sobre o capital investido que sua empresa deve atingir no primeiro ano de funcionamento. b) Explique por que você poderá contratar para cargos de gerência de sua empresa administradores profissionais eficientes sem que, necessariamente, possuam diploma de Administração. Justifique as respostas.

3. Aplique o esquema da Figura 1.2 para a escola que frequenta (ou empresa em que trabalha) e exponha: a) quem são os participantes no primeiro nível (funcionários ou empregados); b) o nome pelo qual a organização designa os dois níveis acima (2º e 3º) que foram departamentalizados; c) caso o nível de primeira ordem for o dos participantes e

considerados como formando um subsistema, qual deverá ser a designação do sistema. Justifique as respostas.

4. Aplique o modelo da Figura 1.3 para a escola que frequenta (ou empresa que trabalha), identificando de forma concreta: a) o cliente **externo** do núcleo operacional; b) a razão de a eficiência no desempenho das atividades dos participantes desse 1º nível determinar a do nível de toda a organização. Justifique as respostas.

DISCUSSÃO EM GRUPOS

O caso dos vaqueiros operários (1ª parte)

Tendo por base o caso verídico dos vaqueiros nordestinos empregados na mina de magnesita exposto na introdução páginas atrás, cada grupo deve discutir a situação em face dos itens e subitens deste Capítulo e responder à pergunta seguinte que lhe for designada, **justificando as respostas**.

1. a) Quais aspectos da sociedade nordestina de pastoreio seriam estudados por um sociólogo que fosse enviado pela empresa sulista para as minas de magnesita?; b) pelo exposto, apesar de experientes, quais conhecimentos teóricos e suas aplicações práticas faltavam aos administradores sulistas?; c) o inverso poderia ocorrer, isto é, uma empresa do nordeste que enviasse seus administradores para explorar algum negócio em região de pastoreio no Rio Grande do Sul?

2. a) Qual era o cliente externo das instalações industriais implantadas nessa região do nordeste? b) quais eram as necessidades desse cliente, cuja satisfação constituía a razão de ser da exploração das minas de magnesita às margens do rio São Francisco? c) enumere as necessidades mais importantes que seus participantes sertanejos esperavam ser satisfeitas pelo empregador; d) essa entidade criada no sertão poderia ser considerada como sendo uma organização?

3. a) Os gerentes sulistas eram generalistas ou especialistas como o geólogo, embora em outra área profissional? b) por que os conhecimentos práticos de Administração não são suficientes para o administrador profissional gerir empresas sem ter problemas?; c) um recém-formado em Administração vindo do Sul e com bons conhecimentos de Sociologia Aplicada à Administração poderia gerir com eficiência os trabalhadores dessa mina de magnesita? d) qual a antiga e qual a nova especialização dos vaqueiros admitidos.

4. Se as instalações criadas no sertão tinham apenas duas unidades administrativas, ou seja, a Seção das Minas e a Seção dos Fornos para a primeira queima do minério, identifique: a) os subsistemas supostos no 2º nível; b) o sistema composto pelos subsistemas e situado na 3ª ordem; c) os "sub subsistemas" no 1º nível; d) a ordem e as organizações que compunham o ecossistema.

5. a) Qual era o cliente externo da unidade administrativa das Minas? b) como ficaria o modelo de Mintzberg aplicado às reduzidas unidades das minas e fornos dessa organização nordestina?

CULTURAS DAS ORGANIZAÇÕES E UM QUADRO DE REFERÊNCIA

2

No capítulo anterior, foi mostrado que a Sociologia Aplicada à Administração representa a ponte que interliga uma ciência a uma prática. Foi, também, construído seu primeiro pilar de apoio na margem da Administração, cujo alicerce é a organização vista como sendo uma hierarquia de sistemas formados por grupos sociais. Falta, agora, levantar seu segundo pilar, este na margem da Sociologia. Para isso, a nós pareceu conveniente adotar como alicerce a **cultura** e as **subculturas** desenvolvidas nas organizações pelo motivo de, sob essa denominação, serem englobados os comportamentos coletivos pesquisados nas empresas, repartições públicas, escolas, igrejas, clubes e outras mais. Observa-se bem a relevância desse fenômeno social no exemplo anteriormente citado da mina de magnesita, onde os gerentes tinham comportamentos modelados pela cultura sulina, enquanto os vaqueiros pela cultura pastoril nordestina, com semelhanças e profundas diferenças.

Com isso, a ponte constituída pela Sociologia Aplicada à Administração fica completa com esse segundo pilar, tendo por base a cultura criada nas organizações.

2.1 AS CULTURAS DAS ORGANIZAÇÕES FORMAM O SEGUNDO PILAR

Abrindo o dicionário, você logo irá se deparar-se com dois significados para a palavra **cultura**. Em termos do nível **indivíduo**, a cultura qualifica o saber, a instrução, o desenvolvimento intelectual, como ao se dizer que alguém é culto a ponto de conhecer em detalhes literatura, música e pintura. Já em termos do nível **social**, a palavra **cultura** indica o conjunto de comportamentos, crenças e valores espirituais e materiais partilhados pelos membros de uma sociedade. Um exemplo desses "valores" na sociedade ocidental é a importância dada ao "sucesso" materializado por prestígio e riqueza.

2.1.1 Cultura, subculturas e contracultura

Na linguagem do dia a dia, utiliza-se o termo **físico** para designar as características da compleição de uma pessoa que a faz diferir de outras, falando-se do indivíduo com "físico atarracado" ou com "físico franzino". Em outro campo, a Psicologia utiliza a palavra **personalidade** para diferenciar características comportamentais dos indivíduos, como "personalidade agressiva", ou "personalidade sociável". Existe, pois, a tendência de reunir em certas palavras os aspectos de uma dimensão peculiar do ser humano. Tais qualificações são suscetíveis de variações qualitativas e, também, quantitativas, na forma de **variáveis** que identificam tipos, como os já exemplificados "atarracado" e "franzino" para a compleição física, ou "agressivo" e "sociável" para a personalidade.

Essa tendência também é observada na Antropologia, que utiliza o termo **cultura** para designar o conjunto de características que diferenciam, não mais indivíduos, mas sociedades entre si. Por exemplo, na época dos Descobrimentos, as tribos indígenas do Brasil tinham uma cultura caracterizada pelo uso do arco e flecha, pela crença na existência de espíritos nas matas e pela alegria de crianças despreocupadas com o dia de amanhã. Diferentemente, a cultura dos conquistadores era caracterizada pela utilização de arcabuzes e canhões, pela crença no Diabo e pela cobiça de ouro e pedras preciosas, que os levava a sentirem-se como uma "raça superior".

Pela utilidade de em uma só palavra sintetizar a existência de diferenças de sociedades, o conceito de cultura começou a ser também empregado pela Sociologia, já que seu campo é o dos agrupamentos sociais. Com isso, todos os textos introdutórios a essa ciência dedicam pelo menos um capítulo para esse tema.

O que é "**cultura**"? Da mesma forma que "personalidade", o termo possui uma quantidade enorme de definições, já que cada sociólogo ou antropólogo tem seu ponto de vista que, evidentemente, difere dos demais. Todavia, a definição proposta pelo sociólogo White pareceu-nos mais adequada a nossos interesse de aplicá-la ao estudo das organizações, que, por nós adaptada pela separação em itens, é a seguinte:

CULTURA é o conjunto de:

 1. ferramentas, utensílios e objetos para vários fins;

2. língua, hábitos, normas, crenças, valores e rituais;

 3. sentimentos e atitudes que todos os povos possuem (White apud Ferrari, [modificada] p. 126).

Os três ícones do quadro acima concretizam as características de culturas e serão utilizados no decorrer das explicações deste livro. Você poderá relacionar cada um desses itens com o desenho no qual são destacadas as diferenças de duas civilizações, a dos indígenas e a dos conquistadores, exibidas na Figura 2.1 da página seguinte, onde o artista mostrou tais diversidades, talvez sem atinar que eram culturais.

As sociedades não são homogêneas, tanto pelas diferenças entre posição social, ocupação e renda quanto pela diversidade do *hábitat*, por exemplo, campo e cidade ou planície e montanha. Tais fatores fazem com que existam grupos sociais que se comportam como os demais, porém, com peculiaridades que lhes são próprias, o que caracteriza a existência de "**subculturas**".

10

Figura 2.1 *Para realçar as diferenças das duas civilizações, o desenhista mostrou a diversidade cultural de ambas.*

Por exemplo, tanto a classe média quanto a operária possuem a crença cultural de que a vida deve ser ganha trabalhando e não assaltando o próximo. Todavia, a primeira acredita que ser mandado embora da empresa é uma prova de incapacidade, o mesmo não acontecendo com a segunda, que considera ser demitido do emprego um fato não desonroso porque está acostumada com a rotatividade de mão de obra, existindo, pois, duas subculturas. Assim, pode-se dizer que:

As subculturas são ramificações da cultura mais ampla de uma sociedade. Pode existir antagonismos entre ambas, mas não como regra e sim como exceção, porque as divergências costumam ocorrer entre subculturas. Isso foi mostrado no exemplo dos gerentes sulistas que não entendiam os hábitos e valores dos vaqueiros nordestinos e no da diversidade de crenças entre a classe média e a operária, embora a cultura de todos eles pudesse ser considerada uma só: a brasileira.

Naturalmente, as mesmas características enumeradas na definição de cultura são válidas para as **subculturas**, apenas variando seu conteúdo, como o das várias crenças descritas linhas atrás.

> SUBCULTURA é a parte da cultura total de uma sociedade que caracteriza um de seus segmentos (Krech *et al*, p. 439).

Um caso diverso é a **negação** dos valores do grande grupo por um pequeno grupo nele inserido, o que constitui a **contracultura** deste último.

> CONTRACULTURA é a cultura peculiar de um grupo que se opõe à cultura mais ampla, contestando seus padrões (Horton & Hunt, p. 45).

Difere da subcultura que é uma ramificação da cultura. Exemplos de contraculturas são os *punks, beatniks* e *gangsters*, que têm seus padrões de conduta, mas contraditórios aos aceitos pela sociedade.

Existe, porém, ramificações das subculturas que dão origem a "sub subculturas"? Sim, como exemplificado na Figura 2.2, na qual é tomado por base a sucessiva dicotomia da crença sobre o trabalho. Todavia, o termo "sub subcultura" não é usual, tendo sido utilizada apenas por razões didáticas.

Outra pergunta poderia ser feita: como estabelecer o que é cultura e o que é subcultura? A resposta é: depende dos interesses do observador. Dessa maneira, pode-se falar em cultura de um país, por exemplo, a brasileira, e subculturas de suas regiões, como a do Nordeste e a do Sudoeste, ou, então,

a cultura de uma região e, dentro dela, a subcultura do campo e subculturas das cidades a ela pertencentes.

2.1.2 Nas organizações formam-se culturas e subculturas?

Para responder a essa pergunta, duas considerações devem ser feitas. Primeiramente, as organizações são grupos humanos que se autoperpetuam (como o Bank Boston criado em 1784, portanto, há mais de dois séculos) ao mesmo tempo em que seus participantes levam a efeito grande parte de suas interações dentro dessas associações. Em segundo lugar, as organizações são constituídas por pessoas que utilizam artefatos para transformar matérias-primas, informações, etc. em bens e serviços por meio da divisão do trabalho e colaboração, que para sua eficiência necessitam de normas de procedimentos. Nelas se desenvolvem sentimentos, atitudes peculiares e rituais específicos (como as "cerimônias de admissão", a exemplo da apresentação do recém-admitido a seus colegas de trabalho). Essas não são condições que propiciam a formação de uma sociedade e nela a criação de culturas? Se a resposta for sim, pode-se dizer que a organização é uma pequena sociedade (se comparada com as dimensões das existentes em grandes cidades), com uma cultura que lhe é peculiar.

Esse é o ponto de vista de muitos estudiosos das organizações, que têm na cultura o termo genérico indicador das diferenças entre os vários tipos de associações, da mesma forma que antropólogos e sociólogos usam essa palavra para designar as diferenças entre grupos sociais. Assim, como se diz que a cultura do homem do campo difere do da cidade, poder-se-á afirmar que a cultura da penitenciária é muito diversa da do seminário religioso.

Entretanto, críticas são feitas a essa extensão, tendo por base o fato de nas sociedades as culturas serem transmitidas de geração a geração dentro do processo denominado **socialização**, ocorrido no ambiente familiar desde tenra infância, o que obviamente não sucede nas organizações. Apesar disso, estudiosos da Administração estão cada vez mais utilizando o termo **cultura** para designar as características do conjunto formado pelos participantes de fábricas, repartições públicas, etc., diferenciando cada organização das demais, como o aspeto "físico" diferencia a compleição das pessoas e "personalidade" os comportamentos individuais (Pfiffner & Sherwood, p. 262-266) (Souza, 1978, p. 10-11 e 17).

Outra pergunta que se poderia fazer seria a respeito da possibilidade de, a exemplo das sociedades, também nas organizações se formarem "subculturas" como ramificações de suas culturas. A resposta é sim, pois a Seção de Vendas de uma loja tem funções muito diversas das da Seção de Compras e da Seção de Pessoal, o que provoca a diferenciação de seus respectivos participantes em termos dos processos de trabalho, normas de procedimentos e, por isso, de atitudes e sentimentos. Assim, dentro ainda da explicação para a formação de subculturas nos segmentos da sociedade, tais diferenças determinam a criação de subculturas nas organizações.

Finalmente, **a cultura da sociedade influencia a cultura das organizações** que nela estão imersas e, portanto, de suas subculturas, como um minuto de reflexão mostra e a experiência confirma. Esse fato social é importante para o administrador, pois foi seu não-entendimento que levou os gerentes da mina de magnesita do exemplo a fracassarem, tentando inutilmente impor a cultura da sociedade sulista que modelou a da empresa em que trabalhavam. Com isso, criaram problemas cujas soluções só foram encontradas no momento em que aceitaram adequar as normas do novo empreendimento aos costumes da região. Por essas razões, a forma de atendimento ao público na filial de um supermercado em cidade do interior é diferente do da matriz situada na capital.

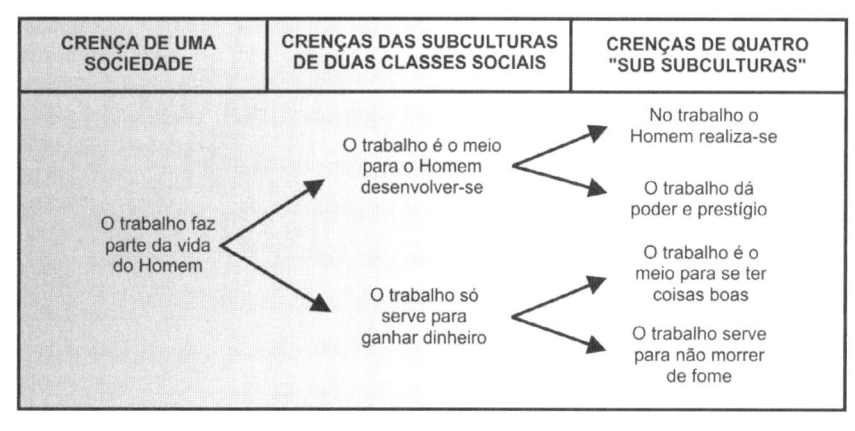

Figura 2.2 *Exemplos de ramificações da cultura e das subculturas.*

2.1.3 A cultura real e a cultura ideal

Costuma-se pesquisar a cultura de uma comunidade de duas formas: uma pedindo à pessoa que a descreva e a outra nada perguntando, mas observando e analisando o comportamento coletivo manifestado. É possível que em alguns aspectos essas duas formas deem resultados diferentes. Isso porque as pessoas tendem a descrever sua cultura pelo que elas consideram como "moralmente correto", enquanto suas condutas reais desviam sensivelmente desse "ideal". Exemplos são as admissões em repartições públicas e em empresas estatais por meio de concursos de títulos e provas, que todos acham justos e legalmente necessários, o que não impede a busca de "pistolões" para entrar por "baixo do pano". Também a "cola" é universalmente condenada como meio de aprovação em exames e é, ao mesmo tempo, habitualmente empregada, não havendo denúncias contra ela, como sucede nos casos de roubo ou atropelamento (Horton & Hunt, p. 51). Tais comportamentos são denominados pela Sociologia de **padrões ostensivos** pelo fato de serem exibidos como aceitáveis.

Nas organizações também existe essa dicotomia, ou seja, uma cultura **ideal** e comportamentos **reais** que a contradizem? As observações sugerem que sim, o que é de interesse para o administrador, como alguns exemplos podem mostrar. Existe a crença de que ninguém é insubstituível, no sentido de que qualquer pessoa, por mais competente que seja, é suscetível de ser trocada sem maiores problemas para a organização. No entanto, os indivíduos especialistas e com tempo de casa que deixarem o emprego causarão dificuldades para as empresas, pois estas não dispõem de substitutos à mão, com igual competência.

Todavia, para a vida da organização isso não pode ser admitido como verdade. Da mesma forma, também se acredita na unidade de comando pela qual cada empregado apenas atende às ordens de seu chefe. Entretanto, na prática todos os participantes recebem instruções de mais de uma pessoa, mas, se isso for reconhecido, abre-se a possibilidade de indisciplina e de dificuldade de controlar os comportamentos das pessoas. Por fim, é ponto pacífico que os regulamentos devem sempre ser seguidos. A experiência, porém, mostra que, em várias situações, as normas de procedimentos podem ser desconsideradas sem ocorrerem punições e, às vezes, é até premiado o empregado que as transgrediu, como demonstração de possuir

iniciativa. Nesses casos, a desculpa é de que se deve seguir o "espírito da lei" e não sua "letra" (Lodi, p. 19). Esses e outros fatos sociais são algumas das contradições observadas nas empresas e órgãos governamentais.

Existe uma funcionalidade na subcultura ideal, pois sem ela não seriam possíveis as operações destinadas a atender às finalidades da organização. Por isso, os participantes são doutrinados a acreditarem na ideologia da organização e muitos livros de Administração foram escritos como parte desse processo de doutrinação, a fim de garantir comportamentos de acordo com os padrões ostensivos. Todavia, tal qual em sociedade, esses padrões apresentam inconvenientes, tanto por não se aplicarem a todas as situações quanto por serem realmente inadequados. Por essa razão, nascem condutas não regulamentadas com o fim de melhor responderem às necessidades organizacionais.

Um exemplo é a rigidez dos princípios da estruturação burocrática, que pode fazer com que os empregados estabeleçam relações laterais, com o fim de obter maior eficiência e não emperrar o trabalho. Assim, a subcultura real, contrariando a ideal, não constitui por si uma causa de disfunção administrativa, mas existem muitas exceções, como a limitação do número de peças produzidas por deliberação do grupo informalmente criado.

Diferente da cultura ideal, tanto na sociedade quanto nas organizações, a cultura real obedece a **padrões ocultos**. Por isso, nas empresas sua transmissão para o recém-admitido é feita de forma quase clandestina e de maneira informal, seja por meio de conversas e conselhos, seja por ostracismo e "gelo" dos que não a entendem ou teimam em desobedecê-la (Horton & Hunt, p. 52). Por ser encoberta e não manifesta, a cultura real muitas vezes é desconhecida até pelos diretores e proprietários. Com isso, pode-se imaginar o que sucede com os novos gerentes e executivos, inclusive consultores de empresa, que começam a trabalhar em um campo com risco de pisar em minas obviamente enterradas e prontas para explodir.

A Figura 2.3 na página seguinte mostra que é possível ao novo chefe descobrir em uma empresa quais são as características de sua cultura real, já que as da ideal são abertamente mostradas. Uma delas é perguntar aos participantes de como as coisas são levadas a efeito e outra por observações diretas de fatos e símbolos concretos, como os desenhados na figura. Naturalmente, tal pesquisa tem que levar em conta cada

12

Figura 2.3 *Exibição de padrões ostensivos e pistas para descobrir os ocultos da cultura real.*

um dos três conjuntos listados na própria definição de cultura, os quais serão mais bem analisados mais adiante.

Para concretizar tal investigação, Oliveira sugere algumas pistas que a seguir serão resumidas.

1. A cultura é evidenciada pelas pessoas típicas. Elas são as que permaneceram muito tempo na empresa e, por isso, interiorizaram a cultura ideal e real, pois, caso não o fizessem, já teriam sido desligadas ou pedido demissão. Tais personagens folclóricos são encontrados em todas as funções administrativas e níveis hierárquicos, mas não são de fácil identificação pelos de fora, entre os quais se enquadram os consultores de empresa, como já mencionados.

2. As estórias que são contadas habitualmente mostram a exceção e não a regra. Por exemplo, a glorificação de quem desce do pedestal para mostrar-se amigo dos subordinados indica a cultura ideal, pois tal fato se destaca por não ser comum, porque a cultura real determina o distanciamento das chefias.

3. Os entes concretos (edifícios, móveis, equipamentos, máquinas) também indicam, por seu tipo e uso, as culturas reais e ideais. Assim, Oliveira exemplifica com o caso das portas de salas de escritórios, cuja função tecnológica ideal é a de vedar ou dar acesso, mas, se estão sempre fechadas, servem para manter tudo em sigilo, sendo essa a função tecnológica real. Se, além disso, têm pomposamente gravados os nomes de quem por trás delas se abriga, pode-se esperar que os preceitos são de obediência a normas e regras, enquanto os sentimentos são de orgulho e de prestígio (Oliveira, p. 71-72 e 77-88).

2.2 AS TRÊS VARIÁVEIS CULTURAIS E A AVALIAÇÃO DAS SUBCULTURAS

A definição da palavra **cultura** não favorece aplicações práticas à Administração, Por essa razão, procuramos tornar o conceito mais operacional para permitir diferenciar organizações e melhor entendê-las.

2.2.1 As variáveis tecnologia, preceitos e sentimentos

Para que o conceito de cultura seja utilizado nas análises das características organizacionais, é necessário torná-lo mais explícito com o fim de operacionalizar suas aplicações práticas. Um primeiro detalhamento que nos pareceu adequado foi o do sociólogo White, que classificou comportamentos, fatos, coisas, sentimentos, etc., identificadores da cultura de uma sociedade, em três conjuntos distintos, a seguir explicitados com algumas adaptações.

1. EXTRAPSÍQUICO. Caracterizado por objetos que estão **fora das pessoas**, como utensílios, veículos, edifícios e símbolos;

2. INTRAPSÍQUICO. Corresponde à aprendizagem decorrente da socialização desde tenra infância e **interiorizada** nos indivíduos, a exemplo de crenças, valores, normas, conhecimentos e habilidades;

3. INTERPSÍQUICO. Decorre das **interações** sociais das pessoas que se comunicam, como emoções e sentimentos (White apud Lakatos, p. 138).

Os três conjuntos foram inicialmente utilizados por autores para caracterizar grupos com longa duração, tanto em suas semelhanças quanto diferenças, e daí transferidos para coletividades organizacionais como indicadores de suas culturas (Souza, p. 36 e 74-75).

Por exemplo, o "conteúdo" da variável "tecnologia" de uma empresa que tem por finalidade abrir valetas nas ruas por meio de pás e picaretas é diferente de outra que usa escavadeira motorizada. Ao mesmo tempo, em ambas, essa variável tem muito maior "intensidade" se comparada com outro tipo de organização, como as prisões, onde prevalecem normas e regulamentos, em lugar do fornecimento de bens e serviços. Essas três variáveis, afins aos componentes culturais propostos por White e Souza, foram por nós denominadas **tecnologia**, **preceitos** e **sentimentos**, a seguir detalhadas.

1. TECNOLOGIA. A função de um agrupamento é concretizada pelo que ele produz por meio da transformação de insumos, seja um serviço ou bem a partir de matérias-primas, seja uma decisão alcançada com base em informações no caso de discussão em grupos. Tais resultados são conseguidos pelo emprego de técnicas operacionais, que dessa forma estão intimamente ligadas às transformações de entradas em saídas de um sistema. Dessa maneira, pode-se dizer que, correspondendo ao termo **extrapsíquico** de White:

> TECNOLOGIA designa concomitantemente:
>
> — os resultados obtidos (bens ou serviços prestados);
> — os processos utilizados (manuais, mecânicos, automatizados, etc.);
> — os insumos necessários (máquinas, mão de obra, conhecimentos, habilidades dos executores, dinheiro e até o tempo).

As diferenças do conteúdo da variável tecnologia explicam as diversidades de culturas entre hospitais, escolas, fábricas e empresas de processamento de dados, enquanto as diferenças de intensidades dessa mesma variável mostram as diversidades culturais entre a escola pública e a particular, pois esta última é menos obstada pelos regulamentos.

2. PRECEITOS. A divisão do trabalho (ligada à tecnologia) exige a colaboração para ser eficiente e esta precisa de normas de procedimento que assegurem o esforço conjunto, especificando quem faz o que e as maneiras de se relacionarem, ou seja, determinando uma estrutura do agrupamento. Além desses regulamentos, os participantes desenvolvem crenças, como "nossa Seção é a mais importante da Companhia", e valores, a exemplo de "é vantajoso ser promovido". Essa variável denominamos "preceitos" e é afim ao componente **intrapsíquico** definido por White.

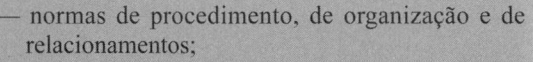

PRECEITOS designa o conjunto de:

— normas de procedimento, de organização e de relacionamentos;

— posições ocupadas pelos participantes nos vários agrupamentos;

— crenças e valores partilhados pelos membros dos grupos sociais.

A cultura de um seminário religioso difere da de um corpo militar pelo conteúdo da variável preceitos, ambas diferenciam-se da de um clube recreativo quanto à intensidade, que neste último obviamente é menor. Um componente muito importante da variável sentimentos é o das crenças pela influência que elas têm nos comportamentos do indivíduo dentro da organização. Ademais, uma explicação é a necessidade psicológica da pessoa humana de ter que acreditar em uma série de coisas a fim de manter sua estabilidade emocional. Por isso, uma vez estabelecidas, são difíceis de mudar, mesmo porque em grande parte são interiorizadas nos primeiros anos de vida.

3. SENTIMENTOS. Amor, simpatia, piedade, ou, então, raiva, insatisfação e medo são exemplos de sentimentos próprios do Homem, sendo afins ao conjunto de componentes culturais **interpsíquicos** de White. Todavia, na sociedade a **manifestação** na forma de emoções é obstada por várias razões, como o preceito imposto desde a infância de que "homem não chora".

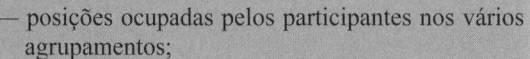

SENTIMENTOS designa as emoções decorrentes de:

— execução de atividades (causadoras de satisfação, alienação, etc.);

— obediência a normas de procedimento e organização (que determina posições hierárquicas e consequente medo, inveja e raiva);

— relacionamentos sociais (geradores de simpatias, admiração, desprezo, etc.).

Nas organizações, os sentimentos emergem, tanto em função da tecnologia utilizada quanto dos preceitos estabelecidos. Nelas, igualmente sua manifestação é permitida ou não e com maior ou menor intensidade, conforme as característica de sua cultura. Por exemplo, nas organizações militares, a expressão do medo é restringida ao máximo, de sorte que na batalha o oficial fica pálido e as pernas tremem, porém, não pode demonstrar tais emoções a seus comandados. Dessa forma, o leitor fica prevenido que os sentimentos são,

na verdade, o tipo e o grau **permitidos** de exprimir emoções. Assim informado, podemos dizer que:

Com isso, a cultura da prisão, onde impera a raiva e o medo, é oposta à da seita religiosa que prega o amor ao próximo, a qual varia de intensidade em relação à do clube fechado, onde é esperada apenas a simpatia entre os sócios.

Essas três variáveis estão interrelacionadas, de sorte que qualquer mudança em uma refletirá nas demais. Assim, um esfriamento nas relações dentro do agrupamento deverá dificultar a realização do trabalho e também uma redução na uniformidade de comportamentos, enquanto a alteração da tecnologia obriga a novos tipos de interações e a novas regras de procedimentos, ao mesmo tempo em que a substituição do chefe traz correspondentes alterações na tecnologia, pela introdução de novos métodos de trabalho, e origina novos sentimentos de satisfação ou insatisfação. A Figura 2.4 na página seguinte exemplifica o exposto (Souza, p. 37).

Existe, contudo, uma sequência quando se trata de planejar uma organização. Pelo fato delas terem por finalidade a satisfação das necessidades de seus clientes por meio do fornecimento de bens ou serviços, a **tecnologia** é a primeira dimensão a ser considerada. Além disso, pessoas com habilidades, conhecimentos e potencialidades têm que ser admitidas para levarem adiante o trabalho.

A segunda variável a considerar é a dos **preceitos**, pois normas de procedimentos e uma estrutura de posições hierárquicas são necessárias para nortear as transformações de insumos em resultados eficientes. Ademais, convém que os participantes interiorizem crenças e valores a respeito do ente abstrato que é a organização, devendo ser doutrinados para isso. Finalmente, padrões ostensivos de expressão dos **sentimentos** que decorrem das interações sociais precisam ser estabelecidos.

2.2.2 Intensidade e conteúdo das variáveis culturais

O exame das organizações com a utilização das três variáveis deve ser feito levando-se em conta os dois componentes de cada uma delas, ou seja, intensidade e conteúdo.

1. INTENSIDADE. Em prisões e campos de concentração, exige-se obediência rígida às regras, as emoções são reprimidas e as atividades produtivas consideradas irrelevantes para as finalidades de custódia. Diversa é a situação da fábrica, onde o trabalho é o mais importante, e o da paróquia ou clube recreativo nos quais a expressão de sentimentos é considerada adequada aos propósitos da organização.

2. CONTEÚDO. Tanto no seminário quanto no quartel, as normas são rígidas, a produção de bens ou serviços irrelevante e há restrição na expressão de sentimentos que não são os autorizados. Consequentemente, os dois casos são semelhantes, o que poderia levar a enganos de se imaginar que as culturas de ambos são próximas. Na verdade, isso não acontece porque **o conteúdo das variáveis é diferente**, a exemplo das crenças impressas em seus participantes que são muito diversas, como um minuto de reflexão pode mostrar.

Os exemplos sugerem que a intensidade dos componentes tecnologia, preceitos e sentimentos variam bastante de uma

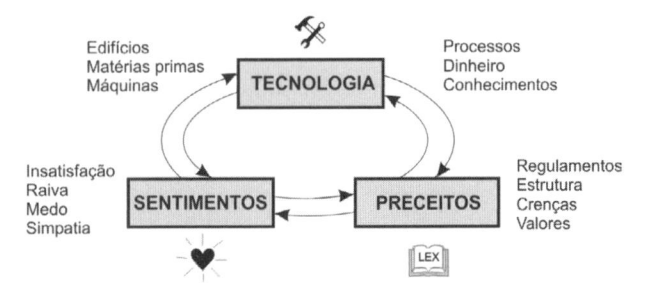

Figura 2.4 *Correlações entre as três variáveis culturais.*

organização para outra. Por isso, o gráfico por meio de um perfil facilita o entendimento dos comportamentos coletivos de seus participantes, como mostrado na Figura 2.5, com exemplos de fábrica e clube recreativo, cuja intensidade de cada variável está em uma escala de 0 até 5 pontos.

Por conseguinte, a intensidade que se observa em cada uma das três variáveis pode servir de critério para classificar ou identificar organizações.

Neste ponto, o leitor deve estar curioso em saber como medir praticamente o conteúdo e a intensidade das variáveis culturais das organizações. A metodologia passível de ser empregada corresponde a dos antropólogos para avaliar as culturas de sociedades, citando-se o estudo de campo, a análise de conteúdo da cultura e o método inter-cultural, auxiliados por técnicas, como a projetiva, a escala de atitudes e a análise fatorial (Krech *et al.*, p. 413-424). Além dessas, foi empregada no Brasil, com modificações, a escala de Kolb destinada a medir os motivos de poder, realização e afiliação (Souza, p. 47-53). Naturalmente, o assunto é muito complexo para ser detalhado neste livro, razão pela qual apenas é indicado o caminho a seguir.

Finalmente, um aspecto importante deve ser destacado, complementando a observação já feia no capítulo anterior. A cultura e, também, as subculturas, estão em contínua mudança. Isso fica mais claro após o exame das próprias variáveis culturais. Assim, neste fim de século, as alterações da variável tecnologia estão cada vez mais rápidas, o que faz mudar a dos preceitos quanto às crenças e valores, bem como a da expressão de sentimentos. Dessa maneira, a invenção dos *chips* facilitou de maneira inesperada a automação dos processos produtivos

e a comunicação via satélite permitiu acesso às informações nunca antes imaginada. A consequência que no momento mais nos interessa é a mudança prevista dos princípios e das técnicas de Administração e, em decorrência, da figura do administrador. Pelo que muitos autores anteveem, este tem que ser capaz de participar de equipes, tanto como membro quanto como líder, o que significa possuir treinamento para a comunicação, ter resistência à ambiguidades e, sobretudo, estar capacitado a integrar-se em grupos.

2.2.3 Quadro de referência unindo a Sociologia à Administração

A ponte já mencionada interligando a Sociologia à Administração tem por um de seus pilares a hierarquia por ordens de sistemas e os conjuntos de grupos formais esquematizados na Figuras 1.2 e 1.3 do capítulo anterior. O segundo pilar foi construído alicerçado nas três variáveis culturais que permitem identificar comportamentos coletivos. Acontece que tais maneiras de agir são diferenciadas, conforme sejam decorrentes de culturas, de subculturas e até das não usuais "sub subculturas". Por isso, é viável **associar** essa divisão de sucessivos **níveis de culturais e subculturas aos níveis hierarquizados por ordens**. Dessa maneira, os agrupamentos situados no nível de segunda ordem (enfocados como sistemas) permitem que suas características sejam analisadas segundo as variáveis tecnologia, preceitos e sentimentos da cultura que desenvolveram. Além disso, descendo um degrau, também as características de seus participantes (estes supostos no nível de primeira ordem) poderão ser examinadas por meio das subculturas que interiorizaram, igualmente com base nas mesmas três variáveis culturais.

Com mais detalhes, pode-se exemplificar tendo por base o caso da organização analisada na Figura 1.3, dizendo que nela se desenvolveu e foi interiorizada em seus participantes uma cultura específica. Esta pode ser expressa em uma frase: "Nós produzimos tecidos 'de combate' a preços reduzidos e qualidade inferior, dentro de um ambiente de regulamentos muito rígidos e alto *turn over* pelos baixos salários, onde quase todo o mundo trabalha insatisfeito.

O gráfico denominado "Administração" mostra como se podem correlacionar os sucessivos níveis organizacionais hierarquizados por ordens (como esquematizado na Figura 1.2) com as sucessivas ramificações da cultura (conforme exposto na Figura 2.2). Por outro lado, a cultura e suas ramificações são mais bem concretizadas caso decompostas em suas três variáveis — tecnologia, preceitos e sentimentos. Dessa maneira, cada nível organizacional pode ser estudado com base nas três variáveis culturais, o que é exemplificado no quadro da Figura 2.6.

TÓPICOS PARA EXPOSIÇÕES

2.1.1 Cultura, subculturas e contraculturas

a) Explicar, dando exemplos, que, como a palavra "físico" designa a compleição, "personalidade" as características

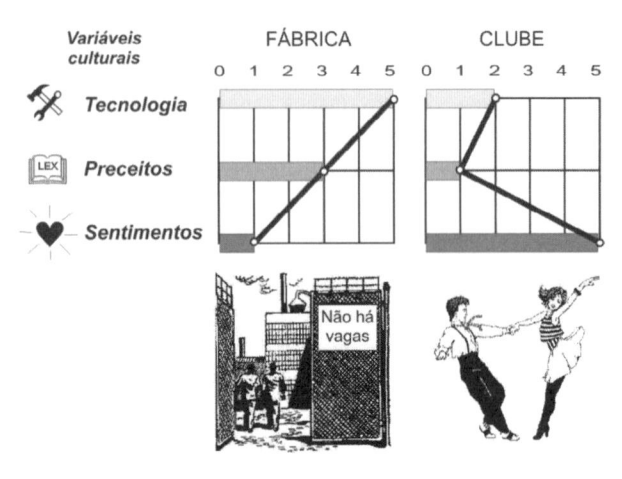

Figura 2.5 *Dois perfis de intensidades das variáveis culturais.*

Níveis ou ordens	Hierarquia por ordens	Assuntos de Administração em cada nível	Exemplos de assuntos de Administração examinados de acordo com cada uma das três variáveis culturais		
			Tecnologia	Preceitos	Sentimentos
quinto	Meio ambiente	**Clientes**	Fregueses	Sociedade	Associados
quarto	Organização	**Tipos**	Utilitária	Coercitiva	Normativa
terceiro	Função operacional	**Diretorias**	Produção	Contabilidade	Marketing
segundo	Agrupamento	**Coordenador**	Chefe	Condutor	Líder
primeiro	Participante	**Objetivos**	Realização	Salários	Amizades

Figura 2.6 *Quadro de referência integrando temas da Administração com as variáveis culturais da Sociologia.*

psicológicas individuais, "cultura" é a palavra utilizada para diferenciar características de sociedades; b) baseando-se no exemplo da Figura 2.2, definir cultura e subcultura.

2.1.2 Nas organizações formam-se culturas e subculturas?

a) Explicar as características das organizações que permitem classificá-las como microssociedades e, por isso, nelas deve se desenvolver uma cultura específica; b) explicar as razões de nas organizações se desenvolverem subculturas.

2.1.3. A cultura real e a cultura ideal

a) Com base na Figura 2.3, mostrar os padrões ostensivos da cultura denominada ideal e os ocultos da real, exemplificando com a "cola" na subcultura das escolas; b) explicar que um administrador pode descobrir a cultura real, investigando: 1. o que dizem os empregados antigos, 2. as estórias de exceções, 3. detalhes, como divisórias, dísticos, letreiros.

2.2.1 As variáveis tecnologia, preceitos e sentimentos

a) Explicar que, para tornar a definição de cultura operacional, é necessário caracterizá-la pelas variáveis que a compõem; b) definir, exemplificando, as três variáveis culturais; c) com base na Figura 2.4 explicar que essas três variáveis são interdependentes.

2.2.2 Intensidade e conteúdo das variáveis culturais

a) Explicar que cada uma das três variáveis culturais tem conteúdo e intensidade diferentes conforme o tipo de organização e a unidade administrativa; b) exemplificar o que é conteúdo e intensidade com base na Figura 2.5.

2.2.3 Quadro de referência unindo a Sociologia à Administração

a) Explicar que as características das organizações, vistas como sistemas hierarquizados, podem ser relacionadas com as três variáveis culturais; b) com base no quadro da Figura 2.6, mostrar os assuntos que serão tratados nos capítulos que seguem a este.

QUESTÕES DE APLICAÇÃO

1. a) Considerando que o termo cultura tem dois significados, indique, justificando, qual deles está subentendido nestas duas frases: 1. "por falar diversas línguas, o imperador D. Pedro II sempre foi admirado nas cortes europeias", 2. "o presságio de que um dia estrangeiros destruiriam o povo Asteca facilitou grandemente a conquista espanhola do México; b) indique, justificando, na

Figura 2.3 quais são os indicadores da: 1. cultura real, 2. cultura ideal.

2. a) Com base no conjunto dos três itens da definição de cultura, caracterize a cultura regional dos vaqueiros, designando de maneira concreta o que corresponde a cada um de seus 11 atributos (só os que julgar viáveis); b) idem para a nova subcultura que deveria ser implantada nas instalações da mina de magnesita; c) indique diferenças entre os atributos da cultura regional e os da subcultura que os gerentes sulinos estavam tentando implantar, que explicavam seus conflito com os novos empregados.

3. Identifique a subcultura que os professores de sua Escola devem ter interiorizado, concretizando o conteúdo dos **atributos das variáveis culturais**: a) tecnologia; b) preceitos; c) expressão de sentimentos.

4. Com base nas Figuras 1.3 e 2.7, identifique o nível da hierarquia por ordens que se encaixa nos seguintes assuntos de Administração: a) modificação da estrutura administrativa de uma prisão de simples custódia para torná-la de recuperação de presos por meio do trabalho remunerado em oficinas; b) limitação da produção em razão do pagamento de incentivos por peça fabricada na seção de tornos mecânicos em indústria automobilística; c) formação de oligopólio e cartéis pelas empresas no ramo de medicamentos para fornecer a hospitais do Governo. Justifique as respostas.

DISCUSSÃO EM GRUPOS

O caso dos vaqueiros operários (2ª parte)

Apoiado nos conceitos dados neste capítulo e nos fatos descritos no caso da mina de magnesita no Nordeste Brasileiro, cada grupo responda à questão que lhe for designada, **justificando** as respostas.

1. Com base na definição de cultura, exponha: a) ferramentas ou utensílios materiais impostos pelos gerentes sulistas que mudaram os correspondentes da cultura regional, porém foram aceitas; b) uma norma e um tipo de hábito da cultura ideal sulina que causaram conflito com a real nordestina; c) quais as duas mudanças culturais que forem posteriormente feitas para adaptar a real sulista à ideal sertaneja.

2. Tanto em ralação às fazendas de criação de gado quanto para a organização criada no sertão, informe: a) quem são os clientes cujas necessidades devem ser satisfeitas; b) exponha os componentes da variável cultural **tecnologia** para cada uma dessas organizações, quanto a: 1. resultados a obter destinados

a seus clientes, 2. processos utilizados para concretizar tais resultados; c) quanto à variável cultural **preceitos**, informe quais conjuntos de traços culturais eram comuns tanto para os vaqueiros quanto para os gerentes sulistas, especificando: 1. uma norma de relacionamento chefe/subordinado, 2. uma crença sobre o trabalho, 3 um valor sobre o dinheiro.

3. a) com base na Figura 2.5, desenhe os perfis que concretizam as três variáveis culturais: 1. para as fazendas destinadas a criação de gado; 2. para as instalações industriais das minas; b) identifique pelos menos uma característica do **conteúdo** de cada uma das três variáveis que mostre a diversidade entre o trato do gado e o trabalho nas minas.

4. Aplique o quadro de referência da Figura 2.6 para o caso da mina de magnesita, mas apenas para os níveis e itens possíveis de representar os temas de administração e as variáveis culturais nordestinas e sulistas.

5. Pelo exposto nos Capítulos 1 e 2 exponha: a) conjuntos de traços culturais que um sociólogo perceberia estar impedindo o relacionamento gerentes/vaqueiro a nível de ecossistema em relação a 1. variável preceitos, 2. variável expressão de sentimentos; b) o conflito relatado estava ocorrendo entre que níveis (ou ordens); c) que tipos de conhecimentos faltavam aos gerentes sulistas que poderia ter evitado o conflito?

O INDIVÍDUO TRABALHA COMO FOI SOCIALIZADO

3

Você pode perguntar: por que certas pessoas querem criar uma empresa própria enquanto outras preferem ser empregadas de alguma organização? Ou então, qual a razão de muitos buscarem serviços desafiadores de suas habilidades e outros desejarem trabalhos rotineiros? Finalmente: quem está certo e quem está errado? A resposta desta última pergunta é simples: **todos estão certos**! Portanto, cada um de nós tem sua própria personalidade, em princípio decorrente de dois fatores. O primeiro é o tipo físico que se tem desde antes do nascimento, como ser magro, gordo, alto ou forte. Já o segundo é provocado pela socialização impresssa na família, escola, trabalho, enfim na **sociedade** em que se vive.

Esta modelagem é explicada pela Sociologia, que deu muita importância a certos aspectos rotulados de **processos sociais**, como cooperação, competição, conflito, acomodação e outros. São comportamentos coletivos aprendidos desde a infância em seu ambiente cultural, situados dentro do processo que a Sociologia denominou **socialização**.

Para o administrador é de interesse conhecer tais fenômenos porque influenciam a produtividade e contribuem para as mudanças organizacionais, sejam as internas, sejam as externas presentes na sociedade, que acabam, também, influindo na organização.

Assim sendo, este capítulo inicia as explanações ao nível da pessoa, mostrando um **elenco de objetivos** que ela deseja alcançar pelo trabalho. Após, propõe medidas a fim de melhorar a produtividade individual pelo aumento da chamada **Pressão Técnica** decorrente da execução das tarefas.

3.1 A SOCIALIZAÇÃO INFLUENCIA OS OBJETIVOS BUSCADOS NAS ORGANIZAÇÕES

Dependendo da cultura vigente na sociedade e interiorizada durante toda a sua vida, um indivíduo aceita: engrossar as fileiras da mão de obra mal paga por não ser qualificado; outro tornar-se um artífice em busca da perfeição ou ser um administrador objetivando prestígio e realização.

3.1.1 A cultura é interiorizada pela socialização

As pesquisas de McClelland chamaram a atenção para a busca da **realização profissional** por parte de pessoas cujos pais lhes tinham exigido altos desempenhos e, ao mesmo tempo, desenvolvido sentido de independência. Em contrapartida,

destacou a busca da **afiliação** por aqueles cujas famílias lhes tinham ensinado a ser conformistas e, também, criado sensação de ansiedade. Nesse sentido, é interessante ler o relato de Luiz Antônio Costa, cuja mãe muito pobre o incentivava a plantar legumes e criar galinhas no quintal para ir vendê-los de porta em porta. Esses fatos o ajudaram a transformar-se no empresário internacional das indústrias de couro com a marca Zebu (Costa, p. 13).

Depois de verificar essa relação do tipo de aprendizagem sofrida na infância com o que o indivíduo busca satisfazer na vida adulta, McClelland ampliou suas pesquisas para regiões, países inteiros e até para a história, como no caso de ascensão e queda de civilizações do passado. Para isso, ele agregou a aprendizagem dada aos filhos por uma família e a estendeu para uma nação inteira. Assim, sugeriu que, inicialmente, os pais induziam os filhos para a realização, o que propiciava progresso e a conquista de outras nações. Com o tempo, o bem-estar auferido fazia mudar o tipo de aprendizagem para a afiliação, dando início à decadência do país (Murray, p. 155-167) (McClelland). A Figura 3.1 na página seguinte mostra essas duas formas do processo da socialização, que pode ser estendida para uma região ou mesmo país.

Afinal, é possível definir **socialização**? Sim, como um dos componentes da aprendizagem a qual os indivíduos são submetidos, ou mais precisamente:

> SOCIALIZAÇÃO é o processo pelo qual, ao longo da vida, a pessoa aprende e interioriza os elementos socioculturais de seu meio, integrando-os na estrutura de sua personalidade sob a influência de experiências e agentes sociais significativos, e adaptando-se assim ao ambiente social em que vive (Rocher apud Lakatos, p. 86).

Ainda dentro dessa linha da aprendizagem agregada à cultura, o sociólogo Max Weber ficou famoso por afirmar que o surto econômico dos países protestantes da Europa e América do Norte ocorreu porque essa religião valoriza o individualismo, o trabalho árduo, o êxito pessoal e a acumulação de riquezas. Contrastando com essas crenças, o catolicismo prega a renúncia a bens materiais, o amor fraterno e reprova a usura (Weber, 1967, 2001). Com crenças semelhantes ao protestantismo, os membros das seitas ascéticas *jaína* e *parce* da Índia, são os que mais têm sucesso nos negócios, o mesmo ocorrendo com os seguidores do zen-budismo no Japão e, por que não dizer, os israelitas de todo o mundo pelos mesmos motivos religiosos. Os autores que abordaram o assunto afirmam que o determinante desse tipo de aprendizagem é a existência nessas religiões de um valor nuclear básico que enfatiza: a experiência individual em lugar do ritual coletivo; a autoconfiança maior que a crença em líderes religiosos; e o ascetismo puritano (Murray, p. 168). Evidentemente, esses

18

cientistas do comportamento não discutem se esta religião é boa e certa enquanto aquela é má e errada, mas tão-somente o tipo de socialização que imprime em seus seguidores.

Se a influência dessas religiões for universal, deve-se, então, concluir que os brasileiros seguidores do protestantismo são, por esse motivo, árduos e parcimoniosos trabalhadores! Caso isso não seja verdadeiro, pode-se dizer que, em lugar de uma ideologia religiosa,

Figura 3.1 *A socialização voltada para o conformismo e a para o desempenho.*

trata-se de uma ideologia cultural de país ou região. Você pense e julgue melhor.

Várias ilações podem-se tirar da ideia de socialização.

1. Em razão das diferenças culturais de um país para outro, a socialização determina tipos diversos de indivíduos. Assim sendo, o que os brasileiros buscam satisfazer trabalhando nas organizações não é o que objetivam japoneses e americanos, além do que se comportam diferentemente. Isso explica, em parte, os muitos fracassos nas tentativas de transferir para o Brasil técnicas visando ao aumento da produtividade, a exemplo da administração por objetivos dos americanos e do *kanbam* dos japoneses.

2. A cultura ramifica-se em sucessivas subculturas, o que sugere diferenças na socialização das várias classes sociais e profissionais. Por isso, o gerente de classe média (cuja cultura valoriza a ascensão na carreira) não entende as razões de a mão de obra não especializada desinteressar-se por cursos profissionalizantes com o fim de melhorar o padrão de vida.

3. Embora a socialização ocorra durante toda a vida, seu núcleo é fixado na infância, após a qual pode, no máximo, mudar nos aspectos mais superficiais. Por isso, o burocrata incompetente e de meia idade que, por injunções políticas, é fantasiado em diretor ou presidente de empresa estatal, nunca se transformará em empresário. Isto por lhe faltar experiência administrativa e, sobretudo, por não ter motivação para negócios, pois, caso a possuísse, já teria se destacado como dirigente em algum ramo econômico.

Portanto, a socialização condiciona quais serão os objetivos pessoais que o indivíduo tentará satisfazer nas organizações, seja tentando ser admitido como empregado, seja criando uma firma própria.

3.1.2 As três classes de objetivos a serem satisfeitos nas organizações

É tão natural trabalhar em organizações que poucos questionam: por que troquei o lazer por um emprego? Responder dizendo que as pessoas buscam ganhar dinheiro é uma simplificação, pois ricos trabalham duramente e empregados já aposentados procuram serviços, mesmo que tenham a subsistência garantida. Tais considerações sugerem existir um elenco de objetivos pessoais buscados nas organizações, além do recebimento do salário. Intuitivamente percebe-se que a lista de objetivos pessoais é muito grande, alguns deles satisfeitos

na família, clube, igreja ou partido político, enquanto outros só no trabalho. Em razão de serem tão variados, convém simplificar seu exame, reduzindo-se o campo de análises aos buscados nas organizações produtoras de bens ou prestadoras de serviços, por serem as de maior interesse do administrador.

Uma forma de saber o que o indivíduo deseja na organização é perguntar diretamente a ele: qual é seu objetivo? Essa pergunta teria o viés das respostas serem, consciente ou inconscientemente, distorcidas, pois seria difícil alguém confessar que almeja o poder, ou, então, nada mais que alto *status*. Para evitar essa falha, é melhor utilizar métodos indiretos, por exemplo, perguntar o que causou maior ou menor satisfação nas organizações a que pertenceu. Isso porque a pessoa sente satisfação por alcançar o objetivo pretendido e insatisfação por fracassar em sua obtenção. Tais sucessos e insucessos ficam marcados na memória, sendo possível relembrá-los como fatos marcantes na vida profissional.

Essa proposta indireta de investigação traz outra vantagem: a de se aproveitar as numerosas pesquisas já realizadas sobre satisfação-insatisfação e, a partir delas, descobrir o que os participantes desejam conseguir nas organizações. Assim, analisando três pesquisas e substituindo o fator satisfação por objetivo, identificamos 15 tipos como principais (Herzberg, p. 57) (Myers, p. 63-92) (Bergamini, 1973, p. 102).

Alguns desses objetivos são decorrentes do trabalho em si, como executar tarefas interessantes ou desenvolver-se profissionalmente, o que sugere serem afins à TECNOLOGIA do nosso modelo de três variáveis culturais. Outros dizem respeito a fatores circundantes à atividade desempenhada, a exemplo de ser promovido ou ganhar salário condizente com o serviço feito, sendo suscetíveis de identificação com a variável PRECEITOS. Finalmente, um terceiro grupo referia-se aos relacionamentos com os companheiros e chefes, portanto, passíveis de inclusão dentro da variável expressão de SENTIMENTOS.

Com isso, foi possível elaborar o quadro da Figura 3.2, no qual são listados esses 15 objetivos dentro das três dimensões culturais da organização.

Ademais, baseando-se nas conclusões dos pesquisadores da satisfação-insatisfação, podemos inferir vários aspectos correlatos às tentativas de alcançar objetivos pessoais dentro das organizações.

1. Para começar, a lista de objetivos da Figura 3.2 não é exaustiva, mas tão-somente inclui os mais mencionados pelos respondentes, de sorte que o próprio leitor pode até incluir outros de acordo com suas experiências.

2. As pesquisas foram levadas a efeito em empresas e, por isso, os objetivos buscados em clubes, igrejas, partidos políticos

ou nos extremos de prisões, reformatórios, hospitais de isolamento ou psiquiátricos devem ser diferentes.

3. Os respondentes eram empregados de diversos níveis, o que sugere ser a lista completa para os fins práticos do administrador, apesar de se supor que os proprietários (caso fossem pesquisados) incluiriam alguns outros objetivos aos já enumerados.

4. Necessidades diferentes impulsionam para o mesmo objetivo. Assim, o salário representa para uns o meio de subsistência, para outros o reconhecimento pela competência, ou a medida do desenvolvimento profissional, e até mesmo indicação de desprestígio, caso abaixo do considerado justo pela capacitação que se julga possuir. Tais variações são explicadas pelas diferenças de personalidade e, também, de cultura da classe social a que pertencem.

5. O mesmo objetivo era mencionado como de aquisição para uns, de afastamento para outros, ou, então, nem era lembrado. Assim, a responsabilidade era tanto procurada quanto repudiada, enquanto a amizade das chefias era importante para as operárias pesquisadas e nem sequer mencionada pelos técnicos de alto nível. Essas diferenças têm suas razões na diversidade das subculturas das classes sociais.

6. As investigações americanas evidenciaram que os objetivos ligados ao trabalho em si predominavam sobre os relacionados com a amizade dos companheiros, enquanto as pesquisas brasileiras mostraram exatamente o contrário. Tal discrepância é explicável pelas diferenças culturais dos dois países, com uma dando valor ao individualismo e a outra aos relacionamentos sociais.

7. As pesquisas não informam, mas pode-se inferir que o elenco e a importância dos objetivos mudam para a mesma pessoa à medida que ela avança na idade, por exemplo, um indivíduo aos 30 anos pode buscar a realização, aos 50 a estabilidade no emprego e aos 60 a aposentadoria.

8. Os vários objetivos para a mesma pessoa não se excluem mutuamente, mas, pelo contrário, subsistem ao mesmo tempo, apenas se dispondo em uma hierarquia de importâncias, ou seja, pode-se almejar, ao mesmo tempo, realização, poder e prestígio.

Na página seguinte, a Figura 3.3 esquematiza o exposto nos itens acima, devendo-se levar em conta que teve por base os resultados da pesquisa americana levada a efeito por Myers. Esse pesquisador tinha por fim obter dados quantitativos, que fornecessem ideias mais concretas de alguns objetivos listados anteriormente. Essa figura mostra tais resultados, já classificados de acordo com as três variáveis culturais que são destacados por serem de interesse do administrador.

1. As intensidades na busca do mesmo tipo de objetivo variam substancialmente conforme se trata de especialista, supervisor ou operário. Isso torna claro as diferenças das três classes profissionais, o que sugere serem influenciadas pelas culturas das respectivas classes sociais. Por exemplo, os especialistas devem estar voltados para a realização enfatizando a responsabilidade, ao mesmo tempo que são individualistas pela baixíssima importância dada aos relacionamentos pessoais. Em contra partida, os operários invertem a importância dada aos mesmos objetivos, o que faz pensar estarem voltados para a afiliação.

2. A importância relativamente pequena do salário por parte desses mesmos operários sugere que, se a pesquisa fosse realizada no Brasil, os resultados seriam outros pela diversidade cultural. Por isso, o administrador deve levar em conta a importância que o dinheiro tem para os trabalhadores brasileiros, explicável pela enorme diversidade de remuneração nesses dois países, a começar pelo salário mínimo.

3. As intensidades na busca de objetivos fornecem uma pista para o administrador entender o que as pessoas (dentro de classes sociais e não individualmente) procuram conseguir trabalhando nas organizações.

4. Tais observações previnem o leitor que, caso se identifique com um dos três tipos de participantes constantes da Figura 3.3, inevitavelmente irá projetar seus próprios objetivos para as outras duas classes. O resultado é errar, por supor que seus integrantes desejam as mesmas coisas que ele, o que pode ser trágico para sua função de administrador, tanto em relação ao chefe quanto aos subordinados e pares.

O exposto torna clara a importância de o administrador entender a diversidade de objetivos que os participantes procuram conseguir trabalhando nas organizações.

3.1.3 As organizações têm objetivos?

Este é um assunto que nossa experiência tem mostrado ser dos mais polêmicos, razão pela qual precisa ser bem explicado. Para exemplificar, os proprietários de uma pequena empresa podem objetivar o poder, a riqueza e o prestígio, enquanto seus empregados desejam apenas ganhar salários e

🔧 TECNOLOGIAS	📖 PRECEITOS	♥ SENTIMENTOS
• Terminar a tarefa começada	• Organização ser bem administrada	• Gozar da amizade das chefias
• Ter reconhecimento pelo serviço executado	• Trabalhar sob chefia competente	• Ter bons relacionamentos com os companheiros
• Ter responsabilidade e autonomia	• Ter oportunidade de promoção	
• Executar serviço interessante	• Ganhar salário condicente, gozar de *fringe benefits* e participar dos lucros	
• Aprender e desenvolver-se profissionalmente	• Ter estabilidade no emprego	
	• Trabalhar em bom ambiente físico	
	• Desfrutar de prestígio	
	• Usufruir de poder	

Figura 3.2 *As três classes de objetivos buscados nas organizações produtoras de bens e serviços.*

20

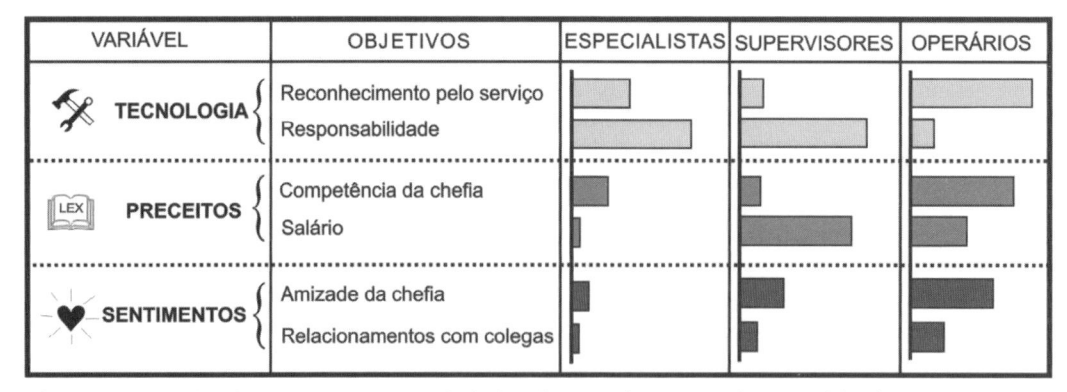

Figura 3.3 *Exemplos de variações na intensidade dos objetivos (Myers, p. 72-76, modificado).*

VARIÁVEL	OBJETIVOS	ESPECIALISTAS	SUPERVISORES	OPERÁRIOS
TECNOLOGIA	Reconhecimento pelo serviço			
	Responsabilidade			
PRECEITOS (LEX)	Competência da chefia			
	Salário			
SENTIMENTOS	Amizade da chefia			
	Relacionamentos com colegas			

benefícios condizentes com suas capacitações, e ter estabilidade no emprego.

Poder-se-ia perguntar: essa organização, cujos participantes têm objetivos tão diferentes, possui ela mesma algum objetivo? A **resposta é não** pelas seguintes razões:

1. O sentido psicológico do termo **objetivo** refere-se a alguma coisa individual a ser conseguida, não sendo aplicável a coletividades de pessoas, entre as quais se incluem as organizações, que são entes abstratos sem vida própria, pois o termo designa apenas uma reunião de indivíduos. Tanto é verdade que as leis não cogitam de punir associações por desmando e sim seus representantes.

2. Os objetivos dos participantes são muito variáveis, alguns competindo entre si, de sorte a não se poder afirmar que o conjunto tenha algum tipo de **desejo comum**, se não a todos pelo menos para a maioria (Lawrence & Lorsch, p. 3). Essa afirmação fica mais clara para o leitor se procurar intuir quais devem ser os objetivos dos três gerentes de mesma empresa mostrados na Figura 3.4.

3. Então, por que se continua falando em "objetivos da organização", embora autores como os mencionados descartem essa ideia como verdadeira? A resposta parece estar na conveniência de esconder a realidade da organização ser imaterial, pois é interessante induzir os participantes a lutarem por algo supostamente concreto do que trabalharem para dar lucro a meia dúzia de proprietários. Portanto, é uma crença criada e mantida em benefício de poucos, a qual o administrador não pode aceitar, embora muito difundida entre chefias e empregados. Aliás, autores têm procurado desmistificar essa crença incluindo-a na chamada **ficção institucional**, impingida tanto nas organizações quanto em Escolas de Administração (Krech et al., p. 466-467 e 486) (Motta, 1986, p. 46-47).

4. Poder-se-á distinguir na empresa algum **objetivo pessoal** e predominante? Sim, existe, o do empreendedor que criou a empresa a sua imagem e semelhança. Dessa maneira, o demitido da firma abre uma banca para vender "importados do Paraguai", objetivando a sobrevivência. Já o especialista cria sua microempresa de informática porque deseja o prestígio do homem de negócios e a realização profissional que não encontrou no emprego.

5. Não existindo "objetivos organizacionais", o que os substitui? Em nossa opinião, somente **funções**, **políticas** e **metas**. Poder-se-ia argumentar dizendo que se está apenas substituindo uma palavra por outra, mas isso não é verdade, pois o que aqui se pretende é eliminar a ideia falsa de que as organizações têm vontade própria, tal qual os seres vivos, entre os quais estão as pessoas humanas.

Neste ponto, o leitor pode estar sentido certo desconforto pelo fato de estar diante da afirmativa de ser ficção aquilo que o fizeram acreditar. Isso é muito natural, pois todas as vezes que somos confrontados com o desmentido daquilo suposto como verdadeiro pela maioria do grupo ao qual pertencemos surge o sentimento da chamada **dissonância cognitiva**, como explicado pela Psicologia. Em Administração existem muitas dessas ficções, sendo exemplo de uma a famosa e sempre repetida hierarquia das cinco necessidades postulada em 1943 por Maslow, sem que se faça referência ao fato de não haver comprovação e, também, de mais tarde ter sido desmentida pelo próprio autor, que a reduziu a apenas duas.

Concluindo, o administrador deverá sempre manter uma ponta de dúvida sobre tudo que lhe disserem como verdadeiro e definitivo (inclusive as afirmações deste livro), para não ficar na posição dos sábios da Idade Média, para os quais era evidente que a terra estava no centro do universo.

3.2 A PRESSÃO TÉCNICA PARA O TRABALHO

Se o indivíduo busca nas organizações os objetivos listados na coluna da variável "tecnologia" da Figura 3.2, é natural considerar que o meio para alcançá-los é a **realização do trabalho em si**, seja fabricando peças, seja projetando edifícios ou até mesmo prestando serviços. Esta classe de objetivos é bem diferente das referentes às variáveis "preceitos" e "sentimentos", as quais são **extrínsecas às tarefas**.

É claro que a execução de tarefas é de interesse do administrador, motivo pelo qual examinaremos como a cultura influencia o trabalho individual nas organizações produtoras de bens e serviços, bem como será possível torná-lo mais produtivo e mais satisfatório para o executante.

3.2.1 Conceito de Pressão Técnica

Porque artistas pintam quadros ou compõem mísicas, cientistas fazem pesquisas sobre tudo que existe e mergulhadores arriscam a vida para investigar navios naufragados? Certamente que o dinheiro significa apenas uma compensação pelos esforços, pois não conseguem enriquecer como os grandes empresários. Uma explicação está nas características inatas da pessoa humana de sentir que executar um trabalho é gratificante pelo fato de manter-se ocupado e pela satisfação obtida pelo ato de criar.

Figura 3.4 *Três administradores da mesma empresa ocupando níveis hierárquicos diferentes e com especializações diversas.*

Transferindo para as organizações esta afirmativa, pode-se supor que o trabalho, independentemente do pagamento ou de outras vantagens, pode vir a pressionar o empregado a executá-lo até o término. Chamaremos de **Pressão Técnica** essa necessidade de realizar.

> PRESSÃO TÉCNICA é a exigência que o participante da organização sente para executar ou não determinado trabalho, independentemente da chefia ou companheiros.

Todavia, o que é comum de se ver nas unidades administrativas é o desinteresse pela execução de tarefas e, em decorrência, os chefes pressionando subordinados a perfazê-las, e estes, por sua vez, insatisfeitos e sempre exigindo aumentos de salário. Uma explicação para esse fato é da Pressão Técnica ter-se tornado **negativa** pelo motivo do trabalho ser rotineiro. Um operário americano dá sua explicação por meio de uma analogia, perguntando o que Miquelângelo sentiria caso tivesse de repetir as mesmas pinturas da Capela Sistina mil vezes por ano, ou se Leonardo Da Vinci fosse obrigado a fazer idênticos quadros de anatomia cinquenta ou mais vezes por dia (Terkel apud Mintzberg, p. 178).

Pelo fato de a Pressão Técnica oscilar de um máximo positivo a um mínimo negativo, alguns pontos de sua definição devem ser destacados.

1. A Pressão Técnica é uma **variável** e, por isso, pode assumir diversos valores, ser nula e até mesmo negativa, isto é, o executor sente-se internamente pressionado a não desempenhar determinado trabalho, evidentemente com graus variáveis de rejeição.

2. A Pressão Técnica sentida para a execução de determinado serviço depende da personalidade da pessoa, razão pela qual uma suporta a monotonia das tarefas rotineiras, como as da linha de montagem, enquanto outra se desinteressa por tudo que deixa de ser novidade. Tais fatos pertencem ao campo da Psicologia Aplicada à Administração, quando o que nos interessa são as influências culturais decorrentes da socialização, motivo pelo qual nós prosseguiremos examinando a Pressão Técnica do ponto de vista de grupos formais ou informais e de classes sociais.

3. Se a Pressão Técnica for negativa ou apenas insuficiente, tradicionalmente ela é substituída ou complementada pela **Pressão Formal** da chefia. Por isso, o chefe passa a exer-

cer a supervisão cerrada, punindo pela não execução ou mau desempenho. Outra forma é utilizar a **Pressão social,** montando-se uma forma de pagamento por peça fabricada pelo grupo como um todo, de sorte que, se um trabalhador reduz a produção, todos os demais companheiros ficam prejudicados pela diminuição de salários extras.

3.2.2 A influência da cultura nos valores assumidos pela Pressão Técnica

Como a definição de Pressão Técnica desconsidera a ação direta da chefia e dos companheiros, para avaliar seu grau de influência tem que se levar em conta a aprendizagem sofrida pelo indivíduo nas coletividades em que viveu e vive. Por isso, esse assunto será analisado dentro da hierarquia de sistemas, segundo os níveis do participante, agrupamento, organização e sociedade, como esquematizado no **quadro de referência** da Figura 2.5 na página seguinte.

1. PARTICIPANTE. A cultura determina no indivíduo uma atitude prévia diante das tarefas a desempenhar nas organizações, a qual foi desenvolvida na família em função da classe social, como explanado no item 3.1.1. Assim, diante de um trabalho a executar, o participante o fará com cuidado, ou então, com desleixo, podendo até recusá-lo. Paralelamente, nele serão despertados sentimentos pela oferta ou exigência de perfazer determinado serviço. Isso fica patente até em escolas, em que alguns alunos demonstram má vontade com trabalho em grupo por preferirem aulas expositivas (que pouco contribuem para a aprendizagem), enquanto muitos outros têm atitudes exatamente opostas. Por outro lado, dependendo da aprendizagem desde tenra idade, o indivíduo tende a buscar um tipo específico de objetivo, seja na dimensão tecnológica, seja na de preceitos ou na de sentimentos, conforme mostraram as pesquisas citadas no item 3.1.2. Dessa maneira, é possível postular que cada tipo de tarefa pode exercer sobre o indivíduo uma pressão positiva ou, então, negativa, tudo dependendo da bagagem cultural que ele traz para o emprego.

Outro aspecto da Pressão Técnica a examinar é o valor que a cultura interiorizada no brasileiro concede aos serviços de "colarinho e gravata" em detrimento dos de "macacão azul". Por isso, muitos preferem ser bancários, ganhando uma miséria, em vez de empregar-se em fábricas como artífices bem remunerados. Essa aversão pelo trabalho "de graxa" vem de Portugal, quando os lusitanos subjugaram os mouros, deixando para eles os serviços humildes, e continuou no Brasil colônia, no qual lavoura e fabricação era para mão de obra escrava (Freyre, p. 164).

2. AGRUPAMENTO. Ao trabalhar em determinada empresa, o indivíduo absorve sua subcultura, de sorte que a tendência é transferi-la para outro emprego, ou seja, leva a pessoa a desenvolver atitudes para com o serviço que executa e a mantê-las em um novo trabalho. Essa permanência de hábitos faz com que aumente ou reduza a Pressão Técnica, conforme o serviço seja ou não congruente com o antigo.

Ademais, é indiscutível que o desempenho de uma tarefa julgada pelos companheiros como tendo baixo valor social pode reduzir a Pressão Técnica para executá-la, evidentemente valendo a situação inversa. Nesse sentido, espera-se que a profissão de alfaiate seja fonte de satisfação para o único oficial de uma loja de confecções, pelo respeito dos vendedores para com sua especialidade, e o consequente aumento da Pressão Técnica pela atividade de fazer os ajustes nas roupas. Da mesma forma, a profissão de abridor de cofres representa uma atividade importante para o profissional que trabalha nessa fábrica, pois ela é compreendida pelos companheiros, mas não pela sociedade, que evidentemente a olha com suspeitas.

3. ORGANIZAÇÃO. O tipo de subcultura criada na organização decorre de valores que atribuem características do que é desejável e bom, ou indesejável e mau. Dessa classificação não escapam as várias atividades, de sorte que deve haver um fator relacionando, em proporção direta, o valor atribuído à tarefa e a Pressão Técnica decorrente de sua execução. Assim, é compreensível que o participante engajado nas atividades-fins sinta a maior importância do que faz por contribuir para as finalidades da organização e isso seja um fator para o aumento da Pressão Técnica. Ao contrário, o participante executor de atividades-meio deve sentir um redutor na Pressão Técnica por perceber que seu trabalho não é tão valorizado para o atingimento das metas organizacionais.

O exposto pode ser mais bem esclarecido por meio de exemplos. Assim, o piloto de uma empresa que voa transportando seus executivos é respeitado por estes em razão de sua especialidade. Todavia, ele não sente em seu desempenho o mesmo valor que possuem os colegas empregados em companhias de aviação, onde a função de transportar passageiros constitui a razão de ser da empresa. Ademais, teme ser desligado pelo fato de trabalhar em uma atividade-meio — em que pode ocorrer a mudança política de não mais ter aeronaves próprias — enquanto os pilotos de linhas aéreas têm ainda a possibilidade de promoção para voar em aviões maiores e mais sofisticados. O mesmo se pode dizer dos médicos de ambulatório de empresas em relação aos colegas que trabalham em hospitais, ou do engenheiro de manutenção de uma cadeia de lojas — serviço esse que até pode ser terceirizado — em relação aos mesmos especialistas empregados nas firmas concessionárias de serviços públicos de eletricidade, transporte ou comunicações.

Por essa razão, as finalidades da organização influem no valor das tarefas nela desempenhadas e, em decorrência, na Pressão Técnica sentida pelos que as executam.

4. SOCIEDADE. A sociedade não só determina a cultura interiorizada no participante (que ele traz para dentro da organização) como também influencia os sentimentos decorrentes do que faz, pelo motivo de valorizar ou não seu trabalho. Entretanto, essa valorização depende, ainda, da subcultura da classe profissional, da classe social e da desenvolvida dentro da empresa, repartição pública ou escola, incluindo aquelas criadas pelas unidades administrativas, como Departamentos e Seções. Assim, a profissão de médico é prestigiada pela sociedade como um todo, a ponto de uma pesquisa americana de 1963 colocá-la em 2º lugar numa lista de 40, enquanto a de artífice (a exemplo de marceneiros e matrizeiros) só é valorizada pela classe operária (Horton & Hunt, p. 209). Isto significa que, se alguém exerce uma profissão supostamente adequada para os ocupantes de classes sociais acima da sua, muito provavelmente esse será um fator para sentir aumento da Pressão Técnica e, inversamente, um fator de redução da Pressão Técnica caso suas atividades sejam vistas como indignas da posição social que possui.

Em resumo, tais considerações permitem postular que a cultura de uma sociedade é capaz de aumentar a Pressão Técnica sentida por um executor, caso suas tarefas estejam de acordo com as opiniões de amigos e familiares e, sobretudo, em relação ao grupo de referência que tomou por modelo, evidentemente também valendo o inverso. Todavia, isto não é absoluto, mas está relacionado à posição do indivíduo na sociedade, de sorte que as pessoas almejam profissões e serviços característicos de classes de nível acima das que ocupam.

Dessa maneira, caso resultem em mobilidade ascendente de classe social, a pessoa pode sentir Pressão Técnica positiva por desempenhar tarefas de uma classe superior, especialmente no caso de ter-se preparado para ela a duras penas. Naturalmente, sucede o inverso com a mobilidade descendente, devendo ocorrer ajustes psicológicos para a pessoa poder aceitar a execução de trabalhos considerados de menor valor que os levados a efeito por pais e avós. Para isso, racionaliza como descrito na fábula "as uvas estavam verdes", geralmente diminuindo o valor da profissão dos seus ascendente ou do tipo de serviços por eles levados a efeito.

3.2.3 Tornando efetiva a Pressão Técnica

Desde o fim do século passado que a literatura prescreve medidas para o aumento da produtividade, como o pagamento de incentivos por peça fabricada e a racionalização do trabalho pelos métodos chamados de Tempos e Movimentos. Esses e outros métodos surgidos posteriormente, como rotação de tarefas, enriquecimento do trabalho, ampliação de tarefas etc., estão dentro do campo da Psicologia Aplicada à Administração por se limitarem ao executor, deixando de lado a influência da cultura e subculturas dos grupos sociais. Por essa razão, serão abordadas apenas algumas prescrições para o aumento da Pressão Técnica, levando-se em consideração a cultura nos níveis de participante, agrupamento, organização e sociedade, como feito no item anterior a este.

1. PARTICIPANTE. A sugestão a ser examinada refere-se à mudança radical no enfoque de transplantar métodos alienígenas para o aumento da produtividade. Isso porque a imposição do individualismo americano para o sucesso ou a cooperação para executar tarefas dos japoneses colidem com a cultura que valoriza o ambiente amigo e pouco competitivo do brasileiro, aliada ao desinteresse pela perfeição e ao descaso para atividades cooperativas. Com essa premissa, é preferível aproveitar ao máximo as possibilidades técnicas de transferir para profissionais autônomos a fabricação de bens e a prestação de serviços, desde que acompanhados de rígidos controles de qualidade. Aliás, é o que de longa data tem sido feito pela indústria de calçados do Vale do Rio dos Sinos no Rio Grande do Sul, onde as empresas fornecem maquinários e matéria-prima para que os sapatos sejam feitos nas residências dos antigos operários das fábricas. Tal processo repete-se, no centro-sul do Brasil, na confecção de artigos de malha, segundo o qual os comerciantes fornecem teares e fio para sitiantes executarem, no campo, peças de roupa.

Esse procedimento não constitui novidade, a ponto de já ter sido denominado de **terceirização**, isto é, produtos ou serviços executados por terceiros. Poder-se-ia argumentar que tal proposta pouco aumenta a Pressão Técnica por não alterar substancialmente o trabalho em si. Em parte é verdade, mas pelo menos não a reduz nem a torna negativa, como sucede na linha de montagem, na qual a rotina das tarefas repetidas torna o operário alienado do que faz e para quem faz, provocando greves, operações-tartaruga, acidentes e elevado *turn over,* como as pesquisas já mostraram.

2. AGRUPAMENTOS. É comum o participante trazer para o novo emprego a falta de hábito de cooperar, o pouco valor dado ao trabalho bem-feito e a crença de que a empresa é um prolongamento da roda de amigos, tudo aprendido em sua socialização na escola e serviços anteriores. Tal manutenção de cultura é percebida por todos os gerentes que um dia receberam subordinados recém-saídos de escolas técnicas ou universidades. Esses calouros de empresa continuam a achar que as tarefas recebidas para executar devem variar todos os dias, que o chefe é um instrutor com tempo disponível para ouvir suas numerosas dificuldades, e que o emprego é um lugar para bate-papos com companheiros e colegas. Da mesma forma, o fracasso que tem sido mencionado nas tentativas da integração escola-empresa, por meio do estágio supervisionado, exigido para os alunos que frequentam o último ano dos cursos profissionalizantes, deve-se, em parte, ao choque de duas subculturas e à dificuldade da passagem de uma para a outra, em virtude de o aprendiz continuar, ao mesmo tempo, pertencendo a dois agrupamentos com culturas diversas.

A primeira proposta para alterar as atitudes trazidas de outras organizações consiste na mudança cultural de, em lugar de valorizar o esforço individualizado, passar a enfatizar a realização em grupos, o que só pode ser conseguida pela **ressocialização**. Este processo deveria começar na escola por meio de treinamento do trabalho em grupos e ser completado na própria empresa, pelo desenvolvimento de equipes engajadas na produção, não se limitando às tarefas decisórias como as levadas a efeito em comissões, sejam as perenes, sejam as temporárias constituídas *ad hoc*.

A segunda sugestão de mudança cultural consiste em desmistificar a crença da especialização, segundo a qual só se pode executar um tipo de serviço. Trata-se do resquício da ultraespecialização preconizada por Tempos e Movimentos na execução de microtarefas, como se o Homem fosse máquina, e de acordo com a pouca vontade de esforçar-se para aprender novas habilidades. Um caso de nosso conhecimento é o de um faxineiro que varria as aparas caídas das máquinas, o qual recusou promoção que o obrigava a, também, lubrificá-las, alegando ser especializado em faxina, motivo pelo qual aceitou acrescentar a seus serviços a limpeza dos sanitários.

A terceira forma de resocialização depende do sucesso das duas anteriores e consiste na promoção de equipes autônomas de trabalho, as quais foram chamadas de sistemas sócio-técnicos Suas principais características são de não existirem posições fixas de trabalho e elegerem um companheiro para coordenador as atividades em vez de um chefe formal. Seus detalhes serão examinados em capítulo posterior.

3. ORGANIZAÇÃO. Já que não é possível valorizar da mesma forma todas as tarefas organizacionais, incluindo-as nas atividades-fim, uma primeira forma de aumentar a Pressão Técnica é facilitar transferências de pessoal, tendo por finalidade permitir que o participante encontre a atividade que esteja mais de acordo com seus desejos e habilidades.

Uma segunda maneira é permitir a ascensão na carreira dentro das especializações e não por meio de mudança para cargos administrativos, evitando-se o tão falado problema de "perder um ótimo técnico e ganhar um péssimo gerente". Trata-se das **carreiras paralelas** em "**Y**", um ramo com ascensão em cargos administrativos e o outro em funções técnicas, como foi estabelecido na Sabesp, a companhia estadual de saneamento do Estado de São Paulo, ainda pouco divulgado para os administradores. Isso permite criar um quadro de carreira no qual o técnico inicia como *trainee*, passa a júnior e por fim a sênior. Todavia, essa carreira de especialistas paralela à de chefia esbarra em outro problema, este de ordem cultural: o da crença de que o subordinado não pode ganhar mais que o superior hierárquico. Uma tentativa de resolver esse dilema é fazer com que o especialista seja comandado por dois chefes, como nas chamadas "estruturas matriciais", onde o técnico de alto nível pode ter salário superior ao do gerente de projeto.

Uma terceira forma de aumentar a Pressão Técnica é facilitar a aquisição de uma outra especialidade ou, então, desenvolver a já possuída, por meio de cursos formais profissionalizantes, dentro ou fora da organização. Não se trata de cursos informativos de curta duração, como é hábito as empresas oferecerem a seus empregados, mas do desenvolvimento com a formação prática de habilidades, seja em nível técnico, a exemplo de artífices, seja em nível universitário de graduação, a exemplo de engenharia, administração e outros mais.

Poder-se-ia dizer que tais procedimentos para desenvolver as potencialidades dos participantes são utópicos, mas trata-se de prática habitual nas universidades com seus professores, o que ainda constitui novidade para a maioria das empresas, inclusive as de maior porte. Essa falta de interesse para desenvolver as potencialidades dos participantes decorre da cultura das organizações e não por serem de concretização difícil.

Por fim, novas práticas organizacionais estão sendo introduzidas nas empresas, a exemplo da reengenharia, *kanban*, *just in time*, MRP II, OPT e outras com diferentes siglas. Naturalmente, a sugestão é a adequá-las à cultura deste país e subculturas regionais, sem o que dificilmente serão eficientes e eficazes como pretendido.

TÓPICOS PARA EXPOSIÇÕES

3.1.1 A cultura é interiorizada pela socialização

a) Com base na Figura 3.1 explicar, dando exemplos, que o processo da aprendizagem da cultura imposta pelos pais aos filhos pode fazê-los enfatizar a realização ou a afiliação; b) explicar o significado de afiliação e realização, mostrando que são duas **variáveis** que assumem valores diversos para cada indivíduo; c) explicar que, sendo a afiliação uma aprendizagem, pode ter sua influência diminuída caso a pessoa adulta faça um treinamento a favor da autonomia e da realização.

3.1.2 As três classes de objetivos a serem satisfeitos nas organizações

a) Explicar, dando exemplos, que as pessoas criam uma empresa ou entram para trabalhar ou apenas participar de organizações porque nelas desejam satisfazer objetivos pessoais; b) com base na Figura 3.2, mostrar que muitos objetivos buscados podem ser classificados de acordo com as três variáveis culturais; c) com base na Figura 3.3, mostrar que a importância de objetivos a serem satisfeitos nas organizações dependem da cultura interiorizada pelos indivíduos de acordo com sua classe social.

3.1.3 As organizações têm objetivos?

a) Perguntar à classe se a escola que frequentam tem objetivos; b) mostrar que os objetivos dos professores são diferentes dos participantes que trabalham em funções administrativas (secretaria, tesouraria, etc.) e também dos diretores, razão pela qual não se pode dizer que uma organização tenha objetivos, explicando que a palavra aplica-se às pessoas e não a entes abstratos; c) explicar que essa e outras crenças impostas e encontradas na literatura de Administração são chamadas de **ficção institucional.**

3.2.1 Conceito de Pressão Técnica

a) Explicar que é natural ao Homem executar tarefas em razão de elas serem gratificantes por si próprias; b) definir Pressão Técnica; c) explicar que a Pressão Técnica é uma variável que pode assumir valor positivo, nulo ou negativo; c) no caso da tarefa não exercer pressão sobre o executor por ela mesma, é necessário ser substituída pela pressão formal das chefias para conseguir o desempenho de trabalhos.

3.2.2 A influência da cultura nos valores assumidos pela Pressão Técnica

Explicar, dando exemplos, que: a) aplicando o quadro a da Figura 2.6 do Capítulo 2, a Pressão Técnica pode ser examinada com base na cultura nos níveis de indivíduo, agrupamento, organização e sociedade; b) em nível da primeira ordem, a do indivíduo, a cultura brasileira "concede maior valor ao trabalho de "colarinho e gravata" do que aos de oficina.

3.2.3 Tornando efetiva a Pressão Técnica

Explicar, dando exemplos, que cabe ao administrador tornar efetiva a Pressão Técnica nas organizações atuando nos quatro níveis do quadro de referência: a) em nível do indivíduo, ele deve adequar técnicas oriundas de outras culturas para não colidir com a brasileira; b) em nível do agrupamento, precisa mudar a cultura individualista para a coletiva do trabalho em equipe.

QUESTÕES DE APLICAÇÃO

1. Baseando-se na definição de socialização, informe, justificando as respostas: a) comparando a cultura brasileira com a americana e europeia, qual delas enfatiza a aprendizagem para a realização; b) como explicar que os grandes empresários provieram da classe social baixa, enquanto grande parte dos burocratas que trabalham em órgãos governamentais são da classe média.

2. Com base no quadro da Figura 3.2, informe: a) 1.quatro objetivos pessoais que você pretende alcançar no atual ou futuro emprego; 2. hierarquize-os por ordem de importância; 3. a qual variável cultural corresponde cada um deles; b) com base na resposta (**a**) avalie qual variável cultural você enfatiza.

3. Com base na definição de Pressão Técnica, informe: a) quais tarefas que deve desempenhar em sua escola sente exercerem sobre si: 1. a Pressão Técnica positiva; 2. idem para a negativa; b) o mesmo da pergunta (**a**) quanto os itens (**1**) e (**2**) para o serviço que executa na empresa em que trabalha (ou que supõe vir a ocorrer na que pretende vir a empregar-se).

4. Tendo em vista as mudanças necessárias para tornar mais efetiva a Pressão Técnica por meio da alteração do ensino centrado no professor (conforme os preceitos da Pedagogia, a aprendizagem das crianças) para o ensino centrado no aluno (conforme os preceitos da Andragogia, a aprendizagem de adultos), informe pelo menos duas alterações que devem ser feitas: a) nos comportamentos dos alunos, em termos do nível participante; b) nas técnicas de aula e treinamento da classe, em termos do nível de grupos.

DISCUSSÃO EM GRUPOS

O caso dos vaqueiros operários (3ª parte)

Com base nos conceitos dados neste capítulo e nos fatos descritos no caso da mina de magnesita do Nordeste brasileiro, cada grupo deve responder à questão que lhe for designada, **justificando** as respostas.

1. Com base no processo de interiorização da subcultura do ambiente de trabalho, conforme definido pela socialização, explique: a) por que era de ser prever que: 1. os vaqueiros esperassem tratamento paternalístico dos gerentes; 2. os

gerentes não agissem como os vaqueiros esperavam; b) houve o processo de ressocialização dos gerentes?

2. Com base nas Figuras 3.2 e 3.3 liste, hierarquizando por ordem de importância e indicando a que variável cultural pertencem, pelo menos três objetivos pessoais que pretendiam satisfazer pelo emprego na mina de magnesita: a) os vaqueiros; b) os gerentes sulistas.

3. a) com base na definição de Pressão Técnica, informe qual era a pressão de maior valor positivo sentida pelos vaqueiros em seu trabalho de: 1. pastorear o gado; 2. extrair e queimar o minério; b) na hipótese de haver redução da Pressão Técnica por terem ido trabalhar nas minas, qual a forma de compensação que deveria ser feita por essa diminuição de interesse pelo trabalho?

4. Tendo por base as culturas desenvolvidas nos vários níveis da hierarquia por ordens de complexidade, especifique se aumentou ou diminuiu a Pressão Técnica pela mudança de atividade de vaqueiro para operário, por influência: a) da cultura interiorizada nos vaqueiros pelas suas famílias; b) do grupo profissional dos vaqueiros que continuaram no trato do gado.

5. Considerando que os vaqueiros estavam acostumados ao trabalho em mutirão para o conserto de estradas e mutuamente se auxiliavam na busca de reses extraviadas naqueles pastos sem cercas, pergunta-se: 1. quais as vantagens, e 2. quais asdesvantagens para se obter produtividade pelo aumento da Pressão Técnica: a) pela criação de equipes autônomas de trabalho, tanto para a mineração quanto para a queima de minério; b) em pagar salário fixo e um extra coletivo em função do peso de minério extraído e do queimado; c) em manter a divisão de trabalho com postos fixos e chefia formal, como de hábito no centro-sul do país?

A INTERAÇÃO DE METAS GRUPAIS E O CONFLITO 4

Os donos da empresa têm por objetivos desfrutar de prestígio, poder e riqueza, enquanto seus empregados especialistas desejam desenvolver-se profissionalmente e executar serviços gratificantes. Você acha que esses objetivos tão díspares podem ser alcançados ao mesmo tempo? Sim, desde que todos alcancem suas próprias **metas**. Por exemplo, o trabalho dos especialistas contribui para que a empresa aumente o faturamento, o que trará, mais lucros, que irão satisfazer os desejos dos sócios-proprietários. Dessa forma, todos cooperam para que as metas que foram estabelecidas para a organização sejam alcançadas. Situação oposta é a dos empregados que têm os objetivos de prestígio, poder e maior salário, que são alcançados por vir a ocupar o lugar do chefe que saiu. Acontece que o cargo é único e os candidatos muitos, de sorte que somente um pode ser promovido, fazendo com que a meta comum passe a ser competitiva.

Portanto, além de procurar conhecer os objetivos dos participante da organização, o administrador tem que saber se o **meio** de concretizá-los são ou não conflitantes. Por isso, precisa entender que as **metas de um indivíduo interferem na dos demais**, dando como resultados efeitos muito diferentes. Esse é o assunto examinado em primeiro lugar neste capítulo.

Entre os resultados da interação de metas está o da **competição**, que costuma gerar conflitos, a exemplo do jogo de futebol, iniciado com chutes na bola e terminado com chutes nos adversários e até no próprio juiz. Assim sendo, o **conflito** será o segundo tema a ser examinado.

Dessa maneira, são trazidos para a organização os conceitos do **processo social** desenvolvidos pela Sociologia. Deve-se, também, observar que os exames desse fenômeno social será feito ao nível de grupos, formais ou informais.

4.1 AS METAS DE UM INDIVÍDUO INTERFEREM NAS DOS DEMAIS

Como exposto linhas atrás, as metas individuais interagem de maneiras diferentes, exigindo que o assunto seja mais bem analisado, começando pela definição de meta como sendo o meio intrermediário de alcançar objetivos.

4.1.1 Metas são os meios de alcançar objetivos

Os objetivos das pessoas são fins distantes e em grande parte abstratos, a exemplo de "ser feliz" ou "ser importante". Assim, os comportamentos não são dirigidos diretamente a eles e sim à obtenção (ou ao afastamento) de coisas mais próximas e concretas, isto é, de **metas**, assim conceituadas.

> METAS são os meios qualificáveis e às vezes, também, quantificáveis para, dentro de determinado período de tempo, alcançar o objetivo pessoal (Ackoff, 1974, p. 7 modificado).

Exemplo é o do estudante que tem o objetivo de "subir na vida" e, para isso, estabelece a meta (meio intermediário) de até o ano tal diplomar-se em curso de nível superior. Evidentemente, a meta exige **submetas** na forma de etapas intermediárias, que no caso do aluno seria conseguir, semestre por semestre, a aprovação nas disciplinas do currículo.

Acontece que a meta ao ser atingida deixa de existir, como ocorre no exemplo do estudante que consegue graduar-se. Assim sendo, o conceito da meta que ao ser alcançada se extingue o torna mais operacional para aplicações práticas que o do objetivo, por razões a seguir examinadas.

1. O objetivo pode ser mantido e a meta alterada. Isso fica claro no caso do aluno, que pode continuar com seu objetivo de "subir na vida", agora criando uma empresa própria, ou seja, concretizando nova meta.

2. A organização não tem objetivos, como exposto no capítulo anterior e, por isso, somente poder-se-á definir **metas** para serem concretizadas. Ademais, sendo um ente abstrato ela não pode ter metas próprias e sim seus participantes, com a particularidade de serem por eles alcançadas para satisfazer objetivos próprios. Por exemplo, se os proprietários determinarem que a empresa deve ampliar suas vendas em 10% e aumentar os lucros em 15% até o fim do exercício fiscal, isso determinará promoções, aumento de salários e até treinamento para os empregados, o que os permitirá alcançarem alguns de seus objetivos.

   Ao contrário, se a política estabelecida for de manter o *status quo*, isto é, se as metas determinadas para aquele ano for de não crescer, não se aperfeiçoar e não se desenvolver, o resultado é que os esforços das chefias para estimular subordinados desejosos de progredir tornam-se inúteis, restando a estes últimos procurar emprego nos concorrentes. Caso tal meta continue por anos, a saída dos participantes que objetivam a realização e a permanência dos voltados para a afiliação, farão com que a empresa regrida, acabando por fechar ou ser vendida.

3. Imposta ou nascida do consenso, a meta se tornará **coletiva** caso todos se esforcem para que ela seja alcançada. Isso ficará mais claro para o leitor se aplicada a organizações conhecidas, por exemplo, a times de futebol. Nesses, homens, mulheres e crianças (que são pessoas concretas), que englobam jogadores, massagistas, treinadores, "cartolas" (como chamados pelos jornalistas), sócios e torcidas, têm objetivos diferentes, porém a meta coletiva é a de que o "clube" (entidade abstrata por designar apenas um coletivo) ganhe o campeonato. Para isso, é necessário que

metas intermediárias sejam alcançadas, no caso vencer sucessivamente os clubes adversários **X**, **Y**, **Z** e outros mais.

4. Toda meta é constituída por **submetas**, a exemplo do sistema que é formado por subsistemas. No exemplo do clube de futebol, uma submeta poderia ser treinar jogadores até um nível de desempenho tal. Assim, é preciso que todas **as submetas sejam alcançadas** para que a meta final possa ser concretizada.

5. A meta é um **resultado concreto** a ser obtido. Esta afirmação é importantíssima para o administrador, por que todo planejamento precisa especificar metas e, também, o controle destinado a tomar medidas para que elas sejam alcançadas. Além disso, esse planejamento necessita estender-se à submetas como etapas para que as metas sejam concretizadas.

Pelo exposto, você fica alertado para não aceitar o erro cometido por muitos livros de Administração, que tratam de processos sem iniciar dizendo para que se destinam. Corresponde a planejar certa máquina sem saber para que ela serve.

4.1.2 As metas dos participantes são comuns

Se a meta de um participante é idêntica à dos outros, três situações podem ocorrer, como esquematizado na Figura 4.1. Nela, os vetores indicam intensidade, direção e sentido dos esforços das pessoas para atingirem a própria meta.

1. COMPETIÇÃO. A meta do candidato de empregar-se em uma organização é a mesma de outros que disputam a única vaga, um competindo com os demais porque o lugar vai ser de um só. De forma semelhante, chefes competem entre si para obter verbas, equipamentos ou mais espaços para as unidades administrativas que coordenam. Pode-se dizer que:

> COMPETIÇÃO é a luta para a obtenção de **recursos escassos,** no sentido de não serem suficientes para atender todos os postulantes.

Além dos insumos materiais já enunciados, também são recursos escassos o poder, o prestígio e a riqueza, em conjunto materializados por posições de destaque. Isso explica a razão da meta de tornar-se "eminência parda" (isto é, mandar por meio de alguém, como faziam os religiosos da idade média e renascença, manipulando a nobreza) ser tão buscada nas organizações.

O objetivo de ser prestigiado é enfatizado por todas as pessoas, o que explica a razão de, em reuniões, os membros terem a meta comum de cada qual se destacar dos demais, o que não é possível de ser alcançada por todos. Assim, seja na assembleia de diretoria destinada a decidir formas de aumentar os lucros, seja na discussão de grupos para resolver problemas, todos os membros possuem a meta coletiva de dar solução para o caso, mas cada qual tem a submeta particular de sobrepujar os demais. Isso é conseguido por aquele cuja proposta é aceita, evidentemente com a recusa das demais sugestões. Tal fato esclarece por que, em grupos de trabalho, inclusive os de discussão em grupo, é comum os debates pessoais entre alguns se acirrarem, deixando de lado a questão principal do objeto da reunião, e também por que muitos membros se calam com o fim de não entrarem na competição (Blau, p. 180-184).

2. COORIENTAÇÃO. A meta de receber salários é comum aos operários da linha de produção, bastando para alcançá-la executar as tarefas que lhes foram determinadas. Assim:

> COORIENTAÇÃO caracteriza-se pelo fato de a meta ser comum a todos, mas cada qual poder alcançá-la sem prejudicar os demais e sem precisar de auxílio dos companheiros.

Um exemplo é o de alunos de qualquer curso desejosos de alcançar a meta individual de passar de ano, possível de ser conseguida sem que seja dificultada ou facilitada por ações de colegas.

3. COOPERAÇÃO. A cooperação caracteriza-se por ser a meta comum, mas sua consecução depende do trabalho de todos, significando que os esforços são no mesmo sentido. Um exemplo é o do time de futebol, em que cada jogador possui a meta coletiva de vencer o adversário, o que só é possível se todos cooperarem. Assim, pode-se dizer que:

> A COOPERAÇÃO ocorre quando uma pessoa atinge sua meta somente quando as demais alcançam as delas

Nas organizações, corresponde à situação da equipe engajada na execução de determinado projeto ou tarefa, na qual o fracasso no desempenho de um prejudica o resultado final pretendido por todos. Nas escolas, é o caso da discussão ou trabalho em grupo por alunos, cuja nota é uma só dada em função dos resultados alcançados coletivamente.

4.1.3 As metas dos participantes são diferentes

No caso de os indivíduos terem as mesmas metas e estas forem diferentes, três situações podem ocorrer, como visualizadas na Figura 4.2 na página seguinte.

1. DIVERGÊNCIA. Um caso citado pela literatura é o do operário recém-admitido em uma Seção na qual um pagamento adicional era concedido pela quantidade de peças fabricadas. O novo trabalhador tinha, porém, a meta de produzir o máximo possível para ganhar mais, o que contrariava o grupo de colegas, que estabeleceram a meta de limitar a fabricação a determinado

1. COMPETIÇÃO   2. COORIENTAÇÃO   3. COOPERAÇÃO

Figura 4.1 *As três situações de interação de metas no caso de serem as mesmas para todos os participantes.*

28

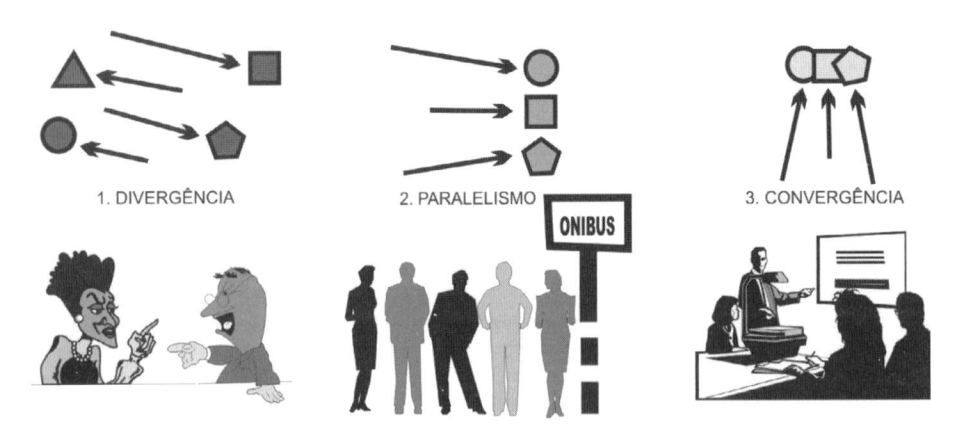

Figura 4.2 *As três situações de interação de metas no caso de serem diferentes para cada participante.*

número de unidades e, portanto, de limitar o salário a um máximo. Portanto, só ocorrerá divergência quando as metas individuais dos membros do grupo forem diferentes e incompatíveis entre si. No exemplo, havia apenas a meta individual de um membro divergente da meta coletiva, mas pode-se intuir de ocorrerem casos em que todas elas sejam incompatíveis de serem alcançadas ao mesmo tempo. O resultado é o aparecimento de conflitos de interesses, difíceis de serem resolvidos sem deixar sequelas.

2. PARALELISMO. Quem espera na fila do ponto de ônibus tem sua meta individual de chegar a determinado local, que pode não ser o mesmo dos demais passageiros. Por isso, as metas desses indivíduos são diferentes, porém a de cada um não interfere nas dos demais e ninguém precisa que outros alcancem as deles para obter a própria. Nas organizações, esta situação deve ser restrita a alguns casos, pois, como associações de pessoas com finalidades determinadas, são inadmissíveis comportamentos de multidão, que não têm direção e nem sentido definidos.

3. CONVERGÊNCIA. O professor alcança seu objetivo de realização profissional com a meta de, até o fim do semestre, transmitir um conjunto de conhecimentos, e o aluno de passar de ano aprendendo a disciplina lecionada. O ensino e a aprendizagem são metas diferentes, porém indissociáveis, isto é, só podem coexistir juntas, o que caracteriza a convergência. Este exemplo torna o caso de convergência de metas parecido com o da cooperação (no qual a meta é, também, coletiva, porém comum a todos), mas é diferente, porque nesta situação as metas são diversas. As seis possíveis interações de metas devem ser examinadas em seu conjunto.

— Nos casos reais, todas as possibilidades descritas ocorrem simultaneamente, apenas uma se destacando das demais. Por exemplo, a empresa terá caraterísticas democráticas caso as metas cooperativas predominem, e será autocrática se as mais destacadas forem as competitivas.

— Um caso pode ser transformado em outro, por exemplo, a competição mudar para a coorientação pela mudança de metas em razão de um consenso. Da mesma forma, a coorientação ser transformada em cooperação, como sucede quando o pagamento individual passa a ser feito coletivamente pela produção obtida com o esforço de todos.

— As pessoas sentem erradamente que as situações defrontadas nas organizações são de competição, porque na infância aprenderam a competir com os irmãos e na escola com os colegas, por melhores notas. Por isso, esse traço cultural, apanágio da classe média, é tão encontrado nos ambientes de trabalho, embora nestes devesse prevalecer a cooperação, tanto porque as tarefas exigem esforço coletivo, quanto mais por não serem associações de crianças.

— Considerando vários **grupos,** cada qual com sua meta coletiva, as seis possibilidades são, também, aplicáveis, isto é, grupos podem competir entre si, serem indiferentes ou mesmo cooperarem.

Este item complementa o da análise de objetivos individuais, pretendendo fornecer ao administrador mais um instrumento para melhor entender caraterísticas organizacionais, e também capacitá-lo a mudar situações de competição para cooperação e de divergência para convergência de metas.

Como é fácil de perceber, o assunto foi tratado apenas superficialmente, porém indicado um caminho para o entendimento de problemas administrativos e formas de solucioná-los (Hicks, p. 43-49); (Hersey & Blanchard, p. 125-127).

4.2 CONFLITO NAS ORGANIZAÇÕES

Nas páginas anteriores foi mostrado que o conflito está intimamente ligado às metas que conduzem à competição e à divergência. Todavia, mesmo havendo convergências de **metas,** podem ocorrer conflitos em virtude do dissenso quanto aos meios para alcançá-las. Assim, são conhecidas as lutas dentro de seitas religiosas, em que todos estão de acordo quanto à necessidade de salvar almas, mas não quanto aos meios para sua efetivação. Cabe, pois, ao administrador compreender o conflito, já que é inevitável, e saber como gerenciá-lo. Essa matéria é complexa, de sorte que a seguir será apenas dada uma introdução ao assunto.

4.2.1 Conceito de conflito e as três variáveis culturais

A Psicologia enfoca o conflito interno à pessoa. Assim, o indivíduo tem objetivos que são alcançados por meio de metas, as quais podem ser mutuamente exclusivas, de sorte que a pessoa tem de optar por uma ou outra. Por exemplo, o serviço rotineiro da repartição pública satisfaz os objetivos de segurança do empregado de não vir a ser despedido, mas contraria os de realização profissional e alto padrão de vida. Portanto, o atendimento de um dos objetivos obrigatoriamente frustra o de outros, o que leva esse funcionário a um estado de conflito interno concretizado pelo dilema de continuar no serviço ou mudar de emprego.

Já o conflito abordado pela Sociologia é de tipo diferente por considerá-lo externo e decorrente das interações de pessoas e de grupos na forma de comportamentos. Dessa maneira, o sentido dado ao termo é de ação, ou seja:

CONFLITO é o processo de procurar obter recompensas pela eliminação ou enfraquecimento dos competidores (Horton & Hunt, p. 257).

O conceito pode parecer muito drástico por referir-se aos extremos da luta armada, revoluções ou guerras, a exemplo do exibido na Figura 4.3.

Todavia, tudo é uma questão de grau que a variável assume, pois mesmo sem mortes ocorre conflito quando o empregado, desejando o lugar vago do chefe, procura eliminar a concorrência dos colegas levando ao conhecimento da diretoria fatos desabonadores, falsos ou verdadeiros dos candidatos mais cotados para a promoção.

Para aplicações à Administração, parece-nos mais adequado destacar o aspecto do **desacordo**, que para ser mais bem operacionalizado convém basear-se nas três variáveis culturais: tecnologia, preceitos e sentimentos.

1. TECNOLOGIA. Relaciona-se a desentendimentos quanto a produtos, processos e insumos. Assim, ocorre dissenso quanto ao que produzir e como fabricar, bem como lutas para a obtenção de recursos escassos da organização, a exemplo do uso de equipamentos, locais de trabalho e matérias-primas.

2. PRECEITOS. Resulta das diferenças de crenças, normas e valores. São exemplos as guerras ideológicas dentro de seitas religiosas, as greves nas empresas por maiores salários ou a luta por cargos e prestígio dentro da hierarquia fechada das organizações burocráticas.

3. SENTIMENTOS. Decorrem das frustrações internas que induzem à agressividade externa com os outros, gerando, ainda, sentimentos de hostilidade que reforçam o processo pelos revides dos agredidos. Essa tendência de agressão é natural do Homem, mas grandemente aumentada pelo confinamento e pela aprendizagem.

O primeiro caso é o das superpopulações nas cidades e, também, nos locais de trabalho, como tem sido observado até com animais, que se agridem mutuamente quando engaiolados, diferente do comportamento normal quando em liberdade. O segundo caso decorre da aprendizagem concretizada na frase de "não levar desaforo para casa" (mesmo que seja suposto e não real), reminiscência do tempo das cavernas, em que era útil para a sobrevivência (March & Simon, Capítulo 5).

Essa classificação tem grande interesse por servir de base para a administração dos conflitos. Isso porque os decorrentes da tecnologia são os mais fáceis de serem resolvidos por meio da discussão racional dos pontos divergentes.

Já os provocados pelo componente dos preceitos exigem até mudanças culturais para sua solução, pois decorrem do dissenso quanto a crenças e valores interiorizados na família e na sociedade e, por isso, obviamente difíceis de acomodações. Finalmente, os induzidos por sentimentos são os mais

dificultosos de resolução por serem motivados por fatores inatos e aprendidos na primeira infância.

4.2.2 Administração dos conflitos organizacionais

Os primeiros estudiosos de Administração viam apenas as disfunções do conflito e, por isso, tendiam a julgá-lo um comportamento aberrante que deveria ser evitado e mesmo punido. Mais tarde, passaram para o polo oposto, considerando-o até benéfico por ser propulsor de mudanças nas organizações (Motta, 1974, p. 49-52).

Na verdade, é mais lógico supor que trata-se de uma questão de intensidade desse fato social que é o conflito. Dessa maneira, o valor elevado dessa variável irá exacerbar os efeitos negativos enquanto o reduzido destacará os positivos. Isso pode ser mais bem entendido quando se transferem os efeitos do conflito dos grupos em sociedade para os das organizações. Assim, temos:

1. EFEITOS DESAGREGADORES DO CONFLITO:
   — aumento do ressentimento pessoal e entre grupos;
   — destruição dos oponentes com prejuízos recíprocos;
   — inibição dos canais de cooperação;
   — desvio das metas de produção para as de retaliação.

2. EFEITOS INTEGRADORES DO CONFLITO:
   — provocam a solução de questões pendentes;
   — conduzem à resolução de questões;
   — aumentam a coesão grupal;
   — levam a alianças com outros grupos;
   — mantêm os grupos alertados para os interesses de seus membros (Horton & Hunt, p. 260-261).

Esses itens constituem um referencial para o administrador gerenciar conflitos, cuja intenção deverá ser a de manter as divergências grupais dentro dos efeitos integradores.

É possível fazer isso de duas maneiras que se completam; por medidas preventivas para evitar a ocorrência e por ações corretivas, caso o conflito já esteja instalado.

1. MEDIDAS PREVENTIVAS. Inicialmente, deve-se procurar fazer com que as metas sejam convergentes, bem como as submetas que constituem os meios para atingi-las. Isso não é fácil de conseguir, pois é mais comum nas organizações a ênfase na variável cultural dos preceitos, como a estrutura rígida de uma hierarquia baseada no prestígio e poder, as funções exercidas sempre pelos mesmos participantes, a ascensão na carreira via promoção gerencial e não de especialização, além de outros fatores tradicionais da administração de empresas, todos favoráveis à emergência de conflitos. Tal situação só pode ser modificada com alterações nos aspectos básicos da subcultura organizacional, que o administrador é capaz de realizar se estiver na cúpula e dispuser de poder para subjugar as resistências, principalmente de seus pares. Para isso dispõe de técnicas desenvolvidas nestes últimos anos, a exemplo da reengenharia.

2. MEDIDAS CORRETIVAS. O primeiro passo é reconhecer a existência do conflito entre grupos, por exemplo, entre

os operários e a direção durante uma greve, e o segundo é identificar o peso de cada uma das três variáveis culturais, o que dará uma ideia da dificuldade para chegar a uma solução. Esta pode ser alcançada de três formas.

— **Negociação.** Consiste no processo dos conflitantes sentarem-se em mesa de negociação a fim de alcançarem a um acordo que beneficie ambos os lados. Isso deveria ser buscado na organização, mas geralmente as partes já partem para discutir nas Juntas de Conciliação e Julgamento na Justiça do Trabalho, sabidamente de pouco sucesso na resolução dos conflitos.

—**Mediação.** Falhando a negociação, resta solicitar a um terceiro para que intervenha restabelecendo as comunicações interrompidas pelo primeiro passo na escalada do conflito e fornecendo alternativas para que os dois grupos em litígio ainda saiam ganhando. Essa deveria ser a verdadeira função da Justiça do Trabalho, como terceira parte isenta de ânimo.

—**Arbitragem.** É o terceiro passo dado quando os dois anteriores falham, caracterizando-se por entregar a pendência a um terceiro, que dá ganho de causa a um e derrota ao outro, dentro do chamado "jogo de soma zero". Essa última forma de solução de conflitos sempre deixará sequelas, pois o grupo perdedor nunca aceitará a derrota, voltando a entrar em desacordo com o oponente assim que tiver oportunidade (Kelly, p. 531).

Para resolver tais conflitos é que foi criada no Brasil a Legislação Trabalhista, hoje considerada obsoleta pelo paternalismo e ingerência nas negociações entre sindicatos patronais e de empregados. Vale lembrar que no ano de 1992 foram ajuizadas neste país perto de 1.500.000 ações trabalhistas, contra 1.000 no Japão e 5.000 nos Estados Unidos, devendo-se destacar o fato de estas serem ações comuns por **inexistir justiça do trabalho** (Marcondes & Bernardes, p. 100).

4.3 A COMPETIÇÃO E A COOPERAÇÃO DECORREM DA CULTURA DA SOCIEDADE

Na família, a criança aprende desde cedo a competir com os irmãos por objetos e vantagens, os quais, além dos benefícios da posse em si, ainda lhe conferem certo prestígio e algum poder (Buckley, p. 268). Este condicionamento prossegue na escola, onde, além da meta coorientada da aprovação, é enfatizada a meta competitiva das melhores notas. Na idade adulta, continua a aprendizagem, nos esportes, na política e na vida profissional, em razão de a cultura deixar a situação cooperativa em segundo plano, por não lhe dar o valor da competição (Horton & Hunt, p. 256).

Assim, a "ética protestante", apanágio da classe média das sociedades desenvolvidas, inclusive a do Japão, que é shintoísta ou budista, difunde valores que salientam o individualismo e a independência, a parcimônia, o trabalho árduo e a acumulação de riquezas (Basil & Cook, p. 79).

Em contraposição, sociedades existem que ensinam a cooperação em face de seus membros compartilharem suas atividades-fins, não havendo o desejo de poder sobre as pessoas, já que o trabalho em conjunto não exige servidão e obediência a ordens. Interessante é o fato de tal cooperação existir em sociedades pré-letradas, como as dos maoris neozelandeses, esquimós e índios iroqueses (Buckley, p. 268).

Como na organização há uma subcultura da cultura da sociedade mais ampla, é natural que aquela possua, de forma abrandada ou reforçada, os vícios e as virtudes desta (Souza, p. 10). Por isso, o que se vê é a competição por metas que muitas vezes nem escassas são, especialmente nos níveis médios e altos da hierarquia, onde predominam empregados vindos da classe média, para os quais a promoção provoca um "vale-tudo" impressionante.

4.3.1 Aprendizagem da cooperação

Mas como ensinar os participantes da organização a cooperar? Tratando-se de **ressocialização**, ou seja, de um "descongelamento" de atitudes e comportamentos arraigados que vêm da infância, para o "congelamento" de novas atitudes e comportamentos, é compreensível que seja esta mudança cultural um processo difícil e demorado (Hersey & Blanchard, p. 2-3 e 197). As etapas do processo vão da alteração de conhecimentos até o treinamento em grupo, em uma sucessão em que as dificuldades para a eficácia do processo ficam cada vez maiores. Resumidamente são as seguintes.

1. A primeira fase das técnicas de mudança é a do **conhecimento,** em que novas informações são fornecidas, acreditando-se nelas em vista de serem lógicas, a exemplo do muito que é exposto neste livro. Quando basta este estágio, como ao se ensinar a nova forma para a execução de um trabalho, a mudança é conseguida em pouco tempo.

2. Já a fase seguinte corresponde à **alteração de atitude,** a qual envolve cargas emocionais e juízos de valor, como seriam os sentimentos, as cognições e a presteza dos comportamentos despertados pela exigência de trabalhar em cooperação com os demais companheiros. Esta é uma alteração mais profunda da personalidade.

3. Em terceiro lugar, vem a **não exibição de comportamentos decorrentes** de hábitos de muitos anos e a aprendizagem de **novas formas de ação.** Corresponde a deixar de lado o trabalho individual e passar a executá-lo em conjunto, aceitando, pedindo e fornecendo informações para que a tarefa grupal seja realizada.

4. Finalmente, vem a etapa da **mudança no grupo,** que, para trabalhar como coletividade, precisa aprender a organizar-se, estabelecendo o resultado que pretende alcançar, metas intermediárias, normas de procedimento e designando um líder.

Como é fácil perceber, o processo só dará resultado se for levado a efeito em ambientes especialmente criados para isso, sob a supervisão técnica de instrutores habilitados e experientes, sendo naturalmente demorado, como é toda a reaprendizagem que altera comportamentos mantidos desde a infância. Uma técnica para isso é a da **Dinâmica de grupo centrada na tarefa.**

As técnicas para a aprendizagem da cooperação são variadas e as descrições e maneiras de serem aplicadas com sucesso exigiriam um livro inteiro e não apenas um item. Além disso, trata-se de mudança cultural, que necessita de meses e até anos para as maneiras dos participantes da organização se comportarem tornem-se habituais. Por isso, apenas para conhecimento dos interessados mencionamos aqui alguns autores citados na bibliografia, como Oliveira Lima, 1974 e Maximiano, 1986.

É importante alertar o administrador para as tentativas fracassadas de tornar grupos de empregados cooperativos e maduros sem treinamentos prévios. Ademais, aqueles que pretenderem impor essa mudança sem aquiescência dos influenciados sentir-se-ão frustrados, o que em parte é bom para diminuir sua sensação de **onipotência**. Por isso, não se deve esquecer que toda mudança tentada por um líder ou condutor somente tem aceitação caso as condições externas forem propícias. Um exemplo é a ascensão de ditadores graças às dificuldades que um país atravessa, ocasião que o povo deseja alguém para os salvar. Aconteceu com os alemães que, sentindo-se humilhados pelo tratado de Versailles após a Grande Guerra de 1918, acreditaram no que Adolf Hitler lhes prometia.

4.3.2 O administrador deve sempre promover grupos cooperativos?

Para responder à pergunta é preciso examinar o que algumas pesquisas mostraram. Em primeiro lugar, a cooperação traz em si características que podem causar dificuldades inesperadas. Por exemplo, quando a organização determina a alguns de seus participantes engajarem-se em um curso que envolve dinâmica de grupo, é esperado que, voltando para suas unidades de trabalho, ele passe a desempenhar suas tarefas com maior eficiência e eficácia. Porém, o que sucede com um participante já convencido de que o trabalho deve ser cooperativo e, ao retornar a seu ambiente, encontra a mesma subcultura rígida de cargos enfatizando a competição por prestígio e poder? Evidentemente, entra em um processo de dissonância cognitiva provocado pelos novos comportamentos aprendidos que conflitam com os mantidos pelos seus pares e chefias. A consequência é a frustração que o torna ineficiente e ineficaz, com o risco de ser desligado se antes não pedir demissão. Em segundo lugar, é errado pensar que o grupo cujas metas são cooperativas sempre é mais eficiente do que os constituídos por indivíduos com metas coorientadas.

Isso tudo sugere que a conveniência ou não de promover grupos cooperativos depende das situações ambientais serem favoráveis, como pesquisas mostraram e que a seguir serão examinadas.

1. A COOPERAÇÃO DEPENDE DA MATURIDADE DOS PARTICIPANTES. Observando crianças de 2 a 4 anos em escolas maternais, nota-se que suas metas geralmente são paralelas ou coorientadas e, por isso, incapazes de se organizarem socialmente, agregando-se no máximo em uma hora. Já no jardim da infância, seguem um companheiro que se destaca pela vivacidade e, assim, desempenha o papel de condutor do bando, por impor suas próprias regras transitórias. Dos 7 ou 8 anos e até o início da puberdade, o que se vê é a aceitação de normas que vêm de fora, especialmente na figura de monitores, como em acampamentos do tipo de escoteiros. Somente após os 11 ou 12 anos é que

se verifica a capacidade de se organizarem por si mesmas em torno de metas cooperativas (Lima, p. 182-183). Daí se conclui que não haverá problemas para as organizações, pelo fato de nelas só trabalharem pessoas com mais de 14 anos. Nada mais errado, pois a idade biológica nem sempre corresponde ao desenvolvimento psicológico! Isto ocorre por várias razões, entre as quais destacamos três.

— A família que, ao bloquear em maior ou menor grau o crescimento psicológico dos filhos, faz com que mais tarde, já no ambiente de trabalho, continuem a exibir os comportamentos de quando eram crianças. Exemplos são o da afiliação, que leva à busca da segurança, o da rebeldia, que conduz à procura da dominação, ou o da submissão, que faz desejar agradar e ser bem aceito por todos, objetivos esses que claramente não correspondem aos de realização.

— A cultura da classe social dentro da qual a pessoa nasceu valoriza quem é competitivo, ou então, aceita a sujeição ao controle (Souza, p. 61).

— A subcultura da organização cria papéis infantis ao dividir o trabalho em tarefas simples, padronizadas ao máximo, sujeitas à rotina, controladas externamente e, por isso tudo suscetíveis de serem desempenhadas até por retardados mentais (Hersey & Blanchard, p. 66-67).

Em resumo, o exposto sugere que, para uma organização se tornar cooperativa, é necessário que seus membros amadureçam e cresçam psicologicamente, possível de ser concretizado por meio de treinamento em **dinâmica de grupo**. Este deve ser levado a efeito em ambiente isolado, a fim de que opere como sistema fechado (por algum tempo, enquanto se processam as mudanças). Além disso, é preciso que a própria organização mude para, com outra subcultura, aceitar as novas formas de trabalho. São condições severas que explicam o fracasso da maior parte das tentativas de criar grupos cooperativos, havendo resistências não só da administração, mas também dos próprios empregados, por ceticismo quanto a estruturas que não as tradicionais. Isso explica, em parte, o porquê do sucesso das chamadas técnicas do enriquecimento do trabalho, pois estas são levadas a efeito dentro da estrutura organizacional existente, sem necessidade de mudanças profundas, como as exigidas para a criação de grupos cooperativos.

2. EXISTE MAIS DE UMA FORMA DE SE TRABALHAR. Por esse motivo, não é possível saber *a priori* quais serão as atividades suscetíveis de ser mais bem desempenhadas em grupo. Não obstante, é factível estabelecer alguns princípios básicos. Assim, certas tarefas ligadas a variável preceitos, como as de juiz, ao dar uma sentença, são caracteristicamente individuais. Já as relativas às interações sociais podem ser tanto individuais (a exemplo das atividades de telefonista e de vendedor), quanto cooperativas, (como a transmissão de conhecimentos em grupos de aprendizagem, especialmente em escolas e em treinamento de executivos). De maneira semelhante, as tarefas relacionadas à variável tecnologia, como as de produção, admitem tanto a coordenação quanto a cooperação.

Todavia, é difícil imaginar que tarefas díspares, tais como as de microcomputador e a criação artística de *layout* para propaganda, não sejam desempenhadas por indivíduos sós. Contudo, serviços habitualmente individuais, como em linha de montagem, já estão sendo feitos coletivamente, a exemplo da produção de motores iniciada na Suécia e hoje levada a efeito em outros países. Isso nos leva a pensar que as organizações estão bloqueadas, não vendo seus administradores as possibilidades de as tarefas com metas coorientadas serem desempenhadas em cooperação, embora já estejam aceitando novas técnicas de produção, a exemplo do *just in time*.

De qualquer maneira, cabe ao administrador do futuro procurar refazer os sistemas de trabalho que se mostrarem desmotivadores, a fim de conseguir maior eficiência, eficácia e satisfação pessoal dos executores.

3. VANTAGENS E DESVANTAGENS DE GRUPOS COO-PERATIVOS TOMAREM DECISÕES. As pesquisas sociológicas têm enfocado principalmente o trabalho coletivo dos grupos decisórios e pouco dos grupos transformadores de materiais, pessoas e informações, ou seja, produtores de bens e prestadores de serviços. Por isso, o exame da literatura pode trazer distorções ao procurar transferir os resultados do decisório para o operacional. Assim prevenidos, passemos a examinar as vantagens e as desvantagens das decisões coletivas, as quais têm sido objeto da maioria dos experimentos com pequenos grupos.

Iniciemos com as **vantagens.**

— Quando é necessário um grande número de conhecimentos diferentes, sem dúvida, o grupo **facilita a coleta das informações individuais**, cuja integração constituirá o elemento básico para as posteriores decisões. Evidentemente, não se poderá ter a certeza de que o resultado final seja adequado, pois a etapa seguinte, ou seja, a do processo de escolha entre as alternativas, poderá ser mal conduzida. Projetos técnicos envolvendo vários especialistas são exemplos da conveniência desta cooperação.

— O grupo **permite o confronto de várias abordagens**, o que nunca poderá ser feito individualmente devido à tendência de só ver uma faceta do problema. Essa é a razão pela qual as empresas de publicidade utilizam técnicas específicas, como a do *brainstorming*, que em princípio se destinam à descoberta de ângulos novos, inclusive por pessoas não especializadas no assunto com o fim de evitar atitudes preconcebidas.

— Quando é necessário que várias pessoas **implantem a solução escolhida**, convém que esses mesmos indivíduos tenham participado do processo decisório que culmina com uma proposta concreta de ação, diminuindo assim as resistências de aceitação e, ao mesmo tempo, facilitando a compreensão do assunto, inclusive pelo conhecimento das razões pelas quais as alternativas foram rejeitadas;

— O **grupo aceita riscos** que os indivíduos isolados não seriam capazes de aceitar. Talvez seja esse o motivo pelo qual se fazem tantas reuniões nas empresas (Lobos, p. 222).

Em contrapartida, há **desvantagens.**

— Quando as soluções grupais são demoradas, razão pela qual em **situação de emergência** as pessoas sentem que é melhor executar ordens de um indivíduo e não analisar democraticamente alternativas. Esse caso é muito explorado em filmes e na televisão, quando o herói resolve tudo sozinho e é obedecido sem discussão.

— Existe casos em que a decisão **não é tão importante** para se constituir um grupo para alcançá-la. Isso é verdadeiro nas organizações que operam dentro de ambientes estáveis, razão pela qual as decisões são destinadas a adaptações às pequenas mudanças e, portanto, são mais no nível operacional de "chão" de fábrica que nos níveis mais altos de táticas internas à empresa ou mesmo de estratégias envolvendo o meio ambiente.

Concluindo, as organizações estão cada vez mais compelidas a desenvolver suas atividades por meio de grupos cooperativos. Isso em razão das condições ambientais estarem mudando, da situação estável das décadas passadas (que permitia estruturas rígidas), para outra turbulenta de um novo século (em que terão de ser mais flexíveis para adaptarem-se às mudanças para sobreviver) (Basil & Cook, p. 218).

TÓPICOS PARA EXPOSIÇÕES

4.1.1 Metas são os meios de alcançar objetivos

a) Com base no exemplo do aluno, explicar a diferença entre meta e objetivo; b) explicar que, pelo fato das organizações serem entes abstratos, elas não possuem objetivos, somente podendo-se estabelecer metas divididas em submetas; c) explicar, com um exemplo, que a meta é um resultado concreto a ser alcançado.

4.1.2 As metas dos participantes são comuns

a) Explicar que os objetivos de um conjunto de pessoas podem ser diferentes, porém a meta que pretendem concretizar seja comum a todos, resultando em três casos diferentes; b) com base na Figura 4.1 e exemplos, explicar os casos de: 1. competição; 2. coorientação; e 3. cooperação.

4.1.3 As metas dos participantes são diferentes

a) Explicar que uma segunda situação é a de quando os indivíduos têm metas diferentes; b) com base na Figura 4.2 e exemplos, explicar os casos de: 1. Divergência; 2. Paralelismo; 3. Convergência; c) explicar que os três casos ocorrem simultaneamente, somente com intensidades diversas.

4.2.1 Conceito de conflito e as três variáveis culturais

a) Definir conflito e explicar que em Administração é empregado como variável não tão extremada como em Sociologia; b) explicar, com base em exemplos, que o conflito pode ser analisado segundo as variáveis culturais de: 1. Tecnologia; 2. Preceitos; e 3. Sentimentos.

4.2.2 Administração dos conflitos organizacionais

a) Explicar, com exemplos, os efeitos desagregadores do conflito; b) idem para os integradores; c) explicar com exemplos: 1. as medidas preventivas; 2. e as medidas corretivas.

4.3.1 Aprendizagem da cooperação

a) Explicar que a cooperação é uma nova aprendizagem na forma de ressocialização pelo fato da cultura da sociedade enfatizar a competição; b) explicar com exemplos que as mudanças crescem em dificuldade à proporção que se procura alterar os conhecimentos; c) explicar cada uma das quatro etapas.

4.3.2 O Administrador deve sempre promover grupos cooperativos?

a) Explicar que o fato da cooperação ser ou não conveniente depende das condições internas e externas ao grupo; b) explicar que o grupo somente será eficaz caso seus membros sejam pessoas maduras; c) explicar que existem tarefas que são individuais e, por isso, não podem ser desempenhadas em grupos; d) exponha, com base em exemplos, as vantagens e desvantagens de se utilizar grupos para a tomada de decisões.

QUESTÕES DE APLICAÇÃO

1. a) Com base na definição de meta, exponha: 1. qual o principal objetivo que o levou a matricular-se nesta escola; 2. a meta concreta para alcançá-lo; e 3. a submeta mais próxima; b) com base na Figura 4.1, exponha, justificando: 1. qual das três situações você observa prevalecer em sua classe da Escola; e 2. qual vem em segundo lugar; c) neste último caso, em que situação específica ela ocorre.

2. a) Com base na Figura 4.2, explique, justificando, qual das três situações predomina entre os membros nas discussões de grupo em sua classe; b) idem, idem quanto a suas interações com os demais colegas em aulas expositivas; c) idem, idem quanto às interações **entre** esses grupos de sua classe.

3. Você é líder sindical e convém-lhe fomentar e manter conflitos entre patrões e empregados a fim de justificar a existência e atuação do sindicato. Assim sendo, entre a mediação, arbitragem e negociação para a solução de uma greve, qual delas é mais adequada a seus desígnios "maquiavélicos" de manter o conflito? Justifique a resposta.

4. Você é presidente de uma grande empresa e, entusiasmado com a formação de equipes cooperativas, mandou seu gerente da Seção de Contabilidade, vendedores e até pesquisadores participarem de cursos de dinâmica de grupo. Explique, justificando: a) se com tais medidas, a cultura de sua empresa mudará ou não de competitiva para cooperativa; b) se as atividades de todos os empregados mencionados exigem ser levadas a efeito em grupos cooperativos.

DISCUSSÃO EM GRUPOS

As crises da empresa Saiel (1ª parte)

O eletrotécnico holandês Van Sulz, após trabalhar em algumas empresas e naturalizar-se brasileiro, propôs sociedade a João Maia, um engenheiro eletricista, e a Fulton, brasileiro, mas filho de americanos e graduado em engenharia mecânica nos Estados Unidos. A ideia era aproveitar a oportunidade do Brasil ter iniciado na década de 1950 um período de crescimento industrial, com a substituição dos artigos importados por nacionais. Esse fato levou a construírem-se muitas novas fábricas e ampliaram-se as existentes, tanto as de capital brasileiro quanto as multinacionais. Aceita a proposta de Van Sulz, cada qual entrou com igual cota para formar o capital, nascendo a firma Saiel — Sociedade de Artefatos e Instalações Elétricas Ltda. Esta tinha a finalidade de executar instalações industriais elétricas e mecânicas a fim de atender às necessidades de clientes que construíam novas fábricas ou expandiam as já existentes e, também, a de fabricar peças avulsas e uma linha de suportes de ferro compradas por outras firmas instaladoras.

FASE DOS PRIMEIROS ANOS APÓS A FUNDAÇÃO

Graças ao fato de ter aproveitado essa oportunidade do mercado, a Saiel conseguiu muitos serviços, crescendo em pessoal e em faturamento, chegando a ter o porte de uma pequena empresa. As principais características desses seus primeiros 10 anos de existência foram as seguintes.

1. Marketing

Por conhecerem pessoalmente donos de fábricas e pela exigência de profissionalização para oferecer instalações industriais, as vendas de serviços eram feitas pelos sócios.

Já a linha de suportes de laminados de ferro fabricados pela Saiel de acordo com uma patente japonesa, destinados a facilitar as instalações elétricas e mecânicas, era oferecida às outras instaladoras por uma equipe de vendedores, que mostravam as vantagens de seu uso, tanto pela maior perfeição dos serviços quanto pela economia de mão de obra.

Muitas disfunções ocorriam nessa Seção de Vendas. Assim, os vendedores que deviam estar subordinados diretamente a Van Sulz, também recebiam ordens dos outros dois sócios, razão pela qual se queixavam de instruções contraditórias. Reclamavam também do fato de um vendedor tirar o cliente do outro e, sobretudo, de as instaladoras recusarem adquirir suportes que tinham gravado o nome de uma concorrente, o da Saiel. O pior era a venda de suportes para pronta entrega e inexistentes no estoque do Almoxarifado ou, então, a remessa de material destinado ao uso de outras instaladoras, que iriam fazer falta às próprias obras da Saiel.

Outro tipo de produto era o das construções metálicas, sempre feitas sob encomenda para atender aos mais diversos clientes conseguidos pela Seção de Vendas. A queixa dos vendedores resumia-se na má vontade da Oficina em atender a seus pedidos fora de série, quando não atrasando meses a entrega, não obstante tivesse recebido os desenhos elaborados pela Seção de Projetos, cujos técnicos tinham ido pessoalmente visitar o cliente junto com o vendedor, manifestando sempre interesse em resolver seus problemas.

2. Produção

A produção era constituída por três atividades distintas, mas complementares: as instalações feitas nas indústrias dos clientes, a fabricação de peças e a execução de projetos.

2.1 Instalações industriais

Os serviços de instalação eram dos tipos mais variados possível, o que exigia criatividade e experiência para sua execução. Em cada obra ficava uma turma constituída por encarregado, oficiais especialistas e ajudantes, que eram supridos pelo Almoxarifado. De acordo com as características do serviço, os sócios designavam o encarregado e este escolhia os técnicos que iriam formar sua equipe, geralmente de acordo com suas preferências, de sorte que as turmas eram bastante estáveis, movimentando-se o pessoal em conjunto de uma obra para outra. Nesse contexto, os encarregados sempre reclamavam da falta de suportes e o Almoxarifado justificava que não eram entregues em quantidade suficiente pela Oficina.

2.2 Oficina

A fabricação de peças era levada a efeito em uma Oficina localizada em galpão alugado e distante dos escritórios, na qual trabalhava um mestre, alguns oficiais e ajudantes. Apenas a metade da produção era feita em série, sendo o restante por encomendas, estas para atender às necessidades das obras da Saiel e aos pedidos de clientes conseguidos pelos vendedores. Nessa oficina, os três sócios intervinham, deixando o mestre confuso sem saber quais eram as prioridades a atender.

O mestre reclamava das contínuas mudanças que a Seção de Projetos fazia nos suportes, exigindo novas matrizes e a consequente perda das antigas. A isso somavam-se as modificações introduzidas nas peças sob encomenda e pedidas pela Seção de Vendas para atender aos clientes, tendo com isso de refazer serviços supostos definitivos. Como era de se esperar, todas as peças deveriam ter ficado prontas "ontem" e nem sempre recebia a tempo as matérias-primas, que, por serem muito diversificadas, não eram facilmente obtidas.

2.3 Seção de Projetos

Como apoio às obras de instalações e à Oficina, funcionava a Seção de Projetos. Para executar trabalhos dos mais diversos tipos, contava com alguns técnicos e desenhistas, os quais recebiam ordens diretas dos sócios, mas tinham também entendimentos com os vendedores, encarregados, mestre da Oficina e até mesmo com os clientes. Trabalhavam juntos em uma grande sala no prédio de escritório e almoxarifado, o que muito facilitava a discussão conjunta para a busca de soluções para os problemas técnicos, mas que consumia tempo, a ponto de atrasar muitos projetos.

Os estudos iniciais, os projetos e os orçamentos eram feitos por técnicos dessa Seção de Projetos, sempre sob a orientação dos sócios. Após iniciado o serviço, esses técnicos iam frequentemente às obras resolver os problemas que surgiam. Para isso, davam soluções de comum acordo com o encarregado, tanto para os serviços atenderem às necessidades e exigências dos clientes quanto serem executados dentro dos orçamentos e prazos previstos.

Com base nos conceitos dados neste capítulo e nos fatos descritos da empresa Saiel, cada grupo deve responder à questão abaixo que lhe for designada, **justificando** as respostas.

1. Considerando isoladamente 1. o grupo dos técnicos da Seção de Projetos, 2. o dos operários da Oficina e 3. o dos vendedores da Seção de Vendas, informe, justificando, em qual dessas três unidades administrativas era mais provável que as interações de metas individuais originassem: a) competição; b) coorientação; c) cooperação.

2. a) Considerando que havia **convergência** das metas relacionadas com a variável cultural **tecnologia** entre a Seção de Vendas e a Seção de Projetos, especifique para essas unidades suas metas diversas, porém coexistentes; b) pelo fato de o caso sugerir a existência de **divergências** entre a Oficina e a Seção de Projetos, especifique quais deveriam ser as metas de cada uma dessas unidades administrativas que causavam conflito; c) ocorrendo **paralelismo** entre as metas da Seção de Projetos com as do Almoxarifado, especifique as metas de cada um desses grupos formais.

3. a) Especifique pelo menos dois conflitos que ocorriam entre as unidades administrativas da Saiel; b) qual das três medidas corretivas você indicaria para resolver esses conflitos.

4. a) Os eletricistas, os mecânicos e os encanadores que executavam as instalações nas fábricas dos clientes formavam ou não equipes cooperativas homogêneas? b) caso fosse necessário formarem equipes, qual ou quais das 4 técnicas deveria(m) ser utilizada(s) no treinamento a ser feito para que se obtivesse a cooperação desejável? c) comparando com as outras unidades administrativas da Saiel, as equipes assim ressocializadas teriam ou não possibilidade de manter a nova subcultura baseada na cooperação?

5. a) Pelo tipo de atividades desenvolvidas pelos vendedores há grande conveniência que formem um grupo cooperativo? b) para que haja produtividade com eficácia e eficiência é necessário que a Seção de Projetos, a Oficina e as turmas de instalação cooperem entre si? c) qual o grau de cooperação que deve existir entre os vendedores e os especialistas que fazem as instalações para os clientes? Alto, médio, baixo ou nenhum?

FORMAS E PROCESSOS DO CONTROLE SOCIAL 5

O grupo de alunos com a meta comum de discutir o tema da aula pressiona o colega que falta às reuniões e nada contribui porque sua meta particular é passar de ano sem estudar. Essa pressão para que seja exibido determinado comportamento é chamada pela Sociologia de **controle social**, adquirindo formas diferentes conforme o tipo de interação de metas.

Assim, os donos de empresas **trocam** o trabalho por dinheiro para obterem serviços de seus empregados, pois as metas são paralelas. Já os guardas utilizam o **poder** para manter prisioneiros confinados, em razão de as metas serem divergentes. Por fim, os médicos empregam sua **autoridade** para convencerem os pacientes a submeterem-se aos tratamentos prescritos para as doenças, porque as metas de todos são convergentes.

Os processos com o fim de concretizar as várias formas de controle social também são diferentes. Por exemplo, o fazendeiro dos exemplos anteriores submete os vaqueiros a sua vontade porque **tradicionalmente** isso está estabelecido. Por outro lado, o milagreiro do sertão domina os beatos por lhe atribuírem **carisma**, ou seja, qualidades invulgares, as quais, não possui.

Dessa maneira, pode-se examinar a remuneração, o poder e a autoridade de acordo com as trocas, a tradição e as emoções, que nas organizações correspondem, respectivamente, às variáveis culturais **tecnologia, preceitos e sentimentos**, como será visto a seguir.

Essa diferenciação é importante para o administrador no exercício de sua profissão, pois passa a compreender por que as pessoas resistem por vezes a suas determinações, enquanto em outras situações não só colaboram, como também produzem além do esperado.

5.1.1 Trocas, poder e autoridade são tipos diferentes de controle

Para entender as diferenças entre esses tipos de controle social é preciso, inicialmente, saber o que significam. A Figura 5.1 exibe um exemplo de cada forma de controlar.

1. TROCAS. Uma situação de interação de metas explanada no Capítulo 4 é a de **paralelismo**, na qual as metas do in-

TROCAS   PODER   AUTORIDADE

Figura 5.1 *Exemplos de controles por meio de trocas, poder e autoridade, que ocorrem na sociedade e nas empresas.*

5.1 AS FORMAS DO CONTROLE DEPENDEM DOS TIPOS DE INTERAÇÃO DE METAS

Para começar, é necessário tornar claro que os termos **poder** e **autoridade** denotam duas formas opostas de controle social. A razão é serem habitualmente confundidos por muitos autores que escreveram livros e artigos sobre Administração, o que faz com que os leitores resistam às tentativas de mudar essa crença, passando a distinguir uma palavra da outra.

fluenciador diferem das do influenciado, porém podem ser atingidas simultaneamente, desde que ambos entrem em um acordo. Um exemplo é o do proprietário desejoso de que um serviço seja realizado em sua casa e do profissional interessado em ganhar dinheiro, capaz de executá-lo desde que em troca de **pagamentos**, ou seja, por alguma forma de **remuneração**, que em parte pode ser dinheiro. Para este, tanto faz pintar esta ou aquela parede, bem como qual a cor escolhida pelo dono, havendo **indiferença** pela maneira pela qual contribui.

36

Trata-se da influência calculista das duas partes com base no valor de utilidade que existe para cada um, daquilo que o outro pode oferecer para barganhar (Etzioni, 1974, p. 62-63). Com essa explanação, pode-se dizer que:

> TROCA é o controle ou influência tendo por base recursos materiais e recompensas na forma de remuneração pelo recebimento de algum tipo de contribuição (Etzioni, 1974, p 33 modificado).

Essa forma de controlar tem por caraterística o fato de ambos ganharem, em virtude de alcançarem as próprias metas, que, apesar de diferentes, são compatíveis. Nas organizações, é o caso do participante que troca seu esforço para produzir pelo salário que lhe é pago.

2. PODER. Ampliando as explanações dos itens 4.1.1 e 4.1.2 do Capítulo 4 sobre interações de metas individuais, pode-se dizer que, ocorrendo **divergência** de orientação por parte das pessoas, haverá **dissenso** quanto a metas, de sorte que a forma de influenciar deve ser baseada na coerção, quer física quer psicológica, para que o influenciado venha a comportar-se da forma desejada, apesar de ser contra sua vontade. É o caso do prisioneiro, cujas ações são controladas pelo guarda, especialmente para não fugir.

Nesta situação, o influenciador exerce pressão para obter comportamentos do influenciado utilizando o poder, termo esse que necessita ser definido.

> PODER é o controle ou influência sobre as ações dos outros no intuito de atingir as próprias metas, sem o consentimento desses outros, contra a vontade deles ou sem seu conhecimento ou compreensão (Buckley, p. 264).

O importante a observar é que um indivíduo ou um grupo exerce poder sobre outra pessoa ou coletividade, desde que induza o dominado a agir contra seus próprios interesses, seja porque é coagido, seja porque é enganado, mas sempre em benefício dos desejos do dominador.

3. AUTORIDADE. Completamente diferente das duas situações anteriores é aquela na qual existe **convergência** de metas, já exemplificada com o médico e o paciente, em que ocorre o **consenso** de fins e meios e, portanto, o influenciado comporta-se de acordo com a sugestão do influenciador sem que este precise coagi-lo.

Neste caso, o médico possui autoridade sobre o paciente, termo este que deve ser conceituado para que fique claro ser o polo oposto do poder.

> AUTORIDADE é o controle ou influência sobre o comportamento de outros para a promoção de metas coletivas, com base em alguma forma verificável de consentimento destes outros em razão de estarem informados da situação (Buckley, p. 264, com modificações).

Um exemplo é o da equipe que tem a meta comum de alcançar determinado resultado, cuja concretização exige alguém que coordene os esforços de todos. Neste caso, os próprios membros elegem um de seus pares com o fim de liderá-los, todos aceitando sua influência por sentirem que isso permite mais facilmente obterem o pretendido. A autoridade como uma das maneiras de se conseguir o controle social é encontrada nas associações, sejam elas clubes, condomínios de apartamentos, amigos do bairro, entidades religiosas, auxílio mútuo e beneficência.

5.1.2 Nas organizações ocorrem os três tipos de controle

Em um triângulo poderíamos atribuir um tipo de controle a cada vértice supondo serem casos extremos, de sorte que próximos a seus lados, mas na superfície interna, ficariam as ocorrências intermediárias. O motivo dessa separação de posições baseia-se no fato de que os casos puros da existência de um só tipo de meta e, portanto, uma única forma de controle, não ocorrem na maioria das circunstâncias práticas. Por isso, sempre haverá, ao mesmo tempo, algumas metas paralelas, muitas divergentes e poucas convergentes. Poder-se-á dizer, então, que a interação de metas é uma **variável independente** que assume valores extremos puros quando existir só paralelismo ou divergência ou convergência. Dela decorrem muitas outras **variáveis dependentes**, entre as quais citamos, no momento, o grau de consentimento do influenciado (com os extremos de indiferença, dissenso e consenso), além do grau de controle exercido pelo influenciador (também com os extremos de trocas, poder e autoridade).

A Figura 5.2 mostra graficamente nos vértices do triângulo o posicionamento das três possibilidades de **interação de metas** como variáveis independentes e, logo abaixo de cada, uma as variáveis dependentes, por serem delas derivadas. Ademais, na forma de situações intermediárias foram adicionados exemplos de tipos de organizações, conforme tendam para um ou mais extremos.

É possível imaginar que a influência pela autoridade seria suficiente e muito melhor que a realizada por meio das trocas. Acontece que experimentos em grupos mostraram que o influenciador, que de início exerce a autoridade, com o tempo passa a não mais se contentar com a deferência que lhe é prestada pelo papel de coordenador, começando a exigir algo mais. Por isso, é preferível que esse adicional seja remunerativo, pois, não havendo pagamentos, as observações comprovaram que ele procura compensações pela dominação com base no poder (Blau, p. 182 e 188).

Portanto, é natural que o médico receba honorários, o sacerdote dízimos e seria melhor que síndicos de prédios de apartamentos e presidentes de clubes ganhassem salários. Com isso, evitar-se-ia a tendência de exercerem alguma forma de poder com o fim de compensar as contribuições que são obrigados a fornecer à coletividade em função do cargo para o qual foram eleitos.

5.1.3 Por que ocorre a confusão entre poder e autoridade?

Deveria ser óbvia a vantagem para o administrador de separar poder de autoridade e considerá-los polos opostos com o fim de melhor entender e praticar a coordenação de pessoas. Entretanto, quais os motivos que levam autores a confundir os dois conceitos e fazer com que os alunos dos cursos de graduação e até os de pós-graduação resistam a essa mudança de enfoque? Evidentemente, existem explicações para isso, convindo analisá-las para tornar mais claro o assunto da diferenciação entre o **poder** e a **autoridade**.

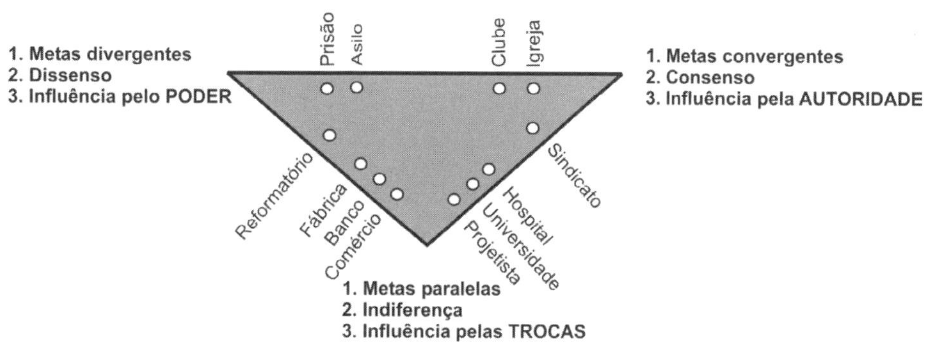

1. Para começar, existe divergência entre o inglês e o português quanto ao significado das duas palavras. Assim, *power* denota uma capacidade ou força, a exemplo de *horse-power* (uma unidade física de potência), enquanto *authority* tem a conotação de governamental, como *Tenesse Valley Authority*. Por causa dessa diversidade é comum encontrar-se até em um mesmo livro de autor americano a palavra *power* traduzida como poder ou autoridade.

Figura 5.2 *Poder, trocas e autoridade como variáveis dependentes das três formas de interação de metas, que são variáveis independentes.*

2. De início, os sociólogos abordaram o controle social sem distinguir de quem eram as metas e as consequências de suas interações, que podem resultar na competição, coorientação ou cooperação. O resultado é que se tornou prática definir a autoridade em função do poder. No entanto, com o progresso da Sociologia foi iniciado um movimento que acabou separando os dois conceitos (Buckley, p. 255-263 e 267-272).

Qual será, então, o motivo de autores manterem a confusão escrevendo sobre pontos de vista ultrapassados? Duas explicações podem ser dadas. A primeira refere-se ao hábito de escritores simplesmente repetirem o mencionado em livros e artigos sem levar em conta estarem desatualizados. Um exemplo é o da já mencionada hierarquia de cinco necessidades proposta por Maslow em 1943 e conservada até hoje, embora sua validade tenha sido negada pelo próprio autor. A segunda explicação possui conteúdo ideológico, isto é, convém chamar de "autoridade" o poder mais cruamente exercido, o que sucede principalmente com livros de Administração, como será visto a seguir.

3. O sociólogo Parsons analisou o processo do controle social dizendo que os indivíduos nos estratos superiores da sociedade, por deterem prestígio e riqueza mais elevados que os dos estratos inferiores, usufruem maior poder sobre estes últimos. Com isso, eles obtêm destes os serviços e vantagens para a consecução de suas metas, aumentando as distorções criadas pela diferenciação da sociedade em estratos. Por essa razão, os dirigentes da classe superior necessitam **legitimar** suas posições sociais e ações, a fim de justificar suas vantagens e prerrogativas, as quais contrastam com os ônus e privações sofridos pelas pessoas situadas em posições inferiores (Parsons apud Buckley, p. 195-196). Ora, os dominados nunca irão considerar legítimo o poder que sobre eles é exercido (no máximo este poderá ser legalizado por meio dos usos, costumes e leis), razão pela qual é camuflado chamando-o de "autoridade".

Transferindo essa análise da sociedade para as organizações, é evidente que nestas existe a necessidade do controle social ser exercido pelas pessoas investidas na hierarquia de cargos, com o fim de serem conseguidos comportamentos visando à produção. Para isso, é useiro e vezeiro o uso do poder, que para ser exercido com tranquilidade precisa ser legalizado por meio de normas de procedimentos, com apoio até na legislação trabalhista. Para suavizar, porém, doura-se a pílula escrevendo-se nas normas que o superior desfruta de "autoridade", palavra essa que não agride os ouvidos, como seria dizer que "detém o poder".

4. Nessa linha, os autores que escrevem sobre Administração apenas retratam o que sucede nas organizações formais, divulgando para conhecimento e uso tudo o que possa aumentar a eficiência e eficácia da produção, justificando, para isso, a utilização de poder sob a capa de "autoridade", o que os torna ideólogos sem saberem. Por essa razão encontram-se em livros frases como: "a autoridade poderia ser chamada de poder institucionalizado" (Longenecker, p. 108); "a autoridade é o direito institucionalizado de empregar o poder" (Kast & Rosenzweig, p. 316); "a autoridade consiste no direito de mandar e no poder de se fazer obedecido" (Fayol, p. 41).

5. Finalmente, um motivo para dizer que se trata de aceitação da autoridade quando se é submetido ao poder é o do ajustamento, pelo qual se racionaliza um fato real com disfarces psicológicos para reduzir a dissonância cognitiva. A situação é semelhante à fábula da raposa e das uvas maduras, as quais, por não poderem ser alcançadas, são enganosamente rotuladas de "verdes", a fim de amenizar a frustração sentida dentro do falso processo "racional" de pensamento. Com isso, o dominado sente-se melhor por atribuir "autoridade" ao dominador, de cujo poder não consegue libertar-se.

5.2 SUBTIPOS DE PODER E AUTORIDADE, E O CONTROLE PELAS TROCAS

O leitor encontra nos livros de ciências sociais diferentes formas de poder, classificados como coercitivo, de recompensas, legítimo, de conhecimento, referente e outros mais. Nessa linha, o sociólogo Weber classificou o poder (embora chamando-o de "autoridade") nos conhecidos **subtipos** tradicional, racional-legal e carismático.

Deles se aproveitou Buckley. para mostrar que o processo social do controle é baseado, também, na remuneração pelas trocas, conforme analisado por Blau.

38

Com isso, pode-se elaborar um quadro de referência que leve em conta subtipos de poder e autoridade, relacionando-os com as três variáveis culturais tecnologia, preceitos e sentimentos.

5.2.1 Autoridade legítima e poder legal: a variável tecnologia

Para começar, o fato de os empregados receberem salários dos empregadores, as empresas terem incentivos dados pelo Estado e os governos locais serem subvencionados pelo Federal, faz com que se crie uma dependência em função desses recebimentos. Por essa razão, se assim o desejarem, os fornecedores de recursos podem exercer poder sobre aqueles que desejam ou precisam recebê-los, isto é, os obrigar a agir contrariamente à própria vontade, simplesmente ameaçando-os com a suspensão dos benefícios fornecidos. Em contrapartida, porém, os empregados fornecem o trabalho, que constitui uma necessidade para o patrão, podendo eles também suspendê-lo ou restringi-lo, o que, pelo exposto, dá também uma fonte de poder aos empregados. Disso resulta que o poder do dominador sobre o dominado é **medido pela diferença** entre os valores dos benefícios que cada um fornece ao outro. A Figura 5.3 esquematiza o exposto, devendo-se notar que a ideia de valor é subjetiva para ambas as partes.

O controle pelas trocas admite duas situações opostas; a autoridade racional-legítima e o poder racional-legal.

1. AUTORIDADE RACIONAL-LEGÍTIMA. O proprietário da empresa possui a meta de que sejam fabricados e vendidos produtos que compensem os riscos do capital investido e os empregados a meta de receberem o justo pagamento por suas contribuições concretizadas pela força de trabalho aplicada na produção desses bens. São metas convergentes porque só o trabalho produz para a venda remunerar o capital. Nesta situação, os participantes legitimam a posição do proprietário como autoridade, aceitando seu controle na direção dos comportamentos por sentirem que assim fazendo todos se beneficiarão. É possível que seja percebido um diferencial de valor entre as contribuições e os pagamentos trocados, como exibido na Figura 5.3, mas os participantes aceitam o fato por sentirem que corresponde ao risco assumido pelo empresário ao investir seu capital, já que eles nada arriscam. Todavia, o maior beneficiado pela diferença de trocas prescinde dela para coagir, mesmo porque delas não necessita, pois há consenso.

Essa situação pode ocorrer nas pequenas empresas ou dentro de equipes administrativas, seja a da diretoria em relação ao presidente, seja a dos operários diante do supervisor, e até mesmo dos alunos do grupo para discussão de temas escolares para com o coordenador.

2. PODER RACIONAL-LEGAL. Em uma equipe poderá haver identidade de metas, porém um ou mais membros divergirem quanto aos **meios** (submetas) para alcançá-las, como mostrado na Figura 4.1 no capítulo anterior. Em outro caso, os participantes podem achar que seus recebimentos estão aquém do valor de suas contribuições, o que os leva a reduzir os esforços, significando mudança de comportamentos para produzir. Como será exercido o controle social para redirecionar os comportamentos alterados? Nas organizações, os ocupantes dos cargos administrativos passarão a exercer o poder sobre os **desviantes** utilizando o diferencial de trocas, tanto com a ameaça de suspender ou reduzir os benefícios concedidos, quanto com sua concretização, por exemplo, punindo pela suspensão por tempo determinado ou mesmo demissão. Isso é legalmente viável, seja pelas normas internas da organização, seja com apoio da legislação trabalhista.

5.2.2 Autoridade e poder tradicionais: a variável preceitos

O domínio do patriarca ou do chefe do clã é aceito porque sempre foi assim, ou seja, decorre da tradição. Quando se trata do Estado, talvez a tradição não seja suficiente, motivo pelo qual se reforça com a invocação da origem divina, o que foi feito desde os faraós do Egito e imperadores da China e Japão. Não importando de que tipo sejam os "súditos", todos obedecem ao "senhor" porque isso deve ser feito. Assim, aceitam ter seus comportamentos controlados e o déspota estabelece a ordem social a seu bel-prazer, sem regras ou leis, exceto aquelas consagradas pelos costumes. Os relacionamentos com o "senhor" são pessoais ou por meio de prepostos escolhidos por parentesco, serviços prestados ou por concessão de privilégios, vindo a competência em último lugar (Weber, 1981, p. 20-22).

Nesse estágio tradicional da sociedade — que ainda persiste no século 20 —, as incipientes organizações que seguem esse modelo de relacionamento e dependência são chamadas de pré-burocráticas. Nelas, a promoção tem por base o favoritismo, as regras e normas dependem da tradição ou capricho e o tempo de mandato decorre do grau de sujeição ao senhor (Basil & Cook, p. 77-78 e 104-105) (Motta, p. 92). Muito provavelmente, os fazendeiros nordestinos no caso já descrito da mina de magnesita ainda se relacionavam com os vaqueiros dessa forma, como nos romances de Jorge Amado sobre a região do cacau na Bahia. Disso não entendiam os gerentes sulistas da cerâmica, como muita gente não compreende a maneira de ainda hoje os "coronéis" e políticos do sertão manipularem o eleitorado. Neste tipo de organização, duas situações podem ocorrer.

1. AUTORIDADE TRADICIONAL. Caso o senhor possua metas congruentes com as dos "súditos", estes, por essa razão, legitimam o

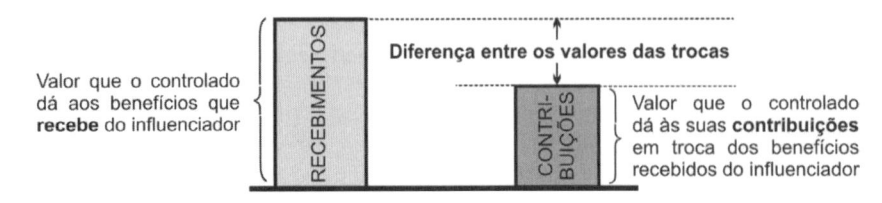

Figura 5.3 *Diferencial de valor percebido pelo controlado entre o que recebe e o que contribui para o influenciador.*

"imperador", o qual exerce autoridade, já que as metas são convergentes. No caso dos fazendeiros nordestinos, tanto estes quanto os vaqueiros tinham a meta comum da criação do gado, motivo pelo qual era exercida a autoridade tradicional, tendo em vista o tipo de relacionamento paternalista.

2. PODER TRADICIONAL. Alguns súditos podem resolver tornar-se independentes do senhor porque suas metas passaram a ser paralelas ou mesmo divergentes. Que acontecerá com isso? A mão que era leve enquanto havia subserviência, muda de toque paternal para a "gravata" (Wiser apud Buckley, p. 275). O "imperador" passa a exercer o poder com o fim de controlar os comportamentos dos desviantes que alteraram a ordem social. Isso pode ter acontecido com os vaqueiros só pelo fato de deixarem as fazendas para se empregarem na mina de magnesita, sendo perseguidos pelos capangas dos fazendeiros para retornarem ao trato do gado. A História, nesse sentido, comparado com países europeus ou mesmo com os Estados Unidos e com o Japão, pelo motivo da cultura nacional não dar grande importância à tradição, bem como a costumes, hábitos e leis. No entanto, não é bem assim, pois o empregado ou funcionário obedece ao chefe por deferência a quem desfruta de prestígio, especialmente se decorrente da propriedade de bens materiais. Com isso tudo, o relacionamento para com o superior é o de filho para o pai e não a impessoalidade pregada para as organizações burocráticas pela sua "cultura ideal". Por essa razão, parece-nos que muito do sucesso da chefia depende de quão paternal possa ser para com seus subordinados.

A autoridade e o poder são uma questão de grau, ou seja, do valor assumido pela variável da tradição, sendo que os casos descritos são os extremos de um contínuo. Dessa maneira, é factível identificar a tradição com a variável cultural de preceitos, pois ela refere-se aos usos, costumes, leis, crenças e valores interiorizados nas pessoas pela aprendizagem desde a infância, ou seja, no componente da cultura no intrapsíquico, no dizer de White. Com isso, pode-se supor que nas sociedades e organizações tradicionais a variável **preceitos** assume valores elevados e seu conteúdo refere-se à aceitação da dependência "porque assim deve ser".

5.2.3 Autoridade e poder carismáticos: a variável sentimentos

O indivíduo pode aceitar ter seus comportamentos controlados por outros, não pela posição social que ocupam em decorrência da tradição, mas pela devoção ao lhes atribuir qualidades excepcionais (a exemplo de habilidades mágicas, heroísmo invulgar, capacidade mental ou de conhecimentos), isto é, submeter-se ao **carisma**.

O carisma começou com os povos primitivos, quando os chefes recebiam atributos de mágico, como forma de os súditos racionalizarem sua obediência incontexte. Com o tempo, essas capacidades invulgares continuaram a ser atribuídas a reis e a imperadores, e hoje o são aos detentores dos altos cargos nos governos, nas igrejas e nas indústrias (Thompson, p. 57-58). Existe, evidentemente, uma base psicológica para isso, que acreditamos ser a permanência de estágios de desenvolvimento anteriores à idade cronológica da vida adulta, continuando como resquícios do pensamento mágico da criança (Foguel & Souza, p. 147-150). Tais fantasias são mantidas culturalmente pela grande quantidade de pessoas que conservam ainda esses estágios iniciais da existência. O pior é que ainda são reforçadas pelo cinema, televisão e revistas, onde aparece o super-heroi salvador, que é imposto aos comandados e dos quais recebe **obediência cega**, quando deveriam mostrar coletividades amadurecidas capazes de se autogerirem, sem submissão a ditadores.

Essa atribuição de qualidades invulgares serviu para, nas burocracias estatais e depois nas empresariais, justificar a hierarquia, pois, sendo seu preenchimento feito mais com base na política do que na especialidade, tornou-se necessária uma forma de fazer acreditar que o ocupante do cargo, já de início, tinha capacidade de exercer as funções a ele inerentes. Mas, para que nas burocracias o carisma seja mantido, é preciso uma contínua representação teatral, com papéis condizentes e cenários preparados com a ajuda de símbolos de alto *status* (Thompson, p. 136-171). Este assunto será mais bem examinado no capítulo seguinte.

O carisma pode ser baseado, também, na avaliação das capacidades intrínsecas do influenciador e no reconhecimento de que estas realmente excedem as do influenciado. O controle exercido por professores sobre alunos e por muitos especialistas sobre seus clientes tem por base o carisma, pois os influenciados não possuem os conhecimentos técnicos para julgar a validade e conveniência das diretrizes recebidas, motivo pelo qual o fazem por acreditar nessa competência (Etzioni, 1974, p. 119).

Da mesma forma que o controle social pela tradição, o controle pelo carisma pode assumir duas formas distintas e opostas em seus efeitos.

1. AUTORIDADE CARISMÁTICA. Quando o influenciador utiliza suas capacidades para que as metas convergentes (suas e de seus influenciados) sejam alcançadas, diz-se que emprega a autoridade carismática. É o caso do médico com seus pacientes, todos interessados na meta comum da cura da doença. Neste caso, existe a estima adquirida e baseada na avaliação do interesse pelo influenciado e na do valor real de suas capacidades, não podendo ser imposta e sim conferida voluntariamente.

2. PODER CARISMÁTICO. No caso de o influenciador utilizar a coerção psíquica, como uma espécie de força hipnótica com base no grande prestígio que conseguiu estabelecer, com o fim de controlar pessoas, induzindo-as a fazer coisas contra seus interesses e vontades, mas em benefício do influenciador, diz-se que este utiliza o poder carismático. Um exemplo é o do político que engana seu eleitorado e com isso consegue cargos no Legislativo, para depois não só obter vantagens pessoais de toda ordem, como também votar leis prejudiciais aos que o elegeram. Note-se que o carismático pode ser um enganador ao fazer acreditar que possui capacidades invulgares, mas também pode realmente desfrutar de conhecimentos e habilidades extraordinários. Assim sendo, o que caracteriza o poder carismático é o controle para alcançar metas próprias que divergem daquelas dos dominados (Buckley, p. 276).

De maneira semelhante ao controle pela tradição, o controle pelo carisma é uma variável que assume valores máximos, como no caso do milagreiro do sertão que arrasta fiéis até a morte, a exemplo de Antônio Conselheiro em Canudos, ou apenas valores mínimos, como o do professor diante dos alunos. Enfatizando o componente emocional da pessoa, o carisma pode ser associado à variável cultural dos **sentimentos**, ou seja, o componente interpsíquico de White. Já o conteúdo da variável diz respeito à imaturidade do indivíduo, que como a criança dependente que vê potencialidades nos mais velhos que ela não possui, atribuindo-lhes, ainda, capacidades mágicas. Levando em conta a imaturidade do povo brasileiro, é de se esperar que seja passível de controle por aproveitadores que enganem com carisma atribuído sem os atributos de virtudes excepcionais, o que o torna suscetível de apoiar demagogos, desde que paternalistas.

Concluindo, a classificação dos tipos de controle social em trocas, poder e autoridade, aliada à divisão nos subtipos tradicional, racional-legal e racional-legítima, é muito mais clara e completa do que as outras já mencionadas. Além disso, são suscetíveis de integração com as variáveis culturais da forma esquematizada no quadro da Figura 5.4, o que é muito importante porque permite ao administrador operacionalizar o controle em situações reais da prática.

Como já explicado, os tipos e subtipos descritos são extremos de contínuos que assumem valores diversos em cada caso real, bem como coexistem nas situações práticas, tendo sido separados apenas por razões didáticas. Assim, os subordinados do chefe aceitam ser direcionados por ele em seus comportamentos pelo motivo de tradicionalmente aceitarem a coordenação, atribuírem autoridade carismática pelo auxílio que lhes presta por ser um especialista conhecedor dos serviços e submeterem-se a seu poder racional-legal para não serem punidos como desviantes das metas estabelecidas para sua unidade administrativa.

5.2.4 O exercício do poder com base nas três variáveis culturais

A Figura 2.4 mostrou que as três variáveis culturais são correlacionadas, de sorte que o exercício do poder tem que levar em conta todas elas. Para isso, o **modelo proposto por Blau** é muito apropriado para a compreensão da forma pela qual o poder é operacionalizado.

A proposta de Blau especifica **quatro condições** obrigatórias e concomitantes para que o dominador possa exercer poder sobre o(s) dominado(s). Ademais, em cada uma dessas quatro condições é preciso estabelecer **estratégias** adequadas para o exercício do poder, as quais fatalmente provocarão **conflitos** entre dominados e dominadores. Esses fatos sociais são a seguir detalhados.

1. **PRIMEIRA CONDIÇÃO.** *Quem fornece a outrem benefícios com maior valor do que dele recebe tem possibilidade de dominar, pois a diferença nas trocas está a seu favor*. Essa é a razão da legislação trabalhista defender o empregado por julgá-lo a parte mais fraca na troca de salários pelos esforços de seu trabalho. Mas, nos países industrializados, isto está invertendo-se em virtude do aumento do valor do trabalho dos especialistas, a ponto de o "guru" da prática administrativa, Drucker, dizer que nas organizações de hoje o poder já não advém da propriedade e sim do conhecimento (Drucker, 1980, p. 171-172).

Estratégia. *O poderoso deve manobrar a fim de ter cabedais para fornecer, ao mesmo tempo que deve mostrar-se indiferente aos oferecimentos dos dominados, que fazem isso na tentativa de reduzirem a diferença dos benefícios trocados*. Nesse sentido, o chefe dominador procura que só dele dependam os aumentos de salário por mérito ou, então, as promoções dos subordinados e, concomitantemente, mostra-se indiferente às "homenagens" que lhe são tributadas.

Conflito. Decorre do fato de que o poderoso deseja aumentar o diferencial dos valores nas trocas, e o dominado a reduzi-lo. Há, então, uma luta dos subordinados para obter informações do que acontece "lá em cima" e do chefe em saber como os serviços estão sendo desempenhados, havendo sonegação de parte a parte.

2. **SEGUNDA CONDIÇÃO.** *Os dominados não conseguem obter em outro lugar os suprimentos fornecidos pelo dominador, isto é, faltam-lhes fontes alternativas de abastecimentos*. Por isso, em épocas de recessão de empregos as organizações aumentam seu poder sobre a mão de obra, sucedendo o contrário quando há expansão dos negócios. Na verdade, as fontes alternativas são sempre procuradas pelos subjugados, razão pela qual bilhetes de loteria são comprados, tenta-se a sorte no "jogo do bicho" e se procura fazer pontos na Loto, na Esportiva ou acertar a Sena principal.

Estratégia. *O poderoso deve negar o acesso dos dominados às fontes alternativas, com o fim de mantê-los sob sua dependência de fornecedor exclusivo*. Essa é uma das razões para as empresas fazerem restrições a seus empregados que trabalham em um segundo emprego, mesmo fora do horário do expediente. Também os monopólios são formados com essa finalidade de negar alternativas, inclusive os do Estado, por meio de suas empresas públicas.

Conflito. Decorre do impedimento sofrido pelo subjugado em obter suprimentos em fontes alternativas. Um exemplo de conflito é o que ocorre quan-

Controle social	Poder	Trocas	Autoridade
Interações das metas	*competitivas ou divergentes*	*codivergentes ou paralelas*	*cooperativas ou convergentes*
Tecnologia	racional-legal	trocas	racional-legítimo
Preceitos	tradicional	– – – –	tradicional
Sentimentos	carismático	– – – –	carismática

Figura 5.4 *Tipos e subtipos de poder, autoridade e remuneração.*

do o chefe impede que o subordinado insatisfeito consiga transferência de seção.

3. **TERCEIRA CONDIÇÃO.** *Os dependentes não conseguem forçar o poderoso a fornecer o que dele necessitam.* Evidentemente, o dominador somente daria os benefícios se fosse coagido a fazê-lo. Uma forma de coerção é descobrir alguma fraqueza do poderoso e ameaçar de torná-la pública, aliás uma atividade de pesquisa a que os subordinados se entregam prazerosamente.

Estratégia. *Consiste em manobras para evitar a coação.* Uma das maneiras é impedir coalizões, seja fomentando a discórdia, seja a competição, a fim de "dividir para reinar". Outra maneira é não admitir reivindicações, tornando claro que de reclamações só resultam punições.

Conflito. Entre os dominados surge o dissenso pela competição fomentada. Outro conflito decorre das próprias tentativas de reivindicar, esmagadas no nascedouro ou levadas a um árbitro para julgar e compelir o poderoso, como deveria fazer a Justiça do Trabalho.

4. **QUARTA CONDIÇÃO.** *Os dependentes não querem prescindir dos benefícios recebidos do poderoso.* Aqui entra o aspecto psicológico de quem está habituado a receber um benefício e julga não poder passar sem ele ou não procura um substituto, acostumado que está com o que recebe. Tal é a acomodação observada em muitos empregados, que não buscam outros empregos por comodismo ou falta de coragem para enfrentar mudanças.

Estratégia. *Em princípio consiste na criação de ideologias, a fim de que o dominado passe a acreditar que não pode prescindir dos benefícios auferidos.* No âmbito da sociedade isto engloba a pregação consumerista de comprar bens, tanto pela utilidade intrínseca e muitas vezes discutível, quanto pelo prestígio dado por sua posse. Na empresa, esse princípio consiste na valorização dos símbolos de *status*, como sala privativa com ar condicionado, bem como na cooptação conseguida por meio dos resquícios da dependência infantil, que na idade madura se manifesta pela afiliação à empresa como segundo lar, que em outras palavras é "vestir a camisa da firma". O próprio aumento de pagamentos traduz-se por uma dependência maior à empresa, seja por ficar "grato" pelo benefício recebido, seja por reduzir a mobilidade, pois quanto maiores os salários mais difícil é arranjar outro emprego, porque este tem seu número reduzido exponencialmente em função do valor que é pago.

Conflito. Também é ideológico, a exemplo dos gerentes e executivos que se identificam com a organização, a qual valoriza os cargos de coordenação, em conflito com os especialistas que se identificam com as respectivas profissões, as quais valorizam o conhecimento (Blau, p. 170-179).

É importante observar que as quatro condições descritas permitem a dominação, mas nem por isso conduzem obrigatoriamente ao exercício do poder, isto é, quem está em melhor posição no diferencial pode abrir mão de se aproveitar desse fato para controlar aqueles que estão em pior situação. Nesse sentido, para conseguir trabalho de seus subordinados, um chefe pode preferir utilizar a autoridade em lugar de exercer o poder (apesar de dispor dos meios para isso) em razão de ela ser mais eficaz.

TÓPICOS PARA EXPOSIÇÕES

5.1.1 Trocas, poder e autoridades são tipos diferentes de controle

a) Baseando-se no exemplo do aluno omisso, explicar no que consiste o controle social; b) com base na Figura 5.1 e dando exemplos, definir as três formas do controle social: 1. Trocas; 2. Poder; e 3. autoridade.

5.1.2 Nas organizações ocorrem os três tipos de controle

a) Explicar que os três tipos de controle são variáveis dependentes das três formas de interação de metas expostas no Capítulo 4; b) com base na Figura 5.2, explicar que as três formas de controle social ocorrem nas organizações, somente que prevalecendo uma ou duas; c) comparando a escola com outras organizações, mostrar que pode-se entender melhor as características culturais analisando o grau de intensidade das três formas de controle social.

5.1.3 Por que ocorre a confusão entre poder e autoridade?

a) Explicar que é usual na literatura de Administração não distinguir o controle por meio do poder do pela autoridade; b) explicar, dando exemplos, que as razões para isso estão em: 1. tradutores confundirem *power* com *authority*, que em inglês têm significados diferentes; 2. Antigamente, muitos sociólogos deixaram de fazer tal distinção, o que não ocorre nos dias de hoje; 3. tenta-se "dourar a pílula" chamando de autoridade o poder, em razão de ter conotação negativa.

5.2.1 Autoridade legítima e poder legal: a variável tecnologia

a) Explicar que o poder e a autoridade: 1. são duas variáveis que admitem diferentes graus de intensidade; 2. dividem-se em subtipos que podem ser correlacionados com as três variáveis culturais tecnologia, preceitos e sentimentos; b) iniciar essas correlações mostrando, com base na Figura 5.1, que o grau de poder de uma pessoa sobre a outra consiste na diferença dos valores dos benefícios trocados; c) explicar com exemplos no que consiste: 1. autoridade racional-legítima; e 2. poder racional-legal.

5.2.2 Autoridade e poder tradicionais: a variável preceitos

a) Explicar com exemplos que o poder e a autoridade podem ser exercidos porque tradicionalmente são aceitos; b) explicar no que consiste a autoridade tradicional; c) idem para o poder tradicional; d) explicar que a cultura deste país tradicionalmente enfatiza o paternalismo.

5.2.3 Autoridade e poder carismáticos: a variável sentimentos

a) Explicar com exemplos o conceito e origem do carisma; b) explicar no que consiste a autoridade carismática; c) idem para o poder carismático.

5.2.4 O exercício do poder com base nas três variáveis culturais

a) Explicar que o modelo proposto pelo sociólogo Blau permite operacionalizar o exercício do poder; b) com base em transparências projetadas para a classe, explique: 1. cada uma das quatro condições; 2. as estratégias necessárias; e 3. os conflitos resultantes.

QUESTÕES DE APLICAÇÃO

1. Indique, justificando, se a influência tem por base o poder, a remuneração ou a autoridade para cada um dos seguintes casos: a) enfermeira-chefe do hospital que elabora os horários dos turnos de trabalho das enfermeiras e atendentes; b) presidente de clube que multa um sócio que transgrediu o Regulamento; c) sindicalista que no portão de uma fábrica procura demover os operários de fazer greve pelo fato de prejudicar tanto os patrões quanto eles próprios.

2. Qual das frases seguintes está mais de acordo com a Sociologia que enfoca poder e autoridade como polos opostos: a) o chefe escolhido por sua equipe exerce autoridade em sua coordenação para que o projeto seja concluído; b) o chefe deve utilizar o poder legítimo que possui para punir subordinado faltoso; c) a autoridade do chefe sobre os subordinados decorre do cargo que ocupa.

3. Desenhe um quadro com três colunas e quatro linhas e, baseando se na Figura 5.4: a) escreva nas linhas da primeira coluna as seguintes frases: 1. "o delegado de polícia mandou deter os suspeitos de crimes"; 2. "o diretor da escola reuniu-se com os professores para acertarem o quanto cada um teria de carga de aulas"; 3. "os membros da CIPA (Comissão Interna de Prevenção de Acidentes) examinaram as novas instalações da fábrica"; b) na segunda coluna faça a correspondência de cada uma das frases com um dos três tipos de interação de metas das pessoas citadas nas frases; c) na terceira coluna indique qual o tipo de controle exercido, isto é, poder, remuneração ou autoridade.

4. Tendo por base o modelo de trocas proposto por Blau para o exercício do poder, analise cada uma das três frases seguintes e informe para cada uma delas qual das quatro estratégias listadas que é aplicável: a) "nas organizações deve ser difundida a ideia de que a competição entre os participantes é saudável"; b) "o empregado precisa assinar um contrato de trabalho no qual concorda em não participar de outra organização"; c) "perder a sala privativa e o telefone exclusivo, mesmo para trabalhar menos e não ter diminuição de salário, significa ser rebaixado".

DISCUSSÃO EM GRUPOS

As crises da empresa Saiel (2ª parte)

Com base nos conceitos expostos neste capítulo e nos fatos descritos da empresa Saiel no anterior a este, cada grupo deve responder à questão que lhe foi designada, **justificando** as respostas.

1. Com referência à Seção de Vendas, Seção de Projetos e Oficina, e com base na interação de metas, informe em qual delas seria recomendável a chefia exercer o controle sobre os subordinados utilizando: a) mais a autoridade e menos o poder; b) mais as trocas e menos a autoridade; c) mais as trocas e menos o poder.

2. a) Como deve ser explicado o fato do encarregado da Oficina demorar a execução das peças pedidas pelos vendedores, embora tivesse sido comunicado pelos diretores que estes tinham autoridade sobre ele?; b) os encarregados das instalações admitiam e devolviam os eletricistas que não lhes interessava para o escritório pelo fato de possuírem: 1. poder legítimo; 2. autoridade formal; 3. poder legalizado.

3. a) a quem era mais fácil os especialistas e seus ajudantes atribuírem autoridade tradicional: 1. ao encarregado que os chefiava?; 2. ao diretor?; b) para o encarregado exercer autoridade carismática sobre seus comandados especialistas qual: 1. o tipo de meta grupal; e 2. qual seu nível de capacitação técnica.

4. Com base nos indicadores das situações da Saiel em sua fase pioneira, informe: a) considerando as equipes de instalações, oficina e Seção de Vendas, em qual (ou em quais) delas pode-se identificar a predominância da autoridade racional-legítima: b) idem do poder racional-legal; c) idem do poder-tradicional.

5. Se os diretores quisessem sufocar por meio do poder uma greve que os operários da Oficina iniciaram; a) qual das quatro condições de Blau seria indicada para que começassem a utilizar pelo motivo de seus efeitos serem mais rápidos; b) qual estratégia concreta (para a condição escolhida) deveriam empregar; c) qual conflito em termos específicos deveria ocorrer entre diretores e projetistas. possuir conotação negativa.

INFLUÊNCIA PELA COMUNICAÇÃO E TIPOS DE COORDENADORES

6

O chefe chama um de seus subordinados e **comunica** que a greve programada pelo sindicato irá diminuir a produção, motivo pelo qual todos serão prejudicados, pois o aumento previsto de salários ficará suspenso e ocorrerão demissões. O empregado compreende a mensagem e concorda em não faltar ao serviço. O que poderia suceder se, em vez de ter essa conversa em particular, o chefe reunisse o grupo de seus subordinados e tentasse convencê-los comunicando os mesmos fatos? É possível que se recusassem a vir trabalhar, inclusive o "fura greve" potencial. A diferença da primeira para a segunda situação é que nesta última predominará a **pressão do grupo**, ocasião em que o sentimento de filiação de muitos sobrepuja o de realização de alguns.

Ocorreu o que a **Sociologia da Comunicação** descreve como processo de transferências de **informações** para um grande número de pessoas. Esse processo social é reproduzido nas empresas, porém com aspectos peculiares pelo motivo de suas dimensões e quantidade de participantes.

Por outro lado, é preciso **influenciar** os participantes das organizações para que contribuam com seus esforços a fim de que **metas** previamente estabelecidas sejam atingidas. Existem diferentes formas de influenciar as pessoas para o trabalho. Assim, chamaremos de **condutor** quem se baseia no poder, de **chefe** aquele que utiliza as trocas de pagamentos por trabalho e de **líder** quem inflencia pela autoridade.

6.1 A INFLUÊNCIA PARA CONTROLAR POR MEIO DA COMUNICAÇÃO

Em todos os exemplos de linhas atrás destaca-se o fato social de as comunicações provirem de um **emissor** que transfere **informações** para um ou mais **receptores**, tendo a finalidade de **influenciá-los** para que se **comportem** de forma que **metas** sejam atingidas. A fim de que não venha acontecer com o leitor o sucedido com os administradores exemplificados no caso da mina de magnesita no sertão nordestino, é necessário que compreenda os mecanismos da influência eficiente, tanto do processo quanto dos fatores que nele interferem.

6.1.1 Porque as pessoas agem desta ou daquela maneira?

Os livros de Psicologia que abordam a motivação costumam analisar modelos do processo de influenciar um indivíduo para que atue de forma desejada. Na página seguinte,

a Figura 6.1diagrama um desses modelos, apenas duplicado para mostrar dois comportamentos diversos da **mesma pessoa**.

A explicação dessa influência/comportamento ficará mais fácil de entender se analisada em suas diversas partes:

1. Todos indivíduos têm **necessidades** a serem satisfeitas, estando a sobrevivência e a perpetuação da espécie entre as principais. Por isso, ambas situam-se entre as mais intensas, seguidas por outras, como realizar algo e filiar-se a grupos sociais. Sobre estas últimas é que o administrador pode atuar com o fim de conseguir determinados comportamentos dos participantes da organização. Isto porque as primeiras já devem estar satisfeitas, pelo menos para quem trabalha. Assim, vamos supor que a necessidade rotulada **1** na Figura 6.1 seja a da realização e a **2** seja a da filiação a grupos.

2. Para que uma necessidade seja satisfeita é necessário que **metas** sejam alcançadas, por exemplo, conseguir comida para saciar a fome. Assim, a meta **1** poderia ser a de concretizar algum trabalho criativo e a **2** ser de participar de um grupo.

3. A fim de alcançar determinada meta é preciso que a pessoa aja de forma específica, ou seja, **comporte-se** de maneira conveniente para atingi-la. Assim, para obter alimento o indivíduo precisa prepará-lo ou entrar em um restaurante. Já para concretizar algo criativo, a exemplo de um projeto, é indispensável trabalhar em cima dele (comportamento **1**) e para ser aceito pelos companheiros é necessário obedecer às normas criadas pelo grupo (comportamento **2**).

4. Uma necessidade permanece latente até ser despertada por algum **estímulo interno** ou **externo** à pessoa. Por exemplo, a sensação de fome é provocada pela estímulo interno da redução da taxa de glicose no sangue. Enquanto não for muito intenso, esse estímulo interno é passível de ser acrescido por um outro externo, como poderia ser a visão ou cheiro de comida e até pelo convite para almoçar. Isso é muito importante, pois o administrador pode influenciar externamente, despertando uma necessidade latente. Tal procedimento ficou claro no exemplo, em páginas atrás, o chefe que estimulou a necessidade de realização do subordinado, tanto de fazer algo quanto de ganhar maior salário. Por que sua influência foi ineficiente para com o grupo de empregados? Possivelmente porque a necessidade predominante no momento era de afiliação em lugar de ser voltada para a realização. Corresponderia a convidar uma pessoa para almoçar quando ela não está sentindo fome.

5. Uma necessidade costuma ficar satisfeita apenas por um certo tempo. Um exemplo é o fato do indivíduo não mais sentir apetite depois do almoço, mas que novamente aparecerá, levando-o a querer jantar. Por isso, finalizado um trabalho, a pessoa realizadora deseja começar outro, a exemplo do

44

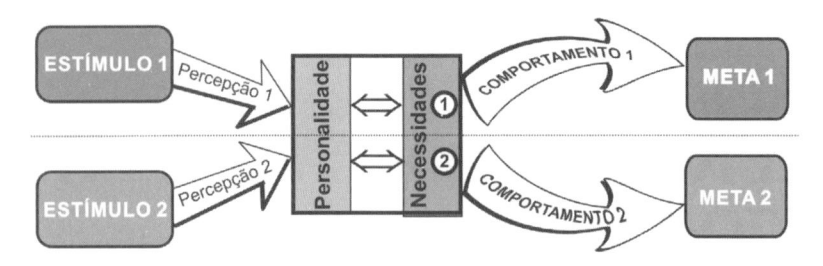

Figura 6.1 *Fatores que determiam os comportamentos de uma pessoa (Leavitt apud Bernardes, 1993, p. 61, modificado).*

artista que termina de pintar um quadro e logo quer iniciar um segundo e depois um terceiro.

6. Para que o estímulo externo atue é preciso sua **percepção**, que no exemplo da comida poderia ser pela vista ou pelo olfato. Observando a Figura 3.4 no Capítulo 3, você pode imaginar que foi a percepção **1** de diferentes oportunidades que estimulou a cada um dos três personagens a necessidade de realização, fazendo-os se comportar enfocando algo de interesse com o fim de alcançar a meta concreta de construir, vender ou ter uma empresa própria. Naturalmente, foi a necessidade da realização que desencadeou o processo, atuando na forma que chamamos de **Pressão Técnica**.

É de particular interesse a análise dos **estímulos externos** ao indivíduo provocados pela comunicação de **uma outra pessoa**, principalmente no caso desta ser uma chefia. Por isso, sua figura necessita ser acrescentada ao modelo influência/comportamento, que limitava-se a do influenciado.

6.1.2 Processo e eficiência da comunicação

Para que haja comunicação na forma de estímulo externo é necessário que existam três condições. A primeira delas é haver uma pessoa **A** que se dirige a outra **B** com intenção de influenciá-la **mudando** seu comportamento. Uma segunda condição é a existência de um ente **X** externo a ambas, que pode ser concreto, como um automóvel que se deseja negociar, ou abstrato, como o emprego buscado em dada organização. A terceira condição é haver algum tipo de relação dessas duas pessoas com o objeto **X** externo. Um exemplo poderia ser o do candidato **A** pretendente ao emprego **X** que procura influenciar o avaliador **B** da empresa. Satisfeitas essas três exigências, pode-se dizer que:

Ocorre uma COMUNICAÇÃO Quando a pessoa **A estimula** a pessoa **B** com alguma coisa relacionada ao ente **X**, tendo a finalidade de influenciá-la, alterando seu comportamento, e desta obtém **resposta** (Buckley, p. 178, com modificações).

A Figura 6.2 esquematiza em (**1**) esse processo de comunicação na forma de estímulo/resposta (Buckley, p 167-169).

O estímulo pode ser verbal ou escrito e, também, pela exibição de objetos e até pela postura corporal, em que a expressão da face é um de seus componentes. Quando na forma verbal ou escrita o estímulo geralmente consiste em transmitir uma **informação**, que precisa ser mais bem explicada.

A INFORMAÇÃO designa a situação atual de um fenômeno que pode apresentar número finito de estados (Arsac apud Bernardes, p. 198).

Um exemplo simples é do extrato da conta bancária, que nos cientifica em um certo momento do saldo disponível, que pode apresentar um número finito de estados, ou seja, unidades monetárias suscetíveis de irem de zero até quantias elevadas. O ponto importante é que a maior parte das comunicações tem a finalidade de transmitir informações.

O processo esquematizado na Figura 6.2 engloba o da Figura 6.1 por ser este aplicável à pessoa **A**. Sua análise será feita a seguir.

1. O emissor **A** dirige-se ao receptor **B** porque tem a **intenção de influenciá-lo** para que este último se **comporte** de alguma forma em relação ao ente **X**. Esse foi o caso exposto linhas atrás, no qual o chefe na posição **A** desejava que subordinado **B** comparecesse ao trabalho apesar da greve, esta correspondendo ao ente **X.**

2. No exemplo dado, a forma escolhida pelo chefe **A** para **estimular** o empregado **B** foi a **comunicação** por meio da linguagem falada. Poderia, também, complementá-la com a exibição de documentos escritos ou desenhados, a exemplo de alguma ordem interna ou gráficos financeiros da empresa.

3. A negação dos aumentos de salários e as possíveis demissões constituem as **informações** dadas pelo chefe em **A**, que no exemplo significa a previsão de um estado futuro.

4. O impacto do estímulo sobre o receptor **B** é diretamente proporcional a sua **percepção**, ou seja, se esta for pequena também o efeito da tentativa de influência será diminuto. Isso é claro quando se pensa na situação do estrangeiro que, pouco entendendo a língua da região, deixa de fazer o que lhe é solicitado.

5. Por sua vez, o **grau de percepção** por parte de **B** do estímulo recebido de **A** depende do quanto sua personalidade (ou seja, o caráter e o temperamento) tem aspectos comuns do emissor, tanto cultural quanto individualmente. Por caráter, autores costumam incluir a aprendizagem provinda do convívio social desde o nascimento e por temperamento as formas de agir

Ente X

Estímulo

Pessoa A   Pessoa B

Resposta

(1) MODELO A-B-X DE NEWCOMB

Área da personalidade de **A**

Área da personalidade de **B**

Área comum

(2) MODELO DE SCHRAMM

Figura 6.2 *Processo da comunicação e condições para o entendimento dos significados.*

decorrentes das caraterísticas inatas. As duas elipses em (**2**) na Figura 6.2 esquematizam a personalidade do emissor e do receptor, enquanto a superfície da interseção de ambas representa as características comuns de ambos. No caso do chefe em **A** influenciando o subordinado em **B,** essa área comum era grande, motivo pelo qual é de se prever que o empregado tenha entendido perfeitamente a mensagem do superior hierárquico, significando que a **comunicação** do chefe foi **eficiente**.

6. O **grau de congruência de metas** entre **A** e **B** determina a forma de influenciar e, portanto, do tipo de comunicação e conteúdo informativo. Por esse motivo, o capataz exerce o poder ao obrigar os "boias-frias" da fazenda a trabalharem horas extras comunicando que quem recusar será despedido. Já o chefe coordena a execução de um serviço de rotina com base nas trocas de trabalho por pagamentos, enquanto o médico consegue fazer com que o paciente tome os remédios prescritos apenas utilizando sua autoridade.

7. O grau de **eficiência** da **maneira** de influenciar depende do quanto o emissor consegue mudar o comportamento do receptor (Tannenbaum *et al*, p. 44). No caso exemplificado do chefe, se o subordinado realmente comparecer ao trabalho pode-se afirmar que sua influência pelos estímulos verbais foi eficiente.

8. Em decorrência do estímulo, o receptor emite uma **resposta**, que no exemplo foi a anuência do subordinado ao pedido de "furar a greve". É importante notar que essa resposta também constitui um estímulo, agora, para o emissor inicial **A** responder, a exemplo de um aperto de mão. Por isso, o processo comunicativo é, na realidade, uma **série alternada de estímulos e de respostas**. Portanto, o esquema da Figura 6.2 representa apenas uma **transação**, quando na prática ocorre número muito grande delas (Watzlawick *et al*, p. 50-53).

9. Quanto menor for a área comum das personalidades, menor também será o mútuo entendimento dos estímulos/respostas pelas dificuldades nas percepções dos significados das mensagens. Em decorrência, ocorrerá o que denomina-se **barreiras nas comunicações,** ou seja, uma pessoa fala sobre algo e o receptor não compreende ou, o que é pior, entende coisa diferente do que foi dito (Krech *et al*, p. 327 -335) (Sayles & Strauss, p. 273-295). Esse fato social foi exemplificado no caso dos vaqueiros e administradores e explica muitos dos mal entendidos entre especialistas que exercem diferentes funções operacionais, a exemplo de administradores, engenheiros ou advogados. Tais barreiras também ocorrem entre as chefias situadas em diferentes níveis hierárquicos, como poderia ser entre sócios-proprietários e seus gerentes, ou entre estes e supervisores.

O interesse do administrador para entender o esquema explicitado está na possibilidade maior de descobrir o conteúdo da personalidade de seus interlocutores com o fim de influenciá-los

com maior eficiência. O famoso alemão naturalizado americano, Henry Kissinger, relata que o líder chinês Mao Tse Tung formara o hábito de fazer perguntas aparentemente como brincadeiras, mas na verdade servia para avaliar a personalidade das pessoas pelas respostas que davam.

6.1.3 Comunicações para coletividades

O interesse maior da Sociologia é pelas comunicações dirigidas, não ao indivíduo isolado, mas ao pequeno e grande grupo, ocasião em que intervém a pressão social. Para compreender esse processo é preciso partir do modelo individual emissor/receptor analisado e expandi-lo para as coletividades. Com isso, novas características aparecerão.

1. A pessoa **A** pode dirigir-se, **concomitantemente**, às pessoas **B**, **C**, **D**, **E** até **N**, como no caso do chefe que reuniu-se com seus subordinados. O modelo estímulo/resposta da Figura 6.2 tem, agora, de ser ampliado, como a Figura 6.3 na página seguinte esquematiza.

2. Como já observado, nesse caso haverá influência da **pressão social**, pois se trata de comunicações dentro de grupos. O exemplo do chefe que não conseguiu impedir a greve dos subordinados ilustra esse fato social. Por isso, a **eficiência** de sua maneira de influenciar foi **nula,** pois não conseguiu fazê-los comparecer ao serviço.

3. É importante destacar que o estímulo continua provindo do influenciador e dirigido ao grupo como um todo. Todavia, a resposta que recebe provém de apenas **um dos membros** (na figura a pessoa **D**), pois cada qual deve aguardar sua vez de falar. Pode haver, ao mesmo tempo, interações paralelas, como do indivíduo **B** com o **E**, mas em reuniões bem organizadas e com pessoas maduras isso costuma ser raro. O contrário sucede em tumultos, a exemplo dos que ocorrem nas sessões de Câmaras de Vereadores ou de Congressistas, como as televisões de vários países têm mostrado, ocasião em que as agressões verbais se sucedem, quando não as físicas.

4. O leitor poderia contestar, achando que essa comunicação unidirecional só ocorre quando o emissor utiliza o poder

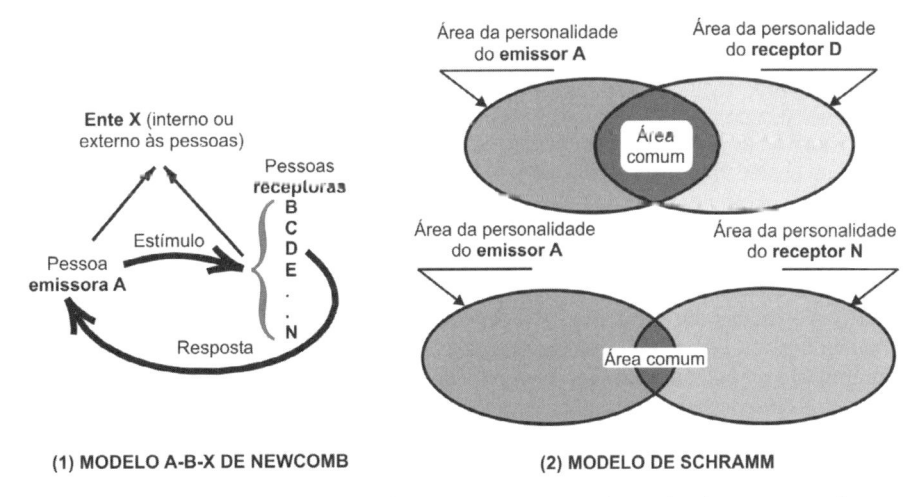

(1) MODELO A-B-X DE NEWCOMB

(2) MODELO DE SCHRAMM

Figura 6.3 *Processo de comunicações de grupos sociais e a redução das áreas comuns de percepção dos significados.*

ou as trocas para influenciar. Isso é possível, mesmo porque, nas reuniões com pessoas maduras tendo por base a autoridade, cada membro deve argumentar com os demais a fim de que as medidas sejam tomadas por consenso. Nessa situação, o modelo continua válido, somente havendo um rodízio de influenciadores, isto é, **A** transfere essa posição para **B**, depois **B** passa para **C** e assim por diante. Enquanto isso, os outros mantêm-se atentos e em silêncio, aguardando a vez de falar e ouvindo o que diz quem está com a palavra. É importante observar que tais procedimentos não são próprios do Homem, devendo ser aprendidos, pois o natural é o que o leitor deve estar cansado de ver em reuniões. Uma das formas de treinamento é por meio de dinâmica de grupo, mas desde que seja levado a efeito por alguém experiente e capaz de levá-lo a bom termo.

5. Pode-se inferir que o número de **respostas** às tentativas de influência por parte do emissor tende a aumentar na proporção direta em que a quantidade de membros do grupo receptor aumenta, para depois diminuir, podendo chegar a ser nulo no caso de multidões. Uma razão é psicológica, pois muitas pessoas ficam inibidas em falar diante de um público numeroso. Uma outra é espacial, como no caso de comícios políticos, chegando ao limite zero no caso das mensagens serem veiculadas às massas por meio do rádio ou televisão.

6. Tanto nas grandes quanto nas microssociedades (que são as empresas), costumam existir **intermediários** entre o emissor e seus influenciados. Por exemplo, o fabricante utiliza agências de propaganda para divulgar seu produto a fim de ser comprado por um segmento de possíveis clientes. Já na microssociedade, como a escola, o diretor reúne-se com os chefes dos departamentos para que estes transfiram para os professores a informação que lhes está fornecendo, a fim que estes a comuniquem aos alunos. Os modelos da Figura 6.3 continuam aplicáveis, bastando para isso que os receptores **B**, **C**, etc. tornem-se emissores. Assim, o professor **E** — que é um dos influenciados pelo diretor — passa a ocupar a posição **A** quando divulga a informação recebida a seus alunos, estes agora como **B**, **C** e assim por diante. Nas organizações, esse é o processo que as instruções provindas da cúpula administrativa descem escalões abaixo.

7. É importante observar que a possibilidade da comunicação ser **distorcida** cresce à proporção em que aumenta o **número de intermediários**. Uma experiência bem conhecida para comprovar esse fato é a de estabelecer uma cadeia de comunicações formado pelas pessoas engajadas em uma dinâmica de grupo, de sorte que o primeiro membro recebe a informação de um fato que passa para o segundo e assim por diante. No final, a informação passada pelo último para todo o grupo é completamente diferente da recebida pelo primeiro da cadeia de comunicações. Por essa razão, as organizações utilizam comunicados escritos na forma de avisos e até cartas circulares para esclarecer medidas a serem tomadas. Deixando de divulgar informações de interesse geral, muitas empresas arriscam-se a permitir o surgimento de boatos, com uma crescente deturpação de fatos nas chamadas comunicações boca a boca.

8. As áreas comuns de percepção dos significados tendem a ficar menores à proporção direta da variação das personalidades dos receptores. Isso faz **diminuir a eficiência** das comunicações do influenciador, que para mantê-la razoavel-mente alta precisa limitar suas informações àquilo que os membros de seu auditório forem capazes de compreender e, também, dispostos a ouvir. Isso significa que cabe ao **emissor reduzir as barreiras às comunicações**. Talvez esteja aí a explicação do sucesso dos ditadores, pois sentem qual é a meta comum do povo e despertam o sentimento (deixando a razão de lado) prometendo fazer o que seus auditórios desejam ouvir.

9. A eficiência das comunicações ainda depende de dois fatores. O primeiro diz respeito à **credibilidade** do emissor. Essa, no exemplo do chefe deveria ser grande, pois *a priori*, os subordinados supõem que a pessoa foi promovida ao cargo de mando por ter capacidades peculiares que o diferenciam dos demais companheiros. O segundo fator é a viabilidade da informação ser **verdadeira**. O fato relatado da suspensão dos benefícios pela eclosão da greve não deveria ser falso, de sorte que os empregados acreditaram nessa informação. Todavia, isso nem sempre ocorre, motivo pelo qual mais adiante será abordada a mentira nas informações.

Como o leitor logo percebe, a exposição sobre comunicações e aspectos decorrentes constitui apenas um resumo do assunto, mas permite fazer numerosas conjecturas sobre esse processo que se desenrola nas organizações.

6.1.4 Os três tipos de comunicações

As experiências de todos nós sugerem haver numerosos tipos de comunicações. No entanto, pareceu-nos que esse problema poderia ser simplificado com o auxílio de Ackoff, que classifica as comunicações em apenas três classes. Entender a proposta de Ackoff não é fácil, em parte pelo formalismo e tratamento matemático, mas é possível fazer um resumo de seus aspectos principais, tendo por finalidade adequá-la a nossos interesses do ponto de vista prático do administrador. O primeiro aspecto a examinar é a caracterização dos três tipos de comunicação: a **informativa,** a **instrutora** e a **impositiva,** conforme esquematizado na Figura 6.4.

1. COMUNICAÇÃO INFORMATIVA. É aquela em que a informação predomina na mensagem, sem tentativas explícitas de influenciar comportamentos. É o caso do especialista que esclarece algum detalhe técnico solicitado em uma reunião na empresa. Outro exemplo é do cliente que, após efetuar um saque, pede no terminal o saldo de sua conta corrente e dele recebe a resposta com o valor em unidades monetárias, ou seja, o estado atual de uma variável (o dinheiro em depósito), o que constitui uma informação.

2. COMUNICAÇÃO INSTRUTORA. Ocorre quando o emissor tenta influenciar mostrando os efeitos que o comportamento do influenciado deve ter. Um exemplo é o do chefe que determina para os subordinados quais metas devem ser alcançadas, como peças fabricadas na quantidade X, no tempo Y e na qualidade Z. Neste caso, além da informação existe uma ordem a ser cumprida.

3. COMUNICAÇÃO IMPOSITIVA (chamada por Ackoff de motivadora). Ocorre quando o emissor procura influenciar o receptor mostrando de forma explícita ou implícita o que lhe sucederá caso não comporte-se como instruído para atingir a meta pretendida. Um exemplo é o da selecionadora de

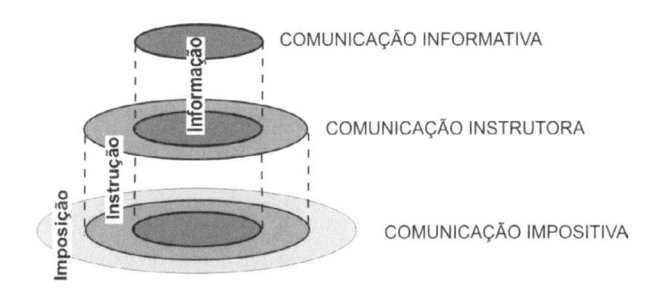

Figura 6.4 *As sucessivas interseções dos três tipos de comunicação.*

pessoal, que tenta influenciar os candidatos ao emprego para que não conversem entre si durante a elaboração do teste escrito, avisando que será eliminado quem não obedecer.

Um segundo aspecto a destacar é o de que os três tipos de comunicação não se excluem, mas apenas indicam a ênfase dada a um componente da mensagem. Assim, na comunicação impositiva, o chefe informa os subordinados sobre a meta pretendida, instrui como obtê-la e, ainda, mostra o que podem vir a sofrer caso não a alcancem como determinado (Ackoff, 1958, p. 218-234) (Buckley, p. 177-180).

6.1.5 Tipos de comunicação e as três formas de controlar

Foi examinado no capítulo anterior que, de acordo com o tipo de inter-relação das metas dos influenciados para com as do influenciador, este utilizará as trocas, o poder ou a autoridade para controlá-los. Naturalmente, ele usará uma forma diferente de comunicação para cada um desses controles, como esquematizado na Figura 6.5.

Consideramos três maneiras típicas de influenciar, correspondentes às três formas de controlar.

1. INFLUÊNCIA PELA **COERÇÃO**. Imagine-se um chefe que chama a secretária e determina que ela digite um grande número de cartas, embora o expediente esteja para ser encerrado. Nesse caso, o comportamento necessário para alcançar a meta pretendida pelo influenciador é considerado totalmente oposto aos interesses da executora. Seu julgamento é ativamente contra, razão pela qual só executará a ação diante da ameaça explícita de punições piores que o desconforto sentido pela anuência forçada. Nas organizações chamadas totais, como as militares e eclesiásticas, as sanções poderão ser físicas, a exemplo do confinamento forçado. Entretanto. nas empresas vão apenas até a demissão, passando antes pela eliminação de benefícios, transferência de seção, perda de promoção e outras punições morais. Todavia, a coerção como influência costuma ser evitada em razão do temor de, mais tarde, o empregado vir a "dar o troco". Note-se que não será a punição que

desencadeará o comportamento esperado (pois sua aplicação é justamente causada pela inexistência da ação tida como desejada), mas a ameaça de aplicá-la. A coerção é um ato de poder, desgastando-se com sua utilização e, por isso, útil apenas como a clara demonstração da possibilidade de real aplicação futura, pois é óbvio que a demissão não fará com que o empregado execute a ação a que é contrário.

Pelo exposto, conclui-se que, neste tipo de influência, as **metas** individuais do executor e do influenciador são competitivas ou divergentes. Havendo, pois, dissenso (e, por isso, o uso do poder), a comunicação será **impositiva,** a exemplo do guarda que detém um suspeito, informando-o sobre a prisão, instruindo-o para entrar no carro da radiopatrulha e impondo a execução desse procedimento com ameaças que mostram o que sucederá caso se negue a cumprir a ordem. Nesse exemplo, os estímulos são negativos, porém é possível a utilização de estímulos positivos que compensem a oposição inicial, como o caso do chefe que promete vantagens ao subordinado para este desempenhar um serviço que, em princípio, é contra.

2. INFLUÊNCIA PELO **COMANDO**. O influenciado não é contra nem a favor por não lhe pesar psicologicamente a execução pretendida, em virtude de já fazer parte de seu contrato de trabalho (não o registrado em sua carteira profissional, mas o culturalmente aceito e por ele interiorizado). Poderá haver certa dose de discordância, porém esta será superada pela esperança de benefícios futuros em face de sua aceitação, ou para não arriscar a perda dos atuais, ocorrendo um ajustamento por racionalização, como: "afinal a responsabilidade é dele" (do chefe). A maioria dos comportamentos técnicos desencadeados nas burocracias em seus níveis operacionais decorre deste tipo de influência, mesmo porque faz parte de sua subcultura que o subordinado aguarde ordens superiores para desempenhar o trabalho. Em geral, a influência pelo comando pressupõe a dominação exercida por meio de prêmios e punições, só que estas últimas não são explícitas como na coerção, mas subentendem-se pelo não-acatamento das determinações recebidas. Nessa situação, as metas do seguidor e influenciador devem ser coorientadas ou paralelas, já que as pretensões de um não ajudam nem prejudicam as do outro.

Havendo indiferença pela ação pretendida (como nas trocas pela remuneração), a comunicação será apenas **instrutora,**

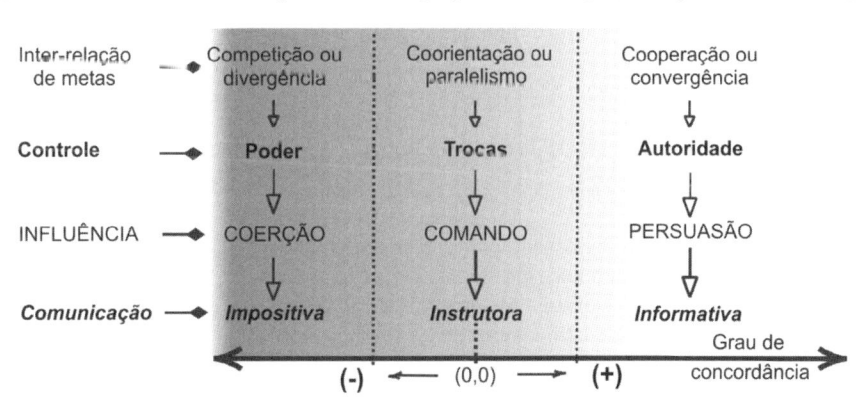

Figura 6.5 *Os três tipos de comunicação para influenciar em função das formas da metas se inter-relacionarem.*

a exemplo do chefe que dá uma ordem para o subordinado, informando-o sobre os detalhes do que deve executar. Todavia, essa forma de influenciar não é exclusiva de chefias, mas pode ocorrer dentro de grupos coesos, como bombeiros durante incêndios, defesa civil por ocasião de enchentes e mesmo médicos e enfermeiras em salas de cirurgias. Nesses casos, o comando pode até vir de um inferior na escala hierárquica, porém obedecido pelo superior que sente ser apropriado para aquele momento.

3. INFLUÊNCIA PELA **PERSUASÃO**. O influenciador altera o julgamento do seguidor, despertando nele a conveniência de executar aquilo que propõe. Ocorre em situações de metas coorientadas quando o influenciador carece de poder em virtude de o seguidor não estar formalmente sob sua dependência, ou na situação de metas cooperativas cuja consecução dependa de convencimento. No caso de existir um grau de concordância suficientemente elevado, basta uma sugestão para que desperte no seguidor a percepção da conveniência de agir, sendo, dessa forma, ativado seu julgamento já predisposto para aceitar.

Esse tipo de influência é típica dentro de grupos formais ou informais compostos por pessoas maduras e engajados na execução de uma tarefa decisória ou operacional, em decorrência de mútuas interações de seus membros.

Todavia, havendo *a priori* concordância plena, ou, pelo menos, quase completa, o seguidor executa a ação sem que ela sequer lhe tenha sido sugerida, pois sua percepção indica a adequação de ser deflagrada, partindo do mesmo processo utilizado pelo influenciador. Este é o caso de assessores que, pelos anos de convivência, são capazes de se antecipar às ordens do chefe, ou do grupo cooperativo, cujos membros aprenderam a atuar quase independentemente da coordenação do líder (Zaccarelli, p. 11-14).

Em qualquer um desses casos, basta a comunicação **informativa** para que o coordenado desempenhe o serviço desejado. Dessa maneira, é suficiente o médico receitar os remédios para que o paciente siga as prescrições.

Nos três casos examinados é suposto que as respostas dadas pelos níveis inferiores aos superiores sejam do tipo **informativo**, já que apenas comunicam o executado ou as razões pelas quais não puderam cumprir as ordens. Todavia, não ficam excluídas as do tipo impositivo nas situações em que pretendem modificar a comunicação do nível superior e, para isso, tentam influenciá-lo utilizando o poder que todo subordinado detém.

6.2 TIPOS DE COORDENAÇÃO NAS ORGANIZAÇÕES

No Capítulo 1, foi explanado que se formam organizações para que metas sejam mais facilmente alcançadas. Com isso, naturalmente surge a divisão do trabalho e a colaboração em graus variáveis, o que não garante por si só que a metas previstas sejam atingidas. É preciso que exista alguém para explicitar o que, quanto e quando, isto é, a figura de um coordenador de executores que sabem o como fazer.

Estimular e coordenar são funções do administrador, que deverá saber como influenciar de acordo com a situação. Para isso poderá utilizar o poder, a remuneração ou a autoridade, como será examinado a seguir.

6.2.1 O conceito e os mecanismos de coordenação

Os companheiros de escritório que depois do expediente se reúnem para um chope não precisam de coordenação porque os comportamentos esperados denotam expressões de sentimentos como alegria e simpatia. Já a execução coletiva de tarefas necessita de diferentes habilidades e conhecimentos, cuja integração exige a presença de um coordenador.

A escolha ou aceitação de um coordenador é natural ao homem em sociedade, como ficou patente nos experimentos feitos com pequenos grupos, inicialmente compostos por pessoas indiferenciadas, às quais se solicitou uma série de tarefas para executar. Observou-se que foi percebida pelos membros a existência entre eles de alguns com mais habilidades e conhecimentos para levar a termo a solução do problema proposto, razão pela qual os demais tendiam a pedir seus conselhos e a aceitar diretrizes, isto é, desejavam ser coordenados. A capacidade para isso não era somente técnica, mas também envolvia principalmente a organização de fatos e informações apresentadas pelos vários membros do grupo, que é a base da coordenação (Klein, 1968, p. 48).

Ocorre que a coordenação não é para controlar ou chefiar subordinados, mas a tomar medidas para que metas sejam atingidas. Uma definição simples poderá ser a seguinte:

COORDENAR é conseguir que os participantes de um grupo se comportem de forma a ser atingida com eficiência metas preestabelecidas.

Neste ponto, deve ser destacado um ponto muito importante que a literatura de Administração não costuma enfatizar; a coordenação **não é obrigatoriamente exercida por uma pessoa**, sendo possível ser levada a efeito por meio do próprio processo de trabalho. Essa afirmação é surpreendente, motivo pelo qual deve ser mais bem explicada tendo por base as pesquisas de Mintzberg, que propôs cinco mecanismos distintos.

1. AJUSTAMENTO MÚTUO. Esse mecanismo de coordenação ocorre quando os próprios executores se entendem para fazer o que, o quando e o quanto deve ser realizado. O leitor já deve ter observado em bares e lanchonetes quando o dono está ausente, onde alguém o atende e um outro recebe o pagamento do lanche preparado por um terceiro. Nesse caso, não há divisão de trabalho no grupo e nem um coordenador para dizer quem faz o que. O interessante é que esse tipo de coordenação por ajustamento mútuo ocorre, tanto em microempresas quanto nas de grande porte, no caso destas estarem incumbidas da execução de tarefas extremamente complexas, como as das equipes da Nasa, onde ninguém sabia *a priori* o que deveria ser feito para colocar um homem na Lua.

2. PROCESSOS PADRONIZADOS. Na linha de produção um operário recebe peças fabricadas pelo seu antecessor e com elas monta uma parte de algum equipamento, passando-a para o posto seguinte. Ninguém coordena suas atividades, pois estas foram anteriormente padronizadas por unidades

administrativas especializadas em projetar o processo de trabalho. Esse tipo de coordenação é ampliado pelas modernas técnicas de fabricação, a exemplo do *kanban*, que concede autonomia até para um operário parar a linha de montagem sem consultar qualquer chefia.

3. RESULTADOS PADRONIZADOS. As empresas transportadoras apenas informam os motoristas de caminhão o local e data para entrega das mercadorias, mas não os coordenam quanto às estradas para chegarem ao destino. De maneira semelhante, a chamada Administração por Objetivos - APO não cobra dos gerentes como agiram para atingir as metas que propuseram, sendo a coordenação limitada aos resultados alcançados ou não.

4. HABILIDADES PADRONIZADAS. Os hospitais não coordenam as atividades de seus médicos e enfermeiras porque seus procedimentos já estão padronizados, tendo começado o desenvolvimento de suas habilidades ainda na universidade. O mesmo pode se dizer de outro tipo de profissional, os professores, que não precisam de chefias para lhes dizer o que devem lecionar em cada aula.

5. SUPERVISÃO DIRETA. Caso o porte da organização torne inexequível o ajustamento mútuo e os processos de produção impeçam de ser padronizados, somente resta a supervisão direta de uma pessoa para coordenar o trabalho para que resultados sejam produzidos e metas alcançadas.

Naturalmente, é de se esperar que um mecanismo não exclua os demais, ou seja, é possível que em uma dada organização todos os cinco tipos sejam encontrados. Isto por que a escolha de cada um deles depende das condições existentes que indiquem qual deve ser o mais adequado (Mintzberg, p. 11-17). Além disso, exceções sempre ocorrem, motivo pelo qual é necessário que alguém oriente o que deve ser feito para resolver alguma dificuldade que apareça. Por isso, sempre existirá algum tipo de coordenador para conseguir que metas sejam alcançadas.

Aqui cabem muitas perguntas: de quem são essas metas? dos membros ou do coordenador? Foram impostas externamente? Neste caso, por quem? Os participantes as aceitam, são indiferentes ou contra? As diversas respostas viáveis por si só tornam clara a necessidade de mudar o tipo de coordenação de acordo com os três casos de inter-relação de metas descritos no Capítulo 4. Por essa razão, as formas de coordenar devem

ser em número de três, como examinadas a seguir.

6.2.2 Condutor, chefe e líder

A variável independente "tipos de interação de metas" determina a variável dependente "formas de influenciar" com os extremos de poder, de trocas e de autoridade, os quais, por sua vez, determinam as maneiras de coordenar que chamamos de condução, chefia e liderança. Cada uma delas tem características peculiares, sendo, também, diversos seus efeitos sobre os coordenados. A Figura 6.6 complementa a Figura 5.2, mostrando a inter-relação dessas variáveis.

1. O mais forte no bando de moleques ou o chefão da *gang* de bandidos determina as ações de seus capangas na base da força e, de forma semelhante, o feitor coordena os escravos com o chicote.

Chamaremos de CONDUTOR o indivíduo que impõe as metas e as normas de procedimento do grupo com a utilização do poder (Lima, p. 78).

Esse, também, é o caso de pessoas que assumem o controle de partidos políticos, condomínios de apartamentos e associações de classes profissionais, passando a dominar os demais membros e mantendo-se em posições de mando por muito tempo. Estudando a direção de sindicatos, o sociólogo alemão Michels denominou esse processo de "Lei de ferro da oligarquia". A diferença desses condutores para os tipos ditatoriais está na forma de poder utilizado, que de coercitivo passa a ser carismático, cuja base é fazer crer possuir qualidades ímpares para a posição e, ainda, conservar os coordenados desconhecedores das reais situações, sem a compreensão da realidade. Com isso conseguem alcançar as metas individuais, que geralmente incluem ganhos de dinheiro.

Outra forma de dominação utilizada por ditadores é criar falsas situações de perigo para surgirem como salvadores, técnica essa suscetível de ser transferida para empresas, sobretudo nas governamentais e nas de grande porte.

2. Por outro lado, a forma mais comum de conseguir trabalho nas organizações é trocar os esforços dos funcionários e empregados por benefícios, sendo o dinheiro o mais importante. Nelas, os participantes desejam alcançar metas que

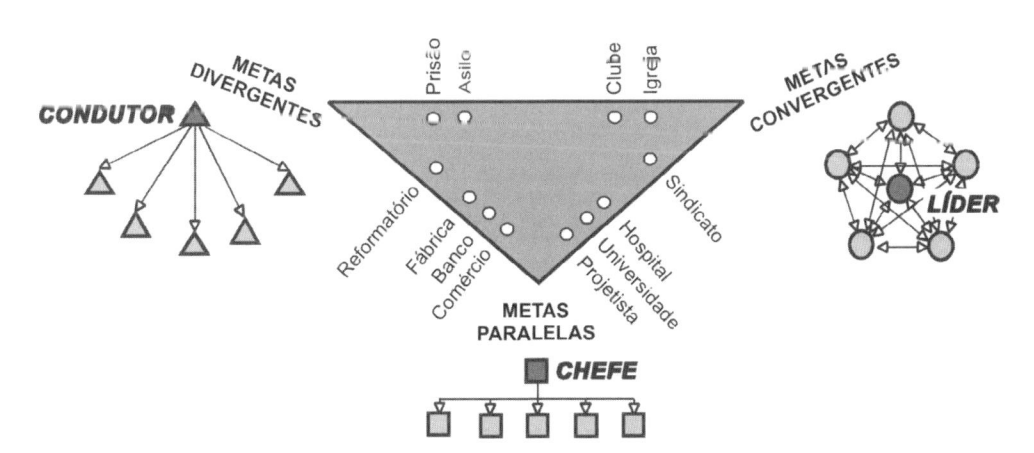

Figura 6.6 *Os tipos de coordenadores em relação às formas de interação de metas.*

não divergem nem convergem com as dos dirigentes, sendo coorientadas ou paralelas e podendo ser atingidas desde que fique estabelecido um contrato de trocas.

Denominaremos CHEFE o preposto nomeado pelos proprietários ou seus representantes para coordenar os esforços dos participantes, tendo por base as trocas.

A influência do chefe é de imediato aceita pelos subordinados, pois esta é uma cláusula do contrato psicológico derivada da tradição de muitos séculos. Todavia, pelo fato de a base para trocas ser calculista, os executores contribuem para a consecução das metas determinadas para sua unidade administrativa na proporção que as próprias sejam atingidas. Assim, pesquisas mostraram que o supervisor mais bem visto era o que recomendava aumentos para os subordinados e treinava para virem a ganhar mais, ou seja, contribuía para as metas grupais e não o que somente "dava palmadinhas nas costas" (Etzioni, 1974, p. 65).

3. Na equipe ou no grupo informal envolvido em alguma atividade, seus participantes escolhem um dos membros para coordenar os esforços conjuntos por sentirem ser ele o mais capaz para organizar os fatos e informações destinados à decisão coletiva. Em princípio, este não pretende ocupar a posição de coordenador, mas a aceita em face da aclamação dos companheiros.

Chamaremos de LÍDER aquele que coordena o grupo formal ou informal com base na autoridade.

O importante é que ele contribua para que o grupo alcance a meta coletiva, agindo como um coordenador e sem dominar. Presentes tais condições, aplicamos a esse tipo de coordenador o anglicismo *leader* por nos parecer que corresponde melhor à ideia de sua aceitação para mais facilmente serem alcançadas metas convergentes ou cooperativas.

Esses são os casos "puros", mas o que se encontra na prática é um misto dos três. Por exemplo, é sabido que as unidades administrativas com o tempo passam, também, a apresentar características de grupo informal, de sorte que as metas paralelas com as da organização são acrescidas de outras convergentes e próprias dos participantes. Dessa forma, o chefe passa a ter características de líder quando promove essas metas grupais, o que não o impede de ser um condutor em relação a dissidentes com uso do poder, pelo fato de os propósitos destes divergirem dos demais membros.

Já foi mostrado que existe correlação entre o tipo de interação de metas com as três variáveis culturais. Portanto, sendo o **condutor**, o **chefe** e o **líder** afins, respectivamente, com a **divergência**, o **paralelismo** e a **convergência** de metas, também o serão com as variáveis **preceitos, tecnologia e senti-**

mentos. O quadro da Figura 6.7 mostra esses relacionamentos, sistematizando, assim, o exibido na Figura 6.6

A importância desse quadro está em mostrar na primeira coluna a variável independente, por exemplo, metas paralelas ou coorientadas, e nas demais as variáveis dependentes, no caso o controle pelas trocas, a ênfase na tecnologia, a empresa como organização utilitária e o chefe como o coordenador é habitualmente designado. Ademais, torna explícita a inconveniência das tentativas de influenciar de forma enviesada, por exemplo, querer influenciar como líder quando as metas são divergentes, ocasião em que somente o condutor baseado no poder consegue obter comportamentos da forma esperada, como a de evitar que presos abram túneis nas celas para fugir.

6.2.3 O tipo de coordenação varia com as culturas e subculturas

Como todo e qualquer tipo de comunicação de pessoa para pessoa, a eficiência de seu processo depende dos aspectos culturais da organização, tanto em relação aos das funções administrativas (marketing, produção, etc.) quanto ao dos níveis hierárquicos (como o correspondente ao sistema, ao subsistema e assim por diante) da Figura 2.5. Essa afirmação é importante para que o administrador não julgue ser capaz de dominar as situações quando, na verdade, somente pode atuar sobre os fatores favoráveis que existirem, com o fim de conseguir o que pretende.

1. INDIVÍDUO. O novato que entra na organização e começa a ser influenciado traz já uma série de atitudes para com a figura do coordenador e para com a tarefa exigida, tanto em virtude da cultura de sua classe social e profissional quanto da subcultura dos agrupamentos a que pertenceu. Assim, é provável que o participante vindo de classes de mais baixa renda aceite o comando como forma única de influenciar, achando estranho que alguém, em vez de mandar, tente persuadi-lo a executar um trabalho. No entanto, obedecerá às ordens para desempenhar tarefas simples e rotineiras, sendo mais fácil que se identifique com o líder do grupo informal do que com o supervisor. Já um especialista da classe média traz em si a socialização das escolas técnicas, a qual exige uma dose de persuasão e pode até se identificar com o chefe de mesma profissão, mas recusando a execução de certas tarefas mesmo sob coerção, especialmente se forem contra a ética da classe profissional.

Em geral, como a execução da tarefa é um esforço despendido pelo seguidor, este o compara aos pagamentos que virá a receber. É claro que se este diferencial for favorável

Tipos de interação de metas	Tipos de controle	Variáveis culturais	Tipos de organização	Tipos de coordenação	Exemplos
divergentes ou competitivas	poder	preceitos	coercitiva	condutor	chefes de vigilância de asilos e prisões
paralelas ou coorientadas	trocas	tecnologia	utilitária	chefe	gerente, supervisor e "chefe" na acepção comum do termo
convergentes ou cooperativas	autoridade	sentimento	normativa	líder	médico na sua equipe de especialistas

Figura 6.7 *Variáveis independentes que determinam os tipos de coordenação.*

para seu lado, ele aceitará um comando. Entretanto, caso sinta-se prejudicado em razão dos recebimentos serem inferiores aos esforços, somente atuará como pretendido pelo influenciador se este utilizar a coerção.

Outro fator é a complexidade da tecnologia empregada, sendo de se esperar que baste o comando para tarefas simples e rotineiras, pois o executor conhece o que deve fazer e não há muitas alternativas técnicas a escolher. Já em trabalhos exigentes de decisão ou da criatividade, as formas de influenciar devem ser a persuasão, como no caso do médico, diante do membro de sua equipe na sala de operações.

Havendo urgência para a ação, poderia parecer que o comando é adequado, a exemplo do oficial diante do bombeiro em incêndios. Acontece que o seguidor, culturalmente, já interiorizou a necessidade da obediência, de maneira que basta a persuasão para a ordem ser cumprida, aliás congruente com os casos em que a situação é de emergência, quando surge o líder carismático obedecido sem discussões.

Finalmente, o que sucede quando o seguidor é o chefe e o influenciador passa a ser o subordinado? Esta é uma situação possível entre o especialista e o superior hierárquico ocupante de cargo administrativo, quando este não conhece a fundo a tecnologia empregada nas atividades. Parece que somente será viável a persuasão, visto que o comando seria rechaçado e a coerção impossível. Porém, este é um assunto suficientemente extenso para outro livro, que poderia ter o título: "Como influenciar seu chefe"...

2. GRUPO. Qual seria a forma de executar uma ação que contrarie a subcultura desenvolvida no agrupamento em que o indivíduo participa, ou no grupo que tomou por referência? O bom-senso sugere que se deve alterar o julgamento do executor, a fim de que ele aceite a conveniência da ação, ou seja, deve-se empregar a persuasão. E se esta não for eficiente, isto é, não tiver influência? Parece que só resta a coerção com todas as consequências negativas.

3. ORGANIZAÇÃO. Já foi discutido neste e nos capítulos anteriores a correspondência das formas de interação de metas com as três variáveis culturais (cuja ênfase e conteúdo de cada uma delas identifica um tipo de organização) que pouco restaria a comentar sobre as relações com as três formas de coordenar. Todavia, vale a pena destacar a correlação que existe entre o tipo de coordenador do grupo formal, devidamente oficializado pelas normas da organização, e a emergência do líder informal. Assim, quando a ênfase se concentra na variável cultural de preceitos para o cumprimento das normas, como ocorre nas prisões, o uso do poder pela coerção para o controle dos participantes faz com que surjam, em contraposição, grupos informais com líderes bem destacados, aliás como bem mostram os filmes sobre as penitenciárias e campos de concentração de prisioneiros.

Em organizações nas quais a variável sentimentos predomina, a liderança pela identificação é dos próprios coordenadores em cargos de nomeação, mas no caso de surgir algum líder informal, este é convidado para assumir uma posição, a exemplo do que sucede em paróquias. Já nas organizações com predominância da variável tecnologia ocorre um misto dos dois casos anteriores, pois o chefe comanda as atividades instrumentais da produção por meio das trocas e surge um líder expressivo para suprir a falta de emoções e sentimentos,

podendo até complementar a coordenação apenas técnica do chefe (Etzioni, 1967, p. 98-107). Esse líder expressivo é bem caracterizado pelo indivíduo que organiza as festinhas de natal e o mesmo é o porta-voz de colegas em reivindicações.

4. SOCIEDADE. A paulatina mudança detectada na cultura da sociedade ocidental em direção à chamada ética social sugere que a coerção, apanágio da era pré-industrial, e o comando presente na era industrial devem ceder lugar para a persuasão, que é a forma de influenciar com maior grau de concordância. Não obstante isso, neste país ainda se pode supor que está preparando-se para entrar na idade pós-burocrática, razão pela qual ainda impera o paternalismo. Assim sendo, é de se esperar a predominância do comando, mesmo porque a mão de obra é pouco qualificada e não instruída, exceto em alguns grandes centros industriais. Entretanto, esta situação deve-se alterar em curto espaço de tempo, motivo pelo qual os administradores devem estar preparados para influenciar pelos tipos exigentes de maior grau de concordância, a fim de não se defrontarem com resistências aparentemente inexplicáveis.

É necessário destacar que, nas organizações, a cultura também se altera de acordo com o estágio de seu **ciclo de vida**. Essa ideia de ciclo de vida surgiu com as fases que o Homem segue desde seu nascimento até a morte. Dessa maneira, a empresa inicia com a fase de meninice, depois adolescência, seguida da maturidade, velhice e encerramento das atividades, ou seja, da morte. Acontece que em cada uma dessas fases a coordenação tem que obedecer a fatores peculiares a cada etapa do ciclo de vida. Somente para exemplificar, a fase da velhice é caracterizada pela exacerbação da burocracia, onde impera o chefe, mas não o líder. Por isso, o administrador enfrentará dificuldades se tentar obter trabalho por meio da autoridade e não pelas trocas, que estão dentro das expectativas dos participantes.

Para finalizar, o exposto neste capítulo apenas serve de base para o treinamento que o administrador deve fazer para comunicar-se e influenciar pessoas com eficiência, porque essas são algumas de suas funções profissionais. Como toda aprendizagem — a exemplo de adquirir prática para dirigir automóveis — esse treinamento começa em escolas com exposições para públicos diversos, discussões em reuniões com colegas e, sobretudo, cursos sobre dinâmica de grupos. Esse é o meio, porém não o fim, pois este é a aplicação na vida diária do que foi aprendido, como dirigir automóveis e não frequentar escolas de trânsito.

TÓPICOS PARA EXPOSIÇÕES

6.1.1 Porque as pessoas agem desta ou daquela maneira?

a) Explicar que a principal forma de exercer o controle social é por meio da comunicação; b) com base na Figura 6.1, explicar com um exemplo que 1. as necessidades de uma pessoa somente conseguem ser satisfeitas quando metas específicas são alcançadas; 2. existe um estímulo interno para que a pessoa se comporte de forma a alcançar a meta que satisfaça a necessidade; 3. esse estímulo interno quando estiver ainda latente, pode ser despertado por um outro estímulo externo à pessoa; 4. para que o estímulo externo tenha efeito é preciso que haja sua percepção pelo indivíduo; c) mostrar que interessa ao administrador esse esquema pelo fato de ele poder compreender como estimular externamente as pessoas para que exibam determinado comportamento, como o de executar uma tarefa.

6.1.2 Processo e eficiência da comunicação

a) Explicar que interessa ao administrador compreender o processo da comunicação para que seja mais eficiente em sua função de influenciar pessoas para o trabalho; b) com base na Figura 6.2 explicar, exemplificando: 1. no que consiste a comunicação; 2. o que é informação; 3. uma pessoa **A** estimula à **B** por meio de uma certa mensagem com o fim de influenciá-la a exibir um comportamento; 4. para isso dá uma informação relativa a um ente **X** externo a ambas; 5. **B** emite uma resposta ao estímulo de **A**; c) explicar se **A** conseguir que **B** exiba o comportamento que deseja, sua comunicação foi **eficiente**.

6.1.3 Comunicações para coletividades

Explicar: a) que a situação que mais interessa à Sociologia não é a comunicação de pessoa para pessoa e sim de um indivíduo para uma coletividade, a exemplo do que no momento ocorre com ele, expositor, em relação aos colegas da classe; b) com base na Figura 6.3, que o modelo da Figura 6.2 continua aplicável, apenas devendo ser estendido para várias pessoas a influenciar; c) que as barreiras às comunicações aumentam quanto mais reduzidas forem as áreas comuns de entendimentos; d) que, no geral, os participantes não possuem treinamento para discussão em grupo, o que provoca: 1. tumultos porque um não espera sua vez para falar: e 2. uns falam de mais e outros de menos, talvez por insegurança.

6.1.4 Os três tipos de comunicações

Com base na Figura 6.4, explicar: a) que as comunicações podem ser classificadas em três tipos conforme: 1. o grau de compatibilidade de metas entre o emissor e o receptor; e 2. seu principal conteúdo; b) dando exemplos, os três tipos principais: 1. informativa, quando predomina a informação; 2. instrutora, quando o emissor tenta influenciar o emissor a exibir determinado comportamento; e 3. impositiva, quando o emissor tenta influenciar, mostrando o que sucederá ao emissor se este não cumprir a ordem; c) explicar que os tipos não se excluem.

6.1.5 Tipos de comunicações e as três formas de controlar

Com base na Figura 6.5, explicar, com exemplos, que: a) a utilização pelo administrador de cada tipo de comunicação depende do grau de concordância de metas do emissor em relação às do receptor; b) conforme a variável "grau de concordância" passar de um valor negativo para um nulo e depois para um positivo, varia a forma de controlar para: 1. o poder; 2. as trocas; e 3. a autoridade; c) o mesmo para a influência, indo: da 1. coerção; 2. para o comando; 3. e daí para a persuasão; d) idem para a comunicação, variando: 1. da impositiva; 2. para a instrutora; 3. daí para a informativa.

6.2.1 O conceito e os mecanismos de coordenação

Explicar que: a) para um grupo alcançar metas é necessário alguma forma de coordenação das atividades dos executores de tarefas; b) é natural à pessoa humana aceitar a figura do coordenador; c) as formas de obter a coordenação podem ser classificadas em: 1. ajustamento mútuo; 2. processos padronizados; 3. resultados padronizados; 4. habilidades padronizadas; e 5. supervisão direta; d) as cinco formas de coordenar não se excluem.

6.2.2 Condutor, chefe e líder

Explicar: a) que o tipo mais adequado de coordenação depende das situações de interação das metas; b) com base na Figura 6.6, o que consiste a coordenação exercida pelo: 1. condutor; 2. chefe; 3. líder; c) com base na Figura 6.7, sistematizar as correlações expostas.

6.2.3 O tipo de coordenação varia com as culturas e subculturas

Explicar que: a) o tipo de coordenador depende das culturas e subculturas, desde a do indivíduo que entra para a organização até a da sociedade; b) com exemplos, os casos em que o participante aceita ou não um tipo de coordenador em razão da cultura que já traz interiorizada; c) mostrar a sequência seguida nas formas de coordenar um grupo; d) mostrar que o avanço tecnológico modificou as culturas das organizações e das sociedades desorte que cada vez é menos aceita a coordenação pelo condutor e mais a do líder.

QUESTÕES DE APLICAÇÃO

1. Baseando-se na Figura 6.1 informe, justificando, quais eram os dois componentes do processo de influenciar os vaqueiros que os gerentes não tinham percebido serem diferentes dos operários sulistas.

2. Com base na comunicação do chefe para os subordinados, concretizada pela frase "a greve da categoria foi julgada abusiva pela Justiça do Trabalho, portanto, compareçam amanhã e trabalhem normalmente, porque os faltosos poderão ser demitidos", informe, justificando, qual o componente; a) informativo; b) instrutor; c) impositivo.

3. Desenhe um quadro com 4 colunas e 3 linhas, e dentro de cada célula escreva: a) na primeira coluna as 3 seguintes situações: 1. o professor diz à classe que necessita um aluno para na próxima aula explicar aos colegas o tema da influência; 2. o professor ameaça retirar a prova do aluno que procura "colar" de um colega; 3. o professor manda que os alunos coloquem o nome e datem todos os trabalhos que apresentarem; b) na segunda coluna escreva, em três frases curtas, cada qual correspondendo uma das situações de (a), o que o professor diria para a classe; c) na terceira coluna identifique o caso de influencia pela coerção, comando e persuasão; d) na quarta coluna justifique cada resposta dada em (c).

4. Informe quem coordena na forma de condutor, chefe ou líder em cada uma das seguintes situações: a) advogado que convida colegas para, juntos, defenderem na Justiça o cliente que é um político cassado por corrupção passiva; b) famoso cirurgião cardiologista que é eleito pelos sócios para dirigir a Diretoria Clínica do Hospital do Coração; c) dirigente do Sindicato dos Estivadores eleito para gerir o Departamento Administrativo e que por razões econômicas demite escriturários. Justifique as respostas, explicando o tipo de interação de metas e se foi na base do poder, das trocas ou da autoridade.

5. Estando você na posição do consultor de empresas da Figura 2.3 do Capítulo 2 que visita o diretor de uma empresa que poderá ser um novo cliente, informe, justificando as

respostas: a) qual o grau de **credibilidade** do emissor da frase do "balão"; b) a **viabilidade** de não ser mentira o que está afirmando; c) como avaliar qual dos três tipos de coordenação seria a mais provável.

DISCUSSÃO EM GRUPOS

As crises da empresa Saiel (3ª parte)

Com base nas explicações de páginas atrás e nos fatos descritos em "Discussão de grupos" no Capítulo 4 a respeito das crises da empresa Saiel, 1ª parte, cada grupo deve responder à questão abaixo que lhe foi designada, **justificando** as respostas.

1. Desenhe um quadro de forma que: a) na primeira coluna conste: 1. a situação descrita dos projetistas influenciando os encarregados das instalações industriais; 2. idem para os projetistas influenciando o chefe da Oficina; b) na segunda coluna indique para esses dois casos se as metas comuns eram convergentes, paralelas ou divergentes; c) com base na Figura 6.3 desenhe na terceira coluna os dois diagramas correspondentes ao modelo de Schramm; d) na quarta coluna justifique o grau pequeno, médio ou grande em que as personalidades do influenciador e do influenciado representadas no desenho tinham pontos em comum.

2. Baseando-se nas três figuras do item 6.1.4 que ilustram os tipos de comunicação: a) escreva para cada uma das situações uma frase em que, supostamente: 1. o projetista informa algo para os colegas; 2. o chefe da Seção de Finanças instrui como todos devem proceder para elaborar a previsão orçamentária de suas respectivas áreas administrativas; 3. o chefe da Seção de Vendas recrimina um dos vendedores por estar escrevendo e, com isso, manter-se alheio à reunião para discutir a lista de clientes a serem visitados; b) em cada uma das três situações informe se as influências tem por base o poder, as trocas ou a autoridade.

3. Tendo por base os cinco mecanismos básicos para o controle, exponha qual deveria ser predominante: a) na Oficina; b) na Seção de Projetos; c) na Seção de Vendas; d) nas equipes de instalações industriais.

4. Faça um quadro em que: a) na primeira coluna seja descrito o tipo de reclamação: 1. dos vendedores em relação à Oficina; 2. do mestre da Oficina em relação aos projetistas; 3. dos encarregados das equipes de instalação em relação à Oficina; b) na segunda coluna identifique as diferenças culturais no conteúdo da variável **tecnologia** quanto à produção de peças entre essas três unidades administrativas da Saiel; c) na terceira coluna identifique os tipos de metas de cada uma das duas unidades em conflito; d) na quarta coluna explique a principal razão de existirem reclamações.

5. Quanto ao assunto da mentira, informe, justificando cada resposta: a) os vendedores tinham necessidade de mentir ao oferecerem às outras instaladoras os suportes fabricados pela Saiel?; b) comercialmente falando, a Saiel deveria omitir seu nome nos suportes para que outras instaladoras comprassem o produto sem saber quem os fabricava?; c) 1. caso fossem proprietários da Saiel, vocês diriam aos seus empregados que os lucros auferidos foram diminutos ou mesmo nulos a fim de não concederem aumentos de salário?; 2. se a resposta for "sim", como os empregados descobririam essa falsidade?

FATORES DO PODER FORMAL

7

Antigamente, o operário aprendia o ofício na bancada de trabalho, tornava-se um artífice e, caso demonstrasse desejo de mando, era promovido a supervisor e depois a mestre da fábrica. O mesmo sucedia com o escriturário, que, por caminhos semelhantes, chegava a chefe do Pessoal ou a Tesoureiro. Essa ascensão paulatina, aliada à tecnologia simples com desenvolvimento lento típico daquela época, permitia que as chefias de fábricas e escritórios conhecessem os ofícios melhor do que os subordinados que os desempenhavam.

Acontece que hoje a energia elétrica não mais provém do vapor, mas da desintegração do átomo e a dificuldade com o torno mecânico é elaborar programas de corte em seus circuitos lógicos, enquanto a contabilidade é feita por computadores. Resultou que, atualmente, o chefe tem de decidir sobre assuntos que são quase desconhecidos para ele e tem de coordenar atividades de subordinados especialistas em matérias totalmente diversas daquelas de que um dia foi conhecedor.

Surge, então, o paradoxo do chefe ter que coordenar trabalhos que não conhece com a mesma profundidade dos subordinados. Por isso, muitas empresas adotam **medidas para que os chefes ainda continuem controlando os subordinados**.

7.1 O PODER DOS SUBORDINADOS E A IMAGEM DE PODER DAS CHEFIAS

Quem não conhece casos nos quais subordinados mandam mais que o chefe, seja porque são parentes ou protegidos da diretoria, de políticos ou de clientes poderosos, seja por que são "insubstituíveis", seja porque sabem de "coisas"? Então, como dar ao chefe recém-promovido condições para controlar as ações de seus antigos colegas? As explicações de como os subordinados obtêm poder e as prescrições para dar a imagem de poder ao novo chefe serão examinadas a seguir.

7.1.1 Fontes de poder dos subordinados

Se o chefe delega aos subordinados parte de suas funções, automaticamente está abrindo mão de fontes de poder, pois com isso fica com certo grau de dependência em relação aos executores. Dentro da concepção de hierarquia de cargos, é necessário que o chefe detenha mais poder que qualquer de seus subordinados, pois, se assim não acontecer, a coordenação e a modelagem dos comportamentos dos participantes da organização tornam-se difíceis, quando não impossíveis.

A delegação dá, pois, fontes de poder aos subordinados, e a concretização dessa força pode ser feita a partir da concepção das trocas de benefícios, cujo diferencial constitui a base da dominação, como explanado no Capítulo 6. Para analisar essa fonte de poder utilizaremos o quadro de referência das três dimensões culturais

1. TECNOLOGIA. Quanto maior for a exigência de conhecimentos e habilidades necessárias para desempenhar uma tarefa, o tempo despendido para recrutar e treinar um especialista, a importância da função para as finalidades da organização, e a dificuldade para alocar trabalhadores para serviços rejeitados, maior será o poder de que esses executores poderão desfrutar.

Interessante é que esse poder está na razão direta do desenvolvimento de um país ou região, tanto em virtude da maior sofisticação da tecnologia quanto das mudanças culturais, de sorte que as pessoas passam a rejeitar serviços tradicionais, como os rotineiros da linha de montagem (Drucker, 1980, p. 115-118).

Além disso, quanto mais **informações** forem do conhecimento do participante, maior será seu poder. Tais informações dependem da posição de seu cargo em relação aos canais de comunicação, a exemplo das secretárias e dos auditores, os quais interagem com o ambiente interno da organização, ou dos compradores, vendedores e executivos, que interagem com o ambiente externo.

2. PRECEITOS. Outro fator importante refere-se ao conhecimento dos regulamentos, hábitos e costumes, especialmente em que as normas têm grande força legal, a exemplo das repartições públicas. Neste último caso, em vez de o superior hierárquico ter em mãos os elementos formais para controlar os subordinados, é aquele entre estes que pode controlar o chefe pelos eventuais desvios que inadvertidamente ele venha a cometer, caso esse funcionário possua o conhecimento das leis e portarias. Pelo exposto conclui-se que, quanto mais antigo na organização, mais o empregado conhece os meandros dos relacionamentos pessoais, os segredos ocultados dos acionistas, do fisco e da alta administração e, também, onde as "coisas" estão arquivadas. Conhece, assim, a cultura real e ideal da organização, o que lhe confere tanto poder que se torna perigoso, a ponto de ser necessário despedi-lo unicamente "por saber demais".

3. SENTIMENTOS. Quanto mais facilmente uma pessoa estabelecer amizades e relacionar-se intimamente com indivíduos influentes dentro ou fora da organização, maior poderá ser o poder individual. A explicação está na possibilidade de fazer coalizões (inclusive tornando-se líder informal), mudar de emprego por ser aliciado, fornecer benefícios aos outros participantes da organização com base

nos conhecimentos pessoais e tornar-se mais "cosmopolita" e menos "local", isto é, mais identificado com a profissão e pessoas externas e menos com os membros de seu grupo de trabalho e a empresa como um todo (Mechanic, p. 366-373).

Finalizando, o fato de o participante dispor dessas armas não significa que vá usá-las contra quem quer que seja, ou por desconhecer sua existência, ou por temer que possam voltar contra si mesmo, ou por índole própria, que não busca a dominação. Assim, desempenha lealmente suas funções, não esconde as informações possuídas e não se aproveita da rede de comunicações que passa por ele.

Todavia, pode descobrir em algum livro a "maçã proibida e comer o fruto da ciência do bem e do mal", ou então, haver mudanças de chefia ou mesmo uma reorganização administrativa, fazendo com que mude o comportamento e passe a utilizar o poder de que dispõe.

7.1.2 Estruturas sociais de riqueza, prestígio e poder

Na sociedade como um todo, se um indivíduo detém poder por um tempo suficientemente longo, usualmente acabará usando este poder para melhorar sua situação financeira e para angariar maior prestígio. Da mesma forma, um novo rico acabará desfrutando de maior prestígio e também deterá mais poder, o que é claro tendo-se em vista o fato de que passará a dispor de maiores recursos para distribuir como benefícios. Assim sendo, *a priori*, haverá tendência de as pessoas julgarem existir correlação positiva entre prestígio, poder e riqueza.

Por isso, sociólogos postulam existir na sociedade três tipos de estruturas: a de poder, a de prestígio e a de classe econômica. Estas estruturas tendem a convergir, não obstante ocorrerem exceções. Por exemplo, existem artistas que são muito considerados apesar de serem relativamente pobres e não dominarem, enquanto nas sociedades os sacerdotes e os militares costumam desfrutar de poder sem necessariamente possuírem riquezas (Murphy Apud Buckley, p. 268-269; Lakatos, p. 257-258).

Se a correlação entre as estruturas de prestígio, poder e riqueza está na expectativa normal das pessoas, é natural que isto seja transferido para a subcultura da organização. Dessa maneira, pode-se imaginar que **tanto na sociedade quanto nas organizações** existe uma "quantidade" de poder correspondente à de prestígio e à de bens materiais possuídos pelo participante. Com isso, o aumento de um traz, em consequência, o crescimento dos demais, o que lembra o fenômeno dos vasos comunicantes, como esquematizado na Figura 7.1.

Deve-se destacar que as organizações, para criar suas estruturas, admitem pessoas para desempenhar uma gama muito diferenciada de funções administrativas em níveis hierarquizados de coordenação, os quais são correlatos às estruturas de prestígio, poder e salários

(já que o valor dos pagamentos substitui a riqueza). Com mais detalhes, temos o seguinte.

1. ESTRUTURA DE PRESTÍGIO (E DE POSIÇÕES). A estrutura de prestígio decorre dos diferentes graus de respeito gozados pelas pessoas de qualquer agrupamento. Com isso, surge uma correspondente estrutura de posições que decorrem da interpretação das qualidades de seus membros feita por um segmento da população. Por exemplo, um médico é mais bem considerado que um comerciante (embora este possa ser muito mais rico), o que determina níveis diferentes de prestígio e, por isso de posição social. Esta é denominada pela Sociologia pela palavra *status*, portanto, com significado diverso do utilizado no dia a dia.

Pelo fato de serem microssociedade, o mesmo ocorre nas organizações, como um trabalhador especializado ocupar posição superior a de um outro sem profissão definida apenas por gozar de maior prestígio. Entretanto, pelo fato de as organizações serem agrupamentos artificiais, essa estrutura de *status* é, em parte, criada e manipulada pela cúpula diretiva, razão pela qual preferimos chamá-la de "estrutura de posições", já que existe certa correlação com os níveis hierárquicos ocupados pelos administradores e, também, pelos especialistas. Nas organizações, várias características indicam o nível de posição ocupada pelo participante, concretizando seu nível de prestígio.

— A primeira delas são as **cerimônias**, como as de admissão, transferência, promoção ou saída. É instrutivo ver o novo superintendente da empresa ser apresentado pelo diretor em uma reunião à qual só compareçem os outros diretores e superintendentes, enquanto o novo escriturário é conduzido a seu chefe pelo *office boy* da Seção de Pessoal.

— Uma segunda característica são os **símbolos** indicativos da posição (em geral **denominados símbolos de *status*),** que assumem grande variedade de formas. Como símbolos temos o tamanho e o número de gavetas da escrivaninha, o tipo de telefone, a ornamentação da sala e mesmo a aparência física da secretária. Alguns dos símbolos de *status* devem ter também significado funcional, com o fim de aparentar a capacidade do profissional ocupante de posto de chefia. Exemplos são os microcomputadores para os engenheiros e economistas, a estante de livros para o professor, os gráficos na parede para analistas. É importante que os

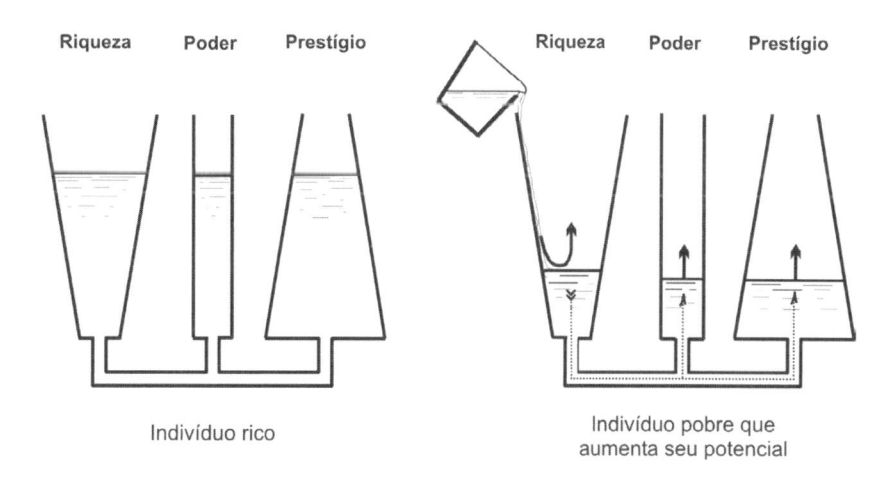

Figura 7.1 *Correlação entre as "quantidades" de poder, prestígio e riqueza.*

símbolos de *status* sejam facilmente perceptíveis, pois, se não o forem, uma pessoa que pela primeira vez tenha contato com o chefe ou gerente terá dificuldade para avaliar a posição de que este desfruta.

— A terceira corresponde à **distribuição diferencial de benefícios e privilégios**. Entre estes pode-se enumerar: sair e entrar a qualquer hora *versus* bater cartão de ponto, ir ao banheiro e ficar conversando (escritórios) *versus* ter só cinco minutos para deixar o posto (fábricas), colocar o carro no estacionamento interno *versus* deixá-lo na rua.

— Uma quarta são as **restrições ao comportamento**, não ficando bem (e por isso o grupo social reprime) o alto funcionário beber pinga no bar da esquina, bem como a enfermeira-chefe dizer palavrões (a faxineira pode). Na direção contrária, o grupo social aplica diversos tipos de sanções àqueles que usam indevidamente símbolos de *status* de níveis mais elevados que o do por eles ocupado.

— Finalmente, vem o uso de **insígnias** indicativas da posição, que nas organizações militares é importantíssimo e nas civis tem utilização restrita, a exemplo da aviação comercial, em que, pelos quatro galões, facilmente se distingue o comandante dos outros tripulantes. Por outro lado, a maneira de vestir pode ser enquadrada neste item, a exemplo do paletó e da gravata para as chefias de burocratas e da camisa esporte para as de especialistas (Barnard, p. 402-403).

2. ESTRUTURA DE SALÁRIO. O salário deveria ser proporcional ao valor econômico do cargo. Neste sentido, um encarregado de máquinas automáticas deveria ganhar menos que um colega de serviços variados, pelo motivo de ter menos possibilidade de reduzir custos e melhorar métodos. Mas isso não ocorre na empresa, pois vale o costume social que acha adequado pagar de forma proporcional ao prestígio da profissão. A primeira forma pode parecer mais lógica, porém sua aplicação é muito difícil ou até mesmo impossível, em virtude de se ter de avaliar o valor econômico do cargo. Assim sendo, parece-nos que a cultura que valoriza o prestígio predomina na prática, a exemplo do método dos pontos, segundo o qual o salário do cargo é determinado por meio da comparação das características exigidas para o desempenho das várias funções da empresa, mas sem levar em conta o valor econômico do trabalho.

3. ESTRUTURA DE PODER. No caso de metas coorientadas, foi visto que cabe ao chefe impor as normas de procedimento da empresa para atingir resultados por meio de atividades não cooperativas. Disso resulta que é necessária certa dose de dominação, alcançada por meio do poder racional-legal, como é fácil de ver, pois as organizações delegam aos ocupantes de cargos gerenciais a capacidade de negar benefícios e mesmo punir. Todavia, três problemas surgem. O primeiro é a exigência de a empresa controlar esse poder, pois, ficando o mesmo fora dos limites adequados, o chefe pode usá-lo em seu benefício e em detrimento dos interesses do patrão. O segundo é a conveniência de que a quantidade de poder seja proporcional à hierarquia dos escalões, de sorte que um coordenador-subordinado não detenha mais poder que seu coordenador-chefe, a fim de não subverter a gradação de influências. Por fim, há necessidade de um novo chefe continuar coordenando de forma semelhante a seu antecessor, isto é, o poder deve ser independente das característica pessoais, para que fique

garantida a continuidade no tempo. Mesmo que a empresa não seja estruturada segundo a forma piramidal clássica, como no caso de estrutura matricial e das estruturas flexíveis de comissões e equipes, sempre haverá certa dose de competição a ser sobrepujada, razão pela qual esses problemas continuarão a existir.

7.1.3 Imagem de poder e não poder real

Uma forma de resolver o problema de a organização controlar o poder de suas chefias é pela utilização da expectativa que os subordinados possuem de que o detentor de alto *status* e de salário elevado também goza de poder.

A empresa sempre dá ao chefe certa dose de poder real, porém muito de poder virtual, que por ser **"imagem", fica sob o controle da alta administração**. Dessa forma, é possível estabelecer a gradação entre os vários escalões hierárquicos, numa sequência de níveis igualados pelas estruturas de:

— **salários**, ou seja, mais alto escalão, maior salário;

— **prestígio**, criada pelo diferencial dos **símbolos de *status*** de acordo com a hierarquia de cargos.

— **poder** resultante, constituída pela gradação de salários e de símbolos, que substituí a capacidade real de dominar pela sua **imagem** virtual.

Assim, pode-se atender a um requisito básico: quanto mais alto o nível da chefia, maior deverá ser a imagem de poder dos respectivos chefes, de sorte que a do presidente deverá ultrapassar a dos diretores e a destes a dos chefes de divisão, e assim por diante (Thompson, p. 66). A Figura 7.2 mostra essa gradação da imagem de poder, criada pela alta administração por meio da atribuição diferenciada de símbolos de *status*.

Essa correlação de prestígio com um pretenso poder causa a disfunção organizacional da luta por símbolos de *status* cada vez maiores e de forma quase neurótica. Naturalmente, quem realmente goza de poder, a exemplo das "eminências pardas", despreza tais exteriorizações porque não precisa delas, além de preferir passar desapercebido. Por isso, quem de fora tem algum tipo de contato com a organização pode enganar-se pelas aparências, deixando de lado alguém que realmente manda e desmanda.

As aplicações que são feitas do princípio de atribuir imagem de poder são fáceis de observar. Por exemplo, se o encarregado de uma seção é promovido e sua vaga ocupada por um de seus subordinados, poder-se-ia pensar que bastaria mudar a mesa do empregado promovido a chefe, a fim de ele observar melhor o trabalho dos ex-colegas, sendo desnecessário aumentar-lhe o salário porque o valor econômico de seu trabalho não cresceu e também por estar satisfeito com o que vinha recebendo. Naturalmente, seria concedido a esse novo chefe o poder racional-legal para pressionar os antigos companheiros a trabalharem, pois seria capaz de negar a eles benefícios, a exemplo de aumentos por mérito ou mesmo de salários por meio de demissões.

Todavia, a intuição sugere que isso não seria adequado, pois, em primeiro lugar, esse poder não seria facilmente verificável e, em segundo, porque os novos subordinados não veriam nesse chefe qualidades notáveis que o qualificassem para o cargo. A prática sugere a conveniência de, acompa-

Figura 7.2 *Diferencial de símbolos de status de acordo com o cargo hierárquico (Kast & Rosenzweig, p.288-289, com modificações).*

nhando a promoção, dar-lhe um aumento de salário e uma escrivaninha maior que as dos demais empregados, com telefone sobre ela e a substituição de sua antiga máquina de cálculo por um microcomputador, mesmo que não mais necessite de uma ou de outro para seu trabalho. Tais custos adicionais não são absolutamente inúteis, pois, graças a esses símbolos de *status*, o novo chefe adquire carisma e os subordinados acreditam que ele tem capacidades insuspeitas, razão por que foi escolhido para coordenador (Thompson, p. 136). Com isso racional-legal que possui em função do cargo, que é alienador, como já explanado. Finalmente, esse poder de origem carismática constitui apenas uma **imagem** e fica à discrição da empresa aumentá-lo ou retirá-lo.

Concluindo, o ideal seria que só houvesse o exercício da autoridade para direcionar os comportamentos, mas sempre ocorrerá certa divergência entre as metas individuais e as coletivas. Por isso, a dissensão que conduzirá a ações contrárias às desejadas pela organização unicamente são possíveis de serem sobrepujadas pela ameaça de uso do poder.

7.2 PRESCRIÇÕES PARA O EXERCÍCIO DO CONTROLE NAS ORGANIZAÇÕES

Um superintendente da Produção pode ter como subordinado o chefe do Controle de Qualidade, o chefe do Controle da Produção, o chefe do Planejamento do Processo, o encarregado da Manutenção, os quais, por suas especialidades, naturalmente são mais capazes que o superior hierárquico. Por isso, é possível que venham a utilizar o poder que usufruem contra o superintendente pelo motivo de tecnicamente serem mais competentes. Essa eventualidade tem sido parcialmente resolvida nas organizações que possuem a clássica estrutura piramidal de cargos e funções, por meio de uma série de artifícios destinados a manter a ascendência do chefe sobre seus subordinados. A experiência permitiu classificá-los como prescrições que serão descritas a seguir, tendo por embasamento as condições para dominar — conforme explanado no Capítulo 5 — e, também, o controle das situações em que o poder dos subordinados se faz sentir preponderantemente, conforme explicado no item 7.1.1.

7 2.1 Práticas destinadas a reduzir o poder dos subordinados

O que segue é o resultado de observações e tanto serve para o chefe conseguir maior poder quanto para o subordinado livrar-se da dominação de seu superior hierárquico.

1. **Tirar partido da correlação poder, prestígio e salário.** Como já explicado, a base desta prescrição está no uso de símbolos de *status* que sugerem prestígio, riqueza e, em decorrência, o poder.

2. **Evitar delegação de tarefas que sejam ponto de convergência de informações.** O analista de sistemas e o auditor reúnem informações de toda a empresa para transformá-las em procedimentos, sendo essa uma de suas funções. Convém ao chefe desses especialistas chamar a si alguns desses trabalhos, pois o conhecimento do que ocorre na organização confere aos subordinados poder sobre seu superior hierárquico, que acaba "sendo enrolado" e "ficando por fora" dos acontecimentos. Outra forma de minimizar esse efeito é o rodízio de funções, de sorte que o tempo não torne um subordinado excessivamente bem informado sobre determinada área da empresa.

3. **Evitar que uma única pessoa controle um canal de informações.** Se um empregado tem por função os contatos com clientes, ou participa de reuniões com outras entidades, as informações que passa a deter constituem uma fonte de poder sobre seu chefe. Convém, pois, que este último também intervenha nesse canal de informações, seja diretamente, seja por meio de outro subordinado. Pelas mesmas razões, porém visto de outro lado, caso o chefe ponha seus subordinados a par de todos os detalhes das reuniões que mantém com a alta administração, fatalmente está perdendo uma fonte de poder. Entretanto, se der a conhecer apenas as conclusões gerais e omitir os detalhes, ou mesmo deturpar os assuntos que foram tratados com a técnica da contra-informação, utilizada na guerra para confundir o inimigo, sua superioridade de posição será mantida. Essa capacidade de mentir já foi analisada no capítulo 6.

4. **Contratar vários especialistas, embora um seja suficiente.** Se a função especializada for muito importante, fatalmente o chefe ficará à mercê de seu subordinado. Para evitar que tal suceda, convém admitir mais um especialista, que passará a competir com o primeiro, fazendo com que nenhum dos dois se torne indispensável.

5. **Dar a impressão de conhecimento técnico elevado.** Trata-se de aspectos da "dramaturgia organizacional", quando o chefe representa seu papel de superior hierárquico e acrescenta certa dose de tapeação. Primeiramente, essa dramaturgia consiste no uso de instrumentos que lhe deem a impressão de possuir conhecimentos técnicos suficientes para fazer os trabalhos de seus subordinados (caso seja necessário), ou de capacidade para avaliar a perfeição dos desempenhos. São as calculadoras carregadas no bolso, o microcomputador ligado à *Internet* e às redes da empresa que acessa frequentemente, os livros técnicos alinhados nas estantes, os gráficos dependurados nas paredes que sugerem permanente controle dos desempenhos.

Uma segunda forma de atuar do chefe está em não dar a perceber sua falta de conhecimentos profissionais, sendo necessário para isso que nunca discuta com o subordinado, mas apenas o ouça, perguntando sua opinião, mas sem dar a própria. É preciso, porém, que os chefes em conjunto cooperem, não transmitindo informações quanto aos reais conhecimentos de cada um deles, mas, pelo contrário, sempre comentem a competência técnica dos colegas. A dramaturgia do chefe é facilitada pela prerrogativa que possui de marcar hora para receber os subordinados e fixar a duração da conversa. Assim, após ter em mãos todas as informações, ao pressentir sua insegurança para dominar o assunto, o chefe alega estar com o tempo esgotado em virtude de compromissos inadiáveis, marcando nova reunião para o dia seguinte. Isso lhe dá tempo de consultar outras pessoas, colher novas informações e pensar sobre a matéria apresentada. Poderá também solicitar um relatório escrito, o qual submeterá a outros especialistas, escondendo assim seu desconhecimento.

6. **Distribuir as atividades a fim de balancear o poder entre os subordinados.** Se, em razão da preponderância da atividade, do conhecimento de informações relevantes ou de relacionamentos com pessoas importantes, um subordinado se destacar sobre os demais, ele se torna um subchefe e, com isso, poderá disputar o poder com seu superior hierárquico. Por essa razão, convém a este evitar que tal aconteça, e o melhor modo será distribuir as atividades que cada subordinado deve levar a termo, de sorte que equalize o poder de cada um em relação aos demais.

7. **Evitar a delegação de problemas cuja solução seja de longo prazo.** A mudança da fábrica para um novo local constitui um problema, cujos detalhes exigem contatos com várias unidades. As pessoas que tratarem desses detalhes acabam detendo poder por causa dos inter-relacionamentos com as chefias de outras áreas administrativas e mesmo consultores de fora. Uma forma de evitar que isso aconteça é o chefe delegar a vários assessores a solução desse problema, porém pulverizado em questões de curto prazo, reservando para um terceiro assessor a tarefa de tratar do planejamento a longo prazo. Assim, ninguém fica com o conhecimento do conjunto, exceto ele que trata do planejamento global.

8. **Criar conflitos funcionais e colocar-se como juiz.** Se em uma indústria a Seção de Controle de Qualidade estiver subordinada ao chefe da Fábrica, automaticamente este dará ênfase ao processo produtivo, reduzindo a atuação do Controle de Qualidade. Além disso, o Superintendente da Produção terá na pessoa do chefe da Fábrica, seu subordinado, um homem de grande poder. Como existe, porém, um conflito básico entre o processo de fabricar e o de controlar a qualidade do que é produzido, o superintendente da Produção pode subordinar a si esta última unidade, na forma de um órgão que lhe dará meios de reduzir o poder do chefe da Fábrica.

Assim procedendo, o conflito criado pelo Controle de Qualidade ao descobrir defeitos de fabricação permite a ele, supervisor, ficar sabendo de fatos, antes naturalmente ocultados, além de tornar o chefe da Fábrica dependente de seu julgamento. Nas empresas, são comuns as áreas de conflito de interesses, tendo sido já mencionadas a de Vendas em relação à de Produção e à de Crédito a Clientes, de sorte que não é difícil posicionar-se como juiz e dessa forma dominar todas elas. A Figura 7.3 esclarece melhor essa mudança de estrutura.

9. **Tratar pessoalmente da fixação de diretrizes, deixando os aspectos técnicos para os subordinados.** Já foi mencionado que, se o chefe deixa para o subordinado os entendimentos para levar avante qualquer projeto que envolva outras unidades administrativas, ele acaba ficando "por fora" e, dessa maneira, perdendo poder para seu inferior hierárquico. Para que isso não aconteça, o que se observa é o chefe chamar a si os entendimentos iniciais que fixam diretrizes, passando para os subordinados as fases seguintes, usualmente a de levantamento de dados, o desenvolvimento de métodos viáveis e a escolha do mais adequado.

Esta delegação tem várias vantagens: dá aos subordinados motivação para o trabalho; eleva a si próprio aos olhos dos demais colegas por coordenar técnicos competentes a ponto de confiar inteiramente o projeto a eles; e diminui a posição dos demais chefes, que passam a tratar com especialistas de mais baixo nível hierárquico.

Finalmente, na última fase, a da implantação do método escolhido, volta a chamar a si a tarefa de contatos externos, evidentemente depois de tomar conhecimento de tudo o que os subordinados planejaram. Aqui não importa que os especialistas voltem a manter contatos externos, pois as diretrizes da implantação já estão fixadas, restando a eles apenas os aspectos técnicos. É importante observar que o elogio aos subordinados pelo trabalho bem feito eleva a imagem do chefe em relação aos demais, pois mostra suas habilidades na escolha de pessoas capazes, além da capacidade de coordenar serviços de especialistas que levam a bom termo o serviço iniciado.

10. **Coordenar o trabalho de mais de dois subordinados.** A experiência tem mostrado que, quando três pessoas trabalham juntas, duas fazem uma coalizão contra a terceira. Transpondo para o caso da chefia que possui apenas dois subordinados, facilmente estes últimos é que se unirão contra o superior. Portanto, convém contratar mais subordinados diretos, por exemplo, quatro, e dar-lhes motivos de competirem entre si. Dessa forma, evitar a coalizão dos subordinados contra o chefe, que é uma tendência de subordinados, constitui uma forma de reduzir seu poder.

11. **Fazer crer que seus assessores apenas "aconselham".** A cultura da sociedade ocidental faz com que as ordens de uma pessoa formalmente investida em um cargo de chefia sejam mais bem acatadas do que as de seu assessor. Dessa maneira, não é fácil conseguir que, pela especialização, um

assessor possa orientar o trabalho de indivíduos da mesma ou de outra unidade administrativa.

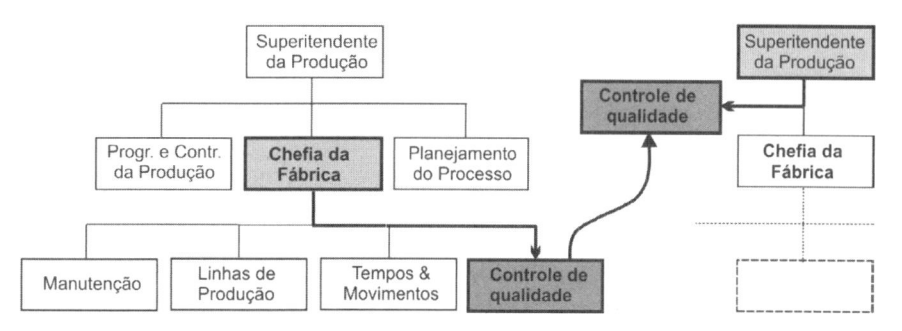

Figura 7.3 *Mudança de estrutura para criar conflito de interesses.*

Isso é um bem para o poder do chefe, desde que ele não autorize que seus especialistas deem ordens diretas, mas permita que os outros as considerem como emanadas dele, chefe, já que este foi apenas "aconselhado" por seus assessores. Com isso, o chefe tem dupla vantagem: não permite que os assessores detenham poder pela atuação direta em nome deles próprios, e consegue melhor aceitação das ordens por proviram de um cargo de linha formalmente instituído (Zaccarelli, p. 93-104).

7.2.2 Consequências das práticas destinadas a utilizar o poder formal

É fácil verificar quão perigosa é para a imagem do chefe e quão custosa será para a empresa a má utilização dessas práticas. Elas devem, então, ser eliminadas? Na verdade, numa organização, cuja cultura estabeleceu a coordenação com base no poder, o chefe que não as utilizar simplesmente acabará perdendo seu posto para outro que atue dentro do contexto estabelecido. Esta afirmação dá margem a outra pergunta: não haverá formas melhores de coordenar o trabalho de especialistas? A resposta é sim, seja por meio das estruturas matriciais, seja por meio das comissões de especialistas, seja por meio de equipes transitórias. Em todas elas, existe um ponto em comum; o coordenador reconhece sua incapacidade técnica para lidar com os diferentes assuntos (que são **formalmente de responsabilidade dos especialistas)**, restando a ele o papel de facilitar a integração dos trabalhos (e não a decisão final, que deve ocorrer por consenso), o de fornecer os insumos necessários na forma de meios para alcançar o resultado pretendido e, por fim, o de efetuar os contatos externos que aliviem os membros de tais encargos.

Todavia, para que haja essa transformação de comportamentos é necessário que antes ocorra a mudança da cultura organizacional. Acontece que tal processo somente terá condições de ser iniciado caso a organização esteja passando por tão grande crise que todos sintam estar ela com os dias contados, a menos que mude por completo. Mesmo assim, essa alteração é muito difícil de ser efetivada, porque exige o **amadurecimento** dos participantes, passando a serem responsáveis por si próprios e pela empresa como um todo. Para isso, é necessário que o processo se inicie pelos dirigentes, deixando de ser paternalistas e, ao mesmo tempo, condutores coordenando tendo por base o poder, para se dedicarem a apenas facilitar o trabalho dos demais empregados.

Por outro lado, os coordenados terão de abandonar os hábitos arraigados de muitos anos de esperarem por ordens para saber o que, o como, o quanto e o quando fazer, para começarem a decidir tudo isso por eles próprios, tendo por base o consenso.

Finalizando, resta ainda uma pergunta: quais as tendências futuras para a função administrativa de coordenar o trabalho de especialistas? Deixando de lado a futurologia, as projeções com base nas tendências atuais permitem prever que as organizações precisarão cada vez mais do trabalho de participantes com conhecimentos especializados que tragam maiores resultados para a empresa. Além disso, as mudanças culturais que estão ocorrendo na sociedade fazem supor que as pessoas se tornem cada vez mais amadurecidas e, portanto, rejeitem a dominação como forma de coordenar.

Estes dois fatores devem tornar mais difícil a coordenação que utilizar a Pressão Formal, razão pela qual será necessário encontrar outras maneiras de conseguir a integração de atividades. Uma que está se tornando moda é a **reengenharia**, ou seja, a reformulação completa das formas de organizar e coordenar o trabalho. Por esses motivos, algumas delas serão resumidas nos capítulos que seguem, devendo-se notar que não esgotarão o assunto e nem constituem panaceias para a solução dos problemas operacionais.

TÓPICOS PARA EXPOSIÇÕES

7.1.1 Fontes de poder dos subordinados

Explicar que: a) o chefe, ao delegar a subordinados parte de suas funções, está abrindo mão de fontes de poder, pois fica até certo ponto dependente de quem delegou; b) todo subordinado sempre detém certa dose de poder sobre seu superior, o que pode ser mais bem analisado tendo por base as três variáveis culturais; c) exemplificando e com relação à **tecnologia**, quanto maior for a complexidade e exigência de habilidades e conhecimentos para o desempenho das tarefas, maior será o poder desfrutado pelo subordinado; c) exemplificando e com relação aos **preceitos**, quanto mais os regulamentos e normas forem importantes para o desempenho de tarefas, maior será o poder do subordinado que deles tiver conhecimento; d) exemplificando e com relação aos **sentimentos**, quanto mais o subordinado tiver relacionamentos internos e externos à organização, maior será o poder que desfrutará.

7.1.2 Estruturas sociais de riqueza, poder e prestígio

Explicar, com exemplos, que: a) nas sociedades, as pessoas que desfrutam de maiores riquezas são capazes de distribuir ou reter dinheiro, o que lhes confere poder, que juntamente com suas posses ganham prestígio pela deferência dada a elas; b) com base na Figura 7.1, existe uma correlação entre riqueza, poder e prestígio, de sorte que o aumento (ou diminuição) de um deles faz com que o mesmo suceda com os dois outros componentes; c) essa estrutura da sociedade é transferida para as organizações, de sorte que os participantes ocupam posições sociais diferentes, indicadas concretamente por meio de símbolos; d) os participantes das organizações têm a tendência de julgar que os detentores de maior prestígio e altos salários também desfrutam de maior poder.

7.1.3 Imagem de poder e não poder real

Explicar que: a) a organização confere às chefias certo grau de poder racional-legal para dominar subordinados mas, para evitar que possam se exceder em sua utilização, costumam torná-lo mais aparente que real, aproveitando o aspeto cultural do subordinado supor que a posse de símbolos de *status* e o salário elevado estejam correlacionados ao poder; b) com base na Figura 7.2, a organização confere às chefias símbolos de *status* proporcionais ao escalão hierárquico de sorte que os subordinados acreditam que também disponham de uma gradação de poder, que não é real e sim apenas uma **imagem de poder**, que a qualquer momento pode ser retirado pela organização.

7.2.1 Práticas destinadas a reduzir o poder dos subordinados

Explicar, dando exemplos: a) que as chefias podem ficar submetidas ao poder de seus subordinados pelo motivo de, no geral, eles serem tecnicamente mais competentes; b) que a prática tem mostrado a existência de medidas que as chefias podem utilizar a fim de impedir que sejam dominados pelos subordinados; c) resumidamente, cada uma das 11 prescrições descritas para serem utilizadas pelas chefias.

7.2.2 Consequências das práticas destinadas a utilizar o poder formal

Explicar que: a) as prescrições descritas têm um custo, tanto para os que as utilizam quanto para a organização como um todo, motivo pelo qual melhor seria não precisar empregá-las; b) existem técnicas Administrativas, a exemplo das formas de coordenar já examinadas anteriormente que não a da supervisão direta, que tornam desnecessário o coordenador possuir poder racional-legal; c) para tais técnicas se tornarem viáveis é preciso que os subordinados sejam maduros e não desejosos de chefias paternalistas, o que somente é possível com mudanças culturais.

QUESTÕES DE APLICAÇÃO

1. Você é proprietário de uma empresa com muitos anos de existência e especializada em vender programas para computadores a firmas e Governo. Nela, percebe que desejam exercer poder sobre você: 1. o programador-chefe, porque tem conhecimentos técnicos que você não possui; 2. o chefe de vendas em razão de ter feito amizades com muitos clientes, inclusive pessoas influentes em órgãos governamentais; 3. o contador pelo fato de conhecer "segredos da empresa". Pergunta-se: a) em qual variável cultural cada um deles se apoia para exercer o poder; b) qual deles pode ser demitido por ser fácil encontrar um bom substituto; c) qual deles poderá exercer maior poder sobre você, razão pela qual precisa pensar duas vezes antes de demiti-lo. Justifique as respostas.

2. Para dar imagem de poder ao chefe é ou não necessário acomodar em uma sala privativa acarpetada com microcomputador interligado à rede do hospital: a) o administrador de empresas admitido para chefiar a contabilidade, suprimentos e recursos humanos do hospital; b) o famoso cirurgião que passa a liderar a equipe de médicos e enfermeiras diplomadas para operações de alto risco. Justifique as respostas.

3. Você foi contratado por um hospital para o cargo de Diretor Administrativo, tendo por subordinados o chefe de pessoal e o chefe de contabilidade. Nesse caso, informe: a) qual das quatro medidas seguintes seria a melhor de adotar com o fim de dificultar a possibilidade de os dois poderem exercer poder sobre você: 1. "dar a impressão de conhecimento, técnicos elevados"; 2. "evitar que uma única pessoa controle um canal de informação"; 3. "coordenar o trabalho de mais de dois subordinados"; 4. "criar conflitos funcionais e colocar-se como juiz"; b), a medida adotada permitiria que você exercesse com mais facilidade: 1. autoridade racional-legítima; ou 2. o poder racional-legal. Justifique as respostas.

4. No caso de o diretor de uma faculdade resolver utilizar as prescrições para o exercício do poder a fim de impor o que os professores a ele subordinados deveriam fazer, responda, justificando, quais conflitos ele deveria causar em relação a: a) variável tecnologia, pela especialidade que cada professor possui para ensinar uma disciplina; b) variável preceitos, pelas crenças interiorizadas pelos mestres. Justifique as respostas.

DISCUSSÃO EM GRUPOS

As crises da empresa Saiel (4ª parte)

FASE DE FORMALIZAÇÃO

A fim de tentar pôr "ordem na casa" foi contratado pela empresa um consultor externo que, evidentemente, conhecia Administração, mas não o ramo industrial e comercial da Saiel, razão pela qual ouviu os sócios e os empregados para a coleta de informações. Após, detectou os sintomas indicadores de disfunções, concluindo que a causa principal estava: 1. na falta de formalização dos procedimentos; e 2. na falta de delegação por parte dos proprietários. Partindo dessas duas conclusões, prescreveu medidas concretizadas por um Manual de Organização e um Manual de Procedimentos.

1. Marketing

Um dos vendedores foi promovido a chefe, ficando subordinado diretamente a Van Sulz. Acontece que o novo chefe também visitava clientes como vendedor, deixando de coordenar o trabalho dos antigos colegas, os quais desobedeciam suas ordens por ver nele, não o superior hierárquico, mas um concorrente antipático.

Além disso, os vendedores continuaram reclamando a demora para entrega dos produtos sob encomenda negociados com os clientes, porém não mais pela falta de material de linha, agora praticamente inexistente em virtude de começar a ser feita a programação da produção para fabricar as peças padronizadas.

A venda de serviços ficou a cargo de Van Sulz, que, por ser culto, viajado e esportista, entrou em clubes de campo frequentados tanto por industriais brasileiros quanto por executivos de multinacionais, o que muito facilitou os contatos comerciais de interesse da Saiel. Com isso, os serviços de instalações aumentaram, passando a corresponder a 70% do faturamento, devendo-se mencionar que os 30% eram de vendas a terceiros, excluindo-se, portanto, a fabricação de suportes para a utilização nas obras próprias.

2. Projetos

O proprietário Maia ficou encarregado de dirigir a recém criada Seção de equipes instaladoras e a Seção de Projetos, recrutando para cada uma delas engenheiros para chefiá-las. Não mais foi permitido que os técnicos da Seção de Projetos contatassem diretamente os vendedores e encarregados, os quais tinham de se dirigir à chefia. Com isso, o engenheiro ficava afogado em serviços, enquanto os técnicos aguardavam suas ordens parados, conversando sobre futebol e falando mal da vida alheia. Naturalmente, as queixas multiplicavam-se e os custos da Seção de Projetos subiram desmesuradamente.

3. Produção

A fabricação de peças ficou com Fulton, que também contratou um engenheiro para chefiar a Oficina, tendo, entre outras funções, a de fazer o planejamento e programação da produção, permanecendo com o mestre, seu subordinado direto, o controle de qualidade da fabricação dos suportes.

Entretanto, tanto Fulton quanto os outros dois sócios continuavam a dirigir-se diretamente ao mestre, sobretudo para apressar a execução de peças por encomenda, tanto de clientes quanto para as obras

Não obstante o estoque de suportes passar a não mais ter faltas, as reclamações sobre atrasos na fabricação de peças sob encomenda foi grande, a ponto de logo o engenheiro-chefe demitir-se, sendo substituído por outro, que logo também se desligou da firma.

Com base nos conceitos fornecidos neste capítulo e nos fatos anteriormente descritos da empresa Saiel, cada grupo deve responder à questão abaixo que lhe for designada, **justificando** as respostas.

1. Considerando a dominação que os subordinados são capazes de exercer sobre a respectiva chefia, responda quais **fontes de poder** disporiam: a) os subordinados sobre o chefe da Seção de Projetos, tendo por base as variáveis culturais: 1. tecnologia; 2. preceitos; e 3. sentimentos; b) os subordinados sobre o chefe da Seção de Vendas, tendo por base as mesmas variáveis culturais: 1. tecnologia; 2. preceitos; 3. sentimentos; c) qual dos dois chefes poderiam sofrer com mais intensidade o poder de seus subordinados? **Observação**: em cada uma das seis respostas, indique se o grau da variável poder exercido pelos subordinados deveria ser **grande** ou **pequeno**.

2. Considerando que o chefe da Seção de Vendas deve ter visão sobre todos os subordinados, mas privacidade para atender clientes, informe pelo menos três providências concretas que devem ser tomadas para dar imagem de poder ao vendedor recém-promovido a chefe.

3. Tendo em vista as dificuldades que o engenheiro-chefe da Oficina passou a ter com o mestre da fábrica, indique, justificando a escolha, pelo menos **duas** das nove prescrições para que ele as utilizasse com o fim de manter o poder para coordenar seu subordinando.

4. Tendo em vista que o chefe da Seção de Projetos ficava assoberbado com os clientes, indique, justificando, pelo menos duas prescrições para o controle de subordinados que lhe deveriam ser indicadas com o fim de reduzir seu tempo despendido com atendimentos, mas continuar mantendo poder sobre os técnicos projetistas e estes não ficarem parados esperando instruções.

5. a) Indique pelo menos dois fatos indicadores de que a Saiel se burocratizou com as modificações da variável preceitos feitas pelo consultor; b) enumere pelo menos outra estrutura que não a burocrática que poderia ser implantada na Seção de Projetos; c) informe em qual das três Seções descritas o uso das prescrições para o exercício do poder criaria **menos** dificuldades para as operações da Saiel.

Informação

GRUPOS SOCIAIS 8

Você sai do prédio onde reside e atravessa a multidão das ruas para dirigir-se ao trabalho. Tanto os moradores do edifício onde mora quanto as pessoas que cruza no caminho possuem **metas diferentes**, o que não permite configurar um grupo. Já dentro de um ônibus, as metas dos passageiros passam a ser paralelas porque todos desejam chegar a um destino, embora diferente.

Nessa situação, formam um **grupo secundário** por estarem juntos aproveitando o fato de o veículo ter a função de transportá-los a fim de alcançarem suas metas particulares. Entrando na organização onde trabalha ou estuda, você deixa de ser um desconhecido para tornar-se participante, onde cada um tem **funções** a desempenhar. Agora, os comportamentos passam a ser coordenados para alcançar resultados preestabelecidos, constituindo um **grupo formal** por tratar-se de uma coletividade **estruturada** por regras, algumas vezes descritas segundo o Manual de Procedimentos e o Manual de Organização. Voltando à noite para casa, reúne-se depois do jantar com parentes para ver TV, criando um **grupo primário** que, além disso, é um **grupo informal** pela inexistência de normas escritas de procedimentos.

As situações expostas mostram que as pessoas se estruturam socialmente de formas diversas, desempenhando **funções** específicas às metas que buscam alcançar. Deve-se destacar que tal assunto abrange o segundo nível da hierarquia sistêmica por ordens diagramado na Figura 1.2 do Capítulo 1, debaixo do título "ADMINISTRAÇÃO".

8.1 TIPOS DE GRUPOS SOCIAIS

Por que se formam grupos sociais? A pergunta já foi respondida no primeiro capítulo: é porque os indivíduos percebem que, reunidas, mais facilmente atingem seus **objetivos pessoais**. Outra pergunta: esses grupos são iguais? Não, por que tais objetivos diferem entre si e, por essa razão, as formas de os grupos se estruturarem também serão divergentes.

8.1.1 Características dos grupos como sistemas

O grupo de pessoas compõe um ente abstrato estruturado que precisa ser mais bem detalhado, utilizando-se, para isso, a abordagem sistêmica.

1. SISTEMA. O sociólogo Homans considerou qualquer agrupamento como sendo um sistema, o que vem ao encontro da concepção de hierarquia da Figura 1.3 do Capítulo 1, de acordo com a qual os agrupamentos se posicionam no segundo nível e seus participantes no primeiro.

Entretanto, você pode observar que, nessa figura, o nível "Departamento" era designado por sistema, quando agora é o grupo que assim está sendo chamado. O motivo dessa mudança é simples: a escolha depende do interesse do observador em considerar esta ou aquela ordem como sistema. Ademais, essa nova denominação do segundo nível da Figura 1.3 tem a vantagem de exercitar o administrador para que não fique com a tendência de enfocar as partes que compõem uma organização sempre da mesma forma.

É importante observar que "grupo" é um ente abstrato por designar apenas uma coleção de pessoas, a exemplo de alcateia, cardume, rebanho e outros coletivos relativos a conjuntos de animais.

2. SUBSISTEMA. O nível dos participantes, que é a parte **concreta** da coletividade "grupo", visto por nós como subsistema, estranhamente foi denominado por Homans de "sistema interno". Talvez porque sua observação foi anterior ao fato de nos dias de hoje a metodologia conhecida por *General Systems Theory* chamar de **subsistemas** as partes do sistema, devendo ser esta a denominação correta dos **membros** de qualquer espécie de grupo.

3. SUPERSISTEMA. No exemplo da grande empresa da Figura 3.1, o Núcleo Operacional, a Tecnestrutura e a Assessoria de Apoio são compostos por grupos formais na forma de sistemas. Por isso, esses três agrupamentos podem ser condiderados como **supersistema**. Neste caso, deve ficar no terceiro na hierarquia por ordens, compondo o meio ambiente das Seções a ele pertencentes. Por isso, Homans chamou-o de "sistema externo", embora o termo melhor fosse "supersistema" (por ser formado por sistemas e estar em nível acima destes). Este exemplo não é um caso particular, pois qualquer agrupamento está imerso em um ambiente, seja a "panelinha" dentro da organização, seja o grupo de amigos que se reúnem para jogar cartas em família.

4. TROCA DE BENEFÍCIOS. Na maior parte das vezes, a satisfação dos objetivos pessoais provém de seu meio, que no caso é o grupo, mas para obtê-la é necessário que haja algum tipo de retribuição. No exemplo dos grupos formais da Figura 1.3, os operadores recebem pagamentos desde que contribuam produzindo bens ou serviços. Já no caso da "panelinha", o membro recebe apoio dos companheiros, mas para isso tem que se comportar da forma estabelecida pelos demais membros. Com essas explanações, pode-se definir:

GRUPO é a coleção de pessoas que se agregam para mais facilmente alcançarem seus **objetivos** pessoais, que para isso precisam **receber** insumos de seu ambiente e a ele **retribuir** de alguma forma.

5. CLIENTES. Acontece que tal retribuição é destinada a coletividades que vão desde uma sociedade indistinta até

agrupamentos específicos por terem características comuns. Em qualquer dos casos, tais coletividades são os **clientes** e, por serem de diferentes tipos, as retribuições que exigem são variáveis com diversas características e valores. Dessa maneira, em um extremo está o grande grupo, como a penitenciária, fornecendo um serviço para o meio externo (que é a sociedade como um todo), ao confinar seus membros causadores de males, mas dando a estes últimos poucos benefícios. No outro extremo situam-se os clubes, condomínios de apartamentos e até grupos familiares, que servem muito a seus membros e pouco à sociedade como um todo.

Tal variedade é mostrada na Figura 8.1, que esquematiza apenas um grau da relação participante/sociedade e não valores absolutos de fornecimentos, pois determinado banco comercial pode dar mais benefícios a seus empregados que uma escola a seus professores.

Interessa ao administrador conhecer essa variação de fornecimentos entre os diversos tipos de organizações porque facilita o entendimento das diferenças nas formas de gerenciar um hospital em relação a uma fábrica. Evidentemente, tal diversidade diz mais respeito aos níveis operacionais — ou seja, o de enfermeiras e médicos, ou de operários e engenheiros especialistas, respectivamente para cada caso exemplificado —, pois nos níveis administrativos diferem menos pelas similaridades de funções. Essa diversidade nas características das organizações é tão importante que foi aproveitada por sociólogos para classificá-las em coercitivas, utilitárias e normativas, tipos esses que serão examinados no Capítulo 13 (Etzioni, 1974, p. 33, nota 4; Blau & Scott, p. 57-73).

6. FRONTEIRA. Uma pessoa recém admitida para trabalhar em alguma unidade administrativa da organização atravessa a "fronteira" desse grupo formal, indo de fora pra dentro, a exemplo do viajante que entra em um país.

Essa ideia de fronteira veio da metodologia sistêmica para designar os limites de um sistema a fim de tornar claro o que pode ser considerado dentro e o que está fora dele. Transferida para o grupo, resulta a seguinte definição:

> FRONTEIRA é a separação entre os membros pertencentes a um grupo de participantes dos demais agrupamentos.

Da mesma forma que para atravessar a fronteira geográfica é preciso satisfazer a determinadas exigências, para cruzar a do grupo também são necessárias certas qualificações. Estas diferem substancialmente de grupo para grupo, como nos países, que têm fronteiras mais ou menos "permeáveis". Por esses motivos, para um indivíduo vir a ser "um dos nossos" no grupo informal, é preciso que seus membros o aceitem como tal. Diferente é o caso do grupo formal das unidades administrativas, pois a determinação de admissão vem "de cima" e sem consulta aos demais participantes, embora também sejam exigidas qualificações, porém de ordem profissional.

Em uma família, a fronteira é permanente, claramente especificada e pouco permeável, enquanto no grupo secundário da audiência de uma palestra suas características se invertem. Tal diversidade justifica dizer que a **permeabilidade** é outra **variável** dos grupos.

8.1.2 Grupos pessoais e grupos externos

O indivíduo é admitido na organização e logo seus novos companheiros da unidade administrativa para a qual foi designado travam conversas com ele para saber quem ele é e de onde veio. Na verdade, procuram investigar as categorias sociais a que pertence para saber o que tem de comum ou divergente quanto aos componentes culturais (como crenças, valores, habilidades, sentimentos), com o fim de avaliarem se podem ou não vir a aceitá-lo no grupo como "um dos nossos". Isso porque ele pertence a algum grupo, que é **externo** àquele **grupo pessoal**, que para melhor compreensão necessita ser definidos.

> GRUPOS EXTERNOS são os demais grupos a que "eu não pertenço", como outras famílias, outras religiões, outras nacionalidades e assim por diante (Horton & Hunt, p. 130-131).

> GRUPO PESSOAL é a coletividades na qual "eu sinto pertencer", como a minha família, a minha igreja, a minha profissão e a minha classe social.

Deve-se destacar que o número de membros dos grupos pessoais varia muito, sendo grande quando se diz participar de um sindicato de petroquímicos, ou pequeno para quem se acha pertencente à família tal, cujos membros não passam de uma dúzia. É um conceito relativo, pois os indivíduos pertencem, ao mesmo tempo, a diferentes grupos pessoais.

8.1.3 Percepções dos grupos pessoais em relação aos externos

Os grupos pessoais criam traços culturais que lhes são próprios, o que os levam a desenvolver crenças a respeito das subculturas dos grupos externos.

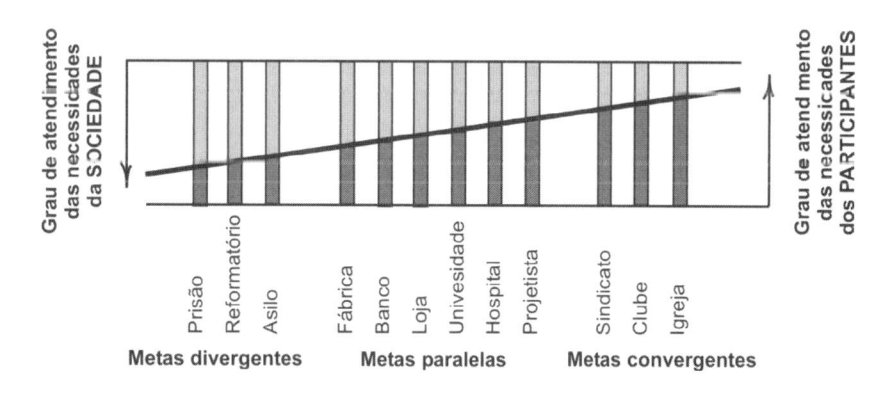

Figura 8.1 *Variação entre os fornecimentos a seus membros e à sociedade por parte de alguns tipos de organizações.*

64

1. ESTEREÓTIPOS. Os membros de grupos pessoais, caracterizados por possuírem categorias sociais semelhantes, desenvolvem crenças peculiares a respeito dos grupos externos a eles. No exemplo do recém-admitido, caso o novato seja de ascendência, raça, região do país ou até de sexo diferente dos correspondentes dos veteranos, estes, antes mesmo de qualquer contato, já o classificariam dentro das características habitualmente atribuídas a sua categoria social. Assim, se fosse *nissei*, deveria ser introvertido, trabalhador e obediente aos regulamentos, pois isso é conferido aos descendentes de japoneses até prova em contrário. Tais crenças constituem um **estereótipo**, definido como segue:

ESTEREÓTIPO é a imagem preconcebida que um grupo pessoal atribui a uma categoria social de grupos externos (Horton & Hunt, p. 133).

É interessante observar que os estereótipos existem nos dois sentidos; por exemplo, os participantes de empresas particulares dizem que os funcionários públicos não trabalham, mas estes últimos acham que os empregados são escravos que ganham altos salários.

A imagem estereotipada tem **desvantagens**. Em primeiro lugar, as pessoas tendem a se comportar da forma pela qual os demais julgam que assim irão agir. Em outras palavras, inconscientemente moldam-se de acordo com o o estereótipo, o que significa não serem elas mesmas. Em segundo lugar, o administrador comete erros de avaliação ao pressupor que o indivíduo é o que seu estereótipo de raça, credo, sexo, profissão, etc. retrata como padrão. Para escapar desses perigos é preciso ter a mente aberta, de um lado para ser o que se é em vez do que os outros acham e, do outro, para perceber a verdadeira personalidade e não a que se encaixa em supostos padrões.

Pode-se, então, supor que os estereótipos são completamente falsos? Não, por dois motivos. Primeiramente, trata-se das observações de existir determinados traços culturais, a exemplo dos decorrentes de classes sociais ou regiões do país, que confirmam os traços julgados estereotipados. Em segundo lugar, como observado linhas atrás, a pessoa tende a adotar as características daquilo que culturalmente é atribuído a ela, ou melhor, aparentar ser o que não é, o que fará confirmar o estereótipo. De qualquer maneira, o etnocentrismo pode conduzir a erros por interpretar a personalidade *a priori*, falta essa que o administrador não deve cometer.

2. DISCRIMINAÇÃO. Trata-se de fato social originado por estereótipos, do grupo pessoal rebaixar a imagem de quem pertence a grupos externos. De início, a palavra discriminação só designava o tratamento desigual sofrido por pessoas pelo fato de pertencerem a agrupamentos étnicos diversos, como os negros menosprezados pelos brancos (o inverso também é verdadeiro), mas atualmente suas aplicações foram generalizadas. Assim, o novato do exemplo poderia ser discriminado por sua ascendência japonesa, mas também por pertencer a uma classe profissional distinta dos demais e até por ser de sexo diferente. Dessa maneira, trata-se de discriminação pagar menos às mulheres pelo mesmo tipo de trabalho realizado por homens, ou de tentar impedir seu acesso a determinadas funções, como as de executivo nas empresas.

DISCRIMINAÇÃO é o tratamento desigual de pessoas com capacidades iguais, pela limitação de oportunidades, pagamentos etc., em razão da diversidade de religião, raça, etnia, sexo e, por extensão, de profissões, classe social e até defeitos físicos (Horton & Hunt, p. 133-134; Lakatos, p. 108-109).

3. ETNOCENTRISMO. Este é um fato social que se aplica a todos os grupos pelo motivo de neles se desenvolver uma subcultura, que é peculiar a cada um deles. O etnocentrismo pode ser condensado em uma só frase: "o nosso é melhor que o de vocês", que no caso das organizações significa a excelência de produtos e processos (tecnologia), de crenças, normas e valores (preceitos) e das emoções expressas (sentimentos), seja por parte de um grupo informal, seja por uma unidade administrativa inteira. Mais especificamente, pode-se dizer que:

ETNOCENTRISMO é a tendência de os membros do grupo pessoal considerarem sua subcultura como certa e superior às dos demais grupos externos (Horton & Hunt, p. 46-50).

O etnocentrismo é um fato social muito importante por ser encontrado em todos os tempos, países, classes sociais e políticas, sendo de nosso maior interesse aquele existente nas organizações. Naturalmente, trata-se de uma variável que muda, tanto em conteúdo quanto em intensidade. Além disso, é suscetível de manipulações "para o bem e para o mal", bem como seus efeitos podem ser vantajosos ou não para a organização.

Uma **vantagem** do grupo etnocêntrico sobre os tolerantes é a de seus membros terem maior unidade, ânimo para enfrentar dificuldades e lealdade uns para com os outros. Para isso, são doutrinados a fim de neles despertar o etnocentrismo, como o de ordens religiosas, entre as quais pode-se citar a dos jesuítas, o das agências de espionagem, como a CIA, e o de mantenedoras da ordem, a exemplo da Polícia Montada do Canadá (Mintzberg, p. 48). Nesse mesmo sentido, autores atribuem a existência por séculos de certas empresas pelo fato de nelas ter sido criada, desde sua fundação, uma ideologia enfatizando o sucesso. Voltaremos a esse tema em capítulo posterior.

Todavia, uma **desvantagem** significativa deve ser analisada. Diz respeito à resistência às mudanças, explicável pela suposição de que: se somos tão bons, por que aceitar algo vindo de fora? Com essa falsa interpretação da realidade, os participantes das empresas etnocêntricas tendem a seguir o processo psicológico chamado de racionalização, segundo o qual atribuem à sorte os sucessos dos concorrentes e à fatalidade as dificuldades próprias, em lugar de aceitar a própria inércia como causa primordial.

É claro que, com alterações mundiais cada vez mais rápidas, o que era força pela manutenção do *status quo* se torna fraqueza pelo imobilismo. A maneira de contornar essa dificuldade está na formação de uma crença a ser mantida pela ideologia, segundo a qual a organização deve sempre se antecipar às mudanças do meio ambiente. Essa ideia dificilmente é encontrada na maioria das empresas brasileiras.

Neste ponto, o leitor deve parar um momento para rememorar quantas vezes a realidade desmentiu um seu estereótipo, ou cometeu injustiças discriminando alguém e até mesmo pecou pela arrogância de ser etnocêntrico.

8.1.4 Grupos formais e informais

O **grupo formal** será para nós tanto a unidade administrativa perene quanto a força-tarefa, a comissão e o grupo de trabalho, estes com duração transitória. Suas características são:

1. é criado pela cúpula administrativa da organização como um sistema transformador, tendo a finalidade de produzir resultados que satisfaçam as necessidades de **clientes internos** (outras unidades administrativas) ou mesmo **externos** à organização;

2. as metas individuais ficam em segundo plano, sendo alcançadas por meio de "**pagamentos**" (entre os quais estão os salários) fornecidos aos participantes em troca de seus esforços destinados para levar a efeito a produção, que concretiza os resultados preestabelecidos;

3. tais metas individuais são, em geral, coorientadas ou paralelas e às vezes convergentes, sendo típicas de serviços rotineiros de escritórios e de fábricas;

4. a **fronteira** é determinada pela cúpula administrativa, ficando permeável a sua discrição, exceto para desligamentos voluntários e aposentadorias, os quais não podem ser impedidos por ela;

5. a **duração** do agrupamento costuma ser grande e é garantida por um processo contínuo de substituição de membros;

6. a **estrutura** é formalmente estabelecida, inclusive a coordenação por um diretor, chefe, gerente ou supervisor, em geral nomeados, embora haja casos em que são eleitos pelos pares, como ocorre nas universidades governamentais;

7. a subcultura ideal enfatiza, em primeiro lugar, a tecnologia e, em segundo, os preceitos como apoio à eficiência da primeira, ficando a expressão de sentimentos em último e por conta dos participantes, os quais desenvolvem uma subcultura real como reinterpretação da ideal, não obstante a cúpula administrativa da organização a influencie, como explanado no Capítulo 2;

8. a ênfase na variável tecnológica resulta na importância dada à especialização de habilidades (inclusive no treinamento) com o fim de obter eficiência no desempenho do trabalho e, também, na padronização deste último por meio de técnicas, como de Tempos & Movimentos, que torna as tarefas repetitivas rotineiras ao máximo.

Todas as características descritas consubstanciam a **heteronomia**, ou seja, regras que provêm de fora. Ademais, as "escolas de Administração" criadas por Henry Fayol, Taylor e Weber abordaram as maneiras de operacionalizar grupos formais nas organizações burocráticas (Mintzberg, p. 16).

Em outro extremo está o **grupo informal**, a exemplo das "panelinhas" e das "igrejinhas" nas organizações, ou dos amigos que se associam. Suas características são quase opostas às do formal, ou mais especificamente:

1. é constituído por pessoas que se reúnem para atingir metas individuais em uma situação cooperativa ou convergente, às vezes como defesa a um ambiente desfavorável preexistente à formação do grupo;

2. a meta é a expressão de sentimentos nos chamados **psicogrupos** (como os de piqueniques e festinhas de fim de ano), à qual se soma à variável tecnológica nos **sociogrupos.** Estes são constituídos por pessoas que decidem reunir-se para, em conjunto, levar a efeito alguma tarefa (como a criação de uma sociedade beneficente, cooperativa ou econômica) (Klein, 1972, p. 195-196);

3. as fronteiras são determinadas pelos membros, que têm na ideia de "nós" o sentimento comum de quem pertence ao grupo, razão pela qual sua permeabilidade é pequena, a ponto de se usar a expressão **grupos fechados** para designar aqueles cujas dificuldades impostas para a entrada de adeptos são extremas, a exemplo de sociedades secretas;

4. a duração é determinada pelo atingimento das metas cooperativas ou então pelo aparecimento da competição, motivo pelo qual as panelinhas se desfazem quando os membros deixam de sentir-se ameaçados, ou quando começam a se desentender;

5. a estrutura é estabelecida aos poucos pela diferenciação em especialidades e em prestígio, criando-se uma rede de comunicações caracterizada por simpatias e antipatias, destacando-se um membro com autoridade legitimada por seus pares na posição de coordenador e aceito como líder (mas na posição de condutor perante os dissidentes), ajudado ou contestado por sublíderes prontos a substituí-lo (Blau, p. 180);

6. a subcultura desenvolvida tem muito da que chamamos de real e pouco da ideal, tendo sua geração ocorrido em grande parte de forma inconsciente, como resultado de adaptações da cultura da sociedade a que seus membros pertencem;

7. embora as variáveis expressão de sentimentos e tecnológica sejam importantes, tem lugar de destaque a dos preceitos, como apoio à garantia da estabilidade e coesão do grupo, determinando quais comportamentos são obrigatórios, os apenas aceitáveis e os sujeitos a punições por serem considerados reprováveis;

8. os principais clientes do grupo informal são seus próprios membros, pois foi criado exatamente para servi-los.

As características expostas são decorrentes do processo gerador de **grupos autônomos**, isto é, associações capazes de elaborarem a estrutura e as normas próprias. A existência de grupos informais e as maneiras de agir de seus membros foram examinadas pela chamada "escola de relações humanas", inclusive mostrando que nem sempre eram disfuncionais, aliás, muitas vezes supriam falhas do grupo formal.

A exemplo de muitas outras variáveis sociais, podemos postular que os dois tipos descritos pertencem a casos extremos e opostos de um contínuo de situações intermediárias, motivo pelo qual se encontra no mundo real uma combinação de ambos. Com isso, a unidade administrativa, depois de algum tempo de ser formalizada, passa a ter também alguns aspectos do grupo informal, enquanto o grupo autônomo pode tornar-se formal, como sucede com os amigos que inicialmente trabalham juntos e depois fundam uma empresa na qual são sócios (Mintzberg, p. 17). Outro exemplo de situações dentro desse contínuo é o do chamado **sistema sociotécnico**, quando a organização provoca o aparecimento de equipes com características de autonomia, o que será mais bem examinado no Capítulo 12.

A Figura 8.2, na página seguinte, mostra as diferenças entre esses dois tipos de grupo, enquanto o quadro logo abaixo resume as caraterísticas de cada um deles.

66

É fácil entender que o grupo formal seja mais adequado para produzir resultados no caso de as tarefas serem rotineiras. Todavia, convém que assuma caraterísticas de informal em situações de crise, quando se tornar necessário implantar mudanças organizacionais. É melhor, também, para tarefas de inovar, a exemplo da criação de anúncios em agências de publicidade e de projetos em firmas de consultoria, situações nas quais o grupo formal adquire características de **equipe**.

8.1.5 Grupo primário e grupo secundário

A variável cultural expressão de sentimentos caracteriza o grupo primário, enquanto a tecnológica de produzir resultados para alcançar metas caracteriza o grupo secundário. Isso independe do número de membros e se é formal ou informal, não obstante essas duas variáveis os influenciarem.

1. GRUPO PRIMÁRIO. É o da família, dos amigos que se reúnem com frequência ou o da "panelinha" criada na empresa, podendo também ser estendido às equipes esportivas e grupos de trabalho, ocasião em que a variável tecnologia é adicionada à de sentimentos. Os sociólogos o correlacionam com as comunidades, a exemplo dos antigos solares feudais, das atuais fazendas de criação ou lavoura e das aldeias de pescadores. Nessas associações, as normas e crenças baseiam-se na tradição, enquanto os relacionamentos pessoais dispensam formalidades e expressam sentimentos. Resulta que o grupo primário não pode ser muito grande pois, caso contrário os contatos face a face de seus membros se reduzem à proporção que o número de participantes aumenta. Todavia, sua existência não é obstada caso a quantidade de pessoas ultrapasse o número máximo do pequeno grupo, que é ao redor de 15 indivíduos, mas desde que sua coesão seja garantida por meio de uma estrutura que ligue entre si unidades menores, a exemplo das famílias em uma aldeia.

2. GRUPO SECUNDÁRIO. Se o grupo primário satisfaz à necessidade humana de compartilhar experiências, temores e esperanças, bem como de ser reconhecida sua individualidade como pessoa, o mesmo não se pode dizer do grupo secundário. Neste, os relacionamentos caracterizam-se por serem impessoais, baseados nos contratos psicológicos de trocas (por isso são utilitários), com menor expressão de sentimentos, motivo pelo qual tendem a ser mais racionais. São exemplos as negociações de duas pessoas em um balcão de loja, a convivência em clubes esportivos, associações e organizações onde se trabalha, nas quais as pessoas se mantêm distanciadas umas das outras. Portanto, o que caracteriza o grupo secundário não é o número de participantes, mas a subcultura que enfatiza a variável tecnológica à custa da expressão de sentimentos. Além disso, a variável preceitos segue a da cultura presente na sociedade de seu meio ambiente, com a característica de enfatizar a racionalidade e não a tradição ou carisma (Horton & Hunt, p. 134-135). A Figura 8.3 mostra as características desses dois tipos de grupos, as quais permitem diferenciá-los.

Os sociólogos reconhecem que o grupo secundário é ineficaz para satisfazer muitas necessidades individuais. Assim, dentro dele surgem, com naturalidade, os grupos primários. Por isso, as organizações são consideradas grupos secundários formados por grupos primários (Klein, 1972, p. 137).

Por outro lado, alguns autores dizem que os grupos primários (entre os quais se incluie a família) bloqueiam a maturidade do ser humano. Isto porque conservam a hierarquia tradicionalista do poder, não dando ênfase às lideranças investidas pelos pares de autoridade que favoreçam alcançar metas coletivas, em lugar das individuais (Lima, p. 160--162). Isto corresponde à ética de uma sociedade ainda na era pré-industrial de sobrevivência, mas que mudou para a ética chamada por Weber de "protestante" (que valoriza o individualismo), porque a sociedade como um todo evoluiu para a fase industrial. Nesta, os grupos secundários passaram a predominar nos relacionamentos do dia a dia das pessoas.

Todavia, nos países em que o desenvolvimento tecnológico e econômico alcançou a fase pós-industrial, a ética protestante se mostrou insatisfatória, transformando-se na chamada ética social, com ênfase nos relacionamentos do grupo primário (não o da família, mas o de pessoas estranhas, com semelhança de ideias e sentimentos), resultando em envolvimentos profundos, porém de duração relativamente curta (Basil & Cook, p. 76-80).

A conclusão importante para o administrador está no fato de que a organização deverá acompanhar essa tendência, favorecendo ela própria o surgimento dos grupos primários como **equipes** e dificultando que nasçam grupos informais não controláveis e contrários a suas metas. Para isso são propostas

Grupo formal na empresa

Grupo informal de amigos

VARIÁVEIS	GRUPO FORMAL	GRUPO INFORMAL
Funções	Atender necessidades da organização	Atender necessidades dos membros
Estrutura	Imposta em decorrência dos processos de produção de bens e serviços	Autônoma em decorrência das simpatias e antipatias pessoais
Fronteira	Aberta para a troca de participantes	Fechada para pessoas de fora
Coesão	Baixa pela predominância de metas co-orientadas	Alta pela predominância de metas cooperativas

Figura 8.2 *Diferenças entre as variáveis do grupo formal e as do grupo informal.*

Grupo primário de amigos   Grupo secundário da empresa

VARIÁVEIS	GRUPO PRIMÁRIO	GRUPO SECUNDÁRIO
Relacionamentos	Pessoal e íntimo	Impessoal e utilitário
Metas dos membros	Cooperativas	Competitivas e coorientadas
Controle social	Informal e exercido pelos membros	Formalizado e exercido pela organização
Regras e normas	Tradicionais	Contratuais
Variável predominante	Expressão de sentimentos	Tecnologia
Personalidade envolvida	Totalidade do indivíduo	Segmentada, apenas para o desempenho de um papel

Figura 8.3 *Características do grupo primário e do secundário.*

técnicas para a mudança organizacional, entre as quais citamos a reengenharia.

8.1.6 Pequenos grupos e grandes grupos

As características dos agrupamentos mudam substancialmente com o aumento do número de participantes. Esse assunto tem sido objeto de exame por parte dos sociólogos, embora a devida importância não lhe tenha sido dada por parte dos administradores. Também não tem sido enfatizada a relação do tamanho do agrupamento com os aspectos formais e informais, razão pela qual tentaremos suprir essa falha fazendo várias análises, em primeiro lugar para o pequeno grupo e depois para o grande grupo, que é a unidade administrativa formalizada.

1. PEQUENO GRUPO. Em princípio, o pequeno grupo inicia-se com duas pessoas que mantenham relacionamentos duradouros. Na verdade, as características do grupo informal, conforme descritas no item anterior, só começam a fixar-se quando o número de membros é quatro, firmando os sentimentos de identificação grupal quando passa para cinco ou mais. Entretanto, à proporção que o número de membros se eleva, cresce também a heterogeneidade das pessoas e com isso, as metas individuais tendem a diferenciar-se, ao mesmo tempo em que as comunicações interpessoais ficam cada vez mais difíceis, pelo aumento exponencial de possibilidades de interações.

Resulta que o pequeno grupo não pode ter mais de 12 a 15 membros pois, além disso, os participantes perdem a identificação, ficando difícil manter a ideologia, o que garante a coesão, sendo esse um ponto crítico a partir do qual o grupo se fraciona em subgrupos, os quais podem até passar a competir entre si. Nas organizações, caso haja possibilidade para o pequeno grupo crescer, a fim de manter sua eficiência, é necessário que seja subdividido em unidades administrativas separadas. Com isso, os relacionamentos ficam assegurados para obtenção de resultados com base

ainda na dimensão tecnológica, evitando que predomine a expressiva de sentimentos provocadores de conflitos (Shepherd, p. 18).

2. GRANDE GRUPO. Seguindo a técnica explicitada, à proporção que a empresa cresce, suas unidades administrativas vão cada vez mais se subdividindo em grupos formais, como a pequena seção de finanças que se transforma no grande departamento financeiro constituído pelas seções de contabilidade, contas a pagar e tesouraria. Contudo, por vezes ocorre o fato de um pequeno grupo, em seu início concretizado apenas por uma unidade administrativa, aumentar sem que seja fracionado, como a massa de trabalhadores em obras ou em uma linha de montagem, que pode passar muito além do limite mencionado de 12 a 15 participantes. Neste caso, seus membros perdem a identificação e o grupo torna-se uma entidade social instável, em que os comportamentos são irracionais e os boatos surgem facilmente (Drake & Smith, p. 65-67). Com isso, a massa indistinta de trabalhadores pode, em determinadas circunstâncias de tensão, passar a ter comportamentos da multidão, quando reduz-se o sentimento de responsabilidade pessoal, torna-se sugestionável e aparece o condutor, que leva o grupo a atos hostis, quando não destrutivos (Horton & Hunt, p. 332). Portanto, cabe ao administrador descobrir como dividir o grande grupo, a menos que isso esteja além de suas forças, por exemplo, leis que institucionalizam assembleias com centenas de participantes, como organismos políticos existentes em todo o mundo, que têm comportamentos de multidão.

Na página seguinte, a Figura 8.4 procura esquematizar as relações entre os vários tipos de grupos expostos, considerando que a variável "identificação dos participantes" como membros do agrupamento permite visualizar as diferenças entre cada um deles.

O eixo das ordenadas mostra através da variável "grau de identificação", a intensidade do quanto as pessoas sente ao pertencer às coletividades, grande nos informais e reduzida nos secundários. No caso de a organização crescer, passando de grupo primário para grande grupo secundário, o sentimento de pertencer a uma totalidade tende a diminuir, mesmo que esta tenha sido dividida em pequenos grupos formais. Isso explica a origem dos "feudos" nas organizações, quando se perde a visão do conjunto para somente valorizar o grupo do qual se é participante. Reverter tais concepções é o grande desafio do administrador responsável pela obtenção de resultados por meio do coletivo, chamado fábrica, escola, órgão público, seita religiosa, clube ou qualquer outra denominação.

68

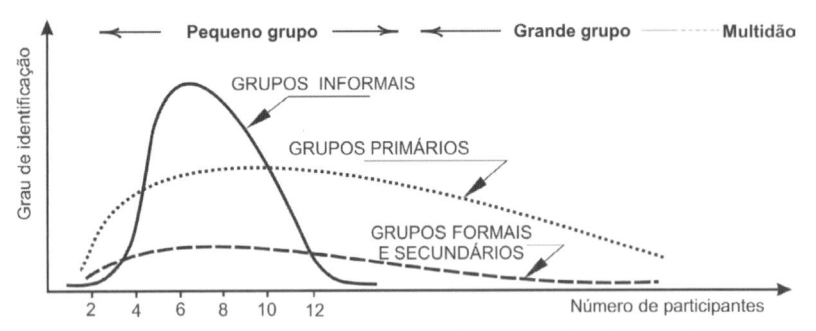

Figura 8.4 *Os vários tipos de grupos em função do grau de identificação de seus participantes.*

8.2 FUNÇÕES E ESTRUTURAS DOS GRUPOS

O planejamento de novas empresas e das etapas de crescimento das já existentes inicia-se com a identificação das **necessidades** de um segmento de **clientes**, seguindo-se a determinação das **funções** necessárias para fornecer bens e/ou serviços que as satisfaçam. Em seguida, de acordo com a complexidade dessas funções e das subfunções decompostas, completa-se o plano determinando quais grupos formais serão necessários para desempenhá-las, ou seja, delineia-se a **estrutura** da empresa.

8.2.1 Funções dos grupos que compõem a organização

Será utilizado o caso já descrito da empresa Saiel para explicar o que se entende por funções e subfunções de grupos e organizações.

1. FUNÇÕES E SUBFUNÇÕES DO GRUPO FORMAL. Fazendo uma analogia com a função do ônibus, que é transportar pessoas, pode-se dizer que constituem **funções** de qualquer organização prestar serviços e/ou produzir bens. No caso, os proprietários da Saiel determinaram que a principal delas seria executar instalações industriais e a secundária, fabricar suportes para vender. Acontece que qualquer função de uma organização é por demais ampla para ser levada a efeito por apenas um grupo formal, motivo pelo qual tem que ser dividida em **subfunções**, estas sim atribuídas a uma unidade administrativa. No exemplo, a função de executar instalações industriais exige a subfunção de projetá-las, razão pela qual foi criada a Seção de Projetos como um grupo formal, este composto por técnicos, desenhistas e um engenheiro.

2. FUNÇÕES DO GRUPO INFORMAL. Poder-se-ia perguntar: O grupo informal também tem subfunções a desempenhar? A resposta é sim. Por exemplo, nas estruturas burocráticas tradicionais, a "panelinha" destina-se a defender seus membros das exigências da empresa e, também para suprir seus participantes da falta de expressão de sentimentos, porque a organização só se interessa pela variável tecnológica dentro dos preceitos (isto é, suas normas e regulamentos) por ela formalizados. Já nas empresas voltadas para o sucesso, mantêm-se a manter a ideologia criada desde sua fundação, significando garantir as metas a serem alcançadas pelos membros.

8.2.2 Funções e subfunções são integradas pela estrutura

Para concretizar a função do ônibus de transportar pessoas, é necessário que seja projetada e construída uma **estrutura**, composta por motor, câmbio, embreagem e outras partes, entre as quais se inclui a carroceria para abrigar os passageiros. De forma genérica, pode ser definida:

> ESTRUTURA é o conjunto das partes que se inter-relacionam e ocupam determinada posição entre si, compondo uma totalidade (Motta, 1974, p. 43).

No caso da Saiel, para a **função** de projetar instalações foi criada uma **estrutura** (Seção de Projetos) composta por partes — estas na forma de especialistas, cada qual exercendo uma subfunção. Assim, essa unidade administrativa pode ser vista como um sistema formado por subsistemas. Generalizando, pode-se dizer que, para tornar concreta a função (ou subfunção) necessária à produção de resultados, o grupo precisa criar uma estrutura, tanto mais complexa quanto mais difíceis e variadas forem as atividades desempenhadas.

Deve-se destacar que a ideia de estudar as organizações a partir das funções a desempenhar e, em seguida, delinear as estruturas necessárias para levá-las a efeito, constitui um dos métodos utilizados pelas ciências sociais conhecido por "funcionalista" (Lakatos & Marconi, p. 82). Por ser operacional, julgamos apropriado utilizar esse método em nossos propósitos de aplicar conhecimentos da Sociologia à Administração.

Ademais, conhecendo-se a estrutura e a cultura de um tipo de agrupamento (como a burocracia presente em uma fábrica), pode-se inferir os procedimentos de outro existente ou a ser criado. Por exemplo, analisando uma editora que tenha a mesma rigidez de uma indústria submetida a normas inflexíveis de procedimentos, pode-se prever que também seja avessa a mudanças exigidas pelas alterações ambientais. Este processo, quando sistematizado, constitui o método analítico conhecido por "estruturalismo", cuja base é a comparação dos elementos, posições e relacionamentos dentro de uma estrutura conhecida, com os elementos, posições e relacionamentos de outra de comportamentos desconhecidos, que assim são inferidos. Tais aplicações às organizações têm sido feitas por vários sociólogos, em especial, Amitai Etzioni, Peter Blau, Victor Thompson e Max Weber, que por essa razão são chamados de estruturalistas (Motta, 1974, p. 43-48).

8.2.3 Estrutura de papéis

Em páginas anteriores foram examinados vários tipos de estruturas presentes em grupos, a exemplo de tarefas, *status*, coordenação e outras mais. Naturalmente, para cada função é necessário que tais estruturas sejam individualizadas por serem diferentes umas das outras, a exemplo do avião, que pouco se assemelha ao ônibus, embora ambos destinem-se a transportar passageiros, porém não nas mesmas condições. No entanto, três aspectos tornam as estruturas das organizações diferentes das encontradas em outros campos do conhecimento. Em primeiro lugar, têm o ponto comum de as partes serem compostas por seres humanos e não peças ou qualquer outra coisa material. Em segundo lugar, as pessoas são capazes de se auto-organizarem, consciente ou inconscientemente. Finalmente, cada parte pode comportar-se de muitas formas, algumas delas previsíveis, enquanto outras são inesperadas.

Para identificar com uma palavra essas diferentes formas de agir dentro de grupos, a Sociologia utilizou o termo "**papel**", empregado pela Psicologia, tendo por finalidade identificar os comportamentos esperados por parte dos membros pertencentes à estrutura de um agrupamento social. Por exemplo, em uma equipe criada para discussão de melhorias em algum processo produtivo, espera-se que o coordenador ponha ordem nos debates a cargo dos demais membros e o relator registre os resultados finais. Neste caso, pode-se observar três papéis distintos, o de coordenador, de perito e de relator, todos eles participantes da estrutura de coordenação e de tarefas, pois devem inexistir o de poder e o de prestígio.

O desempenho desses papéis costuma ser insatisfatório, seja por falta de treinamento, seja por conflitos diversos e até por grau negativo de comprometimento com a tarefa atribuída à pessoa. Por esses motivos, interessa ao administrador entender os mecanismos que governam a exibição de papéis ao delinear agrupamentos organizacionais, pois o desempenho real pode diferir por completo do desejado (Horton & Hunt, p. 88-89).

Para isso, é necessário tornar bem claro o significado da palavra **papel** empregada em artigos e livros que tratam de Psicologia, Administração e Sociologia. Isto a fim de evitar as confusões semânticas comuns aos termos empregados pelas Ciências Sociais, que empregam palavras do dia a dia com significados diferentes do usual, ainda agravadas pelas traduções em livros e artigos, de vocábulos de línguas estrangeiras sem idêntica correspondência com os do português.

Por essas razões, um exemplo esclarece melhor o significado de "papel". Em princípio, a sociedade ocidental espera que um pai ou uma mãe não deixe o filho fazer o que bem entenda, inclusive punindo-o pela desobediência. Já as tribos indígenas consideram normal permitir que a criança aja como bem entender. Isto significa que cada sociedade espera das pessoas determinados comportamentos, de acordo com a posição que ocupam, isto é, que desempenhem um papel. Uma definição simples é a seguinte:

> PAPEL corresponde às maneiras de agir que uma sociedade deseja dos indivíduos que nela ocupam uma posição típica (Horton & Hunt, p. 87; Krech et alii, p. 360).

Aplicado ao exemplo de linhas atrás, o papel constitui uma expectativa de comportamentos da criança, que ocupa uma posição na sociedade, o qual deve ser congruente com o papel de adultos ou idosos que ocupam outras posições.

O mesmo pode-se dizer do papel do médico em relação ao do paciente, mas a ser complementado pelo fato de existirem papéis diversos para a mesma pessoa, que os desempenha de acordo com as circunstâncias. Nesse caso, o indivíduo que é médico, pai e esposo, proprietário de uma clínica e presidente eleito do Conselho Curador da Santa Casa tem comportamentos diversificados, variando segundo cada uma dessas posições, o que significa desempenhar diferentes papéis, como exibido na Figura 8.5.

A aprendizagem do papel é feita durante toda a existência das pessoas, algumas delas aproveitando os ensinamentos para exibir verdadeiras representações dramáticas, com a finalidade de causar determinada impressão ao auditório. Isso já foi mencionado no item 5.2.2, ao ser explanada a dramaturgia administrativa para o poder carismático. Estas explicações mostram a conotação sociológica do **papel**, cujas características sempre dependem da cultura de determinada comunidade.

Constituindo as organizações em microssociedades nas quais se desenvolvem subculturas, é de se esperar que existam expectativas de papel peculiares a cada uma delas. Assim, nas organizações burocráticas, os chefes devem ser "dinâmicos, competitivos, voltados para o lucro, dedicando-se mais à empresa que à família, sempre frios e impessoais, conservadores e de paletó e gravata". Por outro lado, dentro do componente tecnológico da subcultura são atribuídas funções a cada participante das unidades administrativas, assim tendo um "papel" a desempenhar. De forma semelhante, em dinâmica de grupo costuma-se atribuir papéis aos treinandos, como o de medir o tempo que cada membro tem para se comunicar com os demais (Lima, p. 131-136).

Dessa forma, os comportamentos esperados de cada participante dependem de sua posição, que são complementares aos comportamentos de seus companheiros, formando assim uma rede de papéis, da sorte que se costuma falar que a organização é constituída por uma **estrutura de papéis** (Kast & Rosenzweig, p. 260-261). Já em um grupo criado informalmente, é de se prever que os diferentes papéis se desenvolverão à medida que os membros se posicionarem. Esses papéis, no exemplo dado anteriormente, corresponderão ao de coordenador, perito e relator.

É importante notar que as representações devem ser **complementares**, da forma que, quando dois participantes interagem, suas respectivas posições ficam ligadas pelo "**vínculo**" de seus papéis, a exemplo das relações de pai e filho ou de chefe e subordinado (Bergamini, 1973, p. 62). Se isso não acontecer, seja porque os participantes estão psicologicamente inibidos para a representação, seja porque a subcultura não determinou os comportamentos esperados, então a estrutura de papéis

Figura 8.5 *Diferentes papéis desempenhados por um médico.*

70

do agrupamento se apresenta falha. Um caso é o do chefe que possui estilo de coordenação diferente das expectativas dos subordinados, pois em uma situação de crise, volta-se para os relacionamentos quando todos esperam um líder emergencial que enfatize as tarefas capazes de salvar a empresa da falência.

Muitas das dificuldades que o administrador costuma encontrar em sua profissão podem ser resolvidas caso ele tiver o claro entendimento das características exigidas para o conjunto dos papéis a serem representados pelo ocupante de cada função. Isso aplica-se a ele mesmo, se de empregado quiser tornar-se patrão, criando uma empresa própria. Neste caso, se for incapaz de mudar o papel de subordinado que estava acostumado a desempenhar, com certeza não terá sucesso em seus negócios. No entanto, poderá aprender o papel de empresário com alguém acostumado a desempenhá-lo bem, como seu **mentor**, que ensinará esse novo comportamento. Além disso, como administrador pode desenvolver sua intuição para discernir os papéis que uma pessoa representa a contento, a fim de prever quais posições na organização será capaz de ocupar com sucesso. Por outro lado, poderá também promover os treinamentos necessários, pois a representação do papel necessita ser aprendida. É possível que a explicação do fato das reuniões serem dispersivas, demoradas, ineficientes e, sobretudo, "chatas", esteja na falta de treinamento das pessoas que devem participar de grupos para discussão de assuntos ou execução de tarefas. É um assunto para o leitor pensar.

TÓPICOS PARA EXPOSIÇÕES

8.1.1 Características dos grupos como sistemas

a) Expor, tendo a classe como exemplo, que os grupos compostos por indivíduos podem ser vistos como sistemas, dentro da metodologia sistêmica explicada no Capítulo 1; b) explicar, dando exemplo dos alunos da classe, que os participantes do grupo podem ser vistos como subsistemas e a escola como um todo sob a denominação de supersistema; c) com base na definição de grupo, explicar que este existe porque seus membros se agregam, pois assim fazendo, conseguem mais facilmente a satisfação de seus objetivos pessoais; d) com base na Figura 8.1 explicar que, para os membros do grupo obterem recebimentos, eles precisam contribuir com seus esforços, em parte para a organização e em parte para a sociedade, relação essa que serve de critério para uma classificação de organizações; e) explicar, com o exemplo da classe, que os grupos têm "fronteiras" permeáveis em maior ou menor grau para a entrada de pessoas de fora.

8.1.2 Grupos pessoais e grupos externos

a) Explicar que os grupos podem ser classificados em pessoais e externos, de acordo com a característica do indivíduo sentir ou não que a eles pertence; b) definir grupo externo e pessoal e exemplificar com a figura abaixo da definição.

8.1.3 Percepções dos grupos pessoais em relação aos externos

a) Explicar que as percepções das pessoas quanto a pertencer ou não a um grupo resultam em comportamentos muito diferentes, cujas particularidades já foram classificadas pela Sociologia; b) explicar com exemplos que uma delas é chamada de estereótipo que deve ser definido e destacadar suas desvantagens para o administrador; c) definir discriminação e explicar com exemplos e base no conceito de grupo pessoal; d) definir etnocentrismo e dar exemplos de vantagens e desvantagens para o administrador.

8.1.4 Grupos formais e informais

a) Definir grupo formal e informal, dando exemplos; b) com base no quadro da Figura 8.3, mostrar as diferenças em suas características quanto às funções, estrutura, coesão e fronteira; c) explicar com exemplos que, nas organizações, encontra-se um misto dos dois tipos de grupos.

8.1.5 Grupo primário e grupo secundário

a) Explicar outra classificação de grupos, tendo por base as três variáveis culturais, são os chamados primários e secundários; b) com base na Figura 8.3, explicar com exemplos as principais diferenças entre ambos; c) explicar que a tendência é de que os grupos primários sejam constituídos por pessoas amigas, o que facilita a formação de equipes nas organizações.

8.1.6 Pequenos grupos e grandes grupos

a) Explicar que o comportamento coletivo varia grandemente conforme for o número de membros, razão pela qual a Sociologia classificou-os em pequeno e grande grupo; b) com base na Figura 8.4, explicar como varia o grau de identificação da pessoa em função do número de membros e, também, de como os grupos podem ser informais ou não e primários ou não; c) explicar com exemplos que os grandes grupos tendem a ter comportamentos inesperados de multidão.

8.2.1 Funções dos grupos que compõem a organização

a) Explicar que todo planejamento organizacional se inicia com a determinação das necessidades de clientes a serem satisfeitas, seguida da especificação das funções que devem ser concretizadas pela organização para atendê-las; b) explicar com exemplos as funções do grupo formal e do informal.

8.2.2 Funções e subfunções são integradas pela estrutura

a) Explicar que, para uma função ser levada a efeito, é necessário existir uma estrutura planejada e depois concretizada; b) definir estrutura, exemplificando com o caso da Saiel; c) explicar que nas organizações existem diferentes estruturas, que serão analisadas nos capítulos finais deste livro.

8.2.3 Estrutura de papéis

a) Definir a palavra **papel** e explicar, com exemplos, que as sociedades esperam de seus membros comportamentos padronizados que a Sociologia assim denominou, (termo emprestado da Psicologia); b) nas organizações, as pessoas agem no desempenho de suas atribuições, o que significa desempenhar papéis; c) com base na Figura 8.5, explicar que na sociedade e nas organizações as pessoas desempenham diferentes papéis, alguns compatíveis entre si e outros não; d) explicar que duas pessoas, ao se comunicarem, desempenham papéis complementares, estabelecendo entre si o que a Psicologia chamou de **vínculo**, exemplificando esse fato com a situação dos membros de grupos formados na classe para a discussão de casos.

QUESTÕES DE APLICAÇÃO

1. Tendo por base a escola que frequenta, indique, justificando a resposta: a) 1. um grupo pessoal e 2. grupos externos; b) exemplo de um estereótipo que seu grupo pessoal tem a respeito de um grupo externo; c) uma frase que indique etnocentrismo de seu grupo pessoal.

2. Em sua escola ou na empresa na qual trabalha identifique, justificando a resposta: a) grande grupo; b) pequeno grupo; c) grupo informal e, ao mesmo tempo, primário; d) grupo formal e, ao mesmo tempo, secundário.

3. Na hipótese de você pretender vir a criar uma empresa a fim de prestar serviços de manutenção para redes de computadores, explicite, justificando as respostas: a) o segmento de clientes; b) a necessidade a satisfazer; c) 1. a função e 2. as subfunções decorrentes; d) a estrutura inicial dessa microempresa.

4. Considerando que a empresa da pergunta anterior cresceu em número de empregados e faturamento, mas ainda de pequeno porte, informe, justificando: a) a estrutura formal de coordenação por meio de um organograma com três níveis (a exemplo da Saiel no caso exposto no Capítulo 13); b) a estrutura de papéis dos coordenadores e a dos especialistas subordinados; c) a estrutura de comunicações de quem **formalmente** deve interagir com quem.

DISCUSSÃO EM GRUPOS:

As crises da empresa Saiel (5ª parte)

Apoiados nos conceitos deste capítulo e nos fatos descritos anteriormente da empresa Saiel, cada grupo deve responder à questão que lhe for designada, **justificando** as respostas.

1. Considerando as **equipes de instalação**, informe: a) a principal contribuição desses participantes para a Saiel; b) indique em qual das três variáveis culturais podem ser classificados, relacione pelo menos três dos mais importantes objetivos pessoais de seus participantes, que devem ser satisfeitos na empresa; c) os grupos que são possíveis de identificar nessas equipes de instalação (indique pelo menos três tipos diferentes).

2. Comparando a fase de formalização da estrutura (detalhada no Capítulo 7) em relação à informalidade da fase anterior, responda as seguintes perguntas: a) o etnocentrismo das seções deve ter aumentado ou diminuído?; b) poder-se-ia identificar alguma nova causa ou fator que fizesse aumentar a discriminação que naturalmente já deveria existir?; c) a quantidade de fronteiras identificáveis aumentou ou diminuiu?

3. a) Descreva em uma frase um possível estereótipo atribuído pelo pessoal das equipes de instalações aos projetistas; b) idem dos projetistas em relação aos especialistas das equipes de instalações; c) caso duas ou três equipes fossem alocadas a uma grande obra executada por uma construtora, a exemplo de uma hidrelétrica, os proprietários da Saiel ficariam preocupados de elas poderem vir a apresentar comportamentos irracionais de multidão?

4. Considerando a fase de formalização da estrutura, informe: a) quais seriam os três clientes internos da Seção de Projetos que o consultor não levou em conta na formalização dos grupos; b) quais as subfunções da Seção de Projetos para cada um desses clientes internos; c) qual das cinco formas de coordenar que o consultor externo se baseou para criar a estrutura da Saiel?

5. a) Relacione pelo menos três novos papéis gerados pela criação das funções gerenciais; b) indique qual desses novos papéis ficou aliado ao antigo, o que provocou disfunções por serem incongruentes; c) indique uma situação que mostra não ter havido modificação dos antigos papéis por parte dos diretores, os quais continuaram a desempenhar os papéis a que estavam acostumados.

A PRESSÃO SOCIAL NOS GRUPOS

9

Na França, a Igreja Católica criou um programa em que alguns padres iam para as fábricas como simples empregados a fim de tentarem a conversão religiosa de trabalhadores. Depois de 10 anos de tentativas, o programa foi desativado porque os muitos operários é que estavam convertendo os poucos padres para o marxismo e não o inverso (Brady *apud* Horton & Hunt, p. 105).

O que faz as pessoas submeterem-se à maioria, contrariando suas próprias crenças e até percepções sobre fatos concretos? Trata-se da chamada **pressão social**, que é a imposição feita pelos membros de grupos sobre participantes para forçá-los a agir conforme a maioria julga ser correto.

Todavia, para que ela se concretize, é necessário duas bases de apoio: A existência de uma **ideologia** criada pelo grupo e o **conformismo** de seus membros a ela. Esses dois assuntos serão examinados neste capítulo, inicialmente no ambiente da sociedade e depois transferidos para o dos diversos tipos de grupos existentes nas organizações.

9.1 OS MEMBROS DOS GRUPOS CRIAM IDEOLOGIAS

Foi destacado em capítulos anteriores que as pessoas se agregam em grupos porque neles conseguem mais facilmente alcançar metas individuais, de forma análoga a antílopes reunidos em rebanhos e peixes em cardumes, cuja aparência de grandes dimensões intimida predadores, o que facilita alcançarem a meta da sobrevivência. Entretanto, para que ocorra o sucesso pretendido, é necessário que se comportem de formas específicas, como fazem as formigas, sejam operárias, sejam soldados, inclusive a rainha procriadora. Acontece que tais insetos são pré-programados, não havendo dissidentes e "criadores de casos", como sucede com os seres humanos.

Nestes últimos, suas cadeias de DNA não determinam como proceder, exceto em alguns casos, a exemplo do bebê, que logo ao nascer procura o bico do seio da mãe para mamar. Por isso, é preciso que os próprios membros descubram o quê, quando e como fazer, tanto por tentativas e erros quanto por ensinamentos de companheiros mais experientes. Naturalmente, as ações que produzirem os resultados esperados tendem a ser repetidas, enquanto as que provocarem insucessos deixarão de se realizar. Essa é uma das bases da aprendizagem, seja há milênios, para subir em árvores a fim de frustrar os desejos do tigre de dentes de sabre, seja nos dias de hoje, para digitar textos em microcomputadores.

Todavia, pelo fato dos comportamentos esperados dos participantes das organizações serem de certa forma impostos

— diferentes, pois, dos das abelhas, cuja rainha se omite na coordenação de seus súditos porque estes sabem o que fazer sem necessitar que dirigentes os obriguem a trabalhar —, o grupo precisa estabelecer quem faz o que e sob as ordens de quem, isto é, necessita organizar-se tendo por base uma **ideologia** a ser aceita por todos.

9.1.1 Formação de ideologias na sociedade

A palavra **ideologia** designa a "ciência da formação das ideias" (Dicionário Aurélio Ferreira, 1975). Esse não é seu único significado, razão pela qual adotaremos uma definição que englobe os aspectos políticos e sociológicos do conceito.

> IDEOLOGIA é o conjunto de **normas**, **crenças** e **valores** aceitos pela maioria dos membros de grupos influentes na sociedade, com a função de justificar seus interesses de alcançar as metas tornadas coletivas (Krech et *al*, p. 486; Lakatos, p. 362, com modificações).

Normas, crenças e valores já foram mencionados em capítulo anterior quando, no item 2.2.1, foi definida a variável **preceitos** da cultura de uma sociedade ou grupo. Agora, convém explicá-los com mais detalhes, mas apenas como sendo uma introdução sociológica para aplicá-los aos grupos das organizações.

1. NORMAS. Todas as sociedades estabelecem regulamentos para a conduta julgada conveniente para as situações padronizadas. Nasce assim a norma cultural, a seguir definida:

> NORMAS são regras ou padrões aceitos pelos membros de uma sociedade e por quem ocupa uma posição social, que especificam os pormenores de comportamentos apropriados e inadequados em situações padronizadas (como no ambiente de trabalho, nos relacionamentos sociais e em solenidades), indicando também, as recompensas para quem a elas se conformar e punições para quem delas se desviar (Krech et *al*, p. 406, com modificações).

Como ensinam os livros de Direito, para a norma ser completa ela precisa especificar: 1. em que consiste sua **transgressão**; 2. a **pena** cominada; e 3. o agente **coator**. Por exemplo, no passado remoto, um membro da horda tinha que permanecer na boca da caverna durante toda a noite com a função de manter a fogueira acesa a fim de impedir a entrada de carnívoros e, também, dos espíritos malignos habitantes das matas. Caso tudo corresse bem até o nascer do sol, é possível que ganhasse como prêmio a dispensa de ter que sair para caçar. Se caísse no sono, porém, receberia como punição a morte por bordoadas de tacape, que serviria apenas como exemplo, pois não seria eficaz nem eficiente após o tigre de dentes de sabre ter levado algum companheiro e nem lhe dava oportunidade de não mais se comportar como sentinela dorminhoca. O exemplo torna claro qual foi a transgressão da norma e a penalidade sofrida, faltando determinar quem a deveria aplicar. Tal ação podia ser atribuída a uma equipe eleita pelos pares, ou a um grupo operacional escolhido pelo cacique, como hoje é utilizado para a escolha dos pelotões de fuzilamento. Como se vê, as coisas não mudaram muito, decorridos "apenas" alguns milhões de anos.

Evidentemente, há uma gradação de importâncias para a sujeição às normas e, portanto, para os castigos e recompensas. Assim, o que constitui apenas **hábito**, como forma costumeira de agir (chamado *folkway* pela Sociologia), não acarreta sanções graves para o desviante. Isso fica bem patente observando-se grupos de turistas que, por seus hábitos, agem diferentemente do povo local e nem por isso são punidos, mas apenas ridicularizados.

Já as normas julgadas importantes e denominadas **costumes** (em latim, *mor, moris)*, se transgredidas, podem ser objeto de punições. Assim, o fato de a maioria querer trabalhar em uma organização — seja própria, seja alheia — e não perambular pelas ruas pedindo esmolas constitui um costume cultural, a ponto de as rondas policiais deterem aqueles que não comprovarem estar empregados.

Finalmente, os costumes considerados de extrema importância para a sociedade como um todo são codificados por escrito na forma de **leis**, nas quais são definidas as características para ser considerada transgredida, o agente coator e a punição imposta (Horton & Hunt, p. 41-44).

É claro que hábitos, costumes e leis nem sempre são racionais, bem como variam no tempo, especialmente nos atuais, e, o que é pior, se de início tinham uma função, com o decorrer dos anos podem tornar-se inúteis, porém continuarem vigorando. Isto porque é mais fácil criar uma norma que revogá-la, o que vale tanto para as sociedades quanto para as organizações, prejudicando umas e outras. Um exemplo é a Consolidação das Leis do Trabalho, abreviada para CLT criada em 1940 tendo por base o *Código del Lavoro* da Itália fascista nos tempos de Mussolini, difícil de ser atualizada para o bem dos trabalhadores da economia mundial do século 21, com a pretensa justificativa de não prejudicar direitos adquiridos.

2. CRENÇAS. Além de normas, as sociedades estabelecem crenças, como a dos canibais de que, comendo o inimigo capturado, adquiriam suas qualidades de bravura. As crenças sempre existiram e sempre existirão, somente com modificações. Por exemplo, acredita-se que traz sorte vestir roupa branca e molhar os pés na água do mar durante a passagem do ano, processo tão eficiente e racional quanto a dança dos índios para provocar chuva na época da estiagem. Pode-se definir as crenças como:

> CRENÇAS são todas as cognições (como ideias, tradições, superstições, mitos e lendas) aceitas pelos membros de uma sociedade, ou por ocupantes típicos de várias posições sociais (Krech *et al*, p. 403).

As crenças alteram-se com o tempo, como a de que "o trabalho dignifica o homem", criada no início do Cristianismo, mas que não era a dos gregos da elite nem aplicada a seus escravos na chamada época clássica.

Neste ponto, você deveria fazer uma análise de si próprio a fim de avaliar quantas e quais crenças irracionais ainda influem em seu comportamento, a exemplo de acreditar em mau olhado, poder dos cristais de quartzo, leite com manga faz mal e muitas outras superstições. Entre outras, tais falsas crenças ainda são citadas em livros e revistas ou veiculadas pelo rádio e televisão, naturalmente com intuitos comerciais.

3. VALORES. As sociedades, desde os tempos primitivos, criaram **valores** a serem aceitos como verdadeiros, por exemplo: A nossa horda é melhor do que a do outro lado do rio. Caso os membros deixem de acreditar nisso, talvez pelo fato de o cacique ser um mau administrador, poderão tentar bandear-se para o concorrente, assumindo todos os riscos, a menos que possam destituir o chefe e comê-lo em data festiva de acordo com um ritual, atualmente substituído por perus na ceia da passagem do ano.

Hoje, tais valores continuam sendo incutidos, como "nossa escola é a melhor do país". Isso não impede que professores procurem outras que lhes paguem mais, já que suas metas deixaram de ser as de sobrevivência na horda pré-histórica e sim as atuais de gozar melhor padrão de vida. Pode-se definir:

> VALOR é uma classe importante de crenças aceitas pelos membros de uma sociedade ou por ocupantes típicos de todas as suas diferentes posições, referentes ao que é desejável, "bom" ou que deve ser aceito. Esses são valores positivos, sendo negativos os que se referem ao indesejável, "mau" ou que não deve ser aceito (Krech *et al*, p. 404).

Como mencionado linhas atrás, a classe dos gregos mais influentes tinha a crença de que o trabalho tinha valor negativo por ser próprio dos escravos. Por esse motivo, pouco contribuíram para o desenvolvimento da variável tecnológica da cultura e muito para as artes e filosofia, às quais concediam grande valor (Horton & Hunt, p. 389).

Um caso que convém destacar diz respeito à atribuição do chamado **juízo de valor**.

> JUÍZO DE VALOR. Apreciação pessoal de qualquer fato, conferindo-lhe um valor positivo ou negativo (Dicionário Aurélio Ferreira, 1975).

Exemplo é dizer que "as organizações somente exploram seus participantes". Esta afirmação é uma crença, tendo a mesma base "científica" das já expostas sobre a eficiência da dança da chuva ou procissões religiosas para combater estiagens. A tais crenças contrapõe-se o **juízo da realidade**.

> JUÍZO DA REALIDADE. Enuncia fatos comprovados ou relações entre fatos (Dicionário Aurélio Ferreira, 1975).

Neste livro, você irá deparar-se com estes últimos, resultantes de pesquisas levadas a efeito por sociólogos desempenhando o papel de cientistas, embora, como pessoas, eles possam emitir juízos de valor (Horton & Hunt, p. 33).

9.1.2 Formação de ideologias pelos grupos das organizações

O exposto em linhas atrás vale para as sociedades; porém, experiências com grupos mostraram que estes também criam suas ideologias, da mesma forma compostas por normas, crenças e valores.

1. NORMAS DO GRUPO. Qualquer agrupamento cria seus regulamentos internos, espelhando os da sociedade maior. Pesquisas em pequenos grupos experimentais mostraram que rapidamente os membros criavam normas próprias e, o que é interessante, quando participavam de outros agrupamentos tendiam a levar para estes as regras estabelecidas no primeiro (Davis, p. 88).

Existem dois motivos sugeridos como razões para a criação de normas grupais. Em primeiro lugar, os membros sentem a necessidade de validar suas crenças por meio de um acordo que, após alcançado, as torna "verdades" para o agrupamento, que passam a ser impostas a todos por meio de um regulamento, escrito ou não. Em segundo lugar, para que as metas coletivas sejam obtidas, torna-se necessário certo grau de uniformidade nos comportamentos e em sua coordenação por um ou mais membros, para isso estabelecendo-se regras de conduta (Krech et *al*, p. 467 e 469). Alguns aspectos deste assunto sobre normas devem ser destacados:

— quanto mais importante for para o grupo a meta coletiva, mais cedo são estabelecidas as regras, as quais são mais explícitas e correspondentemente mais obedecidas, suscitando punições para pequenos desvios;

— a norma não é igual para todos os membros, o que é de se esperar, considerando a estrutura de atividades diferenciadas, sendo curiosamente mais rígida para os participantes em posição dominante, especialmente para o líder (Litterer, p. 141);

— as normas, uma vez estabelecidas, são difíceis de mudar, até mesmo as que sejam prejudiciais, o que explica o fracasso de muitas tentativas de Desenvolvimento Organizacional, por ser uma alteração da variável "preceitos da cultura".

Outro aspecto importante é o da **origem** das normas. Nas organizações, as normas são impostas às unidades administrativas na forma de regulamentos escritos, sendo denominadas **heterônomas** por serem regras vindas de fora. Como quem as elabora é a alta administração, elas concretizam, em grande parte, a variável "preceitos da cultura ideal da organização". Já nos grupos informais, as normas são criadas por seus próprios membros e, por isso, chamadas de **autônomas**, no sentido de regras vindas do interior dessas coletividades (Lima, p. 348). Correspondem à variável "preceitos da cultura real da organização", se comum aos vários grupos que as compõem.

Como as normas heterônomas são criadas sem consulta ou anuência dos participantes, elas muitas vezes vão contra as metas pessoais destes últimos, dando como resultado a **anomia**, que a rigor indica ausência de regras. Todavia, nas Ciências Sociais essa palavra tem significado diferente por designar a confusão e o conflito interno pela obrigação de seguir normas opostas.

> ANOMIA. Ocorre anomia quando há uma disjunção aguda entre as normas e metas culturais e as capacidades socialmente estruturadas dos membros do grupo em agir de acordo com as primeiras (Merton *apud* Vila Nova, p. 58).

Por exemplo, a sociedade faz crer que todos devem ter oportunidades para melhorar de vida, porém a organização muitas vezes contradiz essa crença, impondo trabalhos rotineiros e sem futuro, o que causa desinteresse pelo serviço, apatia e **alienação** (Horton & Hunt, p. 118; Merton, p. 237). "Alienação" em Ciências Sociais é outra palavra com significado diferente do usual, ou mais explicitamente:

> ALIENAÇÃO. Afastamento emocional de uma pessoa em relação a uma coletividade, acompanhado de sentimentos de impotência e isolamento (Horton & Hunt, p. 451).

O trabalhador torna-se alienado em relação à empresa e ao serviço que executa por este ser rotineiro, sem motivação e fora de seu controle. Outra contradição encontrada em organizações é a do especialista que espera ascender profissionalmente na empresa, porém é barrado em suas pretensões porque a carreira só existe para cargos de administração, para os quais ele não tem interesse.

2. CRENÇAS DO GRUPO. Já foi mencionado que a similaridade de crenças pessoais faz com que a troca de estímulos seja mais gratificante, o que facilita a criação do grupo informal. Quando este se inicia e seus membros começam a interagir, as crenças comuns permitem a emergência de outras e peculiares àquela coletividade, como resultado das funções que os participantes atribuíram a seu agrupamento.

Assim, se ocupantes de classes de mais baixa renda acreditam que o patrão só explora o trabalhador, é natural que gerem, com isso, a ideia de que a unidade administrativa somente deve fabricar bens ou prestar serviços até atingir uma quantidade limite pois, se isso não for feito, serão prejudicados por exigência de maior produção. Já os grupos de gerência, cujos participantes pertencem à classe média que acredita no trabalho como sendo o meio para a realização e ascensão social, desenvolvem a crença de que o grupo deve ser produtivo ao máximo, o que, evidentemente, conflita com as convicções da classe operária.

Há um conjunto de **falsas crenças** importante de ser destacado por trazer consequências prejudiciais a todos os participantes, como a mencionada **ficção institucional.** No Capítulo 3, foi analisada a falsa e difundida crença de que as entidades sociais têm objetivos (quando somente seus participantes os têm). Agora, vamos incluir uma outra, a de que a organização (seja escola, clube, empresa, repartição pública ou apenas uma unidade administrativa) transcende as pessoas que a compõem, isto é, de que existe como **ente concreto** (na verdade, trata-se da palavra denotando um ente coletivo e, portanto, abstrato).

Essa crença vem da tendência de designar conjuntos visualmente concretos de coisas, plantas, animais e pessoas por um nome coletivo (a exemplo de biblioteca, floresta, rebanho e povo) e atribuir a falsa capacidade de poder existir sem suas partes. Outra ficção, decorrente da anterior, é a de o grupo possuir **virtudes** acima da de seus participantes, tão absurda quanto dizer que a corrente é mais forte que qualquer de seus elos.

Tais suposições constituem importantes fatores para a identificação do indivíduo com sua coletividade, por mais absurdas e errôneas que sejam (Krech *et al*, p. 466-467 e 486).

O malefício está no fato de as ficções institucionais levarem o indivíduo a supor que a organização tem vida própria e, por esse motivo, acima de qualquer controle humano, fazendo com que se sinta pequeno, desprotegido e dependente. Com isso, ele procura agradar essa "mãe terrível" e, portanto, perigosa, **servindo-a em detrimento dos clientes** da organização, aos quais atende de maneira fria e impessoal como autômato (Motta, 1986, p. 46-47). Esse desprezo tem sido abordado pela literatura e até por jornais e revistas, sobretudo quando se trata de órgãos governamentais, em que o público é mal servido. Um dos motivos é de ele ser olhado como suspeito por imaginarem que deseja aproveitar-se de sua "mãe terrível", embora tais órgãos existam unicamente para atendê-lo e, para isso, seus funcionários são pagos pelos contribuintes.

No caso das empresas, os prejuízos são ainda maiores, pois o emprego de seus participantes depende da satisfação dos clientes, de sorte que, quando estes se bandeiam para os concorrentes que melhor os atendem e mesmo aceitam suas sugestões, o fechamento da firma é inevitável, bem como a decorrente demissão em massa. O mesmo vale para o cliente interno; por exemplo, o Departamento de Produção não existe como um "feudo" destinado a fabricar ou prestar serviços que sejam de interesse pessoal e sim para fornecer à Seção de Vendas aquilo que ela possa comercializar.

Além das ficções descritas, existem crenças que são gerais para as várias organizações, trazendo em si muitas **contradições**. Uma delas é a ideia de que o chefe pode delegar, mas continua responsável pelos eventuais erros do subordinado, à semelhança do pai que deve responder pelo crime e pagar os danos causados pelo atropelamento que seu filho menor de idade causou com o carro. Outra crença é supor que o chefe é eficiente só porque chega antes de o expediente iniciar e permanece no trabalho até tarde da noite. Essas e outras falsidades constituem os **mitos** da organização, que invalidam a ideia, muito citada pela literatura, de ser uma entidade **racional**, aliás outra crença infundada.

3. VALORES DO GRUPO. No caso de especialistas, é comum ser criada a crença do valor negativo de vir a ocupar cargos gerenciais, enquanto no de administradores costuma surgir a do valor positivo de ascender na carreira de coordenação.

É possível que em uma organização se formem **contraculturas**, ou seja, agrupamentos cujos valores neguem os da cultura nela existente, inclusive contestando-os? Intuitivamente, percebe-se que o conflito gerado deve ser insuportável para a continuidade administrativa, diferente, pois, da sociedade, em que o confronto pode permanecer por longo tempo sem haver uma solução drástica. No entanto, é possível que sempre haja algum dissenso em relação a certos valores da organização, o que não deve impedir que esta continue viável. Todavia, se for descoberto que a ideologia está sendo minada pelos membros de um grupo, o administrador não pode ser clemente, pois só resta aplicar a eles os ensinamentos de Maquiavel, que é de cortar o mal pela raiz antes que a maçã podre do saco contamine as demais (Maquiavel, p. 108-109).

9.1.3 Doutrinação para o participante interiorizar a ideologia

Como a ideologia é essencial para manter a coesão do grupo a fim de as metas coletivas serem atingidas, é natural que ela seja imposta a todo novo participante. Para isso, é necessário que a **doutrinação** seja levada a efeito.

> DOUTRINAÇÃO é o processo de interiorizar a ideologia do grupo ao membro recém-admitido.

Dois casos serão vistos: o do grupo informal das regras autônomas e o do grupo formal das regras heterônomas.

1. GRUPOS INFORMAIS. O processo de transmissão da ideologia nos grupos informais tem sido estudado pela Sociologia, sendo básico seu entendimento para aplicá-lo às organizações. Isto porque a imposição da ideologia, seja a nascida espontaneamente, seja a criada pelos fundadores da empresa, tem de ser pessoal e a eficiência de sua interiorização no participante que é admitido depende da pressão social do grupo.

É evidente que o grau de coesão influi no processo de admissão, havendo a possibilidade de o candidato à admissão ser impedido de entrar e, na hipótese de ser imposto, ocorrerem tentativas de excluí-lo. Este último caso é abrangido pela situação dos grupos informais de uma organização que, por serem coesos, têm de impor duramente sua ideologia ao recém-admitido sem consulta aos companheiros, obrigando-o a conformar-se, já que são restritos os meios para conseguir sua demissão do emprego ou transferência para outro departamento.

A literatura descreve a imposição feita a um sociólogo americano, Donald Roy, que se empregou como simples operário em uma fábrica e foi trabalhar com grupos autônomos (no sentido de terem criado sua própria ideologia, em oposição às normas heterônomas impostas pela administração). Suas observações mostraram o processo pelo qual a ideologia é transmitida ao novo trabalhador, desdobrando-se em quatro fases:

1. **Educação**. Um ou mais membros do grupo informal conversam com o novato de maneira amigável, aparentemente para obter informações a seu respeito, mas na verdade para comunicarem as expectativas que os demais têm a respeito de seus comportamentos.

2. **Fiscalização**. O novato é observado pelos membros do grupo, a fim de verificar se está seguindo as sugestões feitas e agindo de acordo com as expectativas.

3. **Avisos**. Os comportamentos julgados em desacordo com o esperado são comunicados ao "aberrante", geralmente de maneira amigável, mostrando que os companheiros, em princípio, acreditam que suas ações inconvenientes são mais fruto da ignorância do que provocação deliberada.

4. **Recompensas e punições**. Se a linha pretendida for seguida, os companheiros o recompensam pelo conformismo, por exemplo, aceitando-o como membro efetivo ou simplesmente não aplicando nenhuma sanção. No entanto, se for persistente no "erro", passam então a castigá-lo, inicialmente com chacotas, "gelo" ou outras punições suaves, seguindo por ameaças e até agressões físicas em casos extremos (Litterer, p. 138-140).

Em situações como essas, é importante para o administrador não se conduzir como inocente útil quando, "incidentalmente", subordinados vêm comunicar-lhe erros cometidos por um companheiro, ou mesmo defeitos em sua conduta interna ou externa ao ambiente de trabalho, a fim de, indispô-lo com a administração. Essas manobras são feitas quando não podem expulsá-lo de seu convívio, já que a designação é formal e não depende da consulta ao grupo. Portanto, se de início havia uma pressão para a conformação, surge no fim uma luta aberta contra o empregado considerado desviante por contrariar as metas particulares do grupo. Na verdade, se o grupo informal não tomar tais medidas defensivas terá sua coesão ameaçada e, com isso, a própria sobrevivência. Por isso, para conseguir expulsar o elemento aberrante da unidade, fazem sabotagens em seus equipamentos e ferramentas de trabalho ou, então, distorcem e omitem informações importantes para a execução de suas tarefas, contribuindo dessa forma para que seu mau desempenho provoque punições administrativas, que culminem com sua demissão ou transferência. Deve-se notar que, caso o agrupamento fosse de cientistas e não de operários, muito provavelmente a diferença estaria na maior sofisticação dos meios de convencimento empregados e nos de expulsão adotados.

Situação oposta é a da transmissão da ideologia no chamado grupo sociotécnico autônomo a ser examinado em capítulo posterior, que costuma ser diferente da do grupo informal criado nas empresas. Isto porque os operários têm liberdade de aceitar ou não o candidato enviado pela administração, já que existe o mútuo interesse dos participantes na produtividade coletiva. Assim, nos foi relatado que na Suécia, onde uma fábrica de motores paga aos trabalhadores pela produção conjunta e estes são os selecionadores de candidatos a empregos, muito provavelmente ocorrem as quatro fases de transmissão de ideologia, só que de forma aberta e não sub-reptícia, sendo simplesmente devolvido ao departamento de recursos humanos o novato que não conseguiu a produtividade esperada pelo grupo.

Os comportamentos dos membros do grupo chamado de sociotécnico autônomo sugerem que, nas empresas de sucesso, a doutrinação fica a cargo dos empregados que interiorizaram a ideologia criada pelos fundadores. Com isso, agem para com o novato e o dissidente na forma já exposta para o grupo informal, porém impondo os preceitos do grupo formal, em sintonia com a cultura da organização.

Para que tal processo seja mantido, é necessário que seu monitoramento seja contínuo e de responsabilidade da alta administração. Os membros desta têm que ser recrutados entre os empregados que mostrarem ter interiorizado a ideologia organizacional. A falta dessa interiorização pela cúpula administrativa é um dos motivos pelos quais as empresas familiares tendem a fracassar. Isto porque os parentes próximos e os apadrinhados do fundador que o substituem não ascenderam pouco a pouco na hierarquia de cargos e, por isso, não deram provas de terem-se conformado com a ideologia da organização.

2. GRUPOS FORMAIS. Nas unidades administrativas, as normas heterônomas são, na maior parte, ensinadas por meio do treinamento formal, ao qual são submetidos os novos participantes, a fim de lhes incutir a subcultura ideal da organização, ou seja, fazer sua **aculturação**.

> ACULTURAÇÃO é o processo de absorção por parte do indivíduo ou de grupos dos traços de outra cultura (Horton & Hunt, p. 451).

Existe, evidentemente, um grau maior ou menor do quanto o participante deve comungar com crenças, valores e normas de suporte às metas organizacionais. Para a análise do grau exigido para essa aculturação, serão utilizados os esquemas das Figuras 5.2 e 8.1, examinando os casos que são mostrados na Figura 9.1, delas resultantes.

Iniciando com o extremo direito da figura, as organizações com ênfase na **autoridade** são as que mais necessitam de engajamento dos participantes, motivo pelo qual são as mais exigentes na imposição de sua ideologia. Por isso, as ordens religiosas e as instituições militares incumbem-se elas próprias de completar a socialização do jovem, noviço ou cadete, o que explica darem tanta ênfase à seleção e ao treinamento. Exemplo do primeiro caso é o dos jesuítas, pois em qualquer lugar do mundo onde os padres forem pregar os ensinamentos da Companhia de Jesus, pode-se ter a certeza de que levarão sua ideologia incutida por anos de treinamento. Já exemplo do segundo caso é o dos cavaleiros da Polícia Montada do Canadá e, também, das agências de espionagem, entre as quais se pode citar a famosa CIA americana (Mintzberg, p. 47-50).

Já no extremo oposto, o das organizações coercitivas baseadas no **poder**, é recebido quem lhes for enviado, seja doente mental ou delinquente. Portanto, inexiste recrutamento e a seleção não obedece a critérios de capacidade física e mental. No entanto, deveria haver a ressocialização dos internos pelo motivo de ser essa uma das finalidades de penitenciárias, mas isso não ocorre nem mesmo em países do Primeiro Mundo, como muitos sociólogos observaram.

No meio termo desses dois polos, estão as organizações de **trocas** com graus variáveis de exigência da **socialização prévia** dos recém-admitidos, a qual costuma ser adquirida já nas escolas profissionais. Por exemplo, pelo fato de avizinha-

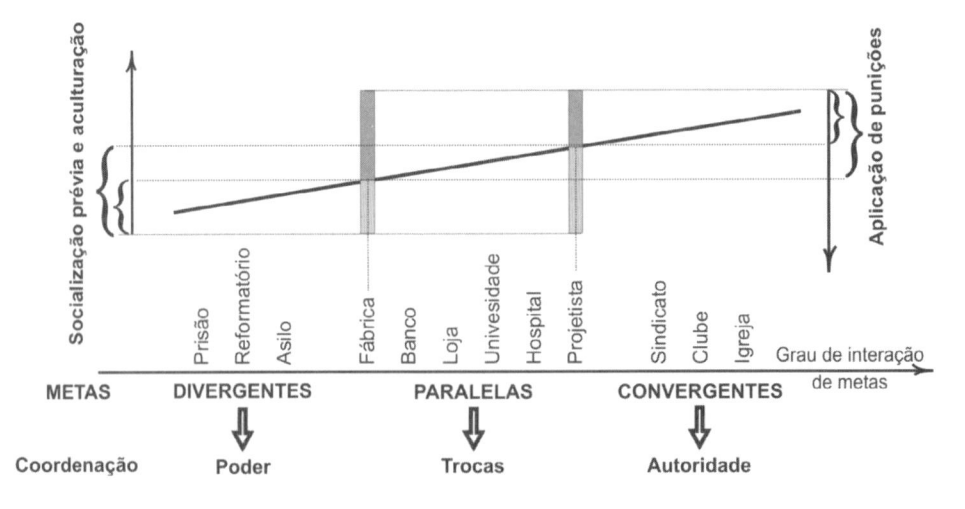

Figura 9.1 *Graus de aculturação, socialização prévia e punições, em função da divergência/convergência de metas.*

rem-se das condições exigidas pelas empresas que enfatizam a autoridade, os hospitais já recebem médicos cuja socialização começou na família (de profissionais liberais, possivelmente de pais também médicos) e continua nas faculdades de Medicina. Dessa forma, fica grandemente diminuído o processo de aculturação necessário para seu desempenho profissional (Etzioni, 1967, p. 104 e 114).

Ao contrário, pela proximidade do outro extremo, as fábricas selecionam seus operários com menor rigor, bastando que as respostas ao questionário de admissão comprovem serem trabalhadores e, portanto, tenham sido socializados dentro da ideologia dessa classe social. Na situação intermediária das trocas puras isto não é suficiente, como sucede em bancos e lojas, em que são feitos testes de admissão mais rigorosos, porém sem a exigência do alto grau de socialização como o dos médicos candidatos a entrar em hospitais. Naquelas organizações, a seleção enfatiza a dimensão tecnológica dos conhecimentos e habilidades, o que não quer dizer que despreze a ideologia interiorizada nas escolas profissionais. Estas são de interesse para a indústria e o comércio, como preparatórias para interiorizar crenças, normas e valores das organizações (Etzioni, 1974, p. 183-184).

Nas organizações de trocas que se aproximam das coercitivas baseadas no poder, não será necessária a interiorização das crenças e valores, razão pela qual, nas fábricas que utilizam o processo de produção em massa nas linhas de montagem, o treinamento limita-se às operações em si, ou seja, enfatizam apenas as normas de procedimento para o trabalho.

No outro extremo, isto é, nas que tendem para o tipo de organizações expressivas com ênfase na autoridade, a aculturação é feita tanto na direção tecnológica quanto na de sentimentos, incutindo-se as crenças e os valores ligados à profissão, a exemplo de hospitais e universidades. Finalmente, na parte intermediária de trocas puras (a exemplo dos ramos comercial, bancário e fábricas que empregam tecnologia de ponta), pelo fato de situarem-se no meio do contínuo, notam-se aspectos suavizados dos dois extremos. Assim, o treinamento formal visa à aprendizagem das normas de procedimentos, deixando-se (em graus variáveis) aos companheiros designados pelas gerências a iniciação sobre as normas de expressão de sentimentos e de interações com os superiores (Etzioni, 1974, p. 183-190).

Sintetizando, quanto maiores forem as exigências de aculturação para o desempenho das funções de um grupo formal, maior será a necessidade de socialização nos moldes da ideologia organizacional. Ademais, quanto maior for tal socialização, menor será a necessidade do controle de seus comportamentos, pois os desvios serão menores e, com isso, a aplicação de punições fica reduzida (Etzioni, 1967, p. 111).

9.2 O CONFORMISMO PARA COM A IDEOLOGIA DO AGRUPAMENTO

Quem entra em uma organização para trabalhar assina um contrato formal no qual são especificadas mútuas obrigações e direitos. Ao mesmo tempo, aceita outro tipo de contrato, o chamado psicológico, segundo o qual fica implícito conformar-se às normas internas, algumas delas

podendo até estar em desacordo com a legislação trabalhista. Para cumprir esse contrato psicológico é necessário que o recém-admitido ainda mude algumas de suas crenças, por exemplo, a de achar que só deve executar tarefas variadas e interessantes pois, se continuar insistindo com elas, acabará sendo demitido.

9.2.1 Aceitação da pressão social para conformar-se

Havendo inicialmente conflito entre as crenças da pessoa e as do grupo, pode acontecer que, em razão da pressão social, ela mude seus comportamentos na direção exigida por aquela coletividade. Isso deve-se ao fenômeno denominado pelas Ciências Sociais de **conformismo**, fato esse já examinado páginas atrás, embora a palavra não tenha sido definida.

> CONFORMISMO é a mudança das formas de agir em direção àquelas pretendidas pelos membros do grupo, por efeito da pressão real ou imaginária destes últimos (Davis, p. 2; Krech *et al*, p. 584-585).

Nesse processo de mudança há, primeiro, um conflito entre os comportamentos exibidos e os esperados e, por fim, a submissão às imposições grupais, dentro de graus variáveis de aceitação íntima ou apenas de obediência exterior.

Uma pergunta que se poderia fazer é: por que a pessoa se conforma ao grupo, especialmente no caso da aceitação íntima? Uma das explicações baseia-se na chamada **dissonância cognitiva**, que precisa ser mais bem explicada.

> DISSONÂNCIA COGNITIVA é a sensação desagradável decorrente da existência de cognições incompatíveis entre si (Krech *et al*, p. 310 e 330).

Esse desconforto experimentado pelo indivíduo ocorre quando existe discrepância entre seu julgamento a respeito de modos de agir e os sugeridos ou mesmo determinados pela coletividade.

Assim como dois sons não harmônicos são dissonantes, também ocorre um mal-estar causado pela divergência entre a sua convicção e a dos outros, fazendo com que a pessoa procure reduzi-lo, aceitando o que lhe é imposto (Krech *et al*, p. 300 e 597; Zimbardo, p. 68). Um exemplo é o do empregado que, após um treinamento com ênfase na cooperação, volta ao ambiente de trabalho e encontra a mesma competição feroz. Para reduzir a dissonância, o participante tem dois caminhos: voltar a ser competitivo ou sair da organização.

1. PROCESSO DA REDUÇÃO DA DISSONÂNCIA COGNITIVA. É natural que se procure reduzir a sensação de desconforto sentida em uma situação, razão pela qual também se tenta diminuir a dissonância entre o que se crê como adequado ou verdadeiro e o que é mostrado como inconveniente ou falso.

No caso de alguém sofrer a pressão grupal, a redução da dissonância pode ser tentada de várias maneiras:

— concluir que as outras pessoas não são comparáveis a nós, como no caso do sociólogo Donald Roy no meio dos operários, o que lhe permitiu produzir mais que os companheiros e resistir a suas pressões, coisa difícil de acontecer se realmente fosse um trabalhador como os demais;

— tentar mudar as atitudes dos outros, ou seja, manter as próprias convicções e alterar as dos demais, tarefa essa muito penosa, especialmente porque se está sozinho contra uma coletividade;

— alterar as próprias cognições (isto é, crenças, opiniões e convicções a respeito de si mesmo, de outros e do mundo como um todo), adaptando-se às outras pessoas (Festinger, p. 164-165).

É evidente que só neste último caso se pode falar em conformismo por aceitação íntima. Já na primeira situação, o indivíduo realmente percebe sua diferença em relação ao grupo e só se adapta a ele por conveniência ou, então, por um processo de racionalização, como é chamada em Psicologia a justificação da raposa de que as uvas estavam verdes (Bergamini, 1973, p. 144).

Em um caso ou outro, a redução da dissonância cognitiva permite à pessoa conformar-se à ideologia do grupo, mas em um processo de obediência e não de aceitação íntima.

2. MAGNITUDE DA DISSONÂNCIA. É importante observar que, quanto maior for a dissonância percebida, maiores serão os esforços para reduzi-la, o que é evidente por tratar-se de um grande desconforto. Vários fatores devem ser levados em conta nessa tentativa de redução.

— **Importância das cognições**. Quanto mais importantes para o indivíduo forem suas cognições postas em xeque, maiores serão as possibilidades de vir a sentir dissonância. Nesse momento, pode surgir uma dúvida: qual o significado de "cognições"?

COGNIÇÕES. Conceitua-se como qualquer conhecimento ou opinião que a pessoa tem a respeito dos outros, do ambiente ou de si mesma (Festinger, p. 13).

Por exemplo, um indivíduo de baixa renda "vê" o trabalho como um sacrifício para a sobrevivência, enquanto um cristão o vê como dignificador da pessoa, sendo, pois, duas cognições muito diferentes. O conteúdo de cada cognição decorre da aprendizagem desde o nascimento, constituindo um dos componentes da atitude perante uma situação ou pessoa. Assim, um operário pode acreditar que todo patrão é explorador, opinião essa decorrente da cultura da sociedade e subcultura de sua classe social, além de alguma experiência própria.

Evitar conflitos íntimos por mudanças nas cognições explica a razão de as organizações, exigentes de adaptações a suas crenças e valores, preferirem candidatos já socializados na direção de sua ideologia. Isso reduz os esforços de aculturação pois, em princípio, não sofrerão grandes dissonâncias, em virtude de suas cognições mais importantes em relação ao trabalho já serem direcionadas para a atividade que irão desempenhar.

— **Prestígio do outro**. Quanto mais importante for a posição ocupada pelo indivíduo cujas cognições diferem das expressas pela pessoa, maior será a dissonância que esta sentirá. Isso é fácil de entender, pois o prestígio em si confere autoridade nas opiniões e, por essa razão, um cunho de verdade. Por outro lado, já que é difícil contrariar as cognições da pessoa de alta reputação, uma forma de minimizar

a dissonância decorrente é depreciá-la, seja moralmente, seja em suas capacidades ou conhecimentos. Isto deveria ser entendido pelos ocupantes dos altos cargos das organizações com o fim de compreenderem que as "pichações" sofridas (não às claras) são, na realidade, um processo de defesa psicológica dos participantes em níveis inferiores.

— **Apoio percebido**. À proporção que mais pessoas demonstram ideias e crenças diferentes das do indivíduo, mais probabilidade terá ele de sentir dissonância. Esse fato se deve à concepção generalizada de que, se muitos professam a mesma crença, eles devem estar certos, além de poderem somar pressões para as tentativas de convencimento, inclusive pela força física, se necessário. Inversamente, se o dissidente encontrar um ou mais parceiros para apoiar suas cognições, ele sente-se fortalecido para lutar contra a maioria pelo reforço de seu desacordo, isto é, percebe que outros além dele também estão "certos".

Transferido para a dinâmica de grupo, permite postular que, em um agrupamento de três membros, dois sempre poderão exercer considerável pressão social sobre o terceiro, em virtude de este encontrar-se sozinho para defender suas convicções. Já em um agrupamento de cinco participantes é possível dois se apoiarem mutuamente contra os três restantes, e assim manterem suas cognições (Festinger, p. 161-164).

— **Características individuais**. Sem entrar profundamente neste assunto, que pertence à Psicologia Aplicada, pode-se dizer que existem graus variáveis de tolerância à ambiguidade entre as cognições próprias e as alheias, bem como variações na sensibilidade para perceber essas diferenças. Parece que o indivíduo capaz de ver os tons cinzentos das coisas, e não considerar tudo como preto ou branco, tem maior capacidade de resistir às ambiguidades (e por isso sentir menor dissonância), o que de certa forma decorre de ele ser mais seguro de si (Festinger, p. 234-238).

Como você logo percebe, interessa às organizações voltadas para o sucesso que sua ideologia seja aceita sem muitas dificuldades e, por isso, importa na seleção de pessoal escolher aqueles cujas personalidades sejam sintônicas com a cultura organizacional. Dessa maneira, o conhecimento e a experiência ficam em segundo lugar, mesmo porque serão desenvolvidos no próprio trabalho.

9.2.2 Tipos de reações à pressão social para conformar-se

As diferenças de traços de personalidade dos indivíduos permitem concluir que não existirá uma reação única à pressão social do grupo, mas um elenco delas. Observações permitem classificar pelo menos quatro formas de atuar diante da pressão social para conformar-se. Elas não seguem o contínuo tendo por extremos a concordância nula e a concordância plena, mas são **quatro situações independentes**.

1. ANTICONFORMISMO. Ocorre quando o indivíduo se opõe ao grupo, com um comportamento negativista e hostil, somente para divergir compulsivamente dos outros. Assim, o anticonformista procura ampliar seu desacordo com os

demais, mesmo quando percebe que eles têm propósitos adequados à situação. Assemelham-se aos que desempenham papéis individualistas de "desviantes", mostrando imaturidade por serem "do contra" como crianças rebeldes, ou então, por sofrerem desvio de personalidade, sendo este um caso para psicoterapeutas e não para administradores (Krech *et al*, p. 586). Na prática, nem sempre é fácil identificar essas pesssoas, pois seu anticonformismo é disfarçado, agindo por meio do espalhamento de boatos e incitamento para ações contra a organização, a exemplo de greves e sabotagens. Naturalmente, se essas "maçãs podres" não forem logo postas para fora do saco, todas as demais tenderão a se deteriorar.

2. OBEDIÊNCIA. O indivíduo muda a forma de agir para aquela que o grupo deseja, porém não altera suas convicções, sendo seu comportamento oportunista de submissão externa. Assim que não estiver sendo fiscalizado, volta a comportar-se como desejava, o que sugere a semelhança das formas de atuar da criança dentro da família opressiva, submetendo-se a ela por necessidade de sobrevivência, já que não pode ganhar a vida por si mesma. Numerosos autores têm dito ser este o tipo de conformismo mais exigido nas burocracias, especialmente nos níveis inferiores da hierarquia, tanto em fábricas como em escritórios. O resultado é a permanência de características pessoais imaturas e o desempenho de papéis infantis no trabalho (Hersey & Blanchard, p. 66-67; Foguel & Souza, p. 144).

3. INDEPENDÊNCIA. O indivíduo avalia racionalmente o valor custo/benefício de sua participação no agrupamento e, se o achar compensador, passa a colaborar com os outros participantes, não só aceitando sua ideologia, mas também procurando alterá-la para melhor. Diferencia-se do caso anterior pelo fato de provir da personalidade madura de quem é psicologicamente adulto e, por isso, o indivíduo permanece no grupo enquanto sentir a vantagem de contribuir para a meta grupal. Neste caso, seus comportamentos são autênticos por decorrerem do consenso, e não do temor pela dominação de um caudilho e de sua camarilha (Lima, p. 99).

4. ACEITAÇÃO ÍNTIMA. A pessoa interioriza a ideologia do agrupamento, mudando suas cognições e passando a agir de acordo com as novas convicções, mesmo sem a fiscalização dos companheiros. Difere do caso da independência pelo fato de sentir afeição pelo grupo, como a criança prestativa que deseja agradar aos outros, não havendo julgamento racional para a decisão de participar (Kiesler & Kiesler, p. 6; Merton, p. 213).

Essas explanações devem ser tomadas com os devidos cuidados, pois todos nós somos, ao mesmo tempo obedientes, conformistas, independentes e anticonformistas, apenas havendo situações ou aprendizagens anteriores que fazem prevalecer uma ou outra dessas situações.

Por outro lado, observações e experimentos mostraram que os **obedientes** e **conformistas**, quando comparados com os **independentes**:

— são significativamente menos inteligentes;

— têm menor capacidade de suportar tensões emocionais, apresentando falta de espontaneidade, maior angústia e tensões emocionais;

— possuem nítidos sentimentos de inferioridade pessoal e de inadequação ao ambiente;

— são dependentes com relação às outras pessoas;

— mostram atitudes mais tradicionais e moralistas, não suportando situações ambíguas;

— tendem a possuir padrões de interesse por profissões que costumam dar maior ênfase a valores sociais respeitadores das convenções, e não à criatividade exigida pelas de artista, arquiteto e jornalista (Krech et *al*, p 609).

Neste ponto, o leitor pode ficar confuso, inclusive julgando ter todos os defeitos apontados linhas atrás. Na verdade, todos eles têm seu lugar nas organizações, pois suas funções diversificadas exigem participantes com características diferentes. Assim, é claro que, embora exista uma ideologia básica, a subcultura da área de projetos de uma fábrica é diferente da de construção em série dos modelos mais bem aceitos pelo mercado. Dessa maneira, é intuitivo que a personalidade dos projetistas deve pender na direção dos independentes, enquanto os operários especializados da linha de montagem devem ter mais sucesso se forem mais conformistas. Portanto, cabe ao administrador intuir qual deve ser o grau de conformismo mais adequado a cada área da organização e, de acordo com a intensidade dessa variável, estabelecer o tipo de personalidade a que melhor se adapte às condições peculiares do trabalho que deverá desempenhar.

9.2.3 O administrador deve criar e intervir na ideologia da empresa?

A resposta é simples e direta: **deve** e **pode**. Ao fundar uma empresa própria, mesmo inconscientemente, o empreendedor cria uma ideologia. Por exemplo, no bar da esquina, cuja tecnologia consiste em vender salgadinhos frios e café requentado, o dono pode, sem perceber, criar preceitos tais como: "aqui se reaproveita tudo" (norma), "o empregado é um mal necessário" (crença) e "é desagradável ter que atender clientes" (valor). É claro que com tal ideologia essa microempresa fechará antes de comemorar seu primeiro aniversário.

Em contrapartida, os criadores de empresas voltadas para o sucesso elaboraram eles mesmos ideologias, não deixando a formação da cultura organizacional para o acaso. Pesquisando firmas que atravessaram o século, como as centenárias American Express, Citicorp e General Electric, autores concluíram que sua longevidade era o resultado da criação por seus fundadores de ideologias básicas, mantidas "a ferro e fogo" para garantir a continuidade dos negócios e propiciar o progresso constante, o que não é fácil (Collins & Porras, p. 112-113).

Sendo, assim, tão importante para o sucesso da organização criar e manter princípios básicos que constituem sua ideologia, nada mais natural que sugerir prescrições práticas para que tais resultados sejam alcançados, o que será proposto a seguir. Para isso, porém, é necessário ter o conhecimento prévio dos mecanismos sociológicos da pressão social, motivo pelo qual tais processos foram explanados páginas atrás.

1. ACEITAÇÃO. É preciso que a ideologia proposta seja aceita "de coração" e não da "boca para fora". Isso ocorrerá se o empreendedor que criar procedimentos tais que:

> — **somente conformando-se com a ideologia**, isto é, aceitando-a e praticando-a, seus empregados consigam o que mais desejam na organização;
>
> — **reforcem a permanência** dessa ideologia por perceberem que só obterão o pretendido enquanto ela existir.

Alguns procedimentos para assegurar esse conformismo foram estabelecidos por ordens religiosas, instituições militares e organizações. Alguns serão examinados a seguir.

2. ENUNCIADOS. A ideologia tem que ser concretizada com poucos **enunciados** básicos, os quais constituirão sua essência. No caso da construtora de aviões Boeing, seus valores e suas crenças são assim resumidos:

1. seremos sempre líderes e pioneiros em aeronáutica;

2. enfrentaremos grandes desafios e riscos;

3. manteremos a segurança e a qualidade dos produtos;

4. seremos íntegros e somente faremos negócios éticos;

5. viveremos no mundo da aeronáutica.

Para concretizar a eficácia de tais enunciados, deve-se chamar a atenção para o fato de a Boeing ter começado em 1915 fabricando aviões para a marinha americana, depois produzido a Fortaleza Voadora B-17 durante a Segunda Grande Guerra, seguida pela Super Fortaleza B-29 (da qual foram lançadas as duas bombas atômicas sobre o Japão) e o jato de oito motores B-52 durante a Guerra Fria. Depois disso, sem ter encomendas militares, entrou na aviação civil produzindo o jato 707 e o Jumbo 747. Em contraposição, a Douglas não possuía uma ideologia voltada para o sucesso, embora tenha-se destacado com os famosos modelos a hélice DC-3 e DC-4 e depois com a série de aviões de passageiros a jato. Talvez por essa falha seus negócios foram de mal a pior, contemporizando a queda ao associar-se com a McDonnell. Isso não foi sua salvação, pois em 1996 acabou sendo comprada pela Boeing, que assim se tornou a maior empresa do ramo, seguida pelo consórcio europeu Airbus, hoje em dificuldades com o enorme avião A380.

Não tendo especificado uma ideologia desde seu início, a organização pode concretizar uma depois de vários anos de existência? A resposta é: **Sim**, porém a tarefa será muito mais difícil que a de criar uma logo no início (Collins & Porras, p. 319-320). Um exemplo é o do 16º banco mundial, o ABN AMRO Bank, fundado em 1824 na Holanda com a finalidade de promover o comércio com as Índias Orientais e há mais de 80 anos no Brasil. Antes de fundir-se com o Banco Santander, estabeleceu formalmente quatro preceitos básicos (que chamou de "valores") para nortear todos os seus negócios: **integridade**, **trabalho em equipe**, **respeito** e **profissionalismo**. Tais preceitos não eram novidade, pois deveriam existir dentro de seu núcleo empresarial desde o século passado, mas tiveram que ser explicitados para todos os novos empregados, tantos os recém-admitidos como os provenientes das organizações vindas das fusões.

Um aspecto operacional importante a destacar para o administrador é a elaboração de uma ideologia cujos **preceitos e valores sejam claros para os participantes**. Neste ponto, você pode comparar as declarações da Boeing expressas linhas atrás com as do ABN AMRO Bank, as quais mostram ser as deste último passíveis de interpretações diferentes pelo fato de serem demasiadamente sucintas. Por isso, o

empresário Norberto Odebrecht tem o cuidado de continuamente esclarecer dúvidas quanto ao sentido que os membros de sua construtora multinacional devem dar aos itens da ideologia por ele criada (Odebrecht, 1991).

Além disso, é interessante destacar que, nas pesquisas das empresas de sucesso, não foram detectadas declarações do tipo "teremos grandes lucros". Essa ausência é compreensível, pois suas ideologias eram destinadas a promover a participação e o engajamento efetivo dos empregados, mesmo porque não existe um só deles no mundo que dê o máximo de si (e talvez nem o mínimo) para os patrões enriquecerem, ganhando fortunas as custas de seu trabalho.

3. NORMAS DE PROCEDIMENTOS. Os enunciados da ideologia organizacional podem ser comparados às cláusulas da Constituição de um país, as quais têm de ser regulamentadas na forma de leis reunidas em códigos a fim de permitir que sejam aplicadas às situações concretas. Por isso, os princípios gerais da ideologia necessitam ser detalhados para as operações do dia a dia na forma de Normas de Procedimentos. Exemplo dessa regulamentação é o "Manual" de uma organização governamental conhecida em todo o mundo, a *United States Forest Service* fundada em 1876, com seus *forest rangers* erradamente traduzidos por "guardas florestais", quando o correto seria "administradores de reservas florestais" (Kaufman, p. 26).

A seguir, resumiremos alguns aspectos desse "Manual", com o fim de fornecer ideias para a elaboração dos regulamentos de uma empresa.

— As normas impressas em folhas removíveis tratam de funções operacionais na forma de pré-programas para ações rotineiras dos *rangers*, instruindo a maneira de levar a efeito diversas atividades, como prevenir e combater incêndios, alugar pastos para o gado de fazendeiros e, o que pode surpreender, cortar árvores e vender a madeira, naturalmente replantando-as.

— O número de folhas inicialmente era pequeno, mas foi pouco a pouco aumentando à proporção que a prática mostrava a melhor forma de operacionalizar as atividades, terminando por formar vários volumes.

— Os volumes do Manual em poder dos *rangers* são de folhas soltas para permitir as constantes inclusões retiradas e modificações de cláusulas, estas fornecidas pela cúpula administrativa do Serviço, sempre atentas às alterações tecnológicas e mesmo culturais.

— Folhas com especificações peculiares a cada região são de autoria de supervisores dos *rangers* por sugestões destes, devendo ser inseridas ou tiradas de pastas suplementares às do Manual (Kaufman, p 95-97).

4. SELEÇÃO E PERÍODO PROBATÓRIO. Pode parecer estranho dizer que essas são duas fases paralelas e indissolúveis na vida profissional, pois não basta conhecer os resultados da seleção para ficar sabendo *a priori* que o participante irá conformar-se ou não com a ideologia da organização. Isto porque somente com o tempo é possível verificar se os desempenhos das atividades asseguram ter o participante se conformado com a ideologia da organização, tanto praticando-a quando doutrinando os recém-admitidos para interiorizá-la.

5. TREINAMENTO. O *Forest Service* utiliza técnicas para doutrinar o futuro *ranger*, com base nos princípios expostos

páginas atrás. Assim, o recém-admitido é instruído por um tutor, seja quanto aos aspectos técnicos de suas funções seja quanto aos ideológicos da organização. Ademais, no início da carreira é seguidamente transferido de cidade, tanto para conhecer e praticar atividades diversas quanto para conhecer grupos de outros participantes do Serviço, que tem por função doutriná-lo e ensinar como obedecer às instruções do Manual de procedimentos. Com isso, o desviante sente-se desconfortável, enquanto o conformista é aceito, e tem seus objetivos satisfeitos (Kaufman, p. 220-221).

6. CARREIRA. A política de promoções só permite ascender nos cargos aqueles que são admitidos no escalão de mais baixo nível em suas especialidades. Impede-se, assim, a entrada em altos cargos de pessoas que não se conformem com a ideologia (Kaufman, p. 179). Isso obriga a se levar a efeito um contínuo treinamento interno, a dificultar admissões de parentes e apadrinhados, bem como, em períodos de crise, a impedir a entrada de "salvadores" nos altos escalões. O acerto dessa política foi confirmado com Jack Welch, que ficou famoso pelas mudanças que introduziu na General Electric quando ocupou o cargo de diretor-executivo, alcançado somente depois de 20 anos nessa corporação, que foi seu primeiro e único emprego (Collins & Porras, p. 244-247). Ademais, promoção não pode significar tempo de casa — como em muitas repartições públicas —, e sim a avaliação de bons desempenhos pelos superiores hierárquicos (Kaufman, p. 182-183).

7. PLANEJAMENTO OPERACIONAL. O Manual especifica como devem ser elaborados planos para que as metas sejam alcançadas dentro de períodos que vão de um ano até mais de um século (as árvores crescem lentamente). Com base nesse modelo de planejamento, os *rangers* quantificam as metas com auxílio de assessores de escalões superiores, em seguida remetendo-as à cúpula administrativa para que seja verificada sua viabilidade e feitas eventuais correções (Kaufman, p. 99-101).

8. CONTROLE. Pelo fato de os serviços dos *rangers* serem pré-programados, o controle destina-se, principalmente a verificar se o planejado está sendo levado a efeito, de acordo com as normas de procedimentos. Tais verificações são conseguidas por meio do exame dos relatórios mensais de andamento e pelas inspeções levadas a efeito várias vezes por ano. É importante destacar que os *rangers* veem tais visitas como oportunidades de aprender, trocar ideias, transmitir propostas para os escalões superiores e saber novidades da própria organização. Ademais, tais inspeções são previamente avisadas porque sua finalidade não é descobrir falcatruas (Kaufman, p. 142-145 e 159-160). Tal procedimento deve surpreender, mas deve-se lembrar que a cultura dos americanos foi moldada de forma diferente da nossa. Isto porque nunca receberam "visitações do Santo Ofício" com o fim de levar cristãos-novos para as fogueiras dos tribunais da Inquisição, nem de "contratadores" para as minas de ouro e diamantes, prática que antecedeu a das "derramas" que provocaram a Inconfidência Mineira. Portanto, o controle destina-se apenas a verificar se continua a haver conformismo dos *rangers* para com a ideologia e, também, para tomar medidas corretivas se tal não estiver ocorrendo.

9. DESLIGAMENTOS. Quem não possui gosto pela vida ao ar livre, aceitação de conflitos externos com clientes nem orgulho de pertencer ao *Forest Service*, ou seja, personalidade em desacordo com a ideologia, demite-se ou é desligado. Além disso, muitos pedem demissão por aceitarem propostas de empresas para nelas trabalhar em razão das experiências e habilidades que adquiriram, especialmente para ganhar melhores salários (o Serviço remunera mal os *rangers*). Isso não é um mal para a organização, como se poderia pensar, pelo motivo de transferirem para fora conhecimentos a serem aproveitados por empresas e por abrirem vagas para antigos colegas ascenderem na carreira. Neste momento, você poderia ter algumas dúvidas.

— A primeira delas seria: tais recomendações podem ser concretizadas nas empresas de países do Primeiro Mundo, mas não nas de Terceiro ou Quarto e, portanto, inexequíveis para nós. Não é verdade, pois exemplos comprovam sua viabilidade, como a ideologia voltada para o sucesso do grupo Odebrecht, que o mantém rentável há mais de 50 anos. Isso contraria o negativismo de nossa crença cultural de que, neste país, as coisas nunca poderão ser bem organizadas, a qual foi herdada de nossos colonizadores ao perderem a ousadia de velejar por "mares nunca dantes navegados".

— Uma segunda seria: trata-se de recomendações ditatoriais, à semelhança das impostas pelos países que forçaram seus povos a aceitar ideologias extremistas, quer da direita quer da esquerda. Em parte isso é verdadeiro, pois as organizações são microssociedades que apresentam características das sociedades maiores. Existe, porém, uma diferença fundamental: o indivíduo tem uma nacionalidade, não porque a tenha desejado, mas pelo fato de ter nascido em um país, do qual somente sairá caso emigre ou seja expulso. Ao contrário, entra para uma organização por vontade própria e desliga-se dela quando acha que os custos de nela participar são maiores que os benefícios recebidos. Um exemplo é o do vendedor da loja de departamentos americana Nordstrom, que saiu "expulso" pelos colegas após 11 meses de sua admissão porque não interiorizou a ideologia da organização. No entanto, em um ano já estava ocupando o cargo de gerente em outra empresa, aproveitando a experiência ganha na Nordstrom (Collins & Porras, p. 174-180).

— O administrador poderia aproveitar os ensinamentos dessas organizações? Sim, especialmente quanto à situação das chefias de empresas com filiais espalhadas por várias cidades, que é semelhante à expostas linhas atrás. Isto porque tais gerências também ficam isoladas da sede e sujeitas à pressão social dos muitos interessados das sociedades locais que desejam obter vantagens em tudo. Assim, com as privatizações das empresas de serviço público, como as de saneamento, energia elétrica e telefonia, interessa organizá-las para suas gerências ficarem capacitadas a enfrentar a pressão social que encontram por parte das populações das cidades às quais servem.

TÓPICOS PARA EXPOSIÇÕES

9.1.1 Formação de ideologias na sociedade

Explicar com base em exemplos: a) um fenômeno social muito importante é a imposição de comportamentos considerados convenientes pelos membros dos grupos a seus participantes, que é chamada de **pressão social**; b) a pressão social, para ser exercida, precisa de uma base, que é constituída pela chamada ideologia (definir ideologia); c) o que são normas; d) o que são crenças; e) o que são valores; f) o exposto vale tanto para a sociedade quanto para as microssociedades que são as organizações.

9.1.2 Formação de ideologias pelos grupos das organizações

Explicar, com base no exemplo do grupo formado pelos alunos da própria classe, que: a) os grupos criam normas próprias, sem se darem conta disso, em parte destinadas a manter certa uniformidade nas formas de agir; b) as normas, depois de criadas, são difíceis de serem alteradas mesmo quando se tornam inadequadas para o grupo; c) o grupo obedece a normas impostas de fora (chamadas heterônomas), mas cria as próprias (as autônomas), que podem conflitar com as externas; d) tanto os membros do grupo formal quanto do informal trazem consigo crenças que determinarão como comportar-se dentro da organização; e) muitas crenças não são verdadeiras e sim mitos (exemplificar); f) um tipo de crença pessoal é do valor positivo ou negativo atribuído a situações, fatos ou coisas; g) se o valor for contrário aos da organização, o indivíduo é um dissidente que acaba por sair ou ser demitido.

9.1.3 Doutrinação para o participante interiorizar a ideologia

Explicar, com exemplos, que: a) a ideologia criada pelo grupo é imposta ao recém-admitido por meio da chamada doutrinação; b) um sociólogo mostrou as etapas do processo de doutrinação no grupo informal (resumir as quatro etapas); c) a ideologia nos grupos formais é imposta durante o treinamento do recém-admitido para o desempenho de suas funções; d) a Figura 9.1 mostra que o grau de aculturação e de aplicação de punições impostas nas organizações varia conforme os tipos de metas de seus participantes.

9.2.1 Aceitação da pressão social para conformar

Explicar com exemplos que: a) o membro do grupo sofre a pressão social dos companheiros para se conformar com a ideologia criada; b) o processo para conformar-se é baseado na busca da redução do desconforto provocado pela dissonância cognitiva, que decorre do conflito entre suas convicções e as dos companheiros; c) o conformismo é uma variável dependente da dissonância cognitiva, cuja magnitude decorre de pelo menos quatro fatores (descrevê-los resumidamente).

9.2.2 Tipos de reações à pressão social para conformar-se

Explicar, com exemplos, que: a) as **reações** ao conformismo também são uma variável, que vai de um valor negativo (de discordância) até um positivo; b) dependendo da personalidade da pessoa e da situação, as reações para a concordância vão desde o anticonformismo até a aceitação íntima; c) todas as pessoas apresentam os quatro tipos de reações, dependendo das situações com que se defrontam.

9.2.3 O administrador deve criar e intervir na ideologia da empresa?

Explicar, com exemplos, que: a) o fundador de uma empresa cria, mesmo sem perceber, uma ideologia que pode não estar voltada para o sucesso; b) as empresas que atravessaram o século possuem uma ideologia elaborada por seus empreendedores e voltada para o sucesso; c) as características dessas ideologias são: 1. aceitação; 2. enunciado curto; 3. normas de procedimentos explícitas, elaboradas aos poucos e modificadas à proporção que as condições externas se alteram; 4. seleção e período probatório do recém-admitido; 5. treinamento; 6. carreira; 7. o planejamento operacional para alcançar metas é elaborado pelos próprios executores; 8. controle pelos relatórios e visitas para auxiliar a resolver dificuldades e não para descobrir falcatruas; 9. desligamento dos que não se conformam com a ideologia.

QUESTÕES DE APLICAÇÃO

1. Analise as seguintes frases: a) "por determinação superior, somente os mecânicos possuidores de carteira de habilitação poderão manobrar os ônibus dentro das oficinas"; b) "trabalhamos devagar para que nosso chefe tenha que mandar a gente fazer horas extras"; c) "nosso chefe deixou a repartição pública onde ganhava mais do que aqui, dizendo que ela somente servia para acomodados que não desejaram subir na vida"; d) "a firma manda a gente fazer a faxina das salas e banheiros com rapidez, não importando que o serviço seja mal feito". Identifique (no que for viável) qual ou quais frases concretizam: 1. ficção institucional; 2. normas heterônomas; 3. normas autônomas; 4. juízo de valor (que pode estar certo ou errado). Justifique as respostas.

2. Você foi contratado para fazer um estágio durante as férias em umas seção de repartição pública, onde: 1. os funcionários falsificam no livro de presenças a assinatura do colega que antecipadamente pediu esse favor a um deles, pelo fato de não querer ou poder chegar no horário; 2. você recusou-se a pactuar com essa desonestidade. Nesta situação, com base nas pesquisas do sociólogo Donald Roy, escreva uma frase resumida para cada uma das seguintes situações: a) a pergunta que um veterano lhe fez logo em seu primeiro dia de trabalho; b) a observação que lhe fizeram por sua teimosia; c) a possível forma de punição que podem lhe dar por sua recusa em falsificar assinaturas; d) a possível informação falsa dada a seu respeito ao chefe para forçar o cancelamento de seu estágio.

3. Você, que na escola estava acostumado a chegar atrasado às aulas, faltar sem motivo, estudar diferentes assuntos, não desempenhar sempre o mesmo trabalho e ficar batendo papo com os colegas, é admitido em uma empresa onde as normas de procedimentos determinam exatamente o contrário ao que estava acostumado. Nesta nova situação, hierarquize por ordem decrescente de importância, justificando as respostas, os seguintes fatores que lhe causaram a dissonância cognitiva capaz de mudar seu comportamento: a) ameaça de punição por seu chefe, considerado ranzinza e incompetente pelos subordinados; b) falta de apoio dos colegas acostumados a cumprir as normas; c) sua individualidade independente capaz de avaliar o custo/benefício de aceitar ou não a ideologia da empresa.

4. Você fundou uma empresa associado a um parente no ramo da informática e pretendem criar uma ideologia voltada para o sucesso. Nessas condições, especifique pelo menos três enunciados (somente os que forem aplicáveis) de princípios que garantam: a) admissões somente pelo nível mais

baixo da carreira; b) normas de procedimentos operacionais elaboradas com auxílio e anuência dos próprios executores; c) carreiras para os interessados em gerência separadas dos voltados unicamente para a própria especialidade; d) proibição de serem admitidos apadrinhados e parentes dos proprietários; e) busca constante da satisfação dos clientes; f) procura contínua da melhor qualidade e redução de preços; g) acompanhamento constante de mudanças sociais para atualização de produtos, processos e coordenação de pessoas.

DISCUSSÃO EM GRUPOS

O caso da equipe de consultores

Certa empresa estatal fornecedora de água potável a uma cidade, ainda em fase de crescimento, contratou uma equipe de profissionais para prestar serviços, cuja base para os pagamentos era individual e por hora trabalhada. Observou--se que um deles, que de início dedicava a suas tarefas muito mais tempo que os companheiros — e por isso recebia maiores pagamentos — passou a nivelar suas horas trabalhadas com as dos demais. Foi então constatado que o motivo da mudança de seu comportamento estava na pressão dos colegas pertencentes a esse grupo, que tinham criado uma norma não escrita, a qual limitava o tempo por semana que cada um deveria despender com a empresa contratante.

A literatura frequentemente cita e analisa a limitação de peças fabricadas que os grupos informais impõem aos trabalhadores, como defesa do pagamento pela produção individual, o qual incentiva a ganhar mais desde que ultrapassado um mínimo de unidades. A situação por nós detectada assemelhava-se a esta, apenas com uma diferença: não se tratava de operários de fábrica e sim de consultores de alto nível, todos professores da área de Administração e pertencentes a uma escola bem conceituada, alguns até com doutorado, obtido no Brasil ou nos Estados Unidos.

A maior diferença desses consultores em relação a operários de linha de montagem estava no fato de possuírem capacidade de explicar os motivos da redução das horas, como nos disse o desviante, que era professor de Ciências Sociais Aplicadas: "Embora sofrendo apenas algum prejuízo financeiro, mas não na perfeição dos serviços, conformei-me aos colegas igualando a eles meu tempo de trabalho em face da pressão social a que estava sendo submetido por contrariar as normas de *performance* estabelecidas pelo grupo, evitando com isso vir a sofrer sanções por meu desempenho considerado aberrante pelos demais consultores".

Este caso salienta o fato de uma coletividade — não importando a classe social ou profissão dos membros — constituir um poderoso determinante no comportamento das pessoas que trabalham em organizações, seja para elevar a produtividade, seja para reduzi-la.

Tendo por base os conceitos deste capítulo, cada grupo responda, **justificando**, a questão que lhe for designada.

1. a) Descreva em uma frase alguma crença compartilhada por todos os membros da equipe, inclusive pelo consultor "aberrante", quanto à variável tecnologia; b) a norma de limitar o número de horas trabalhadas deve ser considerada autônoma ou heterônoma?; c) ocorreu com o consultor desviante o conflito designado por anomia?; d) o desviante tornou-se alienado em relação ao grupo de colegas?

2. Aplique, para o caso do consultor desviante, o processo de transmissão de ideologia analisado por Donald Roy, descrevendo em frases curtas as quatro etapas das pressões sociais que devem ter sido exercidas sobre ele.

3. a) Com base na Figura 5.2 aplicada à universidade que os consultores lecionavam, atribua porcentagens (cuja soma seja 100) que indiquem a proporcionalidade: 1. dos três tipos de metas; 2. do grau de consentimento; 3. dos tipos de influência para a coordenação; b) com base na Figura 8.1, confira em porcentagem os fornecimentos oferecidos pela escola a seus próprios membros em relação aos dados à sociedade; c) com base na Figura 9.1, informe se a necessidade de socialização prévia era alta, média ou baixa, caso comparada com as demais organizações da figura.

4. a) Confira um grau alto, médio ou baixo para a congruência das cognições do "aberrante" em relação às dos companheiros; b) o "aberrante" encontrou algum parceiro para apoiar suas cognições?; c) em qual dos quatro tipos de reação à pressão social para conformar se enquadra a do "aberrante"?

5. Com base na ideologia da empresa Boeing, proponha uma que seja adequada a um tipo genérico de escola de Administração (como a que os consultores davam aula), com pelo menos **quatro** enunciados básicos que sejam: 1. voltados para o sucesso pelo atendimento às necessidades dos tipos de clientes; 2. dificultem de forma implícita o caso que os professores criaram com o "aberrante".

PROCESSO DE ADMISSÃO EM GRUPOS COESOS

10

A criança tomou os pais como seu modelo e deseja ser como eles quando crescer. Com isso, adota para sua referência uma categoria social, por exemplo, a profissão do pai, e mais tarde, quando adulta, um grupo mais específico, como clube esportivo, corporação militar, seita religiosa, universidade e outros mais. Em qualquer desses casos, identifica-se com seus participantes mais característicos, tentando "ser como supõe que eles sejam", o que, de certa forma, facilita sua aceitação pelos membros da associação à qual pretende pertencer.

É importante notar que a pessoa não busca alcançar seus objetivos pessoais em qualquer grupo, mas apenas dentro de um elenco sintônico com sua subcultura. Não é sem razão que o filho de médico pretender cursar faculdade de Medicina para depois trabalhar em hospitais.

Esse processo de escolher e, depois **tentar ser admitido** em certo grupo formal ou informal não é coisa fácil, como a experiência de todos nós já mostrou, motivo pelo qual convém analisá-lo em suas partes. Por outro lado, a aceitação do pretendente dependerá da permeabilidade da fronteira do grupo, ou seja, dependerá da **coesão** dos membros do grupo, o que também deverá ser examinado.

10.1 PROCESSO DE ESCOLHA E ADMISSÃO EM GRUPOS FORMAIS E INFORMAIS

Identificando-se com os membros de um grupo tomado como referência, é natural que o indivíduo se esforce para ingressar em clube, associação, grupo, empresa ou escola, que goze de prestígio na sociedade e, por isso, tenha a imagem de exclusivo e fechado. Tal é o componente emocional de suas atitudes, que o faz eleger o agrupamento ambicionado como um grupo de referência. Todavia, existe ainda o componente racional que o leva a procurar avaliar se o agrupamento pretendido irá facilitar que suas metas particulares sejam atingidas, como segurança de emprego, salário, bons relacionamentos, prestígio e possibilidade de realização profissional.

Caso seja admitido, duas situações podem ocorrer. Na primeira, as expectativas são plenamente alcançadas, ou pelo menos satisfatoriamente atingidas. Na segunda, os esforços não são compensados pelos benefícios recebidos, resultando em sentimentos de frustração. Evidentemente, no primeiro caso a pessoa tende a permanecer no agrupamento e, se esse sentimento for estendido aos demais membros, constituirá um dos fatores para sua manutenção ao longo do tempo. Já no segundo caso, a insatisfação sentida certamente será uma força para o indivíduo vir a sair, seja da empresa, da escola, do clube ou, simplesmente, da turma de amigos. Caso essa frustração se estenda aos demais companheiros, fatalmente essa coletividade se desagregará.

Interessa ao administrador conhecer esse processo de entrada e permanência nos agrupamentos, ou então, da saída por vontade própria ou expulsão, pois saberá como atuar nos fatores importantes a fim de provocar, seja a desagregação dos grupos julgados inadequados, seja a permanência dos considerados convenientes.

10.1.1 Grau de identificação e grupos de referência

Como visto em páginas anteriores, o fenômeno social da **identificação** é explorado ao máximo, inclusive pela propaganda enganosa que procura induzir o consumidor em potencial a vestir as roupas X, ou viciar-se no cigarro Y, ou tomar a bebida Z. A mentira está na sugestão de que, assim fazendo, passará a desfrutar as delícias de uma coletividade a que não pertence, mas da qual gostaria muito de vir a ser membro. Com isso, pode-se dizer que:

> IDENTIFICAÇÃO é a adoção pela pessoa das características dos membros de determinado grupo, procurando comportar-se como **supõe** que o fariam nas mesmas circunstâncias (Krech *et al*, p. 143 e 155).

É importante destacar que a coletividade tomada por modelo pode ser um grupo, mas também organizações empresariais, militares, religiosas ou esportivas, bem como determinada classe social e profissional, às quais a pessoa aspira vir a ser membro. Sociologicamente falando, pode-se dizer que, pela identificação, o indivíduo interioriza ou tenta absorver uma subcultura pelo processo conhecido por **aculturação**, já examinado no capítulo anterior.

Um exemplo que interessa à Administração é o que ocorre com o novo empregado ou funcionário que, com o tempo, interioriza a subcultura da organização na qual trabalha.

A identificação tem por modelo um agrupamento limitado, que é o "**grupo de referência**", mas com um detalhe muito importante: pode desejar vir a ser um membro, ou então o contrário, isto é, procura dele se afastar. O desejo de pertencer pode ser mais amplo, como uma classe social ou profissional, que se torna a "**categoria de referência**" de uma pessoa. Essas situações são de interesse para o administrador, motivo pelo qual serão mais bem detalhadas.

1. GRUPOS DE REFERÊNCIA POSITIVOS E NEGATIVOS.

A literatura costuma mencionar como grupo de referência

apenas aqueles em que a pessoa os toma como modelos por identificar-se com seus membros, deixando de lado os opostos, isto é, os que negam a subcultura que os caracteriza. Por exemplo, o especialista que busca ascender na empresa tem a cúpula administrativa como grupo de referência positivo e o de seus colegas de profissão como negativo (Vilanova, p. 72-73). Por isso, preferimos defini-los de forma mais abrangente, ou seja:

GRUPO DE REFERÊNCIA POSITIVO é aquele em que o indivíduo se **identifica**, tomando as atitudes e os comportamentos de seus membros como **modelos** dos seus;

GRUPO DE REFERÊNCIA NEGATIVO é aquele em que a pessoa procura agir ou de forma **contrária** à de seus participantes, ou pelo menos de maneira **diferente**.

Tanto em um caso quanto em outro existem diversos grupos de referência para a mesma pessoa. Deve-se destacar que há algum tipo de incompatibilidade entre os grupos de referência considerados positivos para o indivíduo. Por exemplo, há uma diferença de metas entre a universidade voltada para a pesquisa e a empresa ocupada com realizações práticas, o que pode causar dissonância cognitiva no aspirante a professor e, ao mesmo tempo, a administrador.

2. CATEGORIAS SOCIAIS DE REFERÊNCIA. Diferentemente dos grupos, que são agregados compostos por pessoas reais, a categoria social é um conceito abstrato por não ser uma coletividade identificável e por ter sua delimitação dependente dos interesses teóricos de seus estudiosos (Vilanova, p. 73 e 78). Por exemplo, a categoria social que engloba o profissional "administrador" pode ser limitada aos graduados em escolas, mesmo que não exerçam essa atividade, ou incluir todos os que ocupam cargos de direção, embora não tenham curso de Administração.

Não obstante essa ambiguidade, a categoria social é perceptível como existente, razão pela qual o indivíduo pode identificar-se a ela ou, pelo contrário, sentir que não pertence ou até mesmo querer dela se afastar. Assim, a pessoa pode ter como referência uma classe social mais elevada (positivamente) e repudiar a aquela à qual pertence, ou mais ainda as que estão abaixo da sua (negativamente). Neste caso, o que se observa é o indivíduo bajular os membros da classe mais alta, à qual aspira pertencer e menosprezar os de sua categoria e até maltratar os que socialmente estão abaixo dele. As razões disso estão fora de nosso escopo, pois pertencem à Psicologia, inclusive a parte que aborda as formas neuróticas de compensar sentimentos de inferioridade.

3. COSMOPOLITAS E LOCAIS. O sociólogo Merton chamou **cosmopolitas** os líderes de comunidades que se identificavam com categorias e grupos fora de onde viviam, e de **locais** os que tinham por grupos de referência os de sua coletividade. Esses dois tipos diferentes foram estudados por diversos sociólogos ao analisarem os conflitos surgidos nas organizações entre os administradores voltados para a empresa ou repartição pública em si mesmas e os participantes especialistas mais identificados com a categoria profissional do que com o ambiente de trabalho (Blau & Scott, p. 80 e 88). Entretanto, conservaram os termos "cosmopolitas" e "locais", o que deu margem a serem mal interpretados quando transferidos para as organizações, a exemplo de outras palavras das Ciências Sociais empregadas com significado diferente do usual. Todavia, como a literatura já os consagrou, convém mantê-los ao se fazer o exame que interessa ao administrador.

Para começar, um exemplo extremo de cosmopolita é o do cientista que busca aprovação e reconhecimento no mundo intelectual de seu ramo de pesquisa, sendo capaz de deixar a organização em que trabalha se esta propuser sua promoção para algum cargo puramente administrativo. Em princípio, tendem a ser cosmopolitas todos os que exercem uma profissão reconhecida na sociedade, seja de nível universitário, seja de nível técnico, como médicos, dentistas, alfaiates, músicos ou atores de teatro. Eles começam interiorizando a subcultura da sua especialização já na escola profissionalizante e a mantêm pelas interações com os colegas de sua especialidade, cuja comunhão de interesses no nível da tecnologia os leva a desenvover uma ética própria.

Já os proprietários de empresas e mesmo os empregados em cargos puramente administrativos, embora possam ser também profissionais, tendem a ver na organização a justificativa para seu trabalho, talvez por enfatizarem a coordenação mais que sua especialidade, identificando-se com a organização e tomando como grupo de referência para seus comportamentos os de seus pares nela existentes. Estes são denominados "locais", no sentido paroquial de se identificarem com os grupos da comunidade organizacional, e não com a sociedade mais ampla de profissionais. Com isso, interiorizam a subcultura da organização, da qual são ardentes defensores, não compreendendo a dos demais, especialmente a dos cosmopolitas. Esse caso fica bem caracterizado quando um gerente fica surpreendido com a recusa de promoção para cargo administrativo por parte de algum especialista (Litterer, p. 81, 84).

As divergências entre os dois tipos extremos também ocorrem quanto às três variáveis das subculturas interiorizadas por ambos. Assim, é de se prever que os cosmopolitas estão voltados para a dimensão tecnológica em primeiro lugar, para a de sentimentos em segundo e para a de preceitos em terceiro. Diferentemente, os locais devem enfatizar a variável de preceitos em primeiro lugar, a tecnológica em segundo e a de sentimentos por último.

Neste ponto, o leitor pode tentar fazer uma avaliação de si próprio identificando o quanto é "cosmopolita" e o quanto é "local", embora cada um de nós tenha um misto de ambos, apenas tendendo mais para um lado ou para o outro. Depois desse exercício, no ambiente de trabalho poderá identificar melhor o valor dessas duas variáveis nos subordinados e empregados de outras unidades. Isso é importante, pois as formas de o chefe coordenar, e também doutrinar para que seja interiorizada a ideologia da organização, dependem desses perfis culturais. Para ilustrar essa dicotomia, a Figura 10.1 esquematiza as subculturas de cosmopolitas e locais, supondo-se casos extremos dessas variáveis.

A relevância desse assunto é tanta que autores classificaram as empresas tendo por base o quanto elas necessitam de cosmopolitas, sendo exemplo a chamada "adhocracia" (firmas de projetos como as que servem à Nasa americana) e a "burocracia profissional" (universidades e hospitais), cujo poder está nas mãos dos especialistas. No outro extremo estão as burocracias das repartições públicas, fábricas de produtos tradicionais, bancos e outras empresas de serviços rotineiros, cujo corpo gerencial e mesmo de operações é constituído por locais (Mintzberg, Capítulos 10 e 12).

Naturalmente, todos nós somos, ao mesmo tempo, cosmopolitas e locais, ou seja, estamos em pontos intermediários da variável em cujos extremos situam-se esses dois tipos. Embora não tenhamos pesquisas em mãos, é de se prever que exista uma correlação com o grau de conformismo, isto é, quanto mais "cosmopolita", mais a pessoa é independente. Por outro lado, pode-se imaginar que o indivíduo que é mais "local" também seja mais conformista.

Tais considerações são relevantes para o administrador avaliar como proceder a fim de levar a cabo a interiorização da ideologia da empresa por seus participantes.

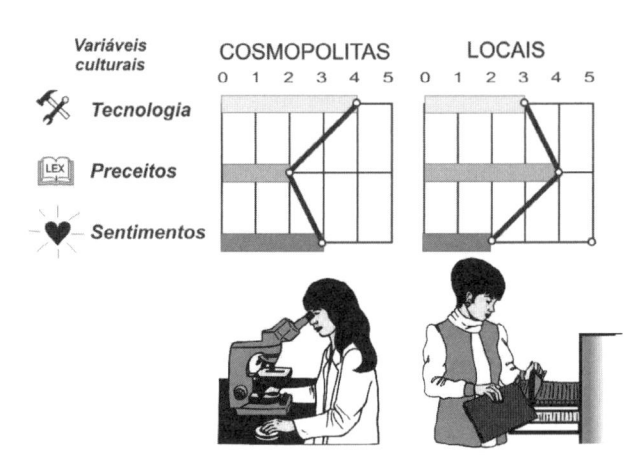

Figura 10.1 *Perfis culturais de cosmopolitas e de locais.*

10.1.2 Ciclo da entrada, permanência ou saída do participante

Na realidade, uma pessoa não entra para a organização, mas para uma unidade administrativa a ela pertencente, ou seja, para um grupo formal, onde permanece ou é transferido para outra. Ao mesmo tempo, é possível entrar para um grupo informal, por exemplo, o constituído por colegas de trabalho, onde também pode permanecer ou sair. Acontece que esses dois tipos de grupos situam-se nos pontos extremos de um contínuo formado por um misto de ambos, motivo pelo qual preferimos chamá-los simplesmente de **agrupamentos**. Assim sendo, analisaremos o processo de entrar, permanecer ou sair em ambos os tipos, tendo por base o esquema proposto por Zaccarelli e esquematizado na Figura 10.2.

1. MOTIVAÇÃO PARA ENTRAR NO GRUPO. Como já explanado, a pessoa deseja pertencer a um agrupamento com a esperança de nele satisfazer mais facilmente seus objetivos a serem alcançados por meio de metas intermediárias. Assim, dentro da hierarquia das aspirações de ter segurança, relacionamentos, prestígio e realização, e de

acordo com a cultura interiorizada (conforme exposto no Capítulo 4), a pessoa seleciona uma sequência de agrupamentos em que deseja ser admitida, procurando equilibrar o nível de suas aspirações com o nível de suas capacidades. Se *a priori* um agrupamento não corresponder a suas expectativas, é natural que o indivíduo recuse o convite para dele vir a participar, isto depois de ponderar as vantagens e desvantagens, sobretudo se para entrar tiver que sair de outro, a exemplo de trocar de emprego.

2. SELEÇÃO. Em se tratando de organizações, a seleção do candidato é feita de maneira formal e segundo critérios que, como já analisados anteriormente, variam de acordo com o quanto elas tendam para os extremos de coercitivas ou de normativas, com as utilitárias de permeio. Já no grupo informal, a seleção depende da opinião dos membros, se não de todos, pelos menos dos que gozam de maior influência. Por esse motivo, a apresentação feita por um dos participantes é considerada importante fator de decisão, pois constitui um endosso de suas qualidades, ao mesmo tempo que torna o introdutor corresponsável pelo comportamento do candidato. Essa necessidade de apresentação e de um sócio responsável pelo candidato chega a ser formalizada nos estatutos de clubes mais fechados.

3. ESTÁGIO PROBATÓRIO. Ultrapassada a fase de seleção, o novato tem ainda de enfrentar um período de experiência, durante o qual o grupo avalia suas qualidades, aceitando-o então como membro ou rejeitando-o definitivamente. Esse estágio é formalizado até pela legislação trabalhista, que conce-

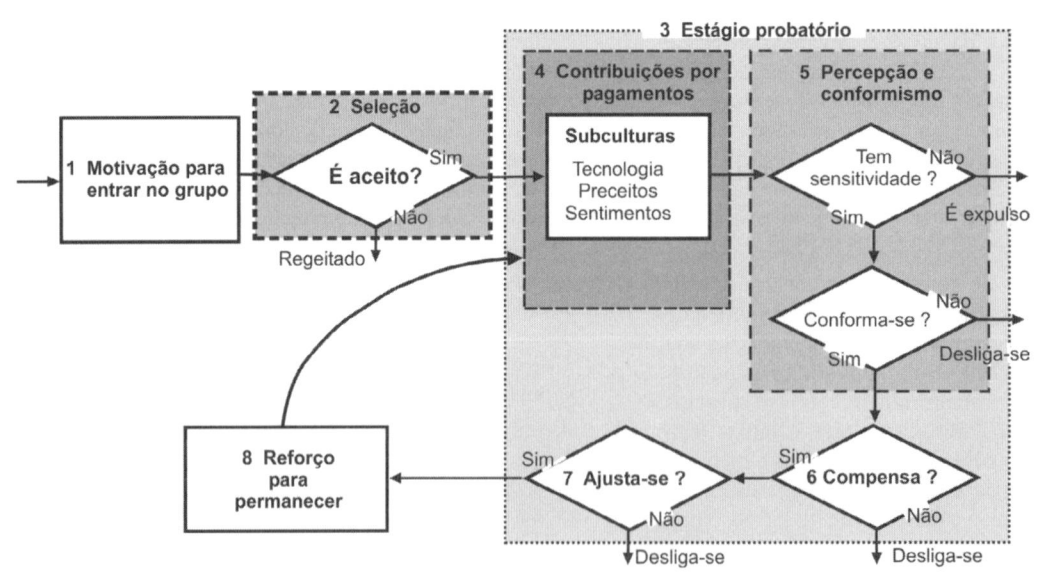

Figura 10.2 *Ciclo da entrada, permanência ou saída do indivíduo no grupo formal (ou informal).*

de ao empregador prazos máximos para demitir o estreante sem aviso prévio. No caso do grupo heterônomo da unidade administrativa, o recém-admitido como empregado é apresentado aos novos companheiros de trabalho, normalmente pelo chefe formal, em uma clara demonstração de que, pelo menos em princípio, já foi aceito pela administração. Se, em vez do chefe, for a secretária a apresentante, os companheiros verificarão claramente seu baixo *status* na unidade (Festinger, p. 402). De qualquer forma, o recém-chegado sempre constituirá uma ameaça às estruturas estabelecidas, motivo pelo qual os companheiros tentarão contatá-lo de maneira informal para comunicar quais são as expectativas a seu respeito, como analisado no capítulo anterior.

Por outro lado, o candidato a entrar no grupo informal tem, pelas qualidades possuídas, um valor para os membros, o que constitui elemento de atração para ser admitido. No entanto, elas também representam ameaças às estruturas já estabelecidas, além de que muitos sentirão suas posições suscetíveis de mudar por efeito de comportamentos não previstos do novato. Por isso, os membros relutam em aceitar definitivamente o candidato, na proporção direta do empenho deste em exibir suas capacidades com o fim de impressionar. Todavia, se o recém-chegado mostrar modéstia autodepreciativa, a qual o torna mais acessível aos demais, seus companheiros sentir-se-ão aliviados de temores e, portanto, mais propensos a admiti-lo. Contudo, se esta autodepreciação for mal acolhida, de sorte que revele fraquezas naquilo que o grupo considera de valor para atingir a meta coletiva, então fica reduzida a atração que os companheiros poderiam sentir pelo candidato, isto é, verificam que suas possíveis contribuições são menores que as desejáveis (Shepherd, p. 66-67).

É nesta fase de estágio probatório que a **ideologia** do grupo é incutida ao neófito, que se conforma ou não com ela.

Pode acontecer que o candidato, ao interagir com os outros membros do grupo, formal ou informalmente, perceba que o esforço não compensa, isto é, os custos são maiores que os benefícios. Isto leva a pensar em sair, ou, então, a "aguentar o sacrifício" até que surja uma próxima oportunidade externa, fato muito comum de ocorrer nas empresas e aproveitada pelos *headhunters*, os caçadores profissionais de administradores e especialistas insatisfeitos.

4. TROCAS DE CONTRIBUIÇÕES POR PAGAMENTOS. As avaliações pelos companheiros das vantagens e desvantagens da admissão do novo membro, e as deste último em pertencer ou não ao grupo, são importantes para se compreender os processos que ocorrem no estagio probatório. Por essa razão, tais avaliações precisam ser mais bem analisadas, tendo por base as três variáveis culturais. Assim, existindo o agrupamento há algum tempo, é natural que tenha desenvolvido uma subcultura própria, como suporte para a execução de atividades e para a expressão de sentimentos, cujos efeitos de custo/benefício são os seguintes.

— **Variável tecnologia.** Reiterando, a pessoa entra para o grupo a fim de alcançar mais facilmente as metas que considera retribuições de seus esforços. Assim, a execução do próprio trabalho, o aperfeiçoamento profissional e a ascensão na carreira são as retribuições que a empresa dá ao empregado em troca de seus esforços, dedicação e lealdade. Contribuições e retribuições têm para o indivíduo determinados valores que dependem tanto de seus padrões — ou seja, da cultura que interiorizou —, quanto dos padrões da empresa e da própria sociedade, isto é, da subcultura organizacional e da cultura global. Como exemplo de valor da retribuição segundo o padrão pessoal, citamos o desenvolvimento profissional, que é mais valorizado por um técnico jovem que a segurança de estar empregado, invertendo-se para outro de mais idade. Quanto aos padrões da organização, é importante destacar que as especialidades mais valorizadas correspondem às necessárias para o atendimento ao cliente. Assim, as profissões relacionadas com a saúde têm maior prestígio em hospitais que nos ambulatórios mantidos pelas empresas para atender seus empregados.

O quanto contribuem também são valorizadas pela sociedade, como mostraram pesquisas em que o prestígio do médico estava acima do de governador de Estado, mas ainda abaixo do de ministro do Superior Tribunal de Justiça (Horton & Hunt, p. 209; Litterer, p. 94-95).

— **Variável preceitos**. Como discutido anteriormente, a ideologia do grupo (seja do formal seja do informal) é transmitida ao pretendente durante seu estágio probatório que irá anteceder a admissão definitiva. Nesse ínterim, ele pesa o custo de ter que obedecer a normas em face dos benefícios pretendidos, como o salário a receber e o prestígio que deve auferir pelo *status* do cargo a ocupar.

— **Variável sentimentos**. Já no período de experiência, em razão das interações com os membros do grupo, o novato experimenta sentimentos de satisfação e de insatisfação, decorrentes das emoções de raiva, alegria, medo, tristeza ou ansiedade. Assim, caso sua cultura interiorizada conflite com a subcultura do grupo, a negação de valores e a exigência de comportamentos em oposição a suas maneiras habituais de agir criarão sentimentos de insatisfação, ou seja, terão um custo. Inversamente, caso suas expectativas antes de ter contato com os novos companheiros sejam por estes confirmadas, os sentimentos emergentes são de satisfação e, portanto, representarão um benefício.

5. SENSIBILIDADE E CONFORMISMO. Nas unidades administrativas a variável cultural tecnologia é enfatizada, enquanto a da dimensão expressiva é diminuída. Já no grupo informal, esta última é permitida nos comportamentos dos membros. Por outro lado, as formas de agir explícitas fazem parte da cultura ideal das unidades administrativas e são ensinadas ostensivamente ao candidato, enquanto os aspectos ocultos da cultura real têm que ser percebidos por ele próprio. Assim, depende da sensibilidade do pretendente descobrir quais os comportamentos julgados adequados e mesmo convenientes, quais os proibidos e os que estão dentro dos desvios aceitáveis (Tannembaum *et al*, p. 56-58).

Caso tenha pouca sensibilidade, o indivíduo é rotulado pelos sociólogos de "ignorante social", fato que o faz comportar-se de maneira inadequada às expectativas dos companheiros. Com isso, estes lhe negam a aprovação desejada, o que o impede de alcançar metas próprias dentro daquele grupo, levando-o a agir de forma ainda mais inconveniente e, por isso, acaba sendo desligado (Klein, 1968, p. 53).

Tendo sensibilidade, o indivíduo é mantido caso se conforme à ideologia do grupo e, caso não o faça, será expulso, a menos que se antecipe tomando a iniciativa de desligar-se.

6. DECISÃO DE PERMANECER OU SAIR. As comparações feitas são, evidentemente, subjetivas, mas servem de base para um balanço entre os "custos" pelos esforços despendidos e a soma dos "pagamentos" recebidos. Caso o participante sinta que os resultados a seu favor são positivos, é natural que continue a contribuir, permanecendo no agrupamento. Ao contrário, se for negativo, seu primeiro desejo é sair, só não o fazendo caso inexistam oportunidades fora, ou estas não compensem os riscos de mudança (March & Simon, p. 81). Um exemplo citado no capítulo anterior é o do recém-admitido em uma loja da Nordstrom americana, que de início entusiasmou-se com o novo emprego mas, com o tempo, concluiu que a ideologia da empresa não coadunava com sua personalidade, provada pela pressão social exercida pelos colegas. O resultado é que pediu demissão, devendo-se notar que mais tarde teve sucesso como gerente em outra empresa, o que sugere ser ele mais independente que conformista (Collins & Porras, p. 174-180).

7. AJUSTAMENTOS. Se as oportunidades fora da organização não forem suficientemente grandes para compensar os riscos imanentes a todo abandono de emprego, a pessoa tende a baixar seu nível de aspiração, o que reduz por algum tempo as insatisfações sentidas. No entanto, se não houver a curto ou médio prazo possibilidades para equilibrar os valores dos esforços/rendimentos, a tendência é fazer a equalização por conta própria e da única maneira viável, isto é, reduzindo as contribuições, o que se traduz por queda na produtividade (Adams, p. 90). Esse é um ajustamento considerado normal, pois outros tipos de ajustes existem, tendo componentes neuróticos ou não, chamados pela Psicologia de "mecanismos de defesa" (Bergamini, 1963, p. 141-162). De qualquer forma, caso não haja ajustamento ou este se mostre insuficiente para compensar a falta de satisfações, o participante abandona o agrupamento.

8. REFORÇO PARA PERMANECER. Após a aprovação no estágio probatório, encerra-se o ciclo de admissão/permanência, passando o novo membro a gozar dos direitos e a ter as obrigações de membro efetivo, entre as quais manter a coesão e a ideologia grupal, podendo até ser incumbido de supervisionar a entrada de novos candidatos.

Observação. Deve-se notar que as etapas descritas foram separadas para facilitar o entendimento do processo, mas na verdade ocorrem quase simultaneamente, lembrando mais uma espiral que se desenvolve do que um círculo fechado (Zaccarelli, p. 21-30).

REFLEXÃO. Você já entrou em algum grupo e nele sentiu-se marginalizado? Na ocasião, entendeu o que estava acontecendo? Ingressou em uma empresa, escola ou apenas em algum curso e sentiu que os "custos" não compensavam os "benefícios" recebidos? Nestes casos, quais foram suas decisões quanto a permanecer ou sair? Houve alguma espécie de ajustamento? A análise do que foi exposto pode ajudá-lo a entender as razões do ocorrido e, também, compreender as formas de agir das pessoas que trabalham em organizações.

10.2 A COESÃO DOS GRUPOS

Quem completa o ciclo de entrada e permanência no grupo, fatalmente contribuirá para a coesão grupal. Isso ocorre com maior destaque quando as metas pessoais são meios para atingir objetivos ligados à sobrevivência em ambientes hostis, como de detentos em penitenciárias, mineiros nas profundezas da terra ou tripulações de navios e aviões em combate. Esses são casos extremos de meio hostil que faz aumentar a coesão, mas não únicos, pois se trata de fenômeno causado pelo ambiente que ocorre em qualquer coletividade. Assim sendo, pelo conhecimento de seus mecanismos, o administrador consegue criar situações externas favoráveis à emergência da coesão, aumentando a produtividade de grupos formais. Com isso, pode transformá-los em equipes, como os chamados grupos sociotécnicos, a serem examinados em capítulo posterior.

10.2.1 O grau de interdependência de metas determina a coesão

São conhecidos os casos de trabalhadores em minas de carvão que formam grupos muito coesos, bem como as já citadas situações de soldados e mesmo prisioneiros de guerra que desenvolvem extraordinária lealdade para com os camaradas, como é mostrado em muitos filmes. Neste ponto, convém tornar mais claro o significado de **coesão**.

COESÃO é a união íntima das partes de um todo. De maneira figurada, é a harmonia e concordância (Dicionário Aurélio Ferreira).

Ao administrador interessa conhecer o **grau de coesão** dos grupos com que se defronta pois, caso esta for grande, ele trata com uma coletividade; se baixa, interage apenas com indivíduos isolados, devendo comportar-se diferentemente em um caso e em outro.

Caso o indivíduo se identifique com os participantes do grupo de referência ao qual pertence e o mesmo acontecer com os demais membros, pode-se dizer que essa coletividade deve ser muito coesa. Todavia, para que tal identificação seja permanente, é preciso que exista algo mais concreto que um simples sentimento de filiação, que pode desaparecer somente pelo "custo" de ser membro de um grupo, submetendo-se aos interesses dos demais companheiros.

A razão de existir maior ou menor coesão grupal varia de autor para autor, porém Cartwright & Zander deram uma pista para a relacionarmos com nosso enfoque de metas coletivas. Com essa base, propomos o seguinte:

O grau de COESÃO grupal é diretamente proporcional ao:
— grau de **importância** que as metas pessoais têm para os membros;
— grau da **interdependência** necessária para alcançá-las (Cartwright & Zander *apud* Davis, p. 83).

Esses dois fatores explicam por que prisioneiros de guerra e soldados — cuja meta principal é a sobrevivência — são tão unidos aos companheiros, e os empregados que desejam apenas receber o salário no fim do mês são pouco coesos.

Acontece que a interdependência de metas foi analisada no Capítulo 4 como uma variável tendo por extremo inferior a divergência aliada à competição e por extremo superior a convergência ao lado da cooperação, com o ponto intermediário do paralelismo com a coorientação, conforme esquematizado nas Figuras 4.1 e 4.2. Partindo dessa base, pode-se interligar o grau de coesão com o grau de interdependência de metas, tendo como referência as posições dos três pares típicos de interações, conforme esquematizado na Figura 10.3.

Examinando essa figura, você pode tirar várias conclusões práticas; por exemplo, se predominar a competição com a interação de metas negativa (porque se um ganha o outro perde), a coesão também será negativa, ou seja, haverá repulsão entre os membros. Outra inferência é a de só existir a possibilidade de criar equipes caso haja cooperação entre os membros, pela razão de as metas que buscam somente poderem ser alcançadas se cada um auxiliar a execução das tarefas dos demais participantes. Essa é a razão de o jogador de futebol mal colocado passar a bola para o companheiro em melhor posição para golear o adversário. Entretanto, isso acontecerá se realmente houver uma equipe, de sorte que cada membro transfira a glória pessoal da vitória para a coletiva do clube.

10.2.2 Fatores externos influenciam o grau de coesão

Como o grau da coesão de agrupamentos é diretamente proporcional à importância e à interdependência das metas pessoais de seus membros, intuitivamente percebe-se que devem existir fatores externos aos participantes do grupo capazes de facilitar ou dificultar a ocorrência dessas duas condições. Dessa maneira, intervindo nesses dois fatores, pode-se fazer com que a coesão aumente e, naturalmente, conseguir que diminua no caso de se atuar em sentido inverso.

Se o ambiente influencia a formação, manutenção e destruição dos agrupamentos, estes, por sua vez, também são capazes de causar alterações no meio em que estão imersos. Esses fatos não têm sido tratados com a devida importância, talvez pela tendência de se considerar o agrupamento como sistema fechado, não obstante o sociólogo Homans, um dos pioneiros a aplicar a metodologia sistêmica à Sociologia, ter mostrado que as mudanças no "sistema externo" (como poderia ser a empresa a que o agrupamento pertence) causam alterações no que chamou de "sistema interno" (para nós, só "sistema", a exemplo de uma unidade administrativa). Além disso, mostrou que o inverso também existe, isto é, a influência ocorre nos dois sentidos (Homans apud Shepherd, p. 54).

Para a análise dessa mútua influência será utilizado o modelo de três variáveis culturais, indicando para cada uma delas as condições que permitem a criação do grupo coeso.

1. TECNOLOGIA. Quanto mais importantes forem para o hipersistema os resultados de atividades só passíveis de serem realizadas coletivamente, mais razões as pessoas terão para se organizarem (ou serem alocadas) em sistemas na forma de grupos. Ademais, a tendência deste é manter-se ao longo do tempo pelo maior prestígio que gozarão seus membros em razão da relevância da especialidade profissional de cada um.

Por isso, gozam de especial prestígio unidades administrativas engajadas em atividades operacionais, ou seja, na produção, como as equipes médicas criadas ao redor de uma sumidade em medicina que seja reconhecida como tal pela sociedade.

No entanto, as pessoas somente podem agregar-se no caso de terem a possibilidade de intercomunicar-se com frequência, podendo a tecnologia empregada facilitar ou dificultar tais interações. Um exemplo citado pela literatura é o do grupo fortemente coeso formado por operadores de subestações transformadoras de energia elétrica, que não se conheciam, mas, pelas exigências de trabalho, eram obrigados a comunicar-se frequentemente por telefone (Sayles & Strauss, p. 127).

2. PRECEITOS. Refere-se às normas de organização e de procedimento que facilitam ou não a formação de grupos coesos. Alguns determinantes são os seguintes.

— **Localização.** Quando é organizado um escritório ou uma seção de fábrica, a determinação das posições físicas a serem ocupadas pelos participantes irá influir nas oportunidades de contatos e no *status* de cada membro. Por isso, antes mesmo do início das operações, já se podem prever os grupos que se formarão e quem terá possibilidade de ser um participante de destaque (Sayles & Strauss, p. 111). Tais fatos são claros para quem de fora vai tratar negócios com uma chefia posicionada ao lado da presidência da empresa e, depois, com outra cumprindo degredo no fundo do corredor e, ainda, no andar dos arquivos mortos. O conhecimento desses fatores permite ao administrador destruir grupos — quando não de enfraquecê-los substancialmente —, somente transferindo um ou mais membros para outros locais.

— **Isolamento.** Se a unidade administrativa operar isolada de outras, como ocorre com mineiros e tripulações de navios, a tendência é tornar-se um grupo coeso, tanto por ter sua fronteira delimitada e com pouca permeabilidade, quanto por incrementar as comunicações entre os membros, e não com elementos de fora. Todavia, o isolamento torna o grupo divorciado da realidade externa, pois a "realidade" para os membros é seu mundo, razão pela qual se tornarão alheios aos "de fora", quando não hostis, ocorrendo o fenômeno chamado de **autismo** do grupo (Klein, 1968, p. 72). Uma definição torna o assunto mais claro.

> AUTISMO é o processo no qual o grupo volta-se para si mesmo, de sorte que os membros deixam de aceitar a realidade como vista pelos de fora (Krech *et al*, p. 142-143).

Isto explica por que mineiros lutam ombro a ombro de forma tão coesa, e às vezes por motivos incompreensíveis, para a própria classe operária.

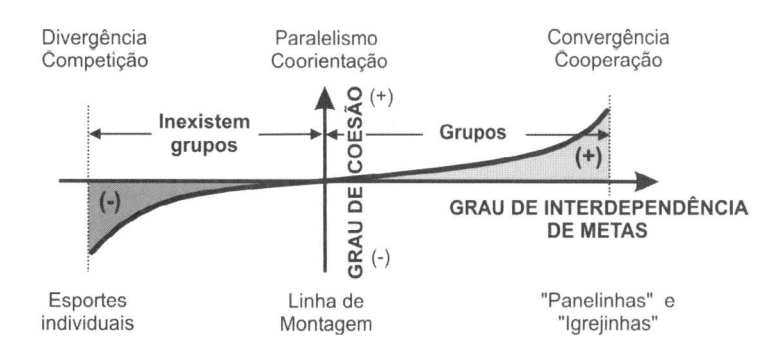

Figura 10.3 *Grau de coesão em função dos tipos de interações de metas.*

— **Supervisão.** A supervisão cerrada pode aterrorizar os participantes de uma pequena unidade administrativa, a ponto de não se atreverem a criar um grupo informal, mesmo porque a chefia ainda pode estimular a competição entre eles. No entanto, no grande grupo isso é difícil de acontecer, como o estilo coercitivo usado em penitenciárias e reformatórios que, ao contrário do pequeno grupo, provoca o aparecimento de coletividades bastante autônomas. O mesmo pode acontecer nas fábricas, em que o autoritarismo de chefias causa o aparecimento de grupos informais com lideranças próprias (Etzioni, 1974, p. 134 e 152-153).

— **Aprendizagem.** No Capítulo 4, foi mencionado que a cultura do mundo ocidental enfatiza a competição em lugar da cooperação, motivo pelo qual esta precisa ser ensinada para que haja equipes produtivas e não grupos formais ineficientes e ineficazes. Esse treinamento só pode ser concretizado com as técnicas apropriadas e por meio de instrutores capacitados, como é óbvio, apesar de, na prática, muitas vezes se fazer o contrário. Por tratar-se de mudança cultural, deve ser levado a efeito em toda a organização e não apenas em uma ou outra unidade administrativa. Isto explica muitos dos fracassos nas tentativas de criação de equipes, pois tal fato as torna distônicas em relação ao resto da empresa.

3. SENTIMENTOS. Já foi mencionado que as organizações formais inibem a expressão de sentimentos por valorizarem a tecnologia e a variável preceitos de suas subculturas. Assim sendo, é de esperar que, quanto mais se aproximarem do extremo das coercitivas, mais favorecerão o surgimento de grupos informais para neles os participantes poderem expressar os sentimentos reprimidos. Inversamente, quanto mais enfatizarem a autoridade, menos interesse terão seus participantes de exprimirem suas emoções fora das unidades administrativas. Com isso, as empresas comerciais e industriais (situadas em posições intermediárias a esses extremos) poderão fomentar, em graus variáveis, as condições destinadas a permitir que seus participantes mostrem suas insatisfações, receios, temores ou alegria e sentimentos de filiação típicos dos grupos primários, e não dos grandes e indiferenciados grupos secundários das burocracias.

Uma das maneiras de facilitar a necessidade natural de a pessoa expressar seus sentimentos é a criação de grupos autônomos de trabalho, cuja estruturação é deixada aos cuidados de seus membros, a ser visto em capítulo subsequente.

10.2.3 Os grupos coesos tornam-se etnocêntricos

A ideologia criada pelo grupo e mantida pela coesão torna-o etnocêntrico, vendo seus membros como um feudo separado e independente das demais coletividades e o que é pior, como o melhor e mais bem organizado. Em parte, esse fenômeno social decorre do fato de o processo necessário para a organização produzir resultados exige operações sequenciais, cada qual executada por uma unidade administrativa, que é cliente interno da anterior e fornecedora da subsequente. Esse etnocentrismo era até certo ponto tolerável antes da Segunda Guerra Mundial, quando a produção ainda era relativamente simples e de produtos pouco sofisticados tecnologicamente, o

que permitia haver separação mais nítida entre as unidades administrativas em face de operações rotineiras e padronizadas.

Entretanto, o crescimento da concorrência e a luta por clientes que cada vez mais exigem produtos melhores e baratos obrigaram as organizações a se tornarem entidades cooperativas, não mais uma de suas partes independentes das demais. Hoje, parece absurda a política, comum no passado, de incentivar a competição dos vários grupos formais na vã esperança de assim aumentar a produção. Tal procedimento é válido para times de futebol de clubes diferentes, porém tão ilógico como premiar o atacante fazedor de gols e excluir aquele que passa a bola para o companheiro mais bem colocado. O resultado não esperado nas empresas foi o da luta por recursos escassos, como matérias-primas, dinheiro e pessoal, além da sonegação de informações vitais para as demais unidades, quando não propositadamente alteradas.

Já neste fim de século, porém, os procedimentos foram invertidos, ou seja, promove-se a formação de equipes multifuncionais com a finalidade de incentivar a cooperação dentro de toda a empresa. Entretanto, tais esforços são dificultados pelo etnocentrismo que naturalmente aparece dos grupos. Com isso, o administrador fica com o problema de incentivar a coesão que, ao mesmo tempo, é criadora de feudos inconvenientes para a eficiência e eficácia esperada para a organização.

Por outro lado, sem dúvida, a ideologia criada nas organizações de sucesso descritas no capítulo anterior tornou seus participantes etnocêntricos, mesmo não sendo esta a intenção de seus fundadores. No entanto, esse fato social serve para mostrar que seus participantes sentiram, como o grande grupo externo, não as outras unidades administrativas da organização (como é habitual), mas as demais coletividades, entre as quais se incluía a dos **clientes**. Com isso, não se criam feudos internos e a organização como um todo é defendida das ameaças de fora, o que é importante para bancos comerciais e empresas provedoras de serviços, a exemplo de energia elétrica, telefonia, saneamento, gás encanado e outras mais, cujas agências são disseminadas por várias regiões e seus participantes sofrem o assédio da população local interessada em obter vantagens a qualquer custo.

Finalizando, o explanado neste capítulo fornece ao administrador ferramentas para gerir grupos, sejam unidades administrativas, sejam equipes ou comissões, tanto para facilitar suas operações eficazes e eficientes quanto para provocar sua desagregação quando julgadas inadequadas para as finalidades da organização.

TÓPICOS PARA EXPOSIÇÕES

10.1.1 Grau de identificação e grupos de referência

Explicar, com base: a) em exemplo, que as pessoas procuram identificar-se com grupos ou coletividades; b) em exemplo, que a pessoa procura identificar-se com grupos e coletividades denominadas referência; c) na Figura 10.1, o que se entende por pessoas cosmopolitas e por locais.

10.1.2 Ciclo de entrada, permanência ou saída do participante

a) Resumidamente, detalhar, com base na Figura 10.2, as etapas da entrada, permanência ou saída de uma pessoa no grupo informal, exemplificando com o caso do aluno que deseja pertencer a uma "panelinha" da escola; b) explicar que o processo aplica-se, também, a grupos formais, sendo sua compreensão útil ao administrador para gerenciar unidades administrativas.

10.2.1 O grau de interdependência de metas determina a coesão

a) Com base em exemplos, explicar o significado de coesão; b) com base na Figura 10.3, explicar as razões que levam o administrador a se interessar em conhecer o grau de coesão dos grupos que gerencia.

10.2.2 Fatores externos influenciam o grau de coesão

Explicar: a) que interessa ao administrador conhecer tais fatores externos a fim de poder controlá-los para aumentar ou diminuir a coesão dos grupos; b) a influência da tecnologia empregada; c) a influência dos preceitos quanto a: 1. localização; 2. isolamento do grupo; 3. supervisão; 4. aprendizagem; d) a influência dos sentimentos.

10.2.3 Os grupos coesos tornam-se etnocêntricos

Explicar que: a) quanto mais coeso for o grupo, mais seus membros tenderão ser etnocêntricos; b) o etnocentrismo leva à criação de feudos internos que desprezam ou ignoram os clientes internos (ou externos); c) atualmente, a ideologia incutida tem que fazer os grupos sentirem a organização como um todo e n,ão em partes isoladas.

QUESTÕES DE APLICAÇÃO

1. O chefe da Seção de Vendas convida um dos vendedores para ser seu assessor, o qual, não obstante sua origem humilde, veste-se com apuro, procura manter contatos com diretores da firma e convida outros chefes de seção para almoçar. Pergunta-se: a) com quem esse novo assessor se identifica?; b) os demais vendedores constituem para ele um grupo de referência positivo ou negativo?; c) ele é um cosmopolita ou um local?; d) o assessor pode ou não vir a tomar o lugar do chefe que o promoveu? Justificar as respostas.

2. Aplique o processo de admissão esquematizado na Figura 10.2 para seu caso de estudante que entrou na escola de Administração, especificando em poucas palavras: a) de acordo com a Figura 3.2, qual seu objetivo a ser satisfeito a longo prazo que o motivou entrar nessa escola; b) as qualidades que o exame de seleção ao qual se submeteu procurou avaliar em você, especificando se eram relativas a: 1. habilidades; 2. capacidade de vir a exercer a profissão; 3. conhecimentos; c) o conteúdo da variável tecnologia que mais influiu em sua avaliação pessoal do custo/benefício de permanecer na escola; d) os ajustes psicológicos que precisou fazer para não abandonar a coletividade escola.

3. Redesenhe a Figura 10.3 e, com base no grau de **interdependência** de metas individuais que determina o grau de **coesão** de cada grupo, nela posicione as seguintes cole-

tividades: a) empregados que se reúnem no intervalo do almoço para jogar cartas a dinheiro; b) equipe de mineiros que recebem pela produção coletiva; c) operários da linha de montagem para a fabricação em massa. Justifique sua resposta com base no grau de interdependência de metas individuais que determina o grau de coesão de cada grupo.

4. Descreva pelo menos duas normas escritas que poderiam constar do regulamento de sua escola, determinando que se faça treinamento dos alunos com o fim de ensiná-los a participar de equipes produtivas, reduzindo o fator cultural interiorizado que enfatiza a competição (por notas, inclusive) e aumentando a cooperação inter e intragrupos.

DISCUSSÃO EM GRUPOS

As crises da empresa Saiel (6ª Parte)

Com base nos conceitos fornecidos neste capítulo e nos fatos descritos nos Capítulos 4 e 7 da empresa Saiel, cada grupo deve responder à pergunta que lhe for designada, justificando as respostas.

1. a) Com quem Van Sulz se identificava?; b) qual o grupo de referência positiva de Maia?; c) o novo chefe de vendas era cosmopolita ou local?

2. Com base nas Figuras 3.2 e 10.2, informe: a) dois principais objetivos pessoais que deveriam ter motivado o engenheiro a candidatar-se para o cargo de chefe da oficina; b) qual ou quais fatores o engenheiro-chefe da oficina considerou negativos, determinando sua decisão de pedir demissão?; c) houve algum tipo de ajustamento por parte desse chefe demissionário?

3. Ainda com base na Figura 10.2 e considerando o caso do vendedor promovido a chefe, informe: a) pelo fato de ser já empregado seria dispensável para a Saiel o estágio probatório nessa nova função? b) qual das três variáveis culturais poderia ser a de maior "custo" para o novo chefe, contrapondo-se aos benefícios? c) pelo exposto, o vendedor em seu novo cargo demonstrou sensibilidade?

4. Redesenhe a Figura 10.3 e nela posicione, informando o grau de interdependência de metas: a) a diretoria formada pelos três sócios; b) as equipes de instalação que ganham salário extra pela produção coletiva; c) os operários da oficina que montam peças fabricadas em série.

5. Considerando a seção de projetos e as equipes de instalação, pergunta-se: a) em qual dessas duas unidades administrativas os fatores externos da variável preceitos mais favoreciam a coesão dos participantes?; b) a variável tecnologia podia aumentar ou diminuir as possibilidades de essas duas unidades serem coesas?

A PRESSÃO TÉCNICO-SOCIAL NAS UNIDADES ADMINISTRATIVAS

11

Se você ou alguém de sua família está hospitalizado, é natural que tenha o apoio do médico que atende a fim de pressionar as enfermeiras para que seja bem cuidado. Por sua vez, estas pressionam a farmácia para fornecer os remédios prescritos, tendo agora os médicos como aliados. Tal processo sugere existir uma linha de **pressões sociais**, que é informal em razão de nenhuma chefia precisar intervir, embora possam ser requisitadas caso surjam dificuldades inesperadas, a exemplo das demoras nos atendimentos considerados de urgência.

Tais linhas de comunicação em que a pressão formal de gerentes é substituída pela pressão social exercida por aqueles diretamente interessados na execução de atividades é mais comum do que se imagina. Por exemplo, durante um trabalho de organização estrutural, foi observado que determinada empresa de seguros tinha 70 empregados servindo na Seção de Cálculo de Apólices, coordenados diretamente por apenas um chefe. Era de se esperar que este fosse um indivíduo excepcional em termos de liderança, mas mesmo assim deveria estar sempre assoberbado de serviço, e o trabalho na Seção fosse moroso, com os subordinados esperando instruções. No entanto, o que foi verificado é que nada disso sucedia, pois as tarefas fluíam sem dificuldades. A explicação para esse paradoxo de eficiência com grande amplitude de controle (que contraria os conceitos estabelecidos como certos pelas "teorias" da Administração), é devida à ênfase que se deu à pressão social destinada à execução de tarefas. Pelo fato de esta ser dirigida especificamente para o desempenho de atividades, sua denominação será ampliada para **pressão técnico-social**.

11.1 A PRESSÃO TÉCNICO-SOCIAL NO CASO DE METAS COORIENTADAS

A produção pode ser obtida pela ação do chefe que; pressiona cada subordinado a fim de fazê-lo trabalhar, controla os resultados individualmente, aplica punições e fornece prêmios conforme os comportamentos forem julgados inadequados ou convenientes. Acontece que tal supervisão cerrada apresenta uma série de inconvenientes, como o custo de se ter um grande número de chefes pela necessidade de reduzir a amplitude de controle, o que exige maior número de níveis hierárquicos, dificultando as comunicações pelo aumento da linha de comando.

Ademais, serão necessários supervisores autocratas, o que lhes exigirá maiores esforços para manter a produtividade na base da vigilância constante, provocando a alienação dos subordinados que ficam parados esperando suas ordens a fim de saber o que fazer, já que não terão iniciativa e motivação

para perfazerem o serviço. Tais problemas poderão ser minimizados, caso seja possível aproveitar a pressão social que várias pessoas com interesses comuns são capazes de exercer sobre um indivíduo para este desempenhar sua tarefa.

11.1.1 A produção individual dentro de grupos sociais

Pertence às vivências de cada um de nós o fato de o trabalho individual ser afetado pela presença de outras pessoas. Todavia, somente após experimentos levados a cabo por vários pesquisadores é que foi possível indicar as direções desse efeito em cada situação específica, ou seja, competição, cooperação e coorientação de metas.

1. A **competição** tem sido bem estudada em grupos experimentais nos quais foi mostrado que ela emerge quando os pagamentos são conferidos pela **produção individual**, que tem por base a comparação com os desempenhos dos demais participantes, a exemplo do que ocorre nas competições esportivas. Nesse caso, quando a tarefa é do tipo que convém ser levada a efeito individualmente e a competição não é excessiva, a emulação decorrente do fato de a mesma atividade ser executada pelos demais companheiros motiva para que a produção de cada um seja mais eficiente (pelo menos para as pessoas que culturalmente aprenderam a competir na busca de altos desempenhos) (Davis, p. 86-87).

Contudo, dois aspectos devem ser levados em conta ao se pretender transferir esses resultados para as organizações. Em primeiro lugar, grande parte dos processamentos levados a efeito nas empresas é interdependente e utiliza recursos comuns. Por isso, a competição leva cada indivíduo a tentar aumentar a produtividade de sua área à custa da redução da dos demais, seja sonegando informações, o que acaba prejudicando a execução do todo, seja apropriando-se dos recursos dos outros, a exemplo do vendedor que esconde tendências do mercado e tira clientes dos colegas.

Em segundo lugar, as operações da empresa são contínuas e não periódicas, como os torneios esportivos. Disso resulta que, com o tempo, os executores acabam percebendo que os benefícios recebidos com a competição (a exemplo dos incentivos dados por peça produzida) não compensam as tensões e o isolamento dos demais companheiros. Com isso acabam fazendo coalizões que visam reduzir a produção, como mostrado no Capítulo 9, tendo por base o que foi observado nas fábricas em que foram aplicados os princípios da famosa "Administração Científica" proposta por Taylor. Do exposto conclui-se que a Organização acaba sendo prejudicada pela exacerbação da competição, bem como os próprios participantes, em particular os que ocupam os altos cargos gerenciais, em que o *stress* do "vale-tudo" para o ganho de poder e *status* torna-os clientes de psiquiatras e cardiologistas.

2. A **cooperação** será examinada no Capítulo 12, como emergente nas equipes e nos sistemas sociotécnicos, não se aplicando a este, que apenas aborda as unidades administrativas tradicionais.

3. Restam as situações de **coorientação** de metas, devendo-se prescrever para elas outras formas de o trabalho ser realizado sem a utilização da Pressão Formal, ou pelo menos mantê-la dentro do mínimo possível.

11.1.2 Coalizões, pressão técnico-social e linha de pressões

Existindo uma pessoa **I** interessada que outra **E** execute uma tarefa para a qual está ou não intrinsecamente motivada, e tendo por aliado o indivíduo **A** (porque este também está desejoso que o executor **E** perfaça a atividade pretendida pelo interessado **I**), diremos que este e seu aliado **A** formam uma **coalizão** destinada a pressionar **E** para desempenhar um trabalho. O comportamento manifesto do interessado **I** em relação ao executor **E**, bem como aquele que eventualmente o aliado **A** poderá demonstrar, serão chamados de **comportamentos técnico-sociais**. A Figura 11.1 exemplifica o exposto. Levando em conta tais comportamentos técnico-sociais, diremos que:

PRESSÃO TÉCNICO-SOCIAL é a pressão conjunta exercida por dois ou mais indivíduos sobre o executor de certa atividade, os quais formam uma coalizão pelo fato de estarem interessados na execução dessa mesma tarefa.

É importante observar que o pressionado poderá ter nível hierárquico maior, menor ou igual ao dos pressionadores, bem como não ser obrigatória a existência de conhecimento ou afinidade social entre os aliados. Um exemplo de inversão da hierarquia é o do subordinado pressionar seu chefe para que este cumpra a legislação trabalhista naquilo que o afeta. Neste caso, ele tem por aliado o Departamento de Pessoal, que até poderá desconhecer o problema, desde que seja solucionado no âmbito de chefe/subordinado.

O restaurante da Figura 11.2 na página seguinte é uma organização adequada para exemplificar a coalizão e introduzir a ideia de **linha de pressões**, pois, além de ser familiar a todos, trata-se de um antigo tipo de empresa, que atingiu altos níveis de desempenho pelas experiências de séculos. Assim sendo, de início consideraremos que o freguês, motivado pela necessidade de comer, procura manter contato com o garçom a fim de que este o sirva. Deve-se notar que, diferentemente do que ocorre na maioria das organizações formais, o cliente dirige-se diretamente ao subordinado (o garçom), e não ao seu chefe (o gerente). Todavia, este último não se mantém por completo fora do assunto, pois também está interessado no bom atendimento do cliente pelo garçom. Assim, o gerente forma com o freguês uma **coalizão,** a qual é apenas implícita, pois só se torna efetiva no caso de uma reclamação por aquele não ter sido servido a contento.

O garçom, por sua vez, tem interesse em receber os pratos pedidos e, por isso, contatará o preparador de travessas para que este os forneça, tendo, agora, o cozinheiro-chefe por aliado, com o qual formará outra coalizão. Prosseguindo, o preparador de travessas pressionará o cozinheiro para que este cozinhe os componentes dos pratos pedidos, o qual pedirá ao preparador de alimentos que lhe forneça os ingredientes de que necessita, ambos dentro de uma nova coalizão com o cozinheiro-chefe. Dessa forma se criará uma **linha de pressões** para a realização dessa cadeia de atividades, começando no cliente e terminando no preparador de alimentos, como esquematizado na Figura 11.2 na página seguinte.

Com isso deixa de ser importante a pressão formal do gerente e do cozinheiro-chefe, passando este a desempenhar o papel de mestre-cuca e aquele o de caixa, que recebe e controla os pagamentos dos clientes.

É necessário notar que o enfraquecimento da pressão formal constitui a grande vantagem de se estabelecerem coalizões e linhas de pressão, pois é sabido que a supervisão exercida pelas chefias é fonte de conflitos e, por isso, de insatisfação e alienação por parte dos subordinados. A linha de pressões explanada foi entre indivíduos, mas pode ser criada para atuar entre agrupamentos, aliás, como ocorrido no exemplo dado, pois a unidade "salão de refeições" pressiona a unidade "cozinha". Isso é importante para aplicações em administração, como se verá mais adiante neste capítulo.

11.2 TORNANDO EFETIVA A PRESSÃO TÉCNICO-SOCIAL NA UNIDADE ADMINISTRATIVA

Os exemplos dados mostram que é comum a pressão técnico-social ser utilizada na prática administrativa como forma de reduzir a necessidade da pressão formal do chefe, porém empregada sem conhecimento dos fatores intervenientes para torná-la mais efetiva. Por isso, no intuito de aumentar a eficiência, mostraremos as condições que devem estar presentes para que ela se manifeste, cabendo ao administrador promover as mudanças organizacionais no sentido de facilitar sua emergência.

Iniciaremos examinando o trabalho feito sob metas coorientadas dentro da unidade administrativa, segundo as variáveis culturais da tecnologia, preceitos e sentimentos.

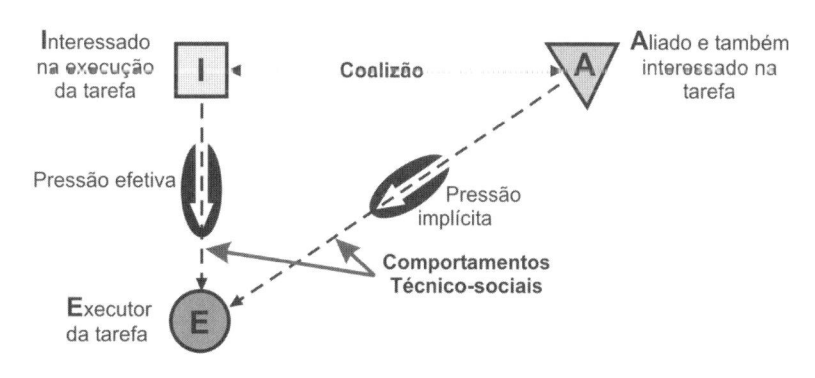

Figura 11.1 *Coalizão e comportamento técnico-social.*

94

11.2.1 Características da variável tecnologia

A pressão técnica inerente ao trabalho feito pelo executor será o primeiro fator a ser analisado, seguido pelo conhecimento da tecnologia pelo encadeamento de atividades.

1. INTENSIDADE DA PRESSÃO TÉCNICA. Pelo que foi explanado no Capítulo 3, poderia parecer que, quando a pressão técnica é elevada, seria dispensável promover a pressão técnico-social, como no trabalho de artífices, de pesquisadores ou de envolvidos em criação artística.

Todavia, nesses casos é sabido que as pessoas tendem a interessar-se pela execução daquilo que mais de perto coincide com seus desejos do momento, a exemplo do programador de computador que torce o nariz para um rotineiro controle de estoques ou folha de pagamento que são solicitados. No entanto, como esse é o tipo de trabalho de que a organização necessita, o executor deve ser moldado para aceitar essas tarefas, ou por meio de pressão formal do chefe ou por uma coalizão que exerça a pressão técnico-social. Esta é, administrativamente falando, melhor que aquela, pois não provoca tanto ressentimento por idiossincrasias pessoais, e é mais efetiva.

Esse reforço da pressão técnica ocorre em hospitais, onde as diversas gerências têm reduzido papel no tratamento dos doentes. Nesse caso, o processo inicia-se com o paciente que, em coalizão com o médico, pressiona as enfermeiras, as quais, em uma segunda etapa, pressionam a farmácia, o laboratório, a radiologia e os serviços, como limpeza e refeições, agora tendo por aliado o próprio médico, estabelecendo assim uma linha de pressões.

Já nas tarefas cuja pressão técnica é *de per si* reduzida, quando não de sentido negativo, o estabelecimento de condições para a emergência da pressão técnico-social é de máxima conveniência, a menos que se faça atuar a pressão formal com todos os problemas que acarreta. Portanto, será nos escritórios e oficinas, onde o serviço é rotineiro e sem atrativos, que a pressão técnico-social substituirá com mais vantagem a formal.

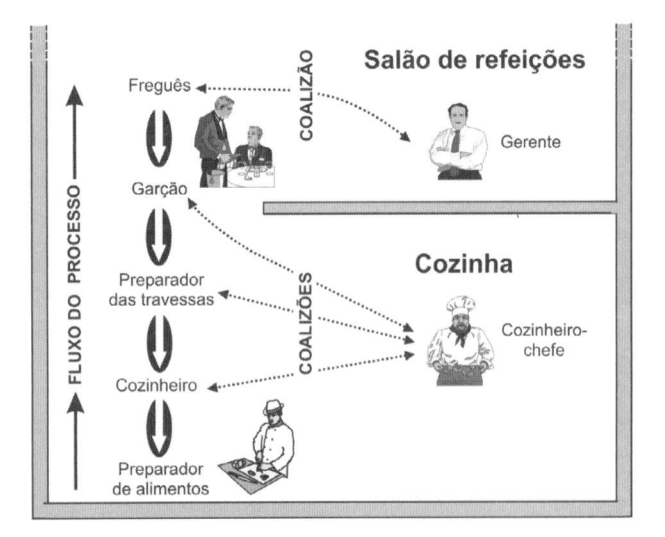

Figura 11.2 *Linha de pressões e de processos em um restaurante.*

2. CONHECIMENTO DA TECNOLOGIA. Quanto melhor conhecer as particularidades da atividade levada a efeito pelo executor, mais efetiva será a pressão que o interessado e seu aliado poderão exercer. Isso é mais ou menos claro, a ponto de se considerar que o conhecimento por parte do chefe do serviço executado pelo subordinado é imprescindível para o exercício da coordenação formal. Todavia, como bem mostraram os sociólogos estudiosos da administração (que receberam o nome de estruturalistas), a complexidade atual das tarefas exige chefes polivalentes, difíceis de ser encontrados.

Uma forma de contornar essa dificuldade foi o estabelecimento das estruturas matriciais, em que cada profissional continua subordinado a um superior hierárquico, conhecedor de sua especialidade ainda melhor do que ele, e a um gerente de projeto responsável pelos recursos e controlador dos prazos, ambos formando uma coalizão entre si. Portanto, a estrutura matricial tem a vantagem não citada pela literatura de tornar mais efetiva a pressão técnico-social, o que sucede com as forças-tarefas (ou comissões) em que a subordinação continua sendo de um chefe (comumente o presidente eleito ou designado), que não conhece todas as particularidades das atividades dos participantes por ele coordenados.

3. ENCADEAMENTOS DAS TAREFAS. Se for possível criar um encadeamento de tarefas, a transmissão da pressão técnico-social ficará facilitada pelo surgimento da linha de pressões. Normalmente, isso ocorre em certas atividades rotineiras, a exemplo da linha de produção, na qual o operário trabalha no ritmo exigido pelos que o antecedem. Essas linhas de precedências são suscetíveis de serem tornadas explícitas em tarefas não rotineiras, por exemplo, utilizando-se as técnicas do Caminho Crítico (PERT, CPM, LESS e outras mais). Nesse caso, os executores responsáveis por uma atividade obrigam-se a perfazê-la dentro de certo prazo e recursos, perante todos os outros executores, os quais formam uma coalizão no sentido do cumprimento do prometido, ou seja, criam-se formalmente linhas de pressão em justaposição à rede de tarefas.

Essas e outras técnicas foram iniciadas na década de 1960 e prosseguiram nas subsequentes, com o fim de aumentar a produção de bens, além de melhorar a qualidade e reduzir custos, tendo a particularidade de serem diferentes das preconizadas desde o início do século.

Algumas tiveram bons resultados exatamente por terem aumentado a pressão técnico-social, embora sem mencioná-la, sendo o chamado *just-in-time* uma delas. Resumindo seus princípios, pode-se destacar o aspecto de o trabalhador em qualquer tarefa do fluxo contínuo de produção ter de interromper a linha de montagem sempre que detectar defeitos nas peças que recebe do operador que o antecede. Com isso, este sabe que seu serviço será fiscalizado pelo operário da fase seguinte do processo produtivo que, assim, exerce uma pressão técnico-social. Outro processo complementar ao descrito é o do *kanban* (literalmente, "cartão" em japonês). Neste caso, o trabalhador **B** recebe um carrinho ou *container* de seu antecedente **A** com uma quantidade específica de peças. Ele as usina conforme foi projetado e enche um outro carrinho com elas, que passa para o trabalhador **C,** a fim de este perfazer a operação seguinte. A parte importante do processo está no fato de o trabalhador **B** só reiniciar sua parte caso chegue novo carrinho com peças entregues pelo mesmo operário **A**. A pressão técnico-social fica evidente pela observação de que o atraso na produção de peças por um único operador irá reduzir toda a linha de produção, sendo fácil de verificar onde está o responsável pela simples observação do local onde o operador seguinte está parado esperando por um carrinho com peças para usiná-las. Naturalmente, regras e normas precisam ser estabelecidas para orientar os procedimentos, ou seja, determinar o conteúdo da variável preceitos.

11.2.2 Características da variável preceitos

A pressão técnico-social será efetivada na proporção em que as **normas de organização** e as **normas de procedimentos** forem projetadas com o fim de facilitá-las ao máximo. Muitas organizações chegaram a esse objetivo por meio de tentativas e erros, invalidando muitos princípios administrativos clássicos, como o que recomenda a departamentalização por função, como visto a seguir.

1. NORMAS DE ORGANIZAÇÃO. As lojas que vendem roupas para homens apresentam, entre outras, as funções de vendedores de ternos, de alfaiates para ajustes e de encarregados do crediário. Pelos princípios da departamentalização deveria haver uma Seção de Vendas de Ternos, uma de Alfaiataria e uma de Crediário, cada qual com sua chefia. Entretanto, é consagrado o esquema no qual os vendedores e os alfaiates ficam sob as ordens de uma só pessoa, trabalhando todos na mesma área física. Isso permite que o cliente e o vendedor formem uma coalizão com o fim de pressionar o alfaiate para efetivar os ajustes. Além disso, a Seção de Crédito é instalada vizinha à Seção de Vendas, a fim de que os vendedores possam pressionar os funcionários de crédito para que estes mais rapidamente atendam aos clientes. Já uma departamentalização funcional não possibilitaria a efetivação da pressão técnico-social e, por isso, seria necessária maior pressão formal. Este exemplo concretiza a necessidade de alterar as normas de organização determinantes das estruturas clássicas no sentido de permitir a emergência da pressão técnico-social.

2. NORMAS DE PROCEDIMENTOS. Tratando-se de serviços rotineiros, as normas de procedimentos devem tornar regra o contato direto do interessado com o executor, deixando o chefe em uma posição secundária de interveniente apenas em casos de exceção.

O caso já mencionado da companhia de seguros e diagramado na Figura 11.3 concretiza melhor essa ideia, pois havia um procedimento rígido a ser seguido, que tornava possível um chefe comum tomar conta da Seção de Cálculo e Emissão de Apólices, tendo uma amplitude de controle de 70 subordinados.

A descrição feita a seguir dos **procedimentos** estabelecidos permitirá entender como era possível essa grande amplitude de controle, quando a prática comum sugeriria a necessidade de vários supervisores, em dois ou mais níveis de hierarquia.

Primeiro, os corretores de seguro, após terem conseguido um cliente, entregavam as propostas para a emissão da apólice diretamente à secretária do chefe. **Segundo**, a secretária passava as informações para o calculista que apresentasse, no momento, menor carga de trabalho, e para isso mantinha um registro que lhe permitia saber quais eram as apólices em poder de cada um dos calculistas. **Terceiro**, depois de ser calculado o valor do prêmio e redigida a apólice, seguia-se o trabalho de sua digitação e, também, das fichas para arquivo, contabilidade e tesouraria. **Quarto**, as apólices, antes de serem entregues às digitadoras, passavam por um registro que permitia saber qual moça iria digitá-las, após o que duas outras

Figura 11.3 *Fluxo de trabalho na Seção de Cálculo e Emissão de Apólices.*

as conferiam e as preparavam para entrega ao cliente. **Quinto**, finalmente, a distribuição das fichas e a entrega das apólices eram feitas por dois *office-boys*.

Esse fluxo de trabalho, **todo em um mesmo salão,** permitia a existência de pressão técnico-social, especialmente pelo fato de facilitar o contato com os corretores que quase diariamente passavam pela seção para verificar o processamento das apólices urgentes. Além disso, a secretária do chefe tinha como principal ocupação atender a telefonemas de clientes, corretores ou diretoria, a qual, em casos mais urgentes, perguntava sobre o andamento do processo de cálculo e emissão. A secretária informava ao diretor qual era o calculista e pedia que este atendesse ao telefone.

Caso a apólice já estivesse com as digitadoras, então a pressão era feita por meio dos *office-boys*. O chefe considerava muito importante aquele trabalho e dizia: "não é qualquer moço que serve para *office-boy*", pois "é preciso experimentar vários, até achar um que sirva". Em vez de pressionar as digitadoras, o chefe pressionava os *office-boys,* da seguinte forma: 1. recebido um telefonema reclamando certa apólice que já havia sido calculada, um deles era chamado perguntando-se a ele quando poderia enviá-la ao cliente; 2. o *office boy* procurava a moça disponível para dígitalá-la e acertava com ela uma hora para a entrega; 3. Depois, ele respondia ao chefe ou diretamente ao telefone, fixando o compromisso da entrega.

Interessante é a imagem que os 70 subordinados tinham de seu chefe. Era considerado como um indivíduo sem paz de espírito, em razão das atenções que dispensava às reclamações de corretores, clientes e diretores. Todavia, ninguém se referia a ele como sendo autoritário, mas apenas severo com os subordinados que "criavam caso".

Não obstante ser difícil avaliar quantitativamente a eficiência de trabalhos em escritório, o que foi possível medir nesse caso mostrou que era muito alta. Por outro lado, não foi notado qualquer outro fator, além da pressão técnico-social para explicar como um chefe poderia coordenar o trabalho de 70 subordinados diretos, que apresentavam elevada produtividade. Além disso, deve-se observar que na época em que foi realizado esse trabalho de estruturação não existiam microcomputadores nem a companhia de seguros dispunha de um *mainframe*. Hoje poderia ser diferente pelo aumento da eficiência graças à automação (e consequente redução de pessoal), mas desde que fosse mantido o processo que viabiliza a pressão técnico-social.

11.2.3 Características da variável sentimentos

Em lugar de examinar emoções como satisfação, raiva, medo, etc., que devem ocorrer quando é exercida a pressão técnico-social, limitar-nos-emos a analisar as **comunicações** que obrigatoriamente têm de ocorrer em todo esse processo.

É óbvia a necessidade de ocorrer interações entre o interessado pressionador e o indivíduo que executará a tarefa. Todavia, não é obrigatório que os elementos em coalizão inter-reajam, ou o aliado se comunique com o executor, **a menos que este se recuse a desempenhar o trabalho como exigido.** Configurará, desse modo, o caso de exceção mencionado atrás, ocasião em que o interessado solicitará de seu

aliado o exercício efetivo da pressão formal, até então apenas implícita. Dois aspectos da interação devem ser examinados em detalhe, isto é, a formalização e o *layout*.

1. FORMALIZAÇÃO DAS COMUNICAÇÕES. No restaurante, o freguês contata o garçom e, no banco, o cliente dirige-se ao caixa executivo, sendo que, nos dois exemplos, o gerente não serve de intermediário, o que torna direta a pressão do interessado sobre o executor. Contudo, tal fato não ocorre nas burocracias, em que as normas determinam que o chefe seja o único que pode tratar dos assuntos administrativos com o subordinado, impossibilitando, assim, que apareça a pressão técnico-social.

Uma forma de resolver esse problema é permitir os entendimentos diretos, desde que o chefe seja mantido a par das combinações ou, nos casos de rotina, que sejam oficializados tais relacionamentos fora da linha hierárquica. A demora nas decisões "via canais oficiais" faz com que seja dada permissão para esses contatos laterais. Nesse caso, é hábito o interessado enviar comunicação escrita para o executor "apenas para formalizar nossos entendimentos", ao mesmo tempo em que encaminha cópia para o chefe deste "tomar conhecimento". Na verdade, a remessa da cópia tem por finalidade ter o superior hierárquico do executor como aliado, na eventualidade de este último não cumprir o que foi combinado. Portanto, nas empresas, muito da correspondência tem por objetivo criar a pressão técnico--social, não sendo, pois, uma disfunção burocrática, como os menos avisados costumam pensar.

2. LOCALIZAÇÃO. Já foi mencionado no Capítulo 8 que o *layout* do ambiente de trabalho definirá as interações que virão a ocorrer em um agrupamento. Assim, se o restaurante tiver a cozinha em pavimento diferente do salão de refeições, os garçons não poderão estabelecer uma linha de pressão sobre os preparadores de travessas. Isso ocorreu no caso de uma cerâmica, na qual as peças defeituosas eram separadas por 16 moças que escolhiam ladrilhos que passavam por uma esteira rolante alimentada por cinco homens. Se estes paravam de colocar ladrilhos, as operárias ficavam sem trabalho e, por isso, a maior parte delas permanecia simplesmente olhando para os alimentadores como quem diz: "estou esperando".

Em virtude de um problema de espaço, foi aumentado o comprimento da esteira, passando o posto de alimentação a localizar-se junto aos fornos e fora da vista das moças que escolhiam. A produtividade caiu abruptamente e não houve pressão formal dos supervisores capaz de fazê-la voltar aos níveis anteriores. O problema foi resolvido mudando para a mesma situação anterior de contato visual. Tais considerações fazem pensar sobre as ineficiências que devem ser provocadas pelo costume de isolar as pessoas em salas, cubículos e baias, a título de assim produzirem melhor...

Por isso, é nossa opinião ser a melhor configuração de escritório os salões com divisórias de baixa altura, permitindo que as pessoas tenham a visão geral dos demais ocupantes. O leitor dirá que é o *layout* das agências bancárias, o que é correto. Todavia, talvez não saiba que no Bradesco tal concepção se estende até aos escritórios centrais, onde a diretoria senta-se em uma grande mesa para trabalhar, à vista de todos. Será que não é essa uma das razões que o tornaram um dos maiores banco do país?

11.3 EXIGÊNCIAS EM NÍVEL INDIVIDUAL PARA A EFICIÊNCIA

Os itens anteriores prescreveram medidas no nível do agrupamento. Agora examinaremos alguns aspectos normativos no nível do indivíduo, especialmente no do subordinado e do chefe, entrando um pouco na Psicologia Social aplicada ao trabalho.

1. TREINAMENTO. É importantíssimo que tanto o chefe quanto seus subordinados sejam treinados para atuar diferentemente do que estavam acostumados na organização burocrática, ou seja: é necessário mudar a subcultura. Assim, o chefe deverá conscientizar-se de que o empregado de outra seção é o "cliente" da sua e, por isso, ele se dirigirá diretamente a seu subordinado. Por sua vez, este sabe que esse "cliente" tem o apoio implícito de seu superior direto, ao qual pode ir reclamar pelo mau atendimento, em uma função de fiscal. À primeira vista, poderia parecer que essa reclamação é difícil de ocorrer em virtude de o interessado não desejar indispor-se com o executor. Contudo, isso é feito de maneira sutil, por exemplo, aquele elogiando vários executores e não o específico ou, então, com um telefonema para o chefe pedindo-lhe que veja se o trabalho solicitado ao mau executor já está pronto.

Igualmente, a alta administração precisa ser treinada, pois pode destruir a pressão técnico-social caso comece a dirigir-se só ao chefe ou passe a responsabilizá-lo pessoalmente pelos erros que verificar nas execuções, em vez de comunicar para que ele tome as providências. Imagine-se o que não aconteceria na companhia de seguros analisada linhas atrás se os diretores sempre chamassem o chefe da seção para tratar da emissão das apólices, ou o culpassem sempre que detectassem erros ou atrasos. Evidentemente, ele passaria a atuar da maneira clássica pela utilização da pressão formal e, como não conseguiria coordenar tantos subordinados, iria pedir a criação de, pelo menos, umas quatro subchefias, e talvez mais de doze "sub-subchefias".

2. NECESSIDADE DE PODER. Está implícito no que foi considerado que, tratando-se de agrupamentos burocráticos, o chefe deve ter certa dose de poder formal para usar nos casos de exceção. Talvez seja pelo fato de os caixas das repartições públicas estarem protegidos (por seu regime estatutário de trabalho) contra a pressão formal de seus superiores hierárquicos que os órgãos estatais passaram todas suas cobranças para os bancos comerciais, pois os contribuintes não tinham com quem formar uma coalizão para reclamar do mau atendimento. Pelo que nos foi dado observar, parecia que a verdadeira coalizão era do chefe com o caixa, ambos contra quem ia pagar seus impostos...

3. PERSONALIDADE. Se o chefe em outros cargos foi culturalmente preparado para ser autocrata, seus sentimentos de inadequação decorrentes da insegurança pessoal o impedirão de aceitar que os outros, e não exclusivamente ele, tenham contatos com os subordinados. De outro modo, os gerentes do tipo "prestativo" e "*laissez-faire*" sentirão dificuldade para agir pressionando o subordinado nas situações de exceção, quando este não perfaz o trabalho como exigido. Portanto, o tipo independente seria o mais adequado, o que é óbvio, pois somente os indivíduos seguros de si podem ser flexíveis e, por isso, coordenadores que se adaptem à variabilidade das situações. Quanto ao subordinado, parece que o tipo cujos objetivos estão voltados para os relacionamentos naturalmente aceitará a pressão da coalizão chefe-cliente, o mesmo sucedendo com o conformista, por razões explicadas no Capítulo 9. Igualmente, isso ocorrerá com o subordinado independente, porém motivado pela aceitação adulta da responsabilidade por seu trabalho.

Para finalizar, deve-se destacar que neste capítulo foi prescrita uma série de normas de procedimentos a serem impostas ao grupo formal, as quais, por serem externas a ele, concretizam o caso da heteronomia (Zaccarelli, p. 36-48).

TÓPICOS PARA EXPOSIÇÕES

11.1.1 A produção individual dentro de grupos sociais

Explicar, com um exemplo, que: a) no caso de a pressão técnica para a execução de tarefas ser insuficiente, é necessário a pressão formal pela supervisão cerrada da chefia para conseguir trabalho, mas esta torna o executor desmotivado, além de exigir aumento do número de escalões gerenciais; b) uma forma de resolver essa dificuldade é aproveitar a pressão social exercida por várias pessoas interessadas no desempenho da tarefa por uma delas; c) trata-se da chamada pressão técnico-social, possível de ser utilizada no caso das metas serem coorientadas, isto é, várias pessoas têm meta idêntica, o que será explicado por meio das linhas de pressão.

11.1.2 Coalizões, pressão técnico-social e linha de pressões

Explicar: a) com base na Figura 11.1, a coalizão de duas pessoas interessadas na execução de tarefas por uma terceira, definindo o significado de pressão técnico-social; b) com base na Figura 11.2, a linha de pressões que é estabelecida no caso de restaurantes, com a vantagem de reduzir a pressão formal, a ser exercida nos casos de exceções.

11.2.1 Características da variável tecnologia

Explicar, com exemplos, que: a) é necessário conhecer técnicas para tornar efetiva a pressão técnico-social, devendo-se começar com o exame da influência da variável tecnologia; b) mesmo em serviços de especialistas, nos quais a pressão técnica é grande, é preciso a pressão técnico-social para evitar que somente executem aquilo que têm interesse; c) o conhecimento da tecnologia empregada por parte dos aliados aumenta esse tipo de pressão para o trabalho, mas pelo aumento da sofisticação dos processos das novas estruturas administrativas que estão sendo utilizadas, a exemplo das matriciais; c) é importante o encadeamento de tarefas, como no caso do restaurante, razão pela qual técnicas como a do *just-in-time* e *kanban* estão sendo cada vez mais utilizadas.

11.2.2 Características da variável preceitos

Explicar, com exemplos: a) que para a pressão técnico-social ser efetiva é necessário que normas de procedimentos sejam estabelecidas; b) conforme esquematizado na Figura 11.3, além das normas, é preciso que o *layout* das instalações seja adequado para efetivar esse tipo de pressão; c) que essa figura esquematiza uma empresa de seguros que criou procedimentos tais que um só chefe coordenava o trabalho de 70 subordinados (explicar resumidamente o processo).

11.2.3 Características da variável sentimentos

Explicar que: a) será examinada apenas a parte de comunicações que devem existir entre os aliados; b) é necessário que o executor fique ciente de que os aliados podem comunicar-se no caso de exceções, a exemplo do restaurante; nas burocracias o interessado comunica-se diretamente com o executor, mas comunica por escrito aos chefes para tê-los como aliados; c) como no caso da cerâmica, o *layout* pode facilitar ou dificultar a pressão técnico-social.

11.3 Exigências em nível individual para a eficiência

Explicar, com exemplos, que: a) além das condições grupais é necessário estabelecer quais características individuais são necessárias para que a pressão técnico-social seja efetiva; b) é preciso treinar executores e chefias; c) a chefia necessita ter certa dose de poder para exercê-lo nos casos de exceções; c) a personalidade deve ser levada em conta, sobretudo para se ter pessoas maduras como executores e gerentes.

QUESTÕES DE APLICAÇÃO

1. a) Redesenhe a Figura 11.1, nela indicando o professor que leciona, o aluno como cliente com a meta de aprender a disciplina, o diretor (ou o chefe do departamento) coligado com o aluno para que as aulas sejam bem ministradas; b) com base na cultura ideal da escola, mostrar que somente ocorrerá coalizão se o aluno desejar aprender, sendo nula caso queira só "passar de ano". Justifique as respostas.

2. Com base na Figura 11.2 e a exposição resumida da técnica desenvolvida no Japão sob a denominação de *kanban*, desenhe a linha de pressões e o fluxo de processamentos de peças na linha de montagem, limitados aos trabalhadores **A**, **B** e **C** e ao supervisor **S**.

3. No caso da companhia de seguros, para tornar efetiva a pressão técnico-social na Seção de Cálculo e Emissão de Apólices, concretize em uma frase como deverá ficar explicitada nos Manuais dessa empresa: a) um item da Norma de Organização determinando que os técnicos da Seção de Cálculo e Emissão de Apólices serão agrupados em áreas especializadas e subordinados a uma só chefia; b) um item da Norma de Procedimentos determinando que os contatos dos interessados, tanto externos quanto internos à companhia, sejam feitos diretamente com os executores por intermediação da secretária do chefe.

4. Informe, justificando: a) pelo menos três prescrições descritas no item 7.2.1 do Capítulo 7 que poderiam ser utilizadas para dar imagem de poder ao chefe da Seção de Cálculo e Emissão de Apólices sem que, com isso, venha a modificar-se a sistemática introduzida para fazer valer a pressão técnico-social; b) em que situação a cúpula administrativa daria a esse chefe poder real a fim de exercê-lo sobre seus subordinados?

QUESTÕES PARA DISCUSSÃO EM GRUPOS

As crises da empresa Saiel (7ª parte)

Com base nas descrições feitas nos Capítulos 4 e 7 do caso da instaladora Saiel e aplicando os conceitos descritos neste capítulo, cada grupo responda, **justificando**, à pergunta abaixo que lhe foi determinada.

1. Aplique os esquemas das Figuras 11.1 e 11.2, indicando: 1. executor(es); 2. interessado; 3. aliado(s); 4. as coalizões; e 5. a linha de pressões para os seguintes casos: a) o cliente que compra na Seção de Vendas um produto padronizado que lhe deverá ser entregue pelo almoxarife; b) o cliente que reclama do serviço malfeito pela equipe de instalação por erro do projetista.

2. Comparando a situação antes e depois da reorganização proposta pelo consultor externo para a Seção de Vendas, a Seção de Projetos e a Oficina, informe: a) em qual das três unidades administrativas a pressão técnico-social que existia foi mais reduzida pela reorganização?; b) idem para a que foi menos afetada; c) há indicação que o consultor propôs alguma medida para que ficassem formalizados procedimentos com o fim de aumentar a pressão técnico-social?

3. Considerando que os técnicos da Seção de Projetos eram especialistas de alto nível e os desenhistas artífices, informe: a) existindo pressão técnica pelas características dos serviços intrinsecamente motivadores, seria ou não necessário estabelecer formalmente condições para ser criada a pressão técnico-social?; b) depois da reorganização, o engenheiro-chefe exercendo pressão formal tornou ou não desnecessário criar a pressão técnico-social?

4. Com o fim de tornar efetiva a pressão técnico-social na Seção de Projetos e com base na Figura 11.3: a) desenhe um *layout* esquematizando a sequência dos procedimentos envolvendo o chefe, sua secretária, os projetistas e os desenhistas, com alguma forma de impedir que os entendimentos diretos com algum técnico prejudique o trabalho dos demais; b) escreva um item da Norma de Procedimentos da Saiel que permita a comunicação pessoal com os projetistas e desenhistas, mas impedindo que os não envolvidos tenham seus trabalhos interrompidos ou dificultados.

5. Informe: a) o consultor externo determinou algum tipo de treinamento para cada proprietário deixar de interferir nas áreas dos demais?; b) que tipo de personalidade deveria ser selecionada para ocupar o cargo de engenheiro-chefe da Seção de Projetos, tendo em vista a necessidade de aceitar que seus subordinados tivessem contatos diretos com clientes, vendedores e encarregados de instalações?

6. **Para discussão pela classe**: é ocorrência comum o aparecimento de algumas dificuldades após qualquer mudança administrativa (tal qual os efeitos colaterais de um remédio, às vezes piores que a doença que pretendia curar). Assim sendo, pergunta-se: a) qual problema da Saiel que foi solucionado à custa da criação de um outro? b) os benefícios obtidos com as mudanças compensam os custos? Por que?

A PRESSÃO TÉCNICO-SOCIAL NOS GRUPOS COOPERATIVOS 12

Modernamente, tem sido possível criar grupos formais de trabalho com grande produtividade, cujas metas são, predominantemente, cooperativas e não simplesmente coorientadas, como nas unidades administrativas tradicionais.

Um exemplo famoso e muito citado é o do experimento feito em minas de carvão da Inglaterra, segundo o qual os mineiros passaram a trabalhar sem chefia formal, desempenhando as tarefas de acordo com as necessidades do trabalho em cada momento, o que aumentou muito a eficiência da extração do carvão. Nesse caso, a variável tecnologia permitiu que os participantes de tais grupos cooperativos fizessem a rotação de tarefas, uns substituindo outros quando as dificuldades do trabalho assim o exigiam.

A particularidade do caso estava na possibilidade de qualquer mineiro incumbir-se tanto da escavação quanto do desmonte e transporte do minério. Por isso, foi possível criar um grupo formal autônomo, tendo a denominação consagrada pela literatura de **sistema sociotécnico.**

No entanto, a substituição de atividades torna-se inviável quando a variável tecnologia exige grande especialização, a exemplo de grupos formais incumbidos de projetar e planejar a implantação de computadores na empresa, de construir obras de engenharia ou simplesmente lançar um produto no mercado. Nessa situação, formam-se **equipes,** diferentes dos grupos mencionados pelo nome de sistemas sociotécnicos, seja por causa do profissionalismo de seus participantes (que não permite trocas de posições), seja por terem duração finita no tempo, isto é, existem enquanto o projeto não terminar.

Todavia, nas duas situações descritas haverá cooperação entre os membros, motivo pelo qual exercerão entre si a pressão social para a execução do trabalho, como sendo meio para atingir metas individuais tornadas coletivas. Esse fato permite incluí-las na denominação de pressão técnico-social, já explanada anteriormente com aplicações às unidades administrativas, tendo como exemplos restaurantes e hospitais.

12.1 A TECNOLOGIA PERMITE A ROTAÇÃO DE TAREFAS: CASO DO SISTEMA SOCIOTÉCNICO

O caso da mina de carvão inglesa é tratado à saciedade pela literatura de Administração, mas convém ser repetido apenas para tornar mais clara a explanação do processo grupal de autonomia de normas e de estrutura, bem como as prescrições para efetivar a pressão técnico-social.

12.1.1 O experimento das minas de carvão de Durham

Como tradicionalmente ocorria em outras minas inglesas, em Durham o processo de extração do carvão era feito *manualmente*. Em uma primeira tentativa para aumentar a produção, foram introduzidos a mecanização e os decorrentes princípios do trabalho em série com a especialização por tarefa, ou seja, a divisão do trabalho. Assim, determinados homens preparavam a frente para o desmonte e, em seguida, uma turma especializada providenciava o avanço do maquinário de escavar, seguindo-se a remoção do material extraído e o carregamento do carvão no trem de vagonetas, que era feito por outro grupo de mineiros. De todas as tarefas, a de remover o material era a mais pesada, e só quando terminada se tornava possível iniciar as seguintes, o que resultava em queda de produção sempre que, por alguma razão, ela se atrasava.

Além disso, o pagamento era baseado nas horas de trabalho e na produção individual medida por supervisores, os quais não se interessavam pela coordenação de suas turmas com as demais. Essa coordenação deveria ser feita pelas chefias, porém estas foram impotentes em virtude da formação de agrupamentos isolados competitivos, fracassando também no controle da produção de seus próprios homens pela impossibilidade de usar a pressão formal (com base no comando ou coerção) no ambiente cheio de risco das minas. Outro problema, também observável em fábricas, decorria do fato de os mineiros aguardarem de braços cruzados a correção de qualquer anomalia, esperando que as chefias determinassem o que deveria ser feito e não colaborando com qualquer iniciativa para sua solução.

Em virtude da queda da produção, foi pedida uma consultoria do Instituto Tavistock de Relações Humanas, o qual propôs um novo sistema de trabalho. Mantendo ainda a mecanização, um grupo de mineiros foi integrado para, sem chefia formal, trabalhar 24 horas em três turnos, sendo dado a eles liberdade para:

— determinar quem levaria a cabo as várias atividades;

— fazer a rotação de tarefas;

— escolher os componentes de cada turno.

Adicionalmente, o salário individual passou a ser acrescido de um incentivo pago coletivamente, tendo por base a quantidade de carvão posto na boca da mina. O resultado dessas medidas pôde ser avaliado pelo aumento da capacidade prevista de extração (que de 78% passou para 95%), pela redução de faltas ao serviço (que de 20% caíram para 8%) e pela substituição de trabalhadores por acidentes (que de 7%

100

baixou para 3%). Tais melhorias foram atribuídas à mudança de metas que, de coorientadas passaram a cooperativas, e por isso um auxiliava o outro para todos alcançarem a meta comum de **produzir mais** para **ganhar mais**, além de não ficarem "amarrados" a uma só atividade, o que desestimula e causa tensões (Drake & Smith, p. 69-72).

Outros projetos desse tipo foram levados a efeito, destacando-se o das indústrias têxteis de Ahmedabad, na Índia, além dos implantados na Holanda, Noruega, Irlanda e na fábrica Scania Vabis da Suécia (Herbst, p. 6). Tratava-se, pois, de uma inovação no planejamento de trabalho, não mais dando-se ênfase à unidade administrativa clássica, e sim ao grupo capaz de se auto-organizar.

Ademais, tendo em vista a mudança que se observa da chamada "ética protestante" para a "ética social", o sistema sociotécnico poderá vir a constituir a estrutura de trabalho nas empresas do futuro, razão pela qual destacamos a importância de seu estudo e, aplicações concretas, porém desde que haja condições capazes de garantir seu sucesso. Tais condições podem estar presentes e devem ser aproveitadas, e em caso contrário especialmente criadas a partir da aplicação de técnicas específicas. Dessa forma, destinam-se a permitir tanto a emergência quanto a manutenção desse tipo de agrupamento produtivo autônomo, que será descrito a seguir, tendo por alicerce as considerações feitas no Capítulo 10.

12.1.2 Prescrições em nível da organização para ser criado o sistema sociotécnico

Para deixar de ter as características de unidade administrativa, o agrupamento autônomo necessita ser criado com base nas condições especiais fomentadas pela empresa. Portanto, sua análise e as prescrições necessárias devem partir do exame do supersistema (o "sistema externo", segundo Homans) capaz de organizar seus sistemas componentes (os "sistemas internos" definidos como sistemas "sociotécnicos"). Isso significa iniciar os estudos pelo nível da organização, para os quais utilizaremos a sequência preconizada para a montagem de sistemas organizacionais, começando com a "finalidade" a que o agrupamento autônomo deverá atender.

1. FINALIDADES. O caso exposto das minas inglesas mostrou que a finalidade do agrupamento era a extração do carvão em estratos profundos, enquanto em outro projeto, este levado a efeito na Suécia, era a de montar motores de caminhão, tradicionalmente feitos em linhas de produção.

2. CLIENTES INTERNOS. Como já mencionado, um grupo formal existe para satisfazer às necessidades de clientes internos e/ou externos. No caso da mina, o cliente interno deveria ser a unidade que recebia o carvão para efetuar a

lavagem, enquanto no exemplo da montadora deveria ser os postos incumbidos de fixar os motores nas carrocerias.

3. RESULTADOS. A finalidade é **concretizada** pela saída do sistema, por exemplo, tantas toneladas diárias de carvão ou tantos motores montados. Tal será o **resultado** que se espera do sistema, devendo ser mensurável para servir de base à avaliação das contribuições dos membros da equipe e, portanto, dos **pagamentos** dados a eles.

4. PAGAMENTOS. O agrupamento autônomo será produtivo à proporção que seus recebimentos dependerem da quantidade produzida, ou seja, de sua contribuição para o cliente. É viável efetuar tais medidas na maior parte dos processos de transformação, mas existem numerosos casos de impossibilidade prática, a exemplo dos trabalhos de cientistas, seja na pesquisa pura, seja na aplicada, em que seus resultados são difíceis de avaliar, pois como será possível medir a utilidade de seus novos produtos? (Miller & Rice, p. 176).

5. FRONTEIRAS. Foi dito no item 8.1.1 que os membros de um agrupamento percebem que existe uma fronteira determinando quem pertence e quem está fora da entidade social "grupo". No sistema sociotécnico, sua permeabilidade fica a cargo do grupo, que pode devolver para a Seção de Pessoal quem for julgado improdutivo e requisitar substitutos.

6. PROCESSO DE PRODUÇÃO. O planejamento do sistema sociotécnico preconiza que, dentro das fronteiras grupais, haja uma coincidência com o conjunto de tarefas desempenhadas pelos participantes, que devem ter sobre elas um **controle completo** sobre as saídas, processos e entradas.

Essa é a parte mais importante, como se pode perceber na mudança da organização tradicional para a nova estrutura do grupo de mineiros. Assim, ao ser introduzida a mecanização nas minas, foi feita a separação entre as atividades de preparar, remover e carregar, alocando-se a cada uma delas certo número de mineiros, o que significa criar novas fronteiras. Isso é visualizado na Figura 12.1, que mostra esquematicamente a "quantidade" de tarefas e a "quantidade" de trabalhadores aparentemente equalizados, mas que trazia problemas sempre que as dificuldades inerentes ao trabalho atrasava um dos subprocessos, que no exemplo do esquema era a remoção do carvão escavado.

Após ser implantado o sistema sociotécnico, tais dificuldades não mais aconteciam, pois os mineiros mudavam de função a fim de desempenhar a tarefa que mais exigia mão de obra no momento, o que foi possível por terem sido eliminadas as fronteiras e a especialização por tarefa. Pelo fato de todos perceberem a necessidade de auxílio mútuo, emergia a pressão social em virtude de as metas terem deixado de

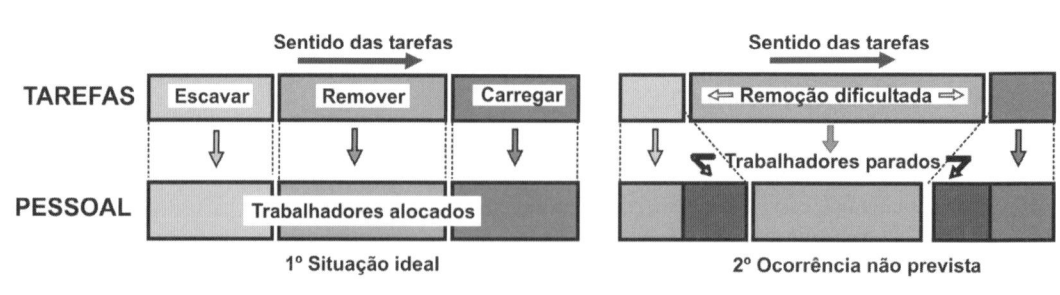

Figura 12.1 *Fronteiras artificiais entre atividades na unidade administrativa organizada por funções.*

ser coorientadas, passando a cooperativas. A Figura 12.2 a exibe a coincidência de fronteiras entre o sistema técnico (atividades a executar) e o sistema social (trabalhadores alocados), fato esse que explica a

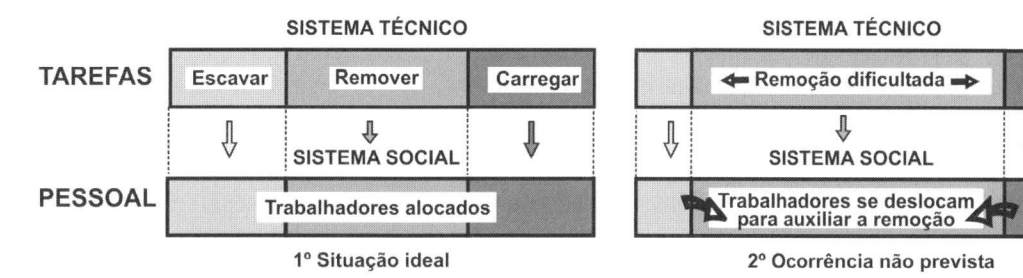

Figura 12.2 *Fronteira técnica e fronteira social coincidentes.*

denominação de "sistema sociotécnico".

Poder-se-ia pensar na criação de outro sistema sociotécnico (este sendo o cliente do primeiro), ou seja, para a lavagem e separação do carvão, planejando-se uma **linha de pressões** que acompanhasse o processo produtivo.

A realização dessa sequência foi levada a efeito em uma empresa de aviação, também inglesa, com o projeto de três sistemas sóciotécnicos, iniciando o primeiro com os passageiros que chegavam ao balcão para o *check-in* e terminando no momento em que fossem acomodados no avião. O segundo sistema compreendia a decolagem, a viagem, o pouso no aeroporto de destino e os passageiros desembarcados com um mínimo de insatisfação. Por fim, o terceiro englobava a manutenção das aeronaves e sua preparação para o voo seguinte (Miller & Rice, 1973, p. 201).

7. INSUMOS. Ficando o processo a cargo dos mineiros, competia à direção da empresa fornecer o maquinário e os equipamentos, bem como a própria mão de obra treinada e as informações necessárias ao desempenho do trabalho. Igualmente, era dela a responsabilidade na mensuração do carvão extraído e o pagamento pelo serviço executado.

Portanto, a análise do caso mostra que cabe ao administrador propiciar condições favoráveis à emergência do grupo autônomo e montar a estrutura para controlar os resultados de seu desempenho.

12.1.3 Prescrições em nível do grupo formal

Como explanado no Capítulo 8, o agrupamento estrutura-se a fim de desempenhar determinada função. Assim sendo, prescreveremos a seguir as características que o administrador deve estabelecer para essa formalização, tendo por base o capítulo referido, e segundo as três variáveis culturais de nosso quadro de referência.

1. VARIÁVEL TECNOLOGIA. A tecnologia empregada no processo produtivo determinará a viabilidade do projeto do sistema sociotécnico. Nesse sentido, uma **primeira condição** é que deve existir diversidade nas tarefas e que, por isso, sejam exigidas diferentes habilidades dos executantes. A capacitação destes para o bom desempenho (inclusive o treinamento) é de responsabilidade da empresa, como foi dito linhas atrás, ao se fazer referência aos insumos (Emery & Trist, p. 289). Essa condição estava sendo satisfeita na fase de trabalho manual da mina de carvão de Durham, mas não ao ser introduzida a mecanização, quando a faixa de habilidades do executor ficou extraordinariamente reduzida pela especialização. Já na terceira fase, a do sistema

sociotécnico, ela voltou a ser obedecida em virtude de ser permitida a rotação de tarefas.

Infelizmente, porém, não obstante todas as provas em contrário (o sucesso dos caixas executivos dos tradicionais bancos comerciais é uma delas), ainda se pensa que o homem só deve executar um tipo de atividade, como resquício do que preconizava a engenharia de tempos e movimentos do Século 19 (Drake & Smith, p. 144).

Uma **segunda condição** diz respeito ao grau de especialização das atividades, o qual não pode ser grande a ponto de impedir a rotação de tarefas. Isso não é satisfeito nas comissões em que obrigatoriamente participam especialistas por função, como advogados, engenheiros, economistas etc., cujas posições **não são intercambiáveis** e, por isso, dificilmente poderão formar um sistema sociotécnico.

A **terceira condição** estabelece que as atividades sejam de tal forma inter-relacionadas que só o bom desempenho de cada uma delas determine o sucesso do conjunto. Tal exigência decorre da própria definição de metas cooperativas, sendo que a percepção desse fato era o motivo de os mineiros, por acordo mútuo, mudarem de função, deslocando-se para executar o trabalho que, por causa de alguma ocorrência, estava atrasando a extração do carvão.

Finalmente, uma **quarta condição** determina que não deve existir acentuada preferência ou rejeição para uma ou outra tarefa ou função, a fim de tornar possível a aceitação de todos para efetuar a rotação do trabalho. Tal condição é intuitiva, pois ninguém do grupo autônomo aceitaria encarregar-se de tarefas (quando condições momentâneas determinassem) por alguma razão mais perigosas, sujas ou depreciativas (Herbst, p. 23).

Para terminar, alguma coisa deve ser dita a respeito da pressão técnica. É de se esperar que esta seja aumentada pela mudança de uma unidade administrativa tradicional para outra, em que sejam obedecidas as prescrições para criar o sistema sóciotécnico. Um motivo para essa hipótese tem por base o explanado no Capítulo 8, pois o agrupamento autônomo oferece maiores oportunidades para a iniciativa e para a criatividade, bem como facilita a solução de problemas relacionados à tarefa. Outra razão está na possibilidade de rotação e ampliação de atividades, bem como de constituir uma forma de enriquecer o trabalho.

2. VARIÁVEL PRECEITOS. O sistema sociotécnico deve ser capaz de se estruturar internamente, o que significa criar uma ideologia própria. Assim sendo, primeiro deve ser assegurado que o "sistema externo" (ou hipersistema que é a organização) não tenha desenvolvido uma cultura que faça com que o "sistema interno" elabore normas contra

a empresa, a exemplo do que ocorre nas autocracias, em que é dada ênfase nos controles da pessoa e não de seu desempenho. A cultura da empresa irá influenciar, também, a estrutura de coordenação, pois, não existindo um chefe imposto obrigatoriamente, surgirá um líder (ou então um condutor). Tratando-se de agrupamento estável — em razão de perfazer atividades de processamento repetitivas —, haverá possibilidade de que seja escolhido um líder, que em nossa acepção é um coordenador emergencial e mutável de acordo com a variabilidade das situações.

Assim sendo, é mais fácil o aparecimento do participante escolhido por sua capacidade excepcional para atuar a fim de atingir as metas coletivas, como explanado no Capítulo 6. Todavia, esse líder pode não se contentar somente com o prestígio auferido e começar a desejar o poder sobre os demais companheiros, transformando-se então em condutor e passando a impor suas próprias normas e escolhendo uma camarilha de apoio. Além desse problema, a administração ainda pode defrontar-se com a ferrenha resistência que o agrupamento autônomo deve opor a toda e qualquer mudança que altere seu *status quo*. Isso é explicável tendo em vista que os agrupamentos costumam não aceitar modificações, pois estas sempre representam ameaças reais ou imaginárias ao bem-estar alcançado.

A literatura não informa se, com o tempo, emergiu a figura do condutor no agrupamento de mineiros de Durham, mas essa possibilidade sugere que a administração não deve permitir que o sistema sociotécnico formado se mantenha estável, sendo aconselhável a rotação de pessoas de um grupo para outro, especialmente a do condutor ou líder.

3. VARIÁVEL SENTIMENTOS. Em primeiro lugar, é necessário que o agrupamento permita as interações de todos os membros entre si, isso porque o sistema sociotécnico deve constituir um pequeno grupo. É de notar que, no experimento da mina de carvão, havia 41 mineiros a agregar, mas, como eram divididos em três turnos, o número de 13 a 14 homens permitia essa interação. Em segundo lugar, é preciso promover um mínimo de identificação social do indivíduo com o grupo, o que dependerá muito das características psicológicas do trabalhador alocado, como será examinado a seguir.

12.1.4 Prescrições em nível do indivíduo

Em nível do indivíduo, as prescrições são de competência da disciplina Psicologia Aplicada à Administração, restando para a Sociologia os aspectos da cultura que é interiorizada pelos participantes do grupo "sistema sociotécnico".

1. VARIÁVEIS CULTURAIS. As prescrições que a seguir serão descritas são o prolongamento das explicações fornecidas nos Capítulos 2 e 3, segundo as variáveis tecnologia, preceitos e sentimentos.

— **Tecnologia.** Nas empresas utilitárias, esta dimensão deve predominar sobre as demais. Portanto, interessa alocar para membro do sistema sociotécnico o indivíduo que culturalmente aprendeu a dar valor ao trabalho e busca sua própria realização por meio das tarefas que executa. Ora, já vimos que essa é uma característica da pessoa madura, que chamamos de "independente", em contraposição ao conformista que busca apoio emocional e, por isso, é prestativo aos outros. Evidentemente, muitas atividades são dirigidas a auxiliar o próximo, que, transpostas para o sistema sociotécnico, exigiriam pessoas com características de um pai que protege. Entretanto, o conformista, por ter os comportamentos da criança que agrada para ser benquista pelos mais velhos, continua a não ser adequado para essa forma de trabalho.

— **Preceitos.** Conforme exposto no Capítulo 6, o nível de maturidade dos membros determinará o tipo de coordenação. Assim, os indivíduos que culturalmente aprenderam a ser dirigidos, acostumados, portanto, à coordenação paternalista, que diz o que deve ser feito e dá prêmios aos que foram "bonzinhos", permitem que apareça a figura do condutor e o grupo nunca chegará a ser autônomo, sendo sua estrutura baseada no poder e não na autoridade. Do exposto surge uma pergunta: será viável neste país adotar o sistema sociotécnico? Pelo que você conhece a respeito das culturas existentes, pode encontrar a resposta por si próprio, sobretudo tendo por base os aspectos analisados no Capítulo 4 sobre competição e cooperação.

— **Sentimentos.** É preciso que os participantes do grupo autônomo sejam capazes de se relacionarem para levar avante suas tarefa. Novamente insistimos que tais interações devem ser adultas e não tender para os "bate-papos" inconsequentes, cuja finalidade é passar o tempo e não levar a termo as atividades inter-relacionadas, sendo a fuga uma das características da imaturidade.

2. PRODUTIVIDADE DO PARTICIPANTE. Como qualquer outra organização, o sistema sociotécnico será viável à proporção que o participante obtiver por seu trabalho aquilo que pretendia ao filiar-se à empresa. O induzimento controlado pela administração das minas de Durham limitava-se aos pagamentos pela produção grupal, mas a ele devem ser adicionadas as satisfações pelos relacionamentos com os companheiros e pela execução da própria tarefa coletiva que, aliás, são fatores para justificar a criação do grupo, conforme explanado no Capítulo 8. Parece-nos que tais satisfações se tornaram possíveis em virtude da eliminação da chefia formal, que costuma ser fonte de frustrações. Portanto, o grupo autônomo representa um passo a mais no Desenvolvimento Organizacional, substituindo a pressão formal pela pressão social.

3. ENTRAR, PERMANECER OU SAIR DO GRUPO. Na unidade administrativa, o empregado recém-admitido entra pela mão das chefias e, em razão de as metas serem coorientadas, os companheiros pouco têm a opor a sua aceitação. Todavia, no grupo autônomo, o novo empregado tem de se tornar um membro efetivo, e isso não depende da administração e sim dele próprio, em função da ideologia criada no sistema sociotécnico. A literatura não costuma fazer referência a tais aspectos, os quais são importantes, sobretudo por defendermos a conveniência de tais grupos serem de **duração finita** e com **intercâmbio de participantes**; aliás, é com essa forma que muitos autores imaginam o futuro das organizações produtivas (Basil & Cook, p. 160-162).

Nesse sentido, fica uma pergunta: como preparar o empregado para essa nova forma de trabalho, já que está viciado nos métodos clássicos da administração? Experiências têm sido levadas a efeito com dinâmica de grupo, como na empresa Glacier, na Inglaterra, com resultados medíocres, mas não desalentadores (Basil & Cook, p. 123). Por isso, no desejo de mostrar um caminho para o treinamento desse novo tipo de empregado, elaboramos o processo de entrar, permanecer ou sair do agrupamento, conforme explicado no Capítulo 10. Nele foi explicada a interação que deve existir entre a cultura da sociedade, a do grupo coeso, a de seus participantes e a dos candidatos à admissão. Mas como é inegável a mudança na sociedade da chamada ética protestante para a ética social, o Desenvolvimento Organizacional — no sentido de enfatizar a pressão social em lugar da pressão formal — nada mais é do que uma resposta administrativa às novas condições com as quais as empresas começam a defrontar-se.

Agora, uma palavra final: por que o sistema sociotécnico proposto pelo Instituto Tavistock não se difundiu na Inglaterra? A razão foi simples; os fortes sindicatos dos mineiros sentiram que iam perder o poder pelo fato de seus associados não terem mais os mesmos motivos para reivindicações, e graças a sua influência política conseguiram proibir que se fizesse a implantação dessa mudança organizacional... Aconteceria o mesmo no Brasil? O leitor pode responder, inclusive levando em conta a atual Legislação Trabalhista criada em 1940, ou seja, antes de existirem computadores, satélites de comunicação e até mesmo televisão em cores.

12.2 A TECNOLOGIA NÃO PERMITE A ROTAÇÃO DE TAREFAS: CASO DAS EQUIPES

Como outro tipo de grupo autônomo, chamaremos de **equipe** (em inglês, *team*) o agrupamento cujas metas continuam cooperativas, porém a especialidade exigida pelas tarefas é tão grande que impossibilita o intercâmbio de posições por parte de seus membros.

12.2.1 Características das equipes

Sendo um grupo formal, as equipes possuem características básicas, que podem variar de caso para caso, como os exemplos tornam claro, que em princípio são as seguintes:
— suas finalidades, resultados e membros são determinados pelo "sistema externo";
— as metas pessoais para que os resultados sejam materializados são cooperativas;
— a ênfase está na dimensão tecnológica das tarefas;
— tais atividades são especializadas, o que impede a mobilidade do executor pela rotação de tarefas;
— o grupo é autônomo por criar normas de organização e procedimentos, elegendo o líder entre seus participantes;
— a expressão de emoções é permitida, como no grupo primário;
— os resultados devem ser mais eficazes que eficientes;
— duração da equipe é por tempo determinado, ou seja, até que os resultados sejam alcançados.

Exemplos são os grupos de trabalho organizados para elaborar um projeto, levar avante uma pesquisa, efetuar operações cirúrgicas ou efetivar mudanças na empresa. Nestes, a missão é determinada pelo "sistema externo", cabendo ao agrupamento, como "sistema interno", estruturar-se para cumpri-la. Pelas características expostas, a equipe diferencia-se:
— da unidade administrativa, por sua coordenação e ideologia que lhe são próprias e não impostas;
— do sistema sociotécnico, pela alta especialização que impede a substituição de um membro por outro, além de enfatizar mais a eficácia que a eficiência;
— do grupo informal, porque este se volta mais para a variável sentimentos, como os amigos que se reúnem para jogar cartas e tomar cerveja, ou enfatiza a variável preceitos da defesa contra as exigências da organização;
— de todos os grupos formais incumbidos de tarefas rotineiras, pois seu resultado é a inovação, no sentido que o cliente interno ou externo espera um novo produto ou serviço específico para ele.

12.2.2 Prescrições para formar equipes produtivas

A literatura não tem desenvolvido esse tema como deveria, não obstante mencionar as equipes como a organização do futuro, especialmente nas práticas da **reengenharia**, tendo em vista a complexidade cada vez maior do processo produtivo e a crescente variabilidade ambiental, ambos exigentes de grande flexibilidade, ao que as estruturas piramidais clássicas de burocracia são incapazes de se adaptar. Todavia, com base nos capítulos explicativos anteriores, achamos que poderiam ser dadas algumas prescrições de ordem geral com o intuito de serem criadas equipes produtivas. Assim, mantendo o que dissemos anteriormente sobre finalidades, fronteiras e insumos, iniciaremos as prescrições para criar equipes examinando os detalhes que se diferenciam do sistema sociotécnico.

1. TECNOLOGIA. Pressupondo serem as tarefas exigentes de executores **especializados por função**, o que envolve **conhecimentos** — diferente dos especializados por tarefa que necessitam mais de habilidades —, pode-se deduzir que exista a pressão técnica em grau mais ou menos elevado. Essa é a grande motivadora da equipe e, por isso, os membros devem ser alocados entre os que buscam a realização por meio do trabalho, cuja medida em termos de criatividade, adequação e aplicabilidade ao que lhes foi solicitado servirá de base para a organização remunerá-los pelos resultados obtidos. Note-se que no sistema sociotécnico também os resultados serviam de base para os pagamentos, porém são muito diferentes os incentivos monetários recebidos pelos mineiros de Durham e os recebidos pela equipe de médicos e enfermeiras que ajudam um grande cirurgião, tendo neste caso importância relativa, enquanto naquele era a principal.

2. PRECEITOS. Em uma reunião de diretoria, o sócio incumbido da especialidade em pauta deve assumir a liderança, a exemplo do Diretor de Finanças em um problema de obtenção de fundos, o Diretor de Marketing na expansão de novos mercados, ou o Diretor da Produção em um caso de mudança da fábrica.

Todavia, em um projeto de engenharia fica difícil escolher um coordenador que, desempenhando uma atividade especializada, ainda precisa integrar sua função com as dos outros e, também, as demais entre si. Esse tipo de coordenação tem de ser emergencial e caracterizado por um líder, o que torna mais difícil a existência de equipes produtivas. Parece-nos que esse problema só pode ser resolvido por meio de treinamento em dinâmica de grupo voltada para a produtividade, e assim mesmo com pessoas maduras, pois já foi mencionado que a cultura atual só dá ênfase ao trabalho individual e não à participação coletiva, exigindo-se, pois, um aprendizado (Maximiano, cap. 3). Além disso, a coesão (necessária para que um grupo se mantenha) fica dificultada pelas diferenças culturais de seus participantes, diferenças essas decorrentes da própria especialização, que faz com que crenças, normas e valores não se coadunem.

3. SENTIMENTOS. Pelo fato de os membros serem especialistas, é de esperar sua identificação com a classe profissional, e não com a empresa como esta desejaria que fosse, pois são "cosmopolitas" no dizer de Merton, como examinado no item 10.1.1. Neste ponto, verifica-se uma dificuldade para o estabelecimento da equipe, o que não acontece no sistema sociotécnico, em que os participantes são predominantemente "locais". Pela ausência de identificação desses especialistas com a empresa, originam-se forças tendentes a destruir o agrupamento, contrariadas tão-somente pela percepção do quanto os companheiros podem contribuir para o desempenho da tarefa de cada um, e de quanto esta contribui para as dos demais.

4. CULTURA ORGANIZACIONAL. Pelo fato de cada tipo de organização desenvolver uma cultura que lhe é própria e dentro dela existirem subculturas, é intuitivo que a criação de equipes seja facilitada ou dificultada por tais peculiaridades. Assim, de acordo com as Figuras 8.1 e 9.1, as fábricas, lojas e bancos não necessitam da formação de equipes e sim as universidades e hospitais, e sobretudo o extremo onde se localizam as firmas de projetos. Isso vale mais para as atividades que exigem mudanças e menos para as atividades-meio, pelo fato de serem rotineiras. Em outras palavras, quanto maior for a necessidade de **inovação**, mais apropriadas serão as equipes. Por isso, as empresas de projetos, entre as quais se inclui a Nasa, cujos produtos estão continuamente sofrendo alterações, são as mais carentes de equipes para a eficiência e eficácia.

Nesse caso, firmas de produtos estáveis não precisam de equipes? Sim, quando tiverem que mudar, por exemplo, na ocasião em que a empresa é vendida e o novo proprietário precisa reformular as rotinas improdutivas, ou quando estiver à beira da falência e só procedimentos radicais como os da reengenharia puderem salvá-la. Sem tais extremos, equipes são necessárias quando se pretende lançar um novo produto no mercado ou fazer mudanças, como informatizar a empresa.

12.3 FATORES QUE FACILITAM A CRIAÇÃO DE EQUIPES

Nossa cultura individualista e a falta de treinamento em trabalhos de grupo dificultam a montagem de equipes produtivas. Todavia, sociólogos levaram a efeito pesquisas com pequenos grupos e verificaram que eram capazes de se auto-organizarem e serem produtivos. Tais fatos devem ser conhecidos pelos administradores para deles se aproveitarem a fim de **estruturarem** equipes. Para isso, alguns resultados de tais observações serão expostos a seguir e de acordo com as três variáveis culturais.

12.3.1 A variável tecnológica da estrutura

É intuitivo que a tecnologia seja a principal variável a ser levada em conta na estruturação de equipes pelo fato de se tratarem de sociogrupos incumbidos de alcançar resultados concretos.

Neste ponto, pode surgir uma dúvida: nos grupos informalmente criados também surgem estruturas decorrentes das funções tecnológicas? Sim, como mostram experiências com reuniões de pessoas convidadas para solucionar um problema ou executar determinada ação, ou seja, **sociogrupos**. Neles, observou-se que as informações necessárias para o desenvolvimento dos trabalhos são fornecidas por indivíduos que, por seus conhecimentos técnicos e experiências, possuem especialização em assuntos de interesse para atingir determinda meta, sendo, por isso, denominados "**peritos**".

Entretanto, a prestação dessas informações nem sempre é espontânea ou completa, motivo pelo qual surgem pessoas que têm a capacidade de estimular as discussões, seja pedindo novos dados, seja enfatizando aspectos relevantes, embora eles próprios não sejam peritos no assunto. São os "**facilitadores**", cuja função não é bloquear as informações irrelevantes ou impedir manifestações, e sim estimular contribuições e apresentar novas facetas para a solução do problema. Acontece que os membros podem estar a tal ponto preocupados em chegar a um resultado que um acaba atrapalhando o outro, gerando confusões. Nesse momento, é necessário o surgimento de um "**perito em organização**", capaz de pôr ordem nos debates (Klein, 1968, p. 100-101).

Tais explanações são importantes por mostrarem que a estruturação dos grupos com base na divisão do trabalho para levar avante as tarefas necessárias às funções é um **fenômeno natural**. O administrador pode aproveitar as lições desse fato para estruturar equipes na forma de unidades autônomas, mais eficazes e eficientes que os grupos formais.

12.3.2 A variável preceitos da estrutura

Essa variável cultural é a mais interligada com a estrutura grupal, motivo pelo qual será mais bem detalhada em seus componentes de coordenação, prestígio, poder e papéis.

1. ESTRUTURA DE COORDENAÇÃO EM GRUPOS INFORMAIS. No grupo para solução de problemas, o perito em organização, com o tempo, fixa sua posição, tornando-se o "coordenador", sem o qual a meta dificilmente é alcançada. Por estar voltado para a tarefa, é um **líder técnico**, exatamente por enfatizar a tecnologia, mas que no desenvolvimento de sua atuação passa a se defrontar com um dilema, ou seja, caso continue a interessar-se pelas tarefas, ele tende a perder a popularidade e a entrar em conflito com

alguns membros, ao passo que, se tentar ser um estimulador de ânimo, perderá a liderança, pois esta lhe é concedida por sua especialização ou capacidade de coordenar.

O conflito acentua-se com o tempo, como foi mostrado em experiências de pequenos grupos, quando, em uma série de reuniões, as possibilidades de o líder técnico ser simpático caíram de 3 para 1 já na primeira sessão, de 4 para 1 na segunda, passando de 7 para 1 na quarta. A própria atividade"liderança técnica" já leva o grupo a uma pressão que provoca irritações capazes de fazer perigar a unidade, ocasião em que pode entrar em ação um "estimulador" com o fim de manter a coesão. Este se torna, então, **líder social,** que, evidentemente, não possui o prestígio do líder técnico (porque o grupo existe para atingir metas concretas e não para se exprimir socialmente), mas é importantíssimo para a sobrevivência da coletividade (Bales, p. 152).

Esses dois tipos de liderança podem e devem subsistir juntos, um complementando o outro, como observado em grupos informais existentes em fábricas. Nestes, o líder técnico tratava com seu meio externo, o supersistema constituído pelos supervisores, no sentido de atingir as metas pessoais dos trabalhadores, enquanto o líder social mantinha a coesão interna, mesmo à custa de coerção contra desviantes (Etzioni, 1967, p. 153).

Existe, pois, nos grupos organizados por vontade dos membros, uma tendência de os participantes diferenciarem-se nos relacionamentos com os companheiros, passando a ocupar posições de influência numa estrutura que engloba a especialização e a coordenação (esta técnica e expressiva) com líderes e sublíderes.

2. ESTRUTURA DE PRESTÍGIO E DE PODER. De acordo com pesquisas realizadas em grupos informais criados para solucionar problemas, os especialistas que organizam os fatos debatidos são os mais prestigiados pelos demais. Além disso, os peritos que mais contribuem com informações relevantes para que a meta final seja alcançada também ganham prestígio. Finalmente, os estimuladores que aliviam tensões são reconhecidos pelos seus esforços, mas não tanto como os especialistas e peritos. Surge, assim, uma **estrutura de prestígio**, que tem por base o valor de suas contribuições, constituindo por si mesmo uma recompensa suficiente para que continuem esforçando-se para resolver o problema em pauta.

Tais fatos ocorrem nos grupos com duração finita, como nas equipes criadas nas organizações, porém não nos perenes ou nos que persistem por longos períodos. Nestes, o contínuo processo de prestigiar o líder faz com que ele se acostume a isso, sentindo diminuir o valor do respeito que lhe é atribuído, motivo pelo qual passa a exigir outro tipo de retribuição que compense a diferença sentida a fim de que continue contribuindo.

Como aceitar a vontade do líder constitui a única forma de que os demais membros dispõem para retribuir e manter o fornecimento da assistência de que necessitam, pouco a pouco estes começam a submeter-se às exigências do coordenador, que passa, assim, a desfrutar de poder sobre os demais. Esse domínio é caracterizado por sua capacidade de punir os necessitados apenas com a suspensão da ajuda, caso não mais aceitem suas ordens e vontade. Surge, então, nova estruturação no grupo, esta em termos do poder diferenciado

de seus membros mais influentes, que, como já visto, não se limitam ao líder técnico.

É importante notar que os perdedores, ou os que não quiseram a posição dominadora, concentram-se em suas tarefas, podendo também competir entre si, mas pela perfeição de seus trabalhos. Os detentores de poder também passam a competir entre si, seja para aumentá-lo, seja apenas para sua manutenção. Paralelamente, ocorre um relacionamento de trocas entre essas duas camadas de participantes, os de cima fornecendo assistência técnica aos de baixo, e estes retribuindo com respeito e aquiescência aos desejos dos superiores (Blau, p. 180-183). Com isso, o líder transforma-se em condutor, escolhendo companheiros para comporem um subgrupo na forma de camarilha para apoiá-lo e dominar os demais membros. Como já explanado, trata-se de fato comum nas associações de coordenação eleita, a exemplo de clubes, sindicatos e condomínios de apartamentos, nos quais o leitor pode identificar a "panelinha" que manda e desmanda. Essas explanações justificam a necessidade de as equipes terem existência breve, o que, aliás, é preconizado no treinamento em dinâmica de grupo, a qual limita a duração da liderança de cada membro a apenas uma sessão.

Como se espera que as unidades administrativas não sejam diferentes do planejado, a estrutura de prestígio é previamente criada por meio da distribuição diferencial de **símbolos** indicadores da capacidade técnica, conforme explanado no Capítulo 7. O tipo de símbolo de prestígio deve ser congruente com a maior ou menor dificuldade das tarefas desempenhadas, pois estas são a razão de ser do agrupamento formal e constituem o principal fator de sua duração no tempo. Assim, costuma-se dar uma pequena escrivaninha para o escriturário e uma bem maior para seu chefe, a fim de tornar claro que este precisa de espaço para suas tarefas. É importante notar que assim fica garantido o carisma necessário para demonstrar a especialização e, com isso, fazer os outros aceitarem instruções técnicas. Evidentemente, isso deve ser enfatizado se a organização tender para o extremo expressivo, reduzindo-se a importância de o carisma tender para o extremo coercitivo. Nas intermediárias, cria-se artificialmente uma estrutura de poder ou de autoridade — conforme a organização apresente aspectos coercitivos ou expressivos —, por meio de símbolos de *status*, enfatizando, porém, a imagem de poder do chefe mais do que sua capacidade técnica.

Concluindo, quanto mais capacitados forem os participantes no desempenho das funções exigidas dentro da unidade administrativa e mais capacitados forem os chefes e subchefes em seu trabalho de coordenação, mais a estrutura de prestígio e de autoridade se aproximará da criada espontaneamente no grupo informal. Além disso, quanto mais tempo durar o agrupamento formal, maior será a tendência de criar-se uma oligarquia, seja da coordenação, seja informalmente contra ela, assim nascendo o "partido da oposição".

12.3.3 A variável sentimentos da estrutura

Observações em pequenos grupos informais mostraram que os membros não se aceitam por igual. Experimentos com agrupamentos incumbidos de tarefas revelaram que a centralização de comunicações resultou em produtividades diferentes da situação em que as informações eram passadas na sequência de uma cadeia. Pode-se falar em estrutura de sentimentos de cordialidade, hostilidade e alheamento, dentro de uma estrutura de comunicações interpessoais.

1. SOCIOGRAMA. As observações e pesquisas feitas em grupos de interações face a face sugeriram a conveniência de traçar graficamente as escolhas e as rejeições reservadamente informadas pelos próprios participantes, Dessa forma, resultam os conhecidos sociogramas, que mostram a expressão de sentimentos (Krech et al, p. 451). É importante observar o fato de existirem: um ou mais "**astros**", ou seja, indivíduos que têm grande popularidade em virtude de sua capacidade de iniciativa e organização; "**ovelhas negras**", por serem boateiros e provocarem irritabilidade entre os membros; e membros "**periféricos**" que ficam isolados por se alienarem do grupo, seja individualmente, seja aos pares, estes últimos quase formando um subgrupo. Deve-se também notar que a dependência é unilateral, isto é, a cordialidade pode ser contraposta por alheamento ou mesmo hostilidade (Klein, 1968, p. 66-69). A Figura 12.3 esquematiza o exposto.

Já nas unidades administrativas não se pode planejar, *priori*, a rede de simpatias e antipatias, porém é possível melhorar o clima e o ânimo dos participantes por meio de um trabalho que mostre a importância das interações para a realização das tarefas. Essa afirmação tem por base os estudos e trabalhos levados a efeito com esquadrilhas da força aérea dos aliados durante a Segunda Guerra Mundial (Klein, 1968, p. 95-97). Na falta de outras pesquisas, pode-se intuir que, quanto mais uma organização utilitária tender para o lado das expressivas, maior será a necessidade de cooperação. Por esse motivo, será importante para a produtividade que haja congruência das mútuas simpatias com interdependência para a execução das tarefas. Inversamente, quanto mais tender para o extremo da coerção, menos influirão as simpatias, pois as metas passam a ser coorientadas, inclusive os periféricos poderem ser produtivos.

A intuição de como os membros de uma unidade administrativa, equipe ou comissão se inter-relacionam permite ao administrador dar condições ao astro para assumir um papel de chefia, descobrir a razão das ovelhas negras serem discriminadas e atribuir tarefas individuais para periféricos. Com isso, aproxima os comportamentos do grupo formal ao do informal, sempre com vistas ao desempenho e satisfação de metas por parte dos participantes.

2. ESTRUTURA DE COMUNICAÇÕES. Em experimentos de execução de tarefas com pequenos grupos foram criadas restrições nas possibilidades das comunicações entre os participantes, para ficarem estabelecidos tipos específicos de redes de interações, por exemplo, trocas de informações segundo as direções dos raios de uma roda ou ao longo de uma cadeia, como mostrado na Figura 8.5. Dessa maneira, o grupo que deveria ter características de primário (comunicações expressivas face a face) passou a ser secundário (interações dirigidas com interesse na execução de atividades), aproximando-se assim das condições presentes nas unidades administrativas, em que o número de participantes pode ser elevado e as trocas de informações são destinadas ao desempenho do trabalho e formalmente permitidas apenas

Figura 12.3 *O sociograma mostra a estrutura de expressão de sentimentos, com o astro, ovelhas negras e periféricos.*

àqueles cujas tarefas devem ser inter-relacionadas. A Figura 12.4 esquematiza as possíveis estruturas de comunicações.

Tais experimentos são citados em muitos livros que abordam comunicações em pequenos grupos, mas para o administrador são de pouco interesse porque os poucos resultados são mais ou menos óbvios, por exemplo: a pessoa que se situa no centro dos raios de comunicação coordena as atividades dos demais e ocupa posição destacada para exercer o poder ou a liderança, ou as interações de todos para todos são mais adequadas em situações cooperativas de solução de problemas, enquanto os raios de roda convêm para situações coorientadas de tarefas repetitivas (Davis, p. 109-110; Klein, 1972, p. 87-88).

ESTRUTURAS DE COMUNICAÇÕES

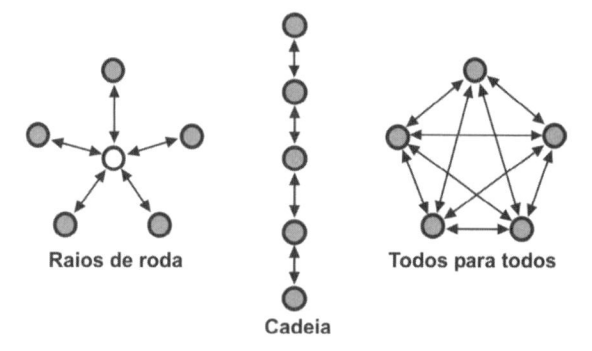

Figura 12.4 *Modelos de estruturas das comunicações em grupos.*

Para concluir, pode-se dizer que é espontânea a criação de várias estruturas nos grupos informais incumbidos de realizar tarefas destinadas a obter resultados preestabelecidos. Ademais, a maior ou menor adequação dessas estruturas ao tipo de trabalho determina o grau de produtividade do grupo e a satisfação de seus membros.

TÓPICOS PARA EXPOSIÇÕES

12.1.1 O experimento das minas de carvão de Durham

Explicar que: a) em prosseguimento ao exame da pressão técnico-social em grupos com metas coorientadas, agora será analisada para o caso das metas serem **cooperativas**; b) a primeira situação a ser examinada é a da tecnologia permitir a **rotação das tarefas** pelos executores, como ocorre nas minas de carvão; c) para resolver os problemas ocorridos nas minas de carvão da região de Durham na Inglaterra, foi contratado o Instituto Tavistock de Relações Humanas para estabelecer uma nova sistemática de trabalho; d) essa organização propôs uma prática que foi denominada sistema sociotécnico, segundo a qual: 1. os próprios mineiros determinavam quem participaria dos turnos e executaria a tarefa; 2. conforme as necessidades do trabalho, os mineiros faziam a rotação de tarefas; 3. o pagamento extra passou a ser feito pela quantidade de carvão extraído; tais mudanças trouxeram várias melhorias (descrevê-las).

12.1.2 Prescrições em nível da organização para ser criado o sistema sociotécnico

Explicar que: a) para o sistema sociotécnico ser eficaz e eficiente são necessárias condições específicas a serem criadas pela própria organização; b) precisam ficar claros: 1. as finalidades do grupo formal; 2. os clientes internos a quem servem; 3. os resultados que necessitam ser mensuráveis; 4. o pagamento extra por volume do produzido; 5. as fronteiras do grupo formal; 6. o controle completo pelos executores do processo de produção; c) conforme esquematizado nas Figuras 12.1 e 12.2, o sistema sociotécnico exige alteração completa das práticas burocráticas tradicionais para a execução do trabalho.

12.1.3 Prescrições em nível do grupo formal

Explicar que: a) para o sistema sociotécnico ser viável são necessárias mudanças nas variáveis culturais, a começar pela dos agrupamentos de trabalhadores; b) a variável tecnologia é a mais importante (descrever resumidamente as quatro condições); c) a variável preceitos consiste na criação por parte do grupo de uma ideologia própria baseada no líder e que não seja contra a empresa; d) a variável sentimentos tem como fator a identificação do trabalhador com o grupo formal.

12.1.4 Prescrições em nível do indivíduo

Explicar que: a) o exame da personalidade do trabalhador que aceita o sistema sociotécnico é assunto da Psicologia Aplicada à Administração, mas, da mesma forma do item anterior, analisar a importância da cultura interiorizada pelo trabalhador; b) a variável mais importante continua sendo a tecnológica, sendo preferível o indivíduo maduro independente; c) a variável **preceitos** mais importante refere-se à crença de valorizar o trabalho como a forma de ganhar maior salário; d) a variável sentimentos enfatiza a comunicação e o sentimento de pertencer ao grupo; e) um aspecto muito importante a destacar e já examinado nos grupos de longa duração é a tendência de se tornarem mais fechados e de permitirem emergir um condutor em lugar do líder.

12.2.1 Características das equipes

Explicar que: a) ainda no caso de metas cooperativas, mas quando a tecnologia não permite a rotação de tarefas pela exigências de especialistas, o sistema sociotécnico torna-se inviável, sendo necessária a formação de equipes; b) as equipes são grupos formais com características próprias (expor resumidamente); c) tais características as diferenciam de outros tipos de grupos (expor resumidamente).

12.2.2 Prescrições para formar equipes produtivas

Explicar que: a) novas práticas como a reengenharia têm enfatizado a formação de equipes em substituição à tradicional pirâmide burocrática, porém a literatura é parca em explicar as condições necessárias para efetivar essas técnicas; b) a primeira condição a ser examinada diz respeito à variável tecnologia empregada, que deve exigir especialidade por função e não por tarefa, como no sistema sociotécnico; c) a variável preceitos é fundamental, tanto para permitir o aparecimento do líder emergencial quanto para haver entendimentos por causas de crenças e valores diferentes dos especialistas por função; d) a variável sentimentos influencia pela individualidade natural dos técnicos mais "cosmopolitas" que "locais"; e) é comum a cultura organizacional, por tradição, ser contrária às equipes, motivo pelo qual precisa ser mudada, o que só pode acontecer se existir pressão ambiental ameaçando a viabilidade da organização.

12.3.1 A variável tecnológica da estrutura

Explicar que: a) experimentos em pequenos grupos mostraram que é natural das pessoas estruturarem pequenas equipes, contrariando a cultura das organizações burocráticas que dificulta sua formação; b) no pequeno grupo os membros se diferenciam, alguns desempenhando o papel de peritos técnicos ou organizadores e outros de facilitadores.

12.3.2 A variável preceitos da estrutura

Explicar que: a) estrutura da equipe deve basear-se na formada nos pequenos grupos; b) neles surge uma estrutura de coordenação com um líder técnico e um outro como líder social, que devem subsistir juntos; c) forma-se também uma estrutura de prestígio, destacando-se um coordenador, que de início é um líder, mas com o tempo pode transformar-se em um condutor, utilizando o poder mais que a autoridade; d) por tais motivos, convém que as equipes sejam mantidas por tempo finito e haja periódica substituição de seus membros.

12.3.3 A variável sentimentos da estrutura

Explicar que: a) com o tempo as equipes criam uma estrutura de amizades e de rejeições, que pode ser mostrada graficamente pelo chamado **sociograma** da Figura 12.3; b) nele, destaca-se um membro como **astro**, outros como **periféricos** e alguns rejeitados como "ovelhas negras"; c) outra estrutura é a de comunicações, que de acordo com a Figura 12.4 adquire diferentes configurações, conforme a situação e o tipo de quem é coordenador.

QUESTÕES PARA REVISÃO

Você foi contratado por uma empresa metalúrgica que emprega processos tradicionais, com o fim de elaborar o anteprojeto de mudanças da Seção de Fundição que opera 24 horas por dia em três turnos, por meio da criação de um sistema sociotécnico. Tendo em vista que as atividades desse grupo formal são: 1. execução de moldes em areia de peças a partir dos modelos em madeira; 2. derretimento do ferro em forno a óleo; 3. enchimento manual dos moldes com ferro derretido; 4. quebra dos moldes depois de o metal ter esfriado; 5. retirada das rebarbas das peças por meio de esmeril. Responda, **justificando**, as seguintes perguntas:

1. Especifique, em nível de organização, as seguintes prescrições, necessárias para ser criado o sistema sociotécnico: a) quais são as finalidades da Seção; b) qual a base para a medição dos resultados); c) se os pagamentos dos participantes forem feitos de acordo com duas bases, quais serão elas; d) quais devem ser as fronteiras desse sistema sociotécnico a ser implantado.

2. Em nível de grupo formal (desconsiderando a função de modelador, que é profissão de artífice), e com base nas três variáveis culturais, informe: a) se as posições de trabalho dos operários podem ou não ser intercambiáveis; b) se o chefe atual deveria ou não ser eliminado (por transferência ou desligamento); c) caso o chefe fosse eliminado, quem coordenaria o grupo?

3. Em nível de indivíduo, informe: a) com base nas três variáveis culturais e supondo-se que nem todos os operários atuais irão aceitar a mudança, qual o tipo de personalidade que deverá permanecer? b) pela cultura brasileira, é de se esperar que os operários preferirão continuar sendo coordenados por um chefe ou terão capacidade de eleger um coordenador entre si?; c) no caso de ser implantado o sistema sociotécnico, e ainda pela cultura brasileira, é de se esperar que os próprios operários exijam a demissão do companheiro pouco produtivo?

4. Partindo de seu anteprojeto especificado linhas atrás e com base nas três variáveis culturais, especifique as **prescrições** que você daria à empresa para que ela crie uma **equipe** destinada a levar a efeito o projeto, a implantação e o acompanhamento de mudanças da Seção de Fundição, quanto: a) aos especialistas indicados para formar a equipe; 1. seus objetivos pessoais; 2. cosmopolitas ou locais; e 3. áreas de conhecimentos; b) a forma de pagamento dos especialistas (por produção ou então fixa, esta última por mês ou por hora trabalhada); c) quem deve fazer e qual a forma da escolha do coordenador dessa equipe; d) qual o tempo máximo e mínimo em meses previstos para essa equipe terminar o trabalho, após o qual deverá ser desfeita; e) o coordenador será o mesmo desde o início até o fim ou seria desejável que mudasse conforme a etapa dos trabalhos levados a efeito pela equipe?

QUESTÕES PARA DISCUSSÃO EM GRUPOS

As crises da empresa Saiel (8ª parte)

Com base nas descrições feitas nos Capítulos 4 e 7 do caso da empresa Saiel e aplicando as prescrições sugeridas neste capítulo, cada grupo responda, **justificando**, a pergunta abaixo que lhe for determinada.

1. Informe; a) em qual aspecto a etapa de formalização dos procedimentos da Saiel corresponde às mudanças feitas na mina de carvão antes da implantação do sistema sociotécnico; b) pelo menos duas funções igualmente observadas em Durham e na Saiel.

2. Comparando a extração de carvão com as instalações industriais realizadas pelas equipes da Saiel, informe quais características no caso desta empresa 1. **permitiriam** e 2. quais **dificultariam** a criação de um sistema sociotécnico, quanto a: a) resultados a alcançar; b) formas de pagamentos; c) especialização por tarefa e por função; d) fronteiras do grupo formal; e) balanço final dos prós e contras.

3. Comparando a extração de carvão com a oficina da Saiel (que fabricava a linha de peças padronizadas e, também, produtos por encomenda muito diversificados), informe quais características no caso desta empresa 1. **permitiriam**; e 2. quais **dificultariam** a criação de um sistema socio-técnico para a oficina, quanto a: a) resultados a alcançar; b) formas de pagamentos; c) especialização por tarefa e por função; d) fronteiras do grupo formal; e) balanço final dos prós e contras; f) alguma sugestão adicional.

4. Comparando os vendedores, projetistas e operários da Oficina, informe; a) como uma variável de grau: 1. alto; 2. médio; e 3. alto, entre esses três tipos de profissionais, quais deles teriam a personalidade mais adequada para suportar e até desejar a pressão técnica para garantir a produtividade na formação de **equipes**; b) quais deles teriam maiores dificuldades para eleger um líder por estarem acostumados a ser coordenados por um chefe.

5. Informe quais são os fatores presentes em grupos informais que: a) facilitariam a mudança da estrutura tradicional proposta pelo consultor para a seção de projetos por uma outra mais moderna que é a da **equipe**, considerando as variáveis culturais: 1. tecnologia; e 2. preceitos; b) quais seriam as dificuldades pelas estruturas de: 1. poder e prestígio; e 2. de comunicações que também são criadas.

6. GERAL. Fazendo um balanço das condições favoráveis e desfavoráveis, haveria ou não conveniência de mudar alguma unidade administrativa da Saiel em: 1. sistema sociotécnico; e 2. outra em equipe?

clientes
operadores

média | gerência

Diretoria

ORGANIZAÇÕES FORMAIS

13

O camelô inicia sozinho seu negócio de vender "importados do Paraguai" porque acredita que irá atender a um segmento de clientes que desejam possuir bugigangas. Caso tenha sucesso, admite um ou mais ajudantes, inclusive com a função de atender os fregueses enquanto se ausenta para adquirir mais mercadorias. Caso os negócios continuem aumentando, ele recruta mais e mais auxiliares, reunindo-os em grupos formais com o fim de montar sua microempresa. Esta, de pequenas dimensões, pode crescer até tornar-se uma grande firma, como conseguiu fazer o conhecido empresário bem-sucedido Silvio Santos. Como se representava antigamente, pode-se desenhar a estrutura dessa organização na forma de uma árvore, tendo na raiz os proprietários, no tronco a média gerência e nas folhas os operadores, cujo trabalho consiste em produzir bens ou prestar serviços para atender às **necessidades dos clientes**.

O crescimento das empresas é análogo ao dos seres vivos, pois o óvulo fecundado de qualquer animal se divide em células que se especializam originando tecidos, a exemplo do muscular, nervoso e outros mais, que reunidos compõem órgãos, os quais, em seu conjunto, formam o corpo, seja simples como o da estrela do mar, seja complexo como o das pessoas. Outra analogia que poderia ser feita diz respeito ao tamanho e diversidade dos animais. Assim, da mesma forma que existem seres unicelulares microscópicos convivendo com mamíferos enormes, existem microempresas ao lado de firmas multinacionais. Além disso, se os insetos diferem tanto dos peixes e estes das aves, também as lojas comerciais são diversas das fábricas e os órgãos públicos de ambas.

Essa multiplicidade de porte e formas das organizações dificulta seu estudo, o mesmo ocorrendo com o dos seres vivos, em razão de também serem complexos. Acontece que uma das maneiras de sobrepujar tal obstáculo é fazer como a Zoologia, que primeiro examina aspectos comuns às várias espécies para depois classificá-las em tipos e subtipos de acordo com suas peculiaridades, a exemplo da separação em invertebrados e vertebrados e estes em peixes, répteis etc.

Tais analogias sugerem ser factível aproveitar a metodologia seguida pelas ciências biológicas e aplicá-la às organizações, mas com certas precauções, como será destacado no final deste capítulo. Para isso, adotamos por modelo seus procedimentos de estudo, a começar pela análise do processo de crescimento que se inicia no momento em que o empreendedor funda sua empresa, na expectativa de atender às necessidades de um segmento de clientes, até quando a **departamentaliza,** criando grupos formais especializados.

Naturalmente, sendo um estudo sociológico a base escolhida foi a da **cultura** imposta pelo fundador que, por sua vez, subdivide-se em **subculturas**, tanto de acordo com as **funções operacionais** quanto dos **níveis hierárquicos**.

Ademais, tal como os seres humanos que nascem e sucessivamente atravessam as fases de meninice, juventude, maturidade, velhice e morte, as organizações seguem um **ciclo de vida** semelhante. Essas etapas necessitam ser administradas para que o empreendimento não encerre suas atividades, seja vendido ou tenha a falência requerida. Para analisá-las, recorremos à **dialética**, o método sociológico que estuda as mudanças sociais.

Tais serão os aspectos da organização examinados neste capítulo, que correspondem ao quarto nível por ordens de complexidade da metodologia sistêmica da Figura 1.3.

13.1 A ESTRUTURA DETERMINA AS SUBCULTURAS DA ORGANIZAÇÃO

Quando a firma individual do mecânico de automóveis e seu único ajudante começa a crescer e desenvolver-se, transformando-se em microempresa, o proprietário é obrigado a admitir pessoal e atribuir a eles tarefas específicas. Isso o obriga a departamentalizar a firma, começando por dividi-la em duas partes. A primeira delas é constituída pela oficina responsável pela mecânica, que é a atividade-fim destinada a suprir a necessidade de os clientes terem seus carros consertados. Já a segunda parte é formada pelo escritório incumbido das atividades-meio, cujo cliente interno é a própria oficina.

Ao mesmo tempo, sem querer, esse proprietário criará uma cultura peculiar para sua empresa, que se dividirá em duas subculturas, cada qual correspondente ao grupo formal de cada uma dessas partes. Isso porque a Seção de Mecânica dará ênfase à variável tecnológica enquanto o escritório à variável preceitos.

A departamentalização, que tem por subproduto a criação da cultura organizacional e seu fracionamento em subculturas, será examinada a seguir.

13.1.1 A cúpula administrativa departamentaliza e estrutura a organização

A organização é criada como pequeno grupo formal, que cresce à proporção em que é bem administrada e as condições favoráveis do ecossistema permitem ampliar os negócios. Se for bem-sucedida, o aumento do volume dos negócios exige que sejam feitas admissões de mais pessoas, o que transforma o então pequeno grupo inicial em um grande grupo, mudando suas caraterísticas de primário para secundário. Naturalmente, serão atribuídas aos novos participantes tarefas específicas, ou seja, é feita a **divisão do trabalho.**

Nesse momento, torna-se necessário integrar as atividades de cada operador, por exemplo, na oficina de carros só pintar um para-lama depois de fazer os consertos mecânicos. Isso significa que de alguma forma as atividades sejam **coordenadas**. Isso só pode ser efetivado com eficiência caso os participantes forem agregados em unidades formais, ou seja, se o grande grupo for dividido em pequenos, isto é, se a cúpula gerencial **departamentalizar** a organização.

> DEPARTAMENTALIZAR consiste em atribuir subfunções operacionais para agrupamentos de pessoas, compartimentando-as formalmente em unidades administrativas.

Ademais, quando são criadas várias unidades administrativas é preciso que seus supervisores sejam, também coordenados, agora por um gerente situado em nível hierárquico acima do ocupado pelos dirigentes grupais. Prosseguindo nesse raciocínio de síntese, chega-se a uma **estrutura** que tem por componentes os grupos formais interligados uns aos outros.

Pelo motivo de as partes (as unidades administrativas) necessitarem de coordenadores, que por sua vez também necessitam ser coordenados, cada um desses dirigentes acaba pertencendo, concomitantemente, a dois grupos formais, da forma esquematizada na Figura 13.1.

O fato de o coordenador figurar no grupo dos subordinados e no de seus pares levou Likert a denominá-los **pinos de ligação**, por unir dois níveis hierárquicos sucessivos (Bernardes & Marcondes, p. 117).

Neste momento, você pode argumentar que o desenho não representa uma estrutura geral, e sim a chamada burocrática. Isso não ocorre, pois a Figura 13.1 não particulariza um tipo de organização, mas esquematiza o **modelo básico de coordenação** das atividades das pessoas especializadas pela divisão do trabalho, sendo as demais estruturas apenas variações desta exibida, o que será mostrado no capítulo seguinte.

Tal modelo foi criado porque não se achou até o momento forma melhor de integrar um grande número de indivíduos exercendo diferentes atividades pela divisão do trabalho, senão agrupando-os em pequenos grupos, cada qual coordenado por um de seus membros. Aliás, esse fenômeno social é natural às pessoas, pois sem qualquer imposição externa o grupo informal elege um companheiro para coordenar as atividades, por exemplo, as de organizar um piquenique.

13.1.2 O empreendedor impõe à organização sua cultura e ideologia

Uma primeira forma de criar organizações é quando pessoas, sozinhas ou associadas, fundam determinada empresa, cujas finalidades são escolhidas de acordo com suas culturas, especialmente as da **etnia**, **profissão** e **classe social**.

Assim, com respeito à etnia, há neste país uma tendência de os imigrantes escolherem ramos comerciais ou industriais peculiares. Isto já é do anedotário nacional, especialmente em relação a pequenas e médias empresas cujos proprietá-

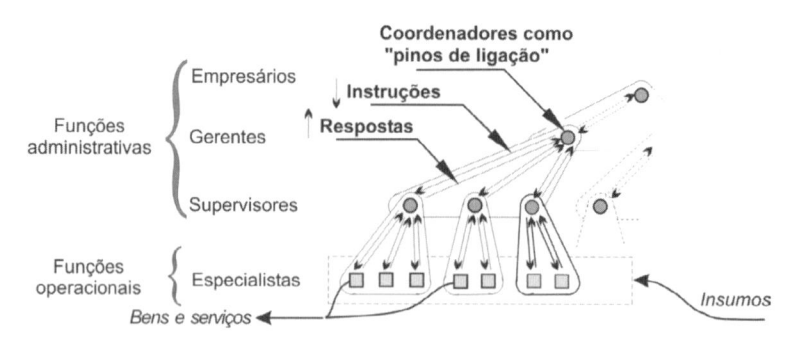

Figura 13.1 *Coordenador como "pino de ligação" interligando grupos formais, aos quais pertence concomitantemente.*

rios são árabes, portugueses, israelitas, italianos, japoneses ou alemães.

De forma semelhante, profissionais como engenheiros, farmacêuticos, médicos, etc. procuram a realização pelo trabalho, criando organizações com finalidades supostamente adequadas à cultura que interiorizaram. Esta geralmente é induzida pela família, seguindo muitas vezes uma profissão detestada, mas dela não podendo fugir simplesmente porque "vinha de pai para filho desde..." Se essas empresas, por serem sofisticadas, não derem os retornos esperados, seus proprietários de nível universitário ficam surpreendidos com o vizinho que enriqueceu com uma loja de ferragens ou de sapatos. Esquecem que ele era de classe social diferente da deles, tendo por objetivo ascender na sociedade por meio do "sucesso" econômico. Ademais, como pequeno-burguês, não tinha culturalmente inibição para a escolha do ramo de atividade, desde que fosse um estabelecimento de sua propriedade.

Além disso, a cultura da sociedade influencia não só o ramo, mas também a própria motivação para empreender. Pesquisas realizadas nos Estados Unidos mostraram que os descendentes de asiáticos tinham mais espírito empreendedor e mais sucesso nas firmas por eles criadas que nas de origem africana. A explicação dada é a existência de muitas empresas bem-sucedidas de chineses, japoneses, coreanos, etc. que serviam de modelo para novos empreendimentos, enquanto faltavam tais padrões para os descendentes de africanos .

Nesse sentido, como será a influência da cultura brasileira? Sem dúvida é a do aventureiro, tanto a herdada dos portugueses no tempo em que velejavam "por mares nunca dantes navegados", quando criaram colônias na América, Ásia e África, quanto dos bandeirantes cristãos novos que desbravaram os sertões e mineraram ouro e diamantes. Por fim, à semelhança do ocorrido nos Estados Unidos, também houve a influência cultural dos emigrantes que vieram para cá a fim de "fazer a América", só possível de ser concretizada fundando empresas próprias e não disputando empregos nas repartições públicas.

Esses traços culturais que levam o homem ou a mulher a empreender criando firma própria e as características psicológicas de fazer o que sabe e gosta são suficientes para garantir o sucesso da nova empresa? Não, por dois motivos. Em primeiro lugar, é preciso que os serviços ou bens oferecidos satisfaçam as necessidades de consumidores e estes sejam em número suficiente para que a receita obtida pelas vendas ultrapasse muito as despesas. Em segundo lugar, é necessário que o novo empreendedor **saiba gerenciar pessoas**, tanto individualmente quanto em grupos, deixando de ser especialista em determinado ramo para tornar-se empresário. A não obediência a esses dois princípios contribui para que quase metade das novas empresas não completem um ano de existência e somente 5% sobrevivam depois do quinto aniversário de sua fundação.

Uma segunda maneira de criar organizações ocorre quando alguma empresa multinacional abre filiais em outros países. As finalidades são as da matriz, e a subcultura é transnacional, apenas com pequenos ajustes locais. Essa universalidade é mostrada por alguns autores, inclusive dizendo que as multinacionais provindas de continentes diversos apresentam mais similaridades que as pequenas empresas de um mesmo país (Souza, 1978, p. 77).

Finalmente, uma terceira forma é quando o Governo (em âmbito federal, estadual ou municipal) cria organizações, seja de administração direta, seja de indireta. No primeiro caso, as finalidades são determinadas por leis e já trazem em si a subcultura burocrática com ênfase na variável preceitos, a exemplo das delegacias de polícia ou das repartições públicas para arrecadar impostos. No segundo caso, a organização é destinada a fornecer bens ou serviços que a empresa privada não tem condições de suprir ou o Governo não deseja que sejam de iniciativa particular, como foi, respectivamente, o caso da Companhia Siderúrgica Nacional (antes de ser privatizada) e o da Petrobras na atualidade. Tais são as empresas estatais, cuja estrutura e fornecimentos à sociedade são também estatuídas por lei, só que a ênfase na dimensão da variável preceitos é minimizada pela designação de políticos para os cargos de diretoria que, se tiverem alguma vivência empresarial anterior, supostamente conseguirão que o componente tecnológico seja norteado pela eficácia e pela eficiência.

Desde o início desse processo de departamentalização, seguindo os ditames da cultura da classe social e profissional que interiorizou, a cúpula administrativa impõe uma subcultura específica para a nova e ainda pequena organização. Assim, empregados são admitidos, porém só permanecem na empresa os que se conformarem às crenças, normas e valores impostos, isto é, à **ideologia** da cúpula administrativa. Com isso, a cultura não só se conserva, mas também é reforçada pelos novos empregados, pois com o tempo eles se tornam veteranos e passam, também, a impô-la aos novatos.

Conforme as características da ideologia criada e imposta pelos dirigentes, o novo empreendimento pode atravessar séculos ou não conseguir festejar um décimo aniversário, talvez nem mesmo um quinto, até mesmo, um primeiro. Para diminuir as possibilidades de isso ocorrer, é necessário que a ideologia seja expressa em poucas regras na forma de crenças de "como é a nossa empresa e como continuará a ser".

13.1.3 Subculturas criadas pela estruturação das funções operacionais

Pesquisas americanas mostraram que gerentes de fábrica, engenheiros de produção e artífices estavam primordialmente interessados na execução de tarefas e pouco voltados a manter relacionamentos sociais. Diferentemente, os gerentes de marketing e os próprios vendedores, que estavam habituados a se relacionar com os clientes, promoviam entre si muitas interações de apoio emocional. Por sua vez, o pessoal de produção era o que mais obedecia às normas da organização, enquanto os pesquisadores que trabalhavam individualmente tinham menos interesse em seguir as regras formais de procedimentos (Lawrence & Lorsch, p. 515).

Da mesma maneira, uma pesquisa brasileira mostrou a existência da diversidade dos estilos comportamentais dos participantes e sua dependência com áreas específicas de trabalho, como Recursos Humanos, Produção, Finanças e outras (Bergamini, 1980, p. 812).

Portanto, é lícito supor que, nas organizações, as pessoas das várias áreas operacionais se diferenciam por interiorizarem subculturas específicas, suscetíveis de serem medidas por meio das três variáveis: **tecnologia**, **preceitos** e **sentimentos**. A Figura 13.2 mostra uma representação dessas variáveis culturais, a ser confirmada por pesquisas, mas que está de acordo com as verificações dos autores mencionados.

Neste momento, o leitor pode estar achando que o assunto é interessante, mas teórico e de pouca valia para o administrador. Não é verdade, pois são explicações de fenômenos sociais que servem de base para aplicações práticas, mas desde que sejam conhecidas as causas de disfunções organizacionais, entre as quais se podem listar as seguintes:

— tendência de unidades administrativas agirem como "feudos" que somente enxergam suas metas e não as da empresa, a exemplo da área de Produção que deseja fabricar o que julga interessante e não se é vendável, mostrando-se incapaz de compreender que a área de Vendas é seu cliente interno, ao qual tem a obrigação de satisfazer;

— incompreensão dos dirigentes de que metas,

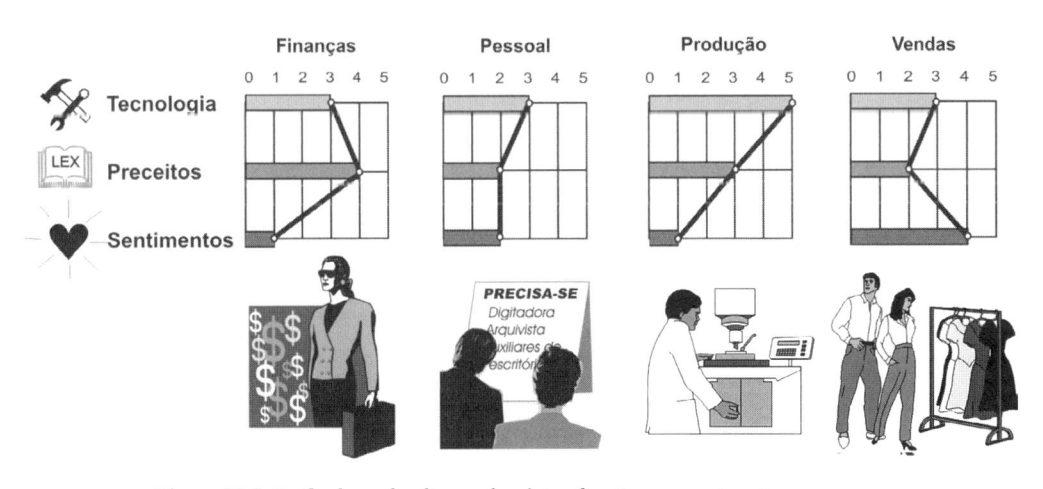

Figura 13.2 *Perfis das subculturas de várias funções operacionais.*

fatos e ideias têm significados diferentes para as diversas funções administrativas, como pedidos de clientes para melhorar determinados produtos, vistos como importantes por Vendas, mas como mais uma "chatice" pela fábrica que não deseja inovar.

Dessa maneira, conhecendo as causas de tais dificuldades, o administrador torna-se capaz de tomar decisões e saber como agir; por exemplo, verificar se convém, se pode e como deve implantar as práticas de *just-in-time*, *kanban*, reengenharia e outras mais.

13.1.4 Subculturas criadas pela hierarquia de coordenação

Os sociólogos estão de acordo em afirmar que as pessoas na sociedade são vistas ocupando posições diferentes em termos de privilégios possuídos, o que determina a chamada **estratificação social**. Todavia, divergem quanto à definição desse termo, razão pela qual escolhemos o de Melvin Tumin, que vem ao encontro do exposto no Capítulo 7 por condicionar a estratificação social ao grau usufruído de poder, prestígio e riqueza (Tumin *apud* Lakatos, p. 257).

Uma consequência desse fenômeno é o de pessoas vistas como situadas em estratos próximos se verem como socialmente iguais e com interesses diversos dos demais, a exemplo de operários em relação aos seus gerentes e estes em comparação aos patrões. Trata-se de um fato social conhecido por todos, que levou os sociólogos a introduzir o conceito de **classes sociais**.

Como surgiram as classes sociais? Em princípio, pode-se dizer que a especialização para a execução de tarefas com diferentes graus de habilidades e conhecimentos, ao longo dos tempos, levou as pessoas a se diferenciarem em estratos de profissão, cada qual permitindo acumular diferentes quantidades de riqueza. Por isso, os indivíduos passaram a ocupar posições na sociedade de acordo com **ocupação**, **renda** e **instrução**. Esses três determinantes, em conjunto, identificavam a posição semelhante de pessoas que se viam como iguais e, ao mesmo tempo, diferentes em relação àqueles que julgavam estar em situações mais privilegiadas, e condescendentes com os visualizados como socialmente inferiores. Depois dessa explicação, pode-se definir.

> CLASSE SOCIAL é o estrato de pessoas que em uma sociedade ocupam posições próximas por causa de semelhança na ocupação, renda e instrução (Horton & Hunt p. 204).

Pelo fato de as empresas exigirem um diferencial de conhecimentos e habilidades, as pessoas automaticamente tendem a procurar emprego e a ser admitidas dentro de uma hierarquia semelhante à das classes sociais. Assim, a classe de mais baixa renda fornece a mão de obra pouco qualificada para a base da pirâmide empresarial, a classe média-baixa, os "operários" de escritório, a média-alta, os especialistas de nível universitário, e a alta, a cúpula administrativa das grandes organizações, via ascensão gerencial com entrada nos níveis médios de coordenação.

Assim sendo, as classes sociais interpenetram nas organizações, de sorte que seus participantes repetem as posições mantidas na sociedade, com todas as peculiaridades das subculturas nela desenvolvidas. Essa estratificação social que penetra tanto na pequena quanto nas grandes organizações é mostrada na Figura 13.3, que mostra, também, como o indivíduo de alta classe que entra para uma grande empresa em seus níveis médios tende a ser impulsionado para ascender até a cúpula administrativa.

Explanada a origem das classes sociais, resta agora examinar as diferenças culturais entre elas. Como já mencionado, a cultura decorre da aprendizagem que a criança sofre desde o nascimento. Por isso, são compreensíveis as diferenças das cognições de uma pessoa criada dentro de classe de menor renda e de outra, se não das mais altas, pelo menos de riqueza média. A primeira vê o pai mudar continuamente de emprego (que não sente ser despedido como um vexame), ao mesmo tempo em que é solicitada a trabalhar desde cedo, constituindo, pois, a escola uma obrigação da qual deve ficar livre o mais breve que possa. Diferentemente, a criança da classe média é continuamente solicitada a esforçar-se nos estudos e até nos esportes, viajando com os pais e interagindo com pessoas de falar mais apurado e de horizontes amplos. O resultado é uma diferença de atitudes com relação ao emprego, à família, às leis e aos costumes da sociedade global e, correspondentemente, às diferenças de comportamento diante de estímulos semelhantes. Dessa forma, pode-se falar de subculturas de classes sociais, cujos componentes tecnologia, preceitos e expressão são diferentes, segundo as posições ocupadas na sociedade (Horton & Hunt, p. 204-210).

Aqui cabe uma pergunta: qual o interesse do administrador em conhecer a estratificação social trazida para dentro da organização? O primeiro interesse é o de entender por que os participantes carregam consigo os conflitos da sociedade, introduzindo-os na empresa, de sorte que nela podem explodir a qualquer momento, ou então, permanecerem submersos por longos períodos pela **acomodação**.

> ACOMODAÇÃO é o acordo entre pessoas ou grupos tendo por efeito a suspensão temporária de um conflito (Horton & Hunt, p. 262).

Nesse caso, as metas continuam divergentes e, por isso, não ocorre resolução do conflito que permanece latente, havendo apenas suspensão das hostilidades. Assim, são criados acordos subentendidos e temporários

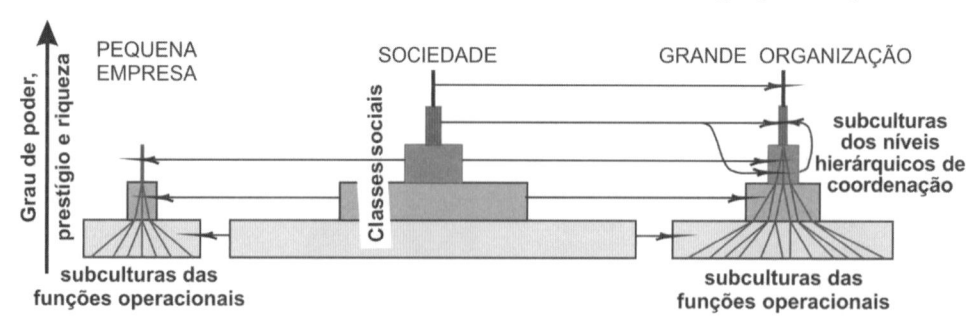

Figura 13.3 *Estratificação da sociedade e interpenetração das classes sociais nas empresas, mantendo os mesmos níveis.*

quando grupos julgam conveniente agir em conjunto, apesar das hostilidades e diferenças (Horton & Hunt, p. 261-262).

O segundo interesse é o de compreender as razões de existirem tantas dificuldades de entendimentos no sentido "vertical" das hierarquias, que são motivadas pelas diferenças das culturas dos estratos sociais. Com isso, o administrador fica prevenido para transpor o que no Capítulo 6 foi denominado barreiras da comunicação.

Finalmente, o terceiro interesse é o de saber que, necessariamente, os coordenadores dos níveis da hierarquia são socialmente diferentes por provirem de classes diversas. Por isso, os supervisores que coordenam especialistas possuem subculturas que não se coadunam com as dos empresários da cúpula administrativa, sendo as de ambos diferentes das dos gerentes de nível médio (Etzioni, 1974, p. 259).

A Figura 13.4 mostra essas diferenças, tendo por base as ênfases dadas a cada uma das três variáveis culturais, devendo-se lembrar que nelas se incluem também conteúdos diversos. Tais diferenças de subculturas são necessárias, pois as exigências para obter a produtividade variam de acordo com o nível hierárquico, a exemplo da eficácia e eficiência requeridas.

Novamente enfatizamos que tais conhecimentos têm por finalidade dar ferramentas ao administrador para promover o desenvolvimento organizacional da empresa, como fazer com que sejam eficazmente aplicadas técnicas desenvolvidas neste final de século. Exemplo de uma delas é a reengenharia que, entre outras coisas, prescreve o *downsizing*, ou seja, o achatamento da hierarquia com as consequentes demissões.

13.2 O CICLO DE VIDA DAS ORGANIZAÇÕES

Os filmes nos tornaram concretas as modificações que, no decorrer do tempo, sofrem todas as sociedades, tanto tecnológicas e políticas quanto de hábitos e costumes. No entanto, o mesmo não se atribui às organizações, que supostamente são estáveis, isto é, se estão operando satisfatoriamente hoje, amanhã também estarão. Essa é uma concepção falsa, pois só o fato de estarem dando lucro já as leva a se acomodarem, preparando, com isso, um futuro incerto, a menos que medidas preventivas sejam tomadas. Em outras palavras, em Administração não vale a famosa frase do futebol: "em time que está ganhando não se deve mexer".

Portanto, é preciso alterar a cultura organizacional à medida que a empresa cresce e se desenvolve a fim de continuar produzindo resultados eficaz e eficientemente. Para isso é preciso conhecer a sequência das etapas de mudanças que sofre em seu ciclo de vida.

A mudança social é estudada pelo método conhecido em Sociologia por **dialético**, que será examinado apenas em seus princípios e com o fim de dar uma ideia da ferramenta com a qual o administrador pode entender as forças que alteram as microssociedades que são as organizações.

13.2.1 O método dialético

A dialética nasceu na Grécia antiga com Heráclito de Éfeso e prosseguiu com Aristóteles, para voltar somente durante o Renascimento com Montaigne e Diderot, atingindo o apogeu com Hegel para, nos tempos modernos, ter sua forma acabada com Engels e Marx (Lakatos & Marconi, p. 70). Seu entendimento fica facilitado com o exemplo do que sucede na família, institucionalizada com normas que obrigam a fidelidade conjugal, contrapondo-se ao desejo natural por variações, curiosidade por coisas novas e alteração da rotina diária, que são **contradições** ao estruturado culturalmente. De forma semelhante, nas organizações existe um grande número de contradições, entre as quais se destacam:

— delegar a execução de um trabalho e continuar responsável pelos serviços feitos pelos delegados, segundo padrões de qualidade, métodos e dificuldades de operação que o delegante não conhece perfeitamente, já que não pertencem a sua especialidade;

— ser especialista e capaz, mas coordenado por quem pouco entende do que deve ser feito e como executar;

— desejar satisfazer aos objetivos pessoais que são contrários às metas estabelecidas para a unidade em que se está lotado;

— ser instado a demonstrar criatividade, iniciativa e responsabilidade e, ao mesmo tempo, obedecer a regulamentos que exigem conformismo e regras estreitas para as ações;

— simular que obedece a uma cultura ideal, quando o existente são tecnologias, preceitos e sentimentos ocultos que a contradizem, mas prevalecem na forma de cultura real.

São essas contradições internas que geram forças no sentido de mudar um estado presente considerado insatisfatório para outro futuro, cuja direção e sentido dependem das tendências que predominarem. Portanto, contrariando a antiga concepção da homeostase — a busca do equilíbrio dinâmico —, as organizações são instáveis por essa luta interna de **contrários**, na forma de oposição de ideias, desejos, crenças e comportamentos de seus participantes, além das alterações

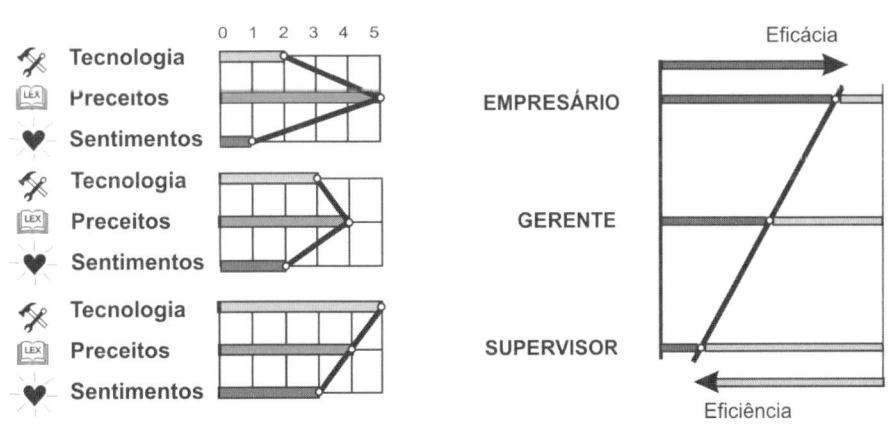

Figura 13.4 *Variação das subculturas e exigências da produtividade em função do nível hierárquico.*

na sociedade mais ampla, na qual outros tipos de contradições também irão refletir internamente.

As pequenas mudanças **quantitativas**, como aumentos na produção, faturamento ou número e especialização dos participantes, fazem com que conjuntos de contradições cresçam até o ponto em que provocam uma crise. Esta só termina quando ocorrer outro tipo de mudança, agora **qualitativa**. Esta pode ser no sentido de falência, venda ou dissolução da empresa, ou então no sentido de nova fase de desenvolvimento, porém diferente da anterior que não mais se repetirá (Lakatos & Marconi, p. 72-78).

Essa explicação, com base no método dialético, deve servir para alertar o administrador para nunca considerar as unidades formais e a própria organização como coisa acabada após o término de alguma alteração, mas em contínua modificação, que pode levar meses, anos ou décadas para a próxima mudança qualitativa (Bernardes, p. 227-228).

Todavia, uma restrição à metodologia dialética deve ser feita, com o fim de alertar o administrador. Trata-se da impossibilidade prática de prever o momento em que a mudança quantitativa irá provocar a qualitativa e, quando esta ocorrer, qual direção terá maior probabilidade de tomar. Por isso, não se consegue discernir se uma crise é passageira ou irreversível, bem como ficar surpreendido com a direção inesperada e não prevista da mudança. Exemplos recentes dessas surpresas em nível de sociedade foram a queda do Muro de Berlim e a do Partido Comunista na então União Soviética.

13.2.2 Ciclo de vida das empresas

Relatados em vários livros de Administração, os resultados de pesquisas levadas a efeito nos Estados Unidos mostraram que, durante o crescimento das organizações, destacam-se quatro fenômenos que, resumidamente, são os seguintes:

1. **Crescimento em etapas**. O crescimento das empresas se faz em etapas bem definidas e com características semelhantes para qualquer tipo de organização, acompanhando uma sucessão predeterminada de fases. O início de tal sequência foi observado por nós na firma Saiel, que de micro-empresa cresceu para pequena organização, em uma etapa conhecida por **evolução**. Entretanto, apesar de o faturamento continuar promissor, alguns anos após o início de sua criação, essa empresa começou a enfrentar séria crise gerencial, originada pela dificuldade em coordenar o trabalho do crescente número de empregados. Foi, então, contratado um consultor externo que modificou a estrutura, formalizando-a por meio de manuais de organização e de procedimentos.

Isso causou uma **revolução** nessa firma de instalações industriais, mas que permitiu que ela continuasse crescendo. Dessa maneira, foi vencida a primeira crise graças a essa revolução, aliás, palavra empregada para identificar esse período sempre traumático de mudança da cultura organizacional, ocasião em que aumenta o conflito interno. No entanto, mais tarde, soubemos que durante a década de 1980 essa empresa havia pedido concordata e, em seguida, encerrado suas atividades. Provavelmente, evoluiu graças à formalização de

procedimentos, mas não conseguiu superar a crise seguinte, chamada crise de **autonomia**.

2. **Mudança organizacional**. Paradoxalmente, as medidas organizacionais criadas para atender eficaz e eficientemente a uma etapa de crescimento, com o tempo se tornam inadequadas, sendo necessário sua **mudança** a fim de conseguir passar para a fase seguinte. Assim, a microempresa inicia suas atividades com as características de entusiasmo, informalidade, espírito criativo e esforço de todos, sem ligar para horários e feriados. Crescendo em faturamento e número de empregados, ela torna-se pequena empresa e começa, então, a sentir os problemas de gerência, tanto pela dificuldade dos sócios para delegarem funções quanto pela deficiência de integração entre as pessoas. Quando esses problemas forem resolvidos pela mudança da estrutura com a formalização por meio de normas de procedimentos, a empresa volta a crescer até surgir nova crise, esta criada em decorrência dessa regulamentação que passa a limitar a autonomia das gerências para enfrentar os problemas do dia a dia.

Dessa forma, o que era força em uma etapa torna-se fraqueza na fase seguinte. No exemplo já citado da instaladora industrial Saiel, é provável que a crise de autonomia tenha sido criada exatamente pelas novas práticas de formalização dos procedimentos. Aconteceu que, não tendo podido fazer uma revolução cultural para evoluir para a fase seguinte, conhecida por **delegação** de responsabilidades, acabou fechando suas portas após levantar a concordata.

3. **Conflito** pela mudança. Ao mesmo em tempo que alguns participantes da organização pressionam para mudar a estrutura pelo motivo de sentirem a inconveniência das condições vigentes pelo fato de os resultados obtidos estarem abaixo de suas expectativas, outros reagem para manter o *status quo*. O resultado é o embate de interesses divergentes, fazendo aflorar o conflito entre os participantes, normalmente existente, porém mantido submerso pela acomodação (Greiner, 1972). No caso da instaladora industrial, foram os proprietários que, em conjunto, impuseram os procedimentos elaborados pelo consultor apesar da oposição dos que estavam acostumados a resolver tudo informalmente, como a retirada de peças do almoxarifado sem requisições e comprovantes de recebimento dos materiais. A alteração cultural da empresa foi, então, uma verdadeira revolução, aliás, só pôde ser provocada porque os donos usufruíam de poder para tal.

4. **Meio ambiente**. Os fatores externos, que alteram para mais ou para menos a procura de bens e serviços por parte dos clientes, podem tanto apressar a crise quanto procrastiná-la, bem como fazer com que aumentem, ou então diminuam de intensidade. Assim, paradoxalmente, o crescimento rápido da empresa em faturamento e pessoal — por exemplo, em decorrência de um mercado comprador — dificulta a realização de ajustes administrativos eficientes, o que irá apressar as crises e com intensidade maior que as criadas em organizações com desenvolvimento mais lento. Talvez nos dias de hoje, em que a procura por bens e serviços cresce em ritmo muito menor que em décadas passadas, a já mencionada empresa Saiel tivesse suportado melhor as crises, pelo fato de ter tido mais tempo para adequar sua cultura às novas situações.

Embora tenha mais de vinte anos, a pesquisa americana resumida páginas atrás fornece subsídios para o empresário que, tendo problemas com sua firma, descubra se ela não está passando por uma dessas crises, a exemplo da menina ou menino que sofre os problemas da puberdade. Aproveitando essa analogia, as fases do ciclo de vida de uma empresa exibidas na Figura 13.5 mostram cada etapa como semelhante a um período de turbulência na vida das pessoas. Todavia, diferente do que sucede com o indivíduo, a situação da empresa é mais crítica pois, caso a crise não seja resolvida, ela não alcançará a etapa seguinte, encerrando suas atividades, sendo vendida ou tendo a falência decretada.

Cada fase do ciclo de vida exige profundas alterações para ser transposta, o que significa **mudanças culturais**. Tais mudanças são profundas, envolvendo, entre outras:

— alteração de políticas, por exemplo, admitir um sócio, fato esse até então descartado pelo proprietário individualista;

— modificações da estrutura, significando mais ou até menos cargos, possível terceirização de atividades e, sobretudo, relacionamentos diferentes entre chefias e subordinados;

— mudanças culturais decorrentes das alterações das políticas e das novas estruturas organizacionais, como visto em capítulo anterior;

— adequação do estilo gerencial dos proprietários a cada fase, pois uma etapa finalizada por uma crise difere da anterior e também será diversa da posterior, como ficou bem claro no exemplo da instaladora de equipamentos elétricos.

Como você logo intuirá, as intervenções necessárias são por demais complexas para serem prescritas em parte de um capítulo, pois exigem o espaço de cursos completos de desenvolvimento organizacional. Por essa razão, nos limitaremos a indicar mais adiante leituras para os interessados no assunto.

13.2.3 Disfunções organizacionais

Os sociólogos interessados pelas organizações costumam rotular de disfunções organizacionais as pressões decorrentes da cultura interiorizada nas pessoas que, de alguma forma, causam danos às suas operações. Podemos incluí-las como resistências às mudanças, sempre necessárias para o desenvolvimento da organização.

1. RIGIDEZ CULTURAL DOS DIRIGENTES. Foi repetido muitas vezes que a cultura da organização precisa mudar: quando cresce em porte e faturamento, para ultrapassar as etapas de revolução para atingir a da nova evolução; e quando o ecossistema se altera pelas mudanças na sociedade.

Não se trata de processo indolor, pois muitas cabeças precisam rolar, novas pessoas são admitidas, outros processos e estruturas estabelecidos e novos riscos necessitam ser aceitos. Todavia, um grande óbice costuma dificultar e até impedir que as medidas necessárias sejam concretizadas. Trata-se dos **próprios dirigentes**, que se acomodaram com um estado de coisas e não admitem que estão ultrapassados em suas concepções, ideias e formas de atuar.

Por causa dessa fraqueza da cúpula administrativa, o ciclo de vida de muitas organizações que cresceram adquirindo grande porte foi curto, pois logo elas desapareceram. Em compensação, outras atravessaram séculos mantendo-se saudáveis e dinâmicas. Qual o segredo destas últimas? Autores relatam que, nesses casos, os fundadores tinham tomado três medidas preventivas: criar uma **ideologia** voltada para a eficácia e eficiência; **não admitir parentes** para cargos gerenciais; e treinar desde cedo **administradores profissionais** para substituí-los. Assim fazendo, não houve necessidade de contratar algum "salvador" admitido de fora para dirigir a organização quando em dificuldades, o que em geral não dá certo (Collins & Porras, p. 244-264). Talvez esteja aí o segredo já mencionado do conglomerado Bradesco, o maior banco do país, que, apesar da morte de seu fundador Amador Aguiar, continua crescendo.

2. NEPOTISMO. Consiste na colocação em cargos gerenciais indivíduos incompetentes para a função somente porque são filhos, irmãos, cunhados e amigos, apenas pela expectativa de lealdade e não pela competência, ou então pessoas escolhidas a troco de algum tipo de benefício, nem sempre honesto. No caso das empresas particulares, isso é possível porque quem faz a norma é o dono, o que caracteriza estarem ainda no estágio pré-burocrático tradicionalista, em que a seleção ocorre pela amizade, a promoção por favoritismo e a permanência depende de submissão. Já

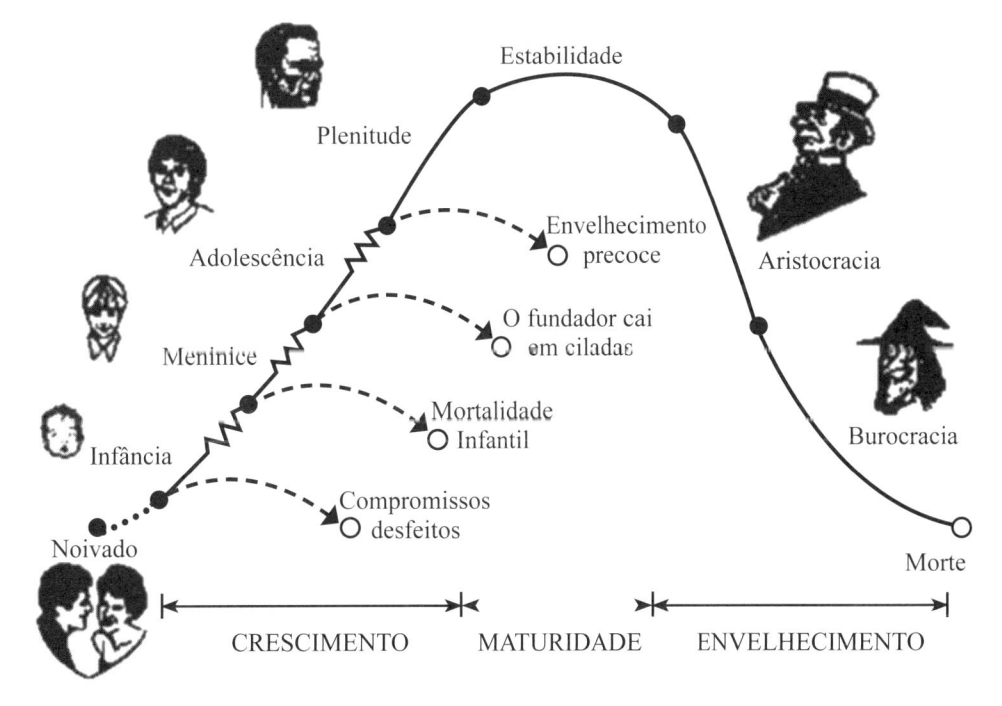

Figura 13.5 *Ciclo de vida das empresas com fases de crescimento intermediadas por crises (Adizes, p. 87).*

no caso das empresas estatais e repartições públicas, o nepotismo só é possível na cúpula administrativa que fica aberta às negociações políticas de troca de favores, pois o restante da organização deve estar burocratizado no sentido de existirem regras escritas para admissão e preenchimento de cargos, embora muitas vezes isso seja transgredido, como volta e meia os jornais noticiam.

Interessante é que a palavra tem por origem o latim *nipote* com o significado de "sobrinho", por referência ao favoritismo e influência que os parentes admitidos pelo Papa exerciam na administração eclesiástica (Dicionário Aurélio Ferreira, 1975). Evidentemente, os danos causados por tal procedimento são grandes, tanto por erros de atuação por incompetência dos apaniguados quanto pelos efeitos danosos sobre os mais capazes que, sentindo-se prejudicados, se omitem quando não sabotam ou simplesmente pedem demissão.

3. BUROPATOLOGIAS. Se, por um lado, a introdução nas organizações de normas escritas trouxe para elas aumento de eficiência e eficácia, por outro resultou em rigidez de procedimentos e na substituição do preceito de servir ao cliente para o de servir aos próprios participantes, disfunções essas denominadas por Thompson de "buropatologias" (Thompson, Cap. 8).

O processo que conduz à buropatologia pode ser assim resumido. Primeiro, o crescimento da organização exige grande integração de esforços e, consequentemente, uniformidade dos desempenhos para concretizar determinada função, evitando-se ao máximo discrepâncias de ações para o mesmo caso. Para impedir os desvios são necessários procedimentos padronizados por meio de normas escritas que especifiquem o que fazer em cada situação. Em segundo lugar, há necessidade de que os executores sejam habilitados para as diversas tarefas e que possam ser promovidos para chefias à proporção que desenvolvam suas potencialidades. Isso é concretizado por outras normas escritas, determinando as condições para admissão, transferências, demissão e ascensão na carreira. Com isso, o participante percebe que somente poderá ser recompensado na forma de promoções e não ser punido caso atue de acordo com a letra dos regulamentos, o que o leva a conformar-se com as regras, mesmo porque em caso contrário acabará sendo penalizado com transferências, bloqueio na carreira e até demissão, caso não seja funcionário público estável.

O pior é que essa pretensa racionalidade conduz a disfunções. Para começar, na tentativa de prever todas as possibilidades, as normas tornam-se extremamente detalhadas, mas como é impossível dizer que não ocorrerá um caso inesperado, quando este surge, passa a ser tratado como os regulamentados. Assim, da mesma forma que o paciente necessitado de tratar um dente cariado tem de voltar outro dia por não dispor no momento da carteira emitida pela firma do convênio odontológico, também o acidentado morre na porta do hospital por não se ter prevenido antecipadamente com os documentos necessários. Com isso, a norma, que inicialmente era o meio para orientar procedimentos eficientes, torna-se um fim em si mesma, pois tudo está sujeito a sua obediência por parte do funcionário, como receber prêmios e não ser punido, mesmo que isso prejudique a organização e, obviamente, o cliente (Merton, p. 27-49).

Além disso, sendo o regulamento a lei da organização é, portanto, imparcial e também impessoal por não levar em conta necessidades, aspirações e mesmo defeitos e qualidades de cada um, nivelando todos como máquinas feitas em série. O resultado dessa impessoalidade é tornar a burocracia um grande grupo secundário, no qual o funcionário perde a consciência de si mesmo como indivíduo. Por isso, como já mencionado em capítulo anterior, o burocrata sente a organização como tendo vida própria e acima de qualquer controle humano, levando-o a regredir psicologicamente ao se ver na obrigação de servir e defender essa "mãe terrível" a fim de não perder seu "amor maternal" (Pagés *apud* Motta, 1986, p. 47). Isso explica as razões de os funcionários públicos atenderem só em última instância às reivindicações e necessidades dos clientes, pois sentem que, se não agirem assim, prejudicarão "sua repartição", esquecendo o fato de que esta foi criada exatamente para atender ao público, que a mantém pagando impostos.

De qualquer forma, a tendência no ciclo de vida das organizações é de se tornarem burocráticas, como ante-sala da morte por falência, venda, ou dissolução, conforme exibido na Figura 13.5. Acontece que esse salutar desaparecimento não ocorre nos órgãos públicos porque seus recursos financeiros fluem independentemente da eficácia e eficiência e, por isso, dificilmente são extintos, continuando a vagar quais zumbis desencarnados.

4. LEI DE FERRO DA OLIGARQUIA. Uma característica da organização da era pós-burocrática é a da escolha dos coordenadores ser interna por eleição ou consenso, e não externa e imposta. Isso também ocorre nos grupos formais do sistema sociotécnico, já explanado, e nas organizações normativas na forma de associações mantidas pelos membros, a exemplo de condomínios de apartamentos, clubes recreativos, partidos políticos, cooperativas e sindicatos. No Capítulo 8, foi mostrado que, com o tempo, os líderes assim escolhidos não se contentam com a deferência dos liderados, passando a desejar algo mais na forma de poder ou algum tipo de pagamento (Blau, p. 182).

Conseguidos tais benefícios adicionais, passam a não mais querer abandonar os cargos para os quais foram eleitos a fim de não virem a perder as vantagens, tornando-se, então, condutores e perpetuando o poder com auxílio de uma oligarquia de membros também beneficiados. Com isso, bloqueiam toda e qualquer possibilidade de ascensão de participantes que possam vir a ameaçar a camarilha, o que levou o sociólogo alemão Michels a denominar esse processo de Lei de Ferro da Oligarquia (Michels *apud* Horton & Hunt, p. 192; Etzioni, 1967, p. 223).

Essa é a situação final de muitas associações particulares e públicas, embora em sua fundação os comportamentos iniciais dos dirigentes escolhidos pelos seus pares fossem muito diferentes. Isso porque, no princípio, os participantes da cúpula administrativa eleita não pretendem perpetuar-se nos cargos, mas são levados a isso pela omissão dos demais membros, que não frequentam as reuniões, permanecem mal informados e, sobretudo, não se unem para exercer controle real sobre os dirigentes que elegeram. Ademais, estes recebem apoio de alguns de seus próprios eleitores para, com isso, gozarem de benefícios particulares em detrimento do bem coletivo. Assim, surgem inversões pelo domínio dos delegados sobre os delegantes e mandatários sobre os mandantes.

Naturalmente, esse estado de coisas se mantém até chegar um dia em que o aumento quantitativo dos excessos de desmandos provoque a mudança dialética qualitativa, quando ocorre uma revolta bem-sucedida que os alija do poder. Acontece que tornam a ser colocados no lugar outros eleitos que, geralmente, acabam copiando a forma de agir de seus antecessores, assim prosseguindo o círculo vicioso da "lei de ferro da oligarquia" (Horton & Hunt, p. 192).

TÓPICOS PARA EXPOSIÇÕES

13.1.1 A cúpula administrativa departamentaliza e estrutura a organização

a) Com base na Figura 13.1 e nas duas definições, explique com um exemplo: a) para de obter eficiência na discussão dos casos de Sociologia Aplicada à Administração o professor "departamentalizou" o grande grupo da classe em pequenos grupos informais; b) para evitar a dispersão dos debates foi escolhido um coordenador, que poderia ter sido eleito pelos membros ou designado pelo professor; c) os coordenadores representam os grupos na forma de "pino de ligação" entre estes e o professor; d) os coordenadores recebem instruções do professor e respondem a ele e aos demais grupos informando sobre os resultados obtidos; e) a classe foi, assim, "estruturada" de forma semelhante à que poderia ser feita em uma empresa; f) a aplicação prática é importante para o administrador entender a necessidade de estruturar uma nova empresa de forma a melhor adequá-la às suas interações como o meio ambiente (exponha um exemplo concreto).

13.1.2 O empreendedor impõe à organização sua cultura e ideologia

Baseando-se em casos reais (preferivelmente indicando o nome — no jargão contábil chamado de "razão social" — de uma empresa e suas finalidades), exponha: a) a criação da empresa mencionada em função da cultura do empreendedor em termos da sua: 1. etnia; 2. profissão, 3. classe social; b) algumas características culturais quanto às variáveis tecnologia e preceitos que as multinacionais criam em todas suas filiais; c) características da ideologia em relação às: 1. receitas pelas vendas; e 2. à eficiência de custos e qualidade presente na empresa estatal, e que tem de ser mudada pelos novos proprietários ao ser privatizada; d) a aplicação prática é a do administrador saber que tem de criar uma cultura voltada para o sucesso e não deixar que surja alguma sem essa diretriz.

13.1.3 Subculturas criadas pela estruturação das funções operacionais

Partindo do esquema das quatro subculturas da Figura 13.2, mostrar que: a) em decorrência da especialização diferenciada surgem em toda organização subculturas específicas às áreas administrativas (dar pelo menos um exemplo concreto dessa diversidade); b) tais diferenças propiciam a origem de "feudos" decorrentes do etnocentrismo dos membros, que visam a metas próprias e não às coletivas da organização; c) tais diferenças culturais dificultam os entendimentos por barreiras às comunicações, que são originadas pela diversidade na percepção dos significados de mesmos termos; d) exemplifique com casos que podem ocorrer na própria escola entre a área docente e alguma unidade administrativa de apoio, esclare-

cendo que compete ao administrador conhecer esse fenômeno para saber como sobrepujar tais dificuldades.

13.1.4 Subculturas criadas pela hierarquia de coordenação

Explicar que: a) a sociedade tende a se tornar estratificada pelo fato de as pessoas terem ocupação, renda e instrução diferentes (exemplifique com um caso concreto); b) defina classe social resultante da estratificação e, com base na Figura 13.3, exemplifique sua interpenetração nas organizações, como o caso do dono de microempresa e de uma grande empresa de nome bem conhecido; c) de acordo com a Figura 13.4, os ocupantes dos diversos níveis hierárquicos das organizações tendem a desenvolver subculturas diferentes, tanto pela classe social diversa quanto pela variedade de trabalhos que perfazem; d) cabe aos administradores resolver os conflitos entre classes sociais que são transpostos para as organizações e, também, mudar seus comportamentos à proporção que são promovidos na empresa (exemplifique com um caso real).

13.2.1 Método dialético

Explicar que: a) em casos observados nas organizações surgem contradições aos princípios administrativos vigentes (dar exemplos); b) a dialética é a designação de um método sociológico de pesquisa que estuda tais contradições que causam as contínuas mudanças sociais, termo esse que costuma ser mal interpretado por quem desconhece seu real significado; c) as contínuas alterações quantitativas nas organizações originam uma súbita mudança quantitativa (dar exemplos); d) para o administrador é importante conhecer a dialética para ter presente que a mudança que ele implantou com sucesso com o tempo se transformará em uma fraqueza para a organização, devendo ser novamente alterada; e) uma das falhas do método dialético é a impossibilidade de prever quando ocorrerá a mudança qualitativa e qual direção irá tomar.

13.2.2 Ciclo de vida das empresas

Com base na Figura 13.5, descrever as mudanças que toda empresa sofre em seu ciclo de vida, tendo como exemplo o sucedido com o caso real da empresa Saiel e explicando que: a) durante a fase informal da "infância", a Saiel evoluiu quantitativamente, o que fez as contradições aumentarem, precipitando em uma crise de coordenação; b) foi imposta uma alteração qualitativa pela contratação de um consultor que formalizou os procedimentos, gerando uma revolução com o aumento de conflitos que teve de ser administrado; c) a Saiel tornou a evoluir na fase "meninice" até atingir a crise seguinte, aumentada pela redução da clientela por causas conjunturais da economia; d) conseguiram sobrepujá-la com a mudança qualitativa revolucionária de subdividi-la em fábrica e instaladora industrial, atingindo a etapa de "adolescência"; e) todavia, não conseguiu atingir a "maturidade" e encerrou as atividades; f) possivelmente, a causa principal foi os proprietários não terem mudado a cultura deles próprios.

13.2.3 Disfunções organizacionais

Explicar resumidamente cada uma das disfunções, utilizando exemplos concretos: a) rigidez cultural dos dirigentes (exemplificar com o caso da Saiel; b) nepotismo; c) buropatologias; d) lei de ferro da oligarquia. Expor que tais disfunções são inerentes às organizações e precisam ser entendidas pelo administrador a fim de poder gerenciá-las com eficácia e eficiência.

QUESTÕES DE APLICAÇÃO

1. Aplicando a Figura 13.1 para a sua **escola**, responda, justificando: a) qual a posição ocupada pelos professores nessa figura; b) como deverá ser o desenho (ou o organograma) que mostre a forma pela qual a escola está departamentalizada, tanto a parte do corpo docente quanto a da área administrativa, dividida em secretaria, biblioteca, seção de alunos, etc.; c) qual o nome e profissão da pessoa em cargo de chefia que é o "pino de ligação" entre o grupo de professores da área a qual pertence a disciplina Sociologia aplicada à administração e seu superior hierárquico; d) quem impôs a cultura e a ideologia de sua escola foi: 1. um pioneiro fundador; 2. uma entidade particular nacional ou estrangeira; 3. um órgão governamental.

2. Aplique para sua escola os perfis das variáveis culturais (apenas as que forem viáveis), tendo por base de comparação a: a) Figura 13.2 para as atividades de 1. ensino; e 2. tesouraria; b) Figura 13.4 para os níveis hierárquicos; 1. diretoria; 2. professores.

3. Baseando-se na Figura 13.5 e sua intuição, indique, justificando: a) em qual fase do ciclo de vida está atualmente a empresa em que trabalha ou escola que frequenta; b) qual tipo de crise que poderá vir a ocorrer.

4. Com base em suas experiências, conhecimentos e notícias veiculadas pelos meios de comunicação, descreva (indicando o nome da organização) casos concretos de: a) nepotismo; b) buropatologias; c) Lei de Ferro da Oligarquia.

DISCUSSÃO EM GRUPOS

As crises de empresa Saiel (9ª parte)

Na fase inicial da Saiel, não existiam normas de organização nem de procedimentos. A estrutura informal que aos poucos se concretizou foi levantada pelo consultor externo, como esquematizada ao lado, onde se pode observar as subordinações em linhas cheias verticais do mestre da oficina e dos encarregados das equipes de instalações e dos demais especialistas com os proprietários, bem como em linhas pontilhadas algumas comunicações informais.

Todos os empregados se conheciam, o que facilitava a solução de problemas entre eles próprios. Quando aquela não era alcançada, então subia para a apreciação dos sócios porém isso nem sempre acontecia. O resultado é que ficavam sem saber de muita coisa errada que havia sucedido, a menos que recebessem queixas diretas de um cliente, o que, aliás, estava ocorrendo cada vez mais amiúde, concretizando a **primeira crise** que a empresa viria a enfrentar. Em vista dessas disfunções e de outras mais, o consultor contra-

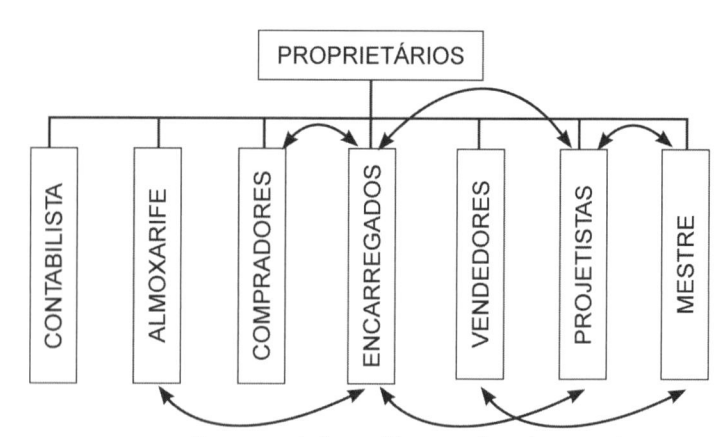

Estrutura informal levantada pelo consultor

tado elaborou o organograma abaixo, que ficou fazendo parte integrante do Manual de organização, onde estavam explicitadas as funções de cada unidade administrativa (o número de empregados está entre parênteses).

Essa estrutura e a formalização dos procedimentos tornaram as obras muito "amarradas". Por isso os sócios, volta e meia, intervinham pessoalmente junto às equipes de instalação, projetistas e operários da oficina, tirando, com isso, ainda mais a iniciativa do segundo escalão. O resultado foi o aumento dos desentendimentos entre os sócios, sempre dois se coligando contra o terceiro, em uma troca contínua de posições.

Apesar dessas disfunções, a Saiel continuou crescendo até que, com o decorrer do tempo, as dificuldades que passaram a assolar o país, com inflação desenfreada, fizeram com que a empresa acumulasse déficit ano após ano.

Os sócios se reuniram e decidiram tomar uma decisão drástica, antes que a firma fosse à falência. As alternativas discutidas foram: a) fechar a firma vendendo os ativos e cada sócio iniciar negócio próprio; b) vender a Saiel e abrir outra em um ramo diferente; c) aproveitar a experiência e o ainda bom nome na praça e fazer uma reestruturação de base, inclusive mudando eles próprios suas atitudes. Escolheram a última delas e a Saiel conseguiu sobreviver a essa **segunda crise**.

Com base nas informações dadas à respeito da empresa Saiel neste capítulo e nos anteriores 4 e 7, e partindo dos conceitos explanados, cada grupo responda, **justificando**, à questão que lhe for designada.

1. a) Qual segmento de clientes foi escolhido pelos sócios ao fundar a Saiel e qual necessidade pretendiam satisfazer; b) considerando que todos os sócios eram técnicos em mecânica e eletricidade haveria possibilidade de escolherem

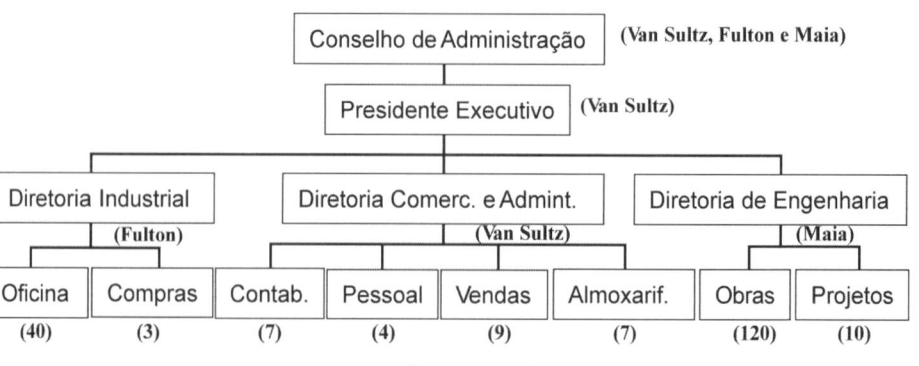

Organograma do Manual de organizações

algum outro ramo para criarem uma empresa de sucesso, por exemplo, fabricação de alimentos, *agribusiness*, ou comércio de exportações; c) qual das três variáveis os sócios deram maior ênfase ao criar a cultura da Saiel; d) há alguma indicação que desde o começo dos negócios os proprietários: 1. criaram princípios que pudessem ser considerados uma ideologia a ser obedecida por toda a existência da nova empresa; 2. Em um caso ou no outro, houve vantagens ou desvantagens?

2. Com base no organograma da Saiel feito pelo consultor e na Figura 13.2, desenhe, adaptando para cada situação, um dos perfis das subculturas que devem ter-se desenvolvido: a) na Oficina; b) em Compras; c) na Contabilidade; d) em Pessoal; e) em Vendas; f) no Almoxarifado; g) nas Obras; e h) em Projetos.

3. Com base na Figura 13.3 e a divisão das classes sociais em: 1. Alta, subdividida em 1.1 Alta-alta e 1.2 Alta-baixa; 2. Média, subdividida em 2.1 Média-alta e 2.2 Média-baixa; e 3. Baixa, também subdividida em 3. Baixa-alta e 3.2 Baixa-baixa, indique quais eram as classes sociais mais prováveis de: a) Van Sulz; b) Maia; c) Fulton; d) os engenheiros-chefes das Seções de Projetos, das equipes de instalações e da Oficina; e) o mestre da Oficina, os encarregados das instalações e o chefe de Vendas; f) os oficiais especialistas na Oficina e nas equipes.

4. a) Qual fase esquematizada na Figura 13.5 estava a Saiel antes de contratar o consultor de empresas?; b) Ultrapassada a crise com a formalização, qual poderia ser o tipo de disfunção passível de ocorrer após a etapa de evolução?; c) Os déficits acumulados eram a causa da crise ou apenas indicadores de sua presença?; d) Com a formalização houve mudança da cultura real dos diretores ou apenas alterações da cultura ideal da empresa?

5. a) Depois da formalização identifica-se alguma disfunção provocada pelo nepotismo?; b) Quais disfunções incluídas nas buropatologias podem ser identificadas?; c) As descrições feitas sugerem a possibilidade de vir a ocorrer a disfunção chamada Lei de Ferro da Oligarquia?

O ECOSSITEMA DAS ORGANIZAÇÕES E A SOCIEDADE A QUE PERTENCEM

14

Uma determinada espécie de ser vivo, o mexilhão — mais conhecido por "marisco"—, vive e se reproduz nas pedras batidas pelas ondas que vão do litoral de Santa Catarina até o do Rio de Janeiro, sendo esse seu **ecossistema**. De forma parecida, um ramo comercial ou fabril subsiste dentro de regiões específicas, como a indústria de calçados que se localiza próxima a fazendas de criação de gado e curtumes produtores de couros. Tais semelhanças permitem intuir que a sobrevivência de uma espécie de ser vivo e o sucesso de um tipo de organização dependem de o meio ambiente lhes ser favorável ou não. Assim sendo, é de se prever que o crescimento em etapas das organizações que concretizam seu ciclo de vida seja grandemente influenciado pelas pressões ambientais. Estas são objeto de uma ciência, a **Ecologia**, que estuda o equilíbrio na vida interativa de plantas e animais. Acontece que o ecossistema das organizações tem muitos pontos análogos ao dos seres vivos, razão pela qual os princípios que regem o equilíbrio destes foram estendidos ao mundo dos negócios.

Ademais, as três variáveis culturais das sociedades são dinâmicas em suas mudanças, que foram aceleradas neste século. Por isso as práticas administrativas para enfrentá-las têm que ser modificadas. Todavia, ainda **existem costumes e hábitos culturais** de uma sociedade ainda tradicional que dificultam o trabalho do administrador para adaptar a organização ao ecossistema mutável.

14.1 O ECOSSISTEMA E A ECOLOGIA DAS ORGANIZAÇÕES

O exame desse tema foi levado a efeito pela prática denominada **Ecologia das Organizações**, na qual as pressões da sociedade são preponderantes no estudo do ambiente dos negócios e as prescrições para o planejamento organizacional. Trata-se da análise do nível 5 e do 5º item da coluna "Adminstração" da Figura 1.3.

14.1.1 Alguns princípios da Ecologia das Organizações

Para começar, é importante tornar claro o significado de alguns termos, começando por entender o que denota a palavra **Ecologia**.

ECOLOGIA é a ciência que tem por objeto o estudo dos relacionamentos dos seres vivos entre si e o meio ambiente no qual habitam (Dicionário Aurélio Ferreira, 1975).

Vários aspectos devem ser destacados, tendo em vista muitas confusões existentes a respeito desse tema, bem como introduzir o leitor à ainda pouco divulgada **Ecologia das Organizações**.

— A palavra Ecologia designa apenas um ramo das **ciências biológicas**, com leis e teorias estabelecidas muito antes das prescrições administrativas de Taylor e Fayol.

— Ultimamente, tem sido muito comentado o equilíbrio em que vivem animais e vegetais nos mangues à beira-mar, que está sendo destruído pelos vazamentos do petróleo de navios e oleodutos, causa dos chamados desastres ecológicos. Com isso, em vez de protestar contra a destruição de ecossistemas, apareceram pessoas que, por desconhecerem o significado do termo, erradamente se dizem "defensores da ecologia", posicionamento tão absurdo como alguém desejar "proteger uma ciência" como a Sociologia, Biologia, Física ou Matemática.

— A quantidade de espécies e, dentro delas, o número de indivíduos, mantém-se relativamente estável em ecossistemas equilibrados. Todavia, basta o rompimento por alterações duráveis para que desapareçam espécies, surjam novas ou dentro delas varie o número de plantas e animais.

— Fato semelhante ocorre nos ecossistemas das organizações, de sorte que interessa ao administrador ter conhecimento dos mecanismos que governam o equilíbrio das interações com o fim de descobrir oportunidades e prever condições desfavoráveis para o ramo de sua empresa, nela intervindo para sobrepujá-las.

— Para atender a essa demanda e por analogia com a ciência da Ecologia Biológica, está sendo desenvolvida uma **prática** que recebeu o nome de **Ecologia das Organizações**, tendo por objeto o estudo do ambiente dos negócios e as prescrições para planejamento e mudança organizacional. Esse campo ainda está em desenvolvimento, tanto que a terminologia inicial cunhada por Zaccarelli de "Ecologia das Empresas" está sendo mudada para "Ecologia das Organizações", ou seja, ampliando seu campo de aplicação (Zaccarelli *et al*, 1980; Bertero, p. 489).

— A Ecologia das Organizações como prática relaciona-se com o ramo da Sociologia cujo objeto é o estudo das inter-relações dos seres humanos e suas instituições com o ambiente em que vivem a ciência chamada de **Ecologia Humana** (Horton & Hunt, p. 337).

— Da mesma forma que a Ecologia Biológica não estuda um indivíduo específico e sim espécies ou raças, a Ecologia das Organizações não enfatiza o exame de um negócio específico, mas categorias organizacionais. Todavia, conhecendo as características ecológicas do ramo de uma determinada empresa, o administrador fica mais bem capacitado para planejá-la com vistas ao aumento de eficácia e eficiência. Portanto, não se trata de conhecimentos acadêmicos, mas destinados a promover o crescimento e desenvolvimento organizacional.

14.1.2 Cadeias de fornecimentos e de pagamentos

Após tornar mais claro os significados de algumas palavras, resumiremos, a seguir, os aspectos mais relevantes da Ecologia das Organizações, iniciando com a **cadeia de fornecimentos e pagamentos** que começa nos clientes e corresponde à **cadeia alimentar** dos seres vivos. É intuitivo que determinado ramo de negócios, como o de confecções de roupas, necessita de produtos e serviços fornecidos por outros ramos de empresas, um sendo cliente do outro. Por isso, as tecelagens dependem de fabricantes de fios, os quais recebem algodão em rama de firmas que beneficiam os fardos vindos das plantações de fazendas. A Figura 14.1 mostra de forma simplificada essas transferências na produção e comercialização em fábricas de roupas feitas.

Alguns aspectos dessa figura devem ser destacados para a melhor compreensão de ecossistemas.

— A análise de um ecossistema se inicia com o exame das condições físicas e químicas do solo, ar e água, prosseguindo com o dos seres vivos, enquanto na Ecologia das Organizações começa no cliente.

— O sentido da análise do esquema é da esquerda para a direita pelo motivo já dito de o cliente ser o ponto de partida de todas as cadeias de transferências. Isso significa que, primeiro, tem que se descobrir o que é desejado por ele para depois pensar em como se pode suprir essa necessidade por meio do fornecimento de bens e serviços.

— Nesse mesmo sentido estão as flechas indicando os **pagamentos** — que são o "alimento" das organizações para assegurar sua sobrevivência — recebidos na forma de algum tipo de numerário em troca dos fornecimentos.

— Em sentido contrário estão os **fornecimentos,** o que mostra caminhos com "duas mãos" e não apenas uma, como as figuras da literatura sobre cadeias alimentares dos seres vivos costumam mostrar.

— A exemplo da carcaça de animais mortos por predadores que servem de alimento para abutres, as organizações fornecem resíduos de seus processamentos para clientes secundários, como açougues que vendem ossos de boi para indústrias de fertilizantes e rações.

— Os ramos de negócios são desenhados como sendo os sistemas que compõem o hipersistema das organizações, no caso chamado de ecossistema.

— A analogia da Ecologia das Organizações com a Biologia tem por paradigma o caso particular de simbiose, pois o comum é um ser vivo alimentar-se de outro, seja predador seja herbívoro, situações em que inexistem trocas de benefícios por pagamentos.

Nos casos reais, a rede de transferências é muito mais complexa que a exibida na figura, como mostrado por Leontieff, que, em 1973, recebeu o prêmio Nobel por sua grande tabela, na qual é analisado o quanto cada categoria industrial recebe e fornece às demais. Com ela pode-se calcular, por exemplo, o efeito que o aumento da produção de automóveis irá causar nas demais indústrias (Galbraith, 1979, p. 10-13).

Você pode, com algum esforço, identificar no esquema da Figura 14.1 a existência de ramos formados por micros, pequenas, médias e grandes empresas que subsistem nesse ecossistema, umas dependendo das outras, como os grandes elefantes nas florestas que precisam alimentar-se das folhas de árvores, as quais necessitam das pequenas abelhas para polinizar suas flores.

14.1.3 Fatores do ecossistema que influenciam as organizações

A Ecologia Biológica estuda os fatores ambientais que influenciam tanto as alterações genéticas quanto a quantidade

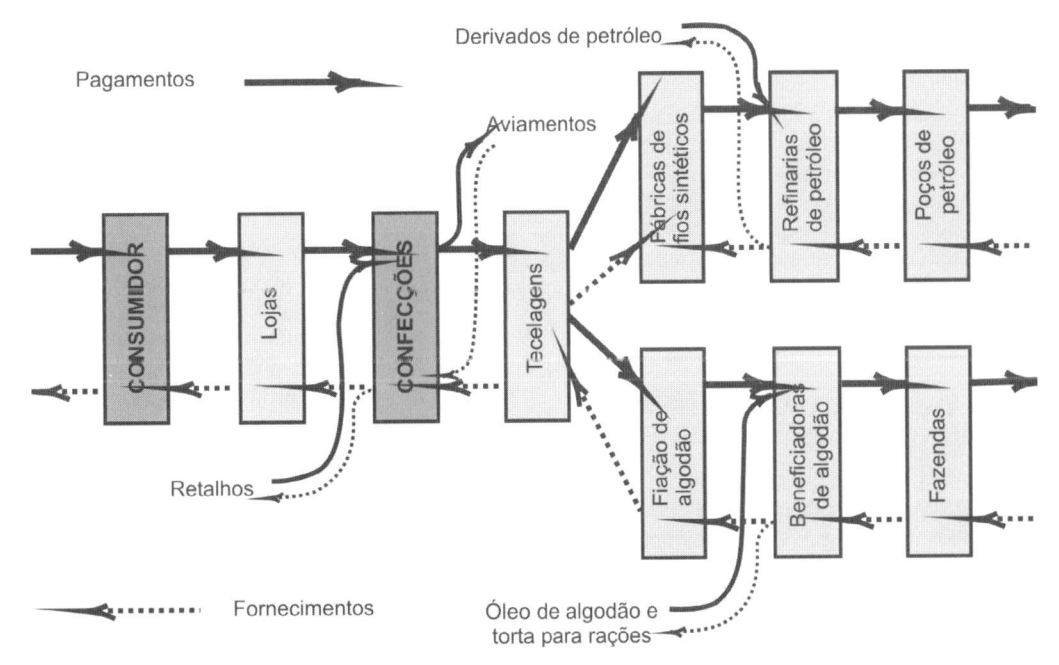

Figura 14.1 *Transferências no ramo das confecções de roupas.*

dos indivíduos de mesma espécie. Um caso citado pela literatura é o da redução do número de raposas por ocasião da estiagem que, por vezes, ocorre nos Estados Unidos. A explicação desse fenômeno está no fato de a diminuição das chuvas reduzir drasticamente as pastagens naturais, o que provoca a morte pela fome de coelhos e ratos do campo e, com isso, também de raposas, pela pouca quantidade desses animais que lhes servem de alimento.

De forma semelhante, a organização sofre com a redução do número de clientes, que são os fornecedores de seu "alimento", o dinheiro. Esse é um fenômeno análogo ao do exemplo das pastagens reduzidas pela seca, pois a diminuição das compras (ou seja, dos pagamentos) que pode ocorrer no início da cadeia leva à morte pelo fechamento, concordata ou falência das menos aptas em toda a cadeia de transferências. Embora os clientes sejam o fator mais importante, outros também influenciam a organização, como visto na Figura 14.2.

A lição que se pode tirar da existência dessas múltiplas influências é a necessidade de se manter o contínuo monitoramento do ecossistema, ou seja, das mudanças que ocorrem na sociedade como um todo, a fim de saber como enfrentá-las para garantir a sobrevivência da organização. A dificuldade que existe para isso está na própria cultura da maioria dos empresários, que se habituaram a concentrar suas atenções ao que sucede dentro dos negócios que dirigem e não ao que acontece fora deles. Por isso, não percebem que, desde o final do século 20 as transformações estão se acelerando em termos de novos produtos e serviços (variável tecnologia), alterações de hábitos e costumes (preceitos) e mesmo maior liberdade da expressão de sentimentos.

14.2 A SOCIEDADE MODELA A ORGANIZAÇÃO

As definições de sociedade costumam destacar o componente "cultura" como o fator que permite diferenciar seus diversos tipos encontrados nos dias de hoje e os que existiram no passado.

Por outro lado, a definição da palavra cultura foi operacionalizada no Capítulo 2 pela caracterização das três variáveis que a concretizam, ou seja, pela tecnologia, preceitos e sentimentos. A partir delas, pode-se analisar as mudanças e o desenvolvimento social ocorridos nestes últimos séculos, bem como as particularidades da sociedade brasileira, todos influenciando as organizações atuais que são de interesse para os adminstradores.

14.2.1 Transformações sociais e a organização

Sob o rótulo de transformações sociais procuramos englobar alguns temas analisados pelo ramo da Sociologia conhecido pela designação de **Ecologia Humana**, que interessam ao administrador por explicarem comportamentos coletivos de participantes das organizações.

1. MOBILIDADE SOCIAL. O vendedor de pipocas associa-se a parentes e a amigos, tornando-se um dos donos da lanchonete que funciona no *shopping* construído na Rua do

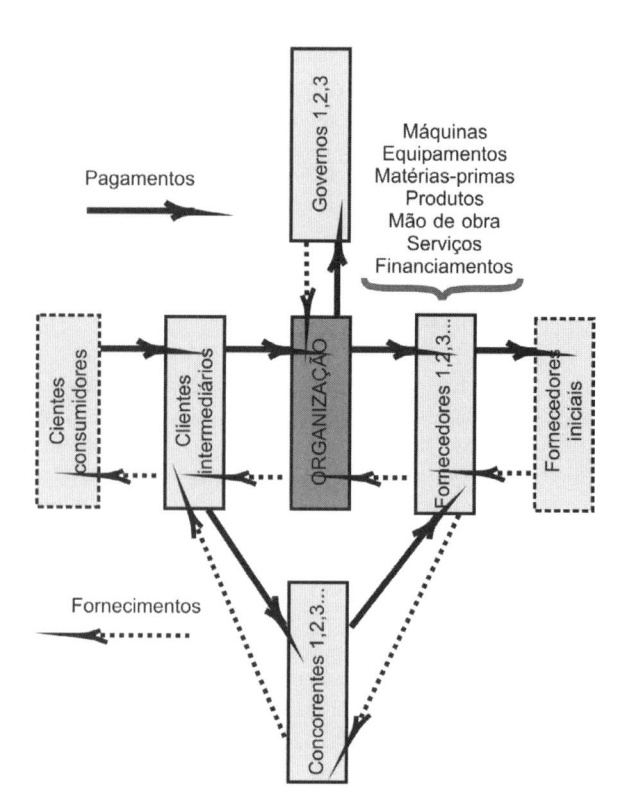

Figura 14.2 *Rede das transferências influentes no sucesso da organização.*

Comércio. Com isso, muda de classe social, ascendendo na sociedade daquela cidade do interior. A ascensão pode ser, também, de grupos étnicos, exemplificados pelos alemães, poloneses, japoneses e italianos no Centro-Sul do país, que de lavradores passaram a ocupar até altos cargos em organizações particulares e governamentais. A **mobilidade** pode ser assim definida.

> MOBILIDADE SOCIAL é a passagem de indivíduos ou grupos de uma posição social para outra, em relação aos estratos da sociedade (Lakatos, p. 365).

É possível que a mobilidade social seja descendente, como ocorre com famílias de antigos fazendeiros de café ou de açúcar que perderam suas terras, bem como de classes profissionais, como parece estar acontecendo com advogados e professores, que desceram de seus antigos níveis de prestígio existentes décadas atrás.

Tais níveis de posição social são indicados por graus de prestígio, poder e riqueza, como já explicado no Capítulo 7, de sorte que a promoção na hierarquia das organizações leva a ascender socialmente pelo aumento de salário. Todavia, essa promoção é impedida pela falta de instrução, de sorte que as sociedades são grandemente fechadas à mobilidade social, pois só os ricos e com poucos filhos têm possibilidades de colocá-los em boas escolas que deem oportunidade para a aprovação nos exames das melhores universidades. Ademais, só os pais da classe média e alta têm possibilidade de mantê-los sem trabalhar enquanto estudam, esperando diplomar-se para ingressar nos cargos de profissionais das organizações (Motta, 1986, p. 71).

Diante de tais dificuldades de ascensão, muitos buscam a alternativa de subir socialmente fundando **empresa própria**, com vários exemplos que devem ser de seu conhecimento. Aliás, poder-se-ia perguntar para você se não está estudando este livro exatamente por sentir que o conhecimento é uma das ferramentas para subir socialmente.

2. MIGRAÇÕES. A migração de europeus para o Centro-Sul do País foi tão grande que até 1930 o número de operários estrangeiros na cidade de São Paulo excedia o de brasileiros (Rodrigues, p. 111). A partir desse ano, estancou a migração europeia para ser substituída pela nordestina, dos empobrecidos e expulsos pelas secas e falta de indústrias que gerassem empregos, o que fez inchar as cidades, como as satélites de Brasília e das regiões metropolitanas de São Paulo, Belo Horizonte e Rio de Janeiro.

O resultado foi a marginalização dessas populações, criando problemas insolúveis para as administrações municipais, não importando sua capacidade de arrecadar impostos, pois é enorme a população favelada de São Bernardo do Campo, uma das cidades que deve estar incluída na lista das mais ricas do país por sua concentração industrial.

3. EXPLOSÃO DEMOGRÁFICA. Além das distorções da migração interna existe, ainda, a causada pela explosão demográfica, que enganosamente leva ufanistas a proclamarem ser o Brasil a sétima economia na produção mundial, porém omitindo que sua renda *per capita* é inferior à do Equador, já nem se falando da dos argentinos e colombianos.

Tais fatos levam as organizações produtivas a disporem de enorme contingente de mão de obra barata, mas analfabeta, sem qualificação técnica, culturalmente desenraizada e sem potencial para consumir sequer comida para a sobrevivência, quanto mais ter moradia que não de tábuas de caixote. Se isso não bastasse, ainda se percebe uma tendência migratória inversa, isto é, cada vez mais os brasileiros procuram a América do Norte, o Japão e a Europa para viverem, ou seja, se instruem aqui e vão produzir lá fora.

4. AVANÇO TECNOLÓGICO. No começo deste século, os estudos de tempos e movimentos padronizaram de tal forma as operações repetitivas de fabricação que o trabalhador quase se igualou à máquina. Disso se aproveitou a nova indústria de equipamentos eletrônicos, fabricando máquinas automatizadas para fazer o que os operários mecanizados executavam, ou seja, tomando-os por modelos criou os robôs.

Estes são mais eficientes, não fazem greves nem operações-tartaruga, não exigem aumentos de salário e trabalham 24 horas por dia sem pagamentos adicionais, motivo pelo qual são cada vez mais utilizados.

Isso resultou no desemprego dos trabalhadores menos qualificados e a admissão e treinamento de técnicos para ajustar essos autômatos e, sobretudo, consertá-los quando quebram. Esse foi mais um fator para desigualdades de classes sociais, marginalizando a que hoje poderíamos classificar abaixo da **C**, talvez até como **E**.

O microcomputador também está contribuindo para esse mesmo efeito, separando os que possuem dinheiro para adquirir essas máquinas ou são capazes de trabalhar com elas, daqueles carentes de conhecimento e habilidades para operá-las.

Em resumo, as indústrias *high-tech* passaram a empregar os *chips* de silício em comunicações de todos os níveis, criando um mundo novo que ainda não absorveu a cultura do antigo, o que origina muitas das tensões sociais que o leitor está bem a par.

14.2.2 A evolução da sociedade; a era da incerteza

O atraso tecnológico evidenciado na Alemanha Oriental após a queda do muro de Berlim, a divisão da União Soviética em repúblicas independentes e a cisão na Iugoslávia, com seu modelo de gestão participativa dos trabalhadores nas empresas, trouxeram de volta a ideia de que o ser humano produz eficaz e eficientemente só quando isso lhe traz benefícios individuais. Essa constatação, nas décadas finais do século 20, prejudicou grandemente o modelo tradicional de socialismo igualitário. Tais fatos sugerem ao administrador a necessidade de procurar entender as mudanças da sociedade e as decorrentes alterações na organização, pois elas influem diretamente nas funções que exerce, como será analisado a seguir, com base na Figura 14.3.

1. ERAS. O veloz avanço tecnológico no final do século 18 foi acelerado neste último, de sorte que a sociedade mudou e está mudando rapidamente. Embora se trate de fenômeno contínuo, em Sociologia tem sido costume segmentar as mudanças das instituições econômicas em "eras", rotulando-se as que seguiram à feudal em **pré-industrial**, **industrial e pós-industrial**.

A primeira é caracterizada pelas condições da época, que, nos Estados Unidos e Inglaterra, vai até a metade do século 19. A segunda era se inicia com a chamada Revolução Industrial, quando nasceram as grandes empresas e criaram-se as multinacionais, continuando até o fim da Segunda Guerra Mundial. Já a terceira decorre do tremendo impacto tecnológico que começou na metade do século passado e se acelera neste terceiro milênio, sobretudo decorrente do avanço nas comunicações.

2. ÉTICAS. Em cada uma dessas "eras", as normas, crenças e valores vigentes, ou seja, a variável preceitos da cultura, são sintônicos com a situação, orientando comportamentos coletivos específicos que foram denominados "éticas".

Dessa maneira, correspondendo à era pré-industrial, temos a ética comportamental direcionada para a **sobrevivência** e, por isso, as pessoas eram dependentes, havia poucas opções de modos de vida e o mundo permanecia estável, com alto grau de certezas.

Já na era seguinte, que foi chamada de industrial e a ética de **protestante**, o avanço tecnológico, ocorrido no final do século 18 e continuado pelos seguintes, propiciou a criação de grandes empresas nas quais o trabalho passou a ser racionalmente organizado. Tal racionalidade se entende como a busca do aumento da eficácia e eficiência na continuada produção de bens e na prestação de serviços. Isso tudo se destina à obtenção do **lucro**, ou seja, à remuneração do capital investido para novas reaplicações. Tais fatos — que serão expostos de forma resumida — foram denominados por Max Weber de "**espírito do capitalismo**", muito diferente de ganhar dinheiro pela fraude ou por meios aventureiros com a política ou com a guerra.

124

Esse espírito do capitalismo ocorreu no Ocidente e não em outras partes da Terra, como resultado da mudança cultural decorrente das alterações na religião católica na segunda metade do século 15, isto é, da eclosão da Reforma Protestante, na qual se destacaram Lutero e Calvino.

Alguns fatos provocadores dessa mudança cultural devem ser destacados. O primeiro diz respeito ao surgimento da ideia de "**vocação**" — no sentido de um plano de vida criado para a execução de trabalhos —, como sendo um dogma central de todos os ramos do Protestantismo. Sua base está na crença da "predestinação", segundo a qual as pessoas, antes mesmo de nascer, já têm o destino de, após a morte, gozar as delícias do céu ou os sofrimentos do inferno. Todavia, existia a ideia da "prova", isto é, orientar a existência terrena de sorte a descobrir se conseguia sucessos comprobatórios da felicidade ou danação eterna. Isso poderia ser inferido por meio do trabalho árduo e constante, da parcimônia de gastos, da independência de opiniões e pelo acúmulo de riquezas, porém, tudo dentro da vocação escolhida.

Outras causas que Weber levou em conta para a formação de tais crenças são as alterações culturais qualitativas ocorridas nos séculos finais da Idade Média, seguidas pela mudança dialética qualitativa durante a Renascença, que deu origem ao Protestantismo. Além disso, ressalta o fato de a Reforma ter se originado e difundido principalmente em países do norte da Europa, como Suiça, Alemanha, Inglaterra e Holanda, que nos Séculos 16 e 17 eram os mais ricos e desenvolvidos ao contrário dos mediterrâneos como Portugal, Espanha e mesmo a parte sul da Itália e da França..

Naturalmente, os Estados Unidos e o Canadá se beneficiaram desse espírito do capialismo, trazido pela colonização feita principalmente por metodistas, *quackers*, calvinistas e presbiterianos.

Um aspecto importante a destacar é o do emprego do lucro auferido, que precisava ser reaplicado a fim de gerar mais riquezas — e não gasto com suntuosidades e prazeres da vida —, enquanto o excedente deveria ser empregado em benefícios para a sociedade. Um desses benefícios era o da instrução, seja alfabetizando para permitir a leitura da Bíblia (razão pela qual foi esse o primeiro livro impresso por Gutemberg), seja ensinando técnicas destinadas à eficácia e eficiência do trabalho.

Exemplo é o do advogado nova-iorquino John Theron Mackenzie que, ainda no século 19, destinou em seu testamento uma grande quantia para que a Igreja Presbiteriana dos Estados Unidos construísse e administrasse na cidade de São Paulo a primeira escola de engenharia do Brasil, que hoje faz parte da Universidade Presbiteriana Mackenzie. Seguiu, pois, o exemplo de grandes industriais americanos, como J. P. Morgan, Vanderblit e outros, que iniciaram famosas universidades, a exemplo de Stanford e Berkeley, com seus numerosos prêmios Nobel.

Finalmente, na era pós-industrial a ética correspondente é a **social**, na qual os comportamentos são dirigidos para a liberdade, a autonomia e a discordância, havendo maior número de opções de vida. Todavia, as incertezas aumentaram, resultando em inseguranças e conflitos. Ademais, os vínculos com as organizações se tornaram transitórios e substituídos por laços de amizades e identificação com movimentos coletivos e associações diversas.

3. RESPOSTAS DAS ORGANIZAÇÕES. Ao mesmo tempo, os participantes das organizações as modelam para corresponder às exigências econômicas e tecnológicas, de sorte que é possível correlacionar os estágios das sociedades com tipos de estruturas. Com isso, as maneiras de as funções organizacionais se estruturarem também se alteram no tempo, a exemplo da seleção de pessoal, que na estrutura pré-burocrática baseia-se no "quem indicou", na burocrática, nos conhecimentos e habilidades para o desempenho de uma tarefa e na pós-burocrática, nas potencialidades para a execução de mais de uma atividade.

A partir de todas as observações anteriores foi elaborado o quadro da Figura 14.3, resumindo as mudanças da sociedade e correspondentes adaptações das organizações (Motta, 1974, p. 92 e 99; Basil & Cook, p. 76 a 81).

4. ESCLARECIMENTOS ADICIONAIS. A análise da Figura 14.3 deve ser acompanhada de alguns esclarecimentos.

— Há uma contínua redução no tempo de duração de cada uma das éticas, o que trouxe dificuldades para acomodações à ética protestante e muito mais para adaptações à ética social, confirmadas pelo período de grande tur-

ERA	PRÉ-INDUSTRIAL	INDUSTRIAL	PÓS-INDUSTRIAL
ÉTICA	SOBREVIVÊNCIA	PROTESTANTE	SOCIAL
Estrutura	Pré-burocrática	Burocrática	Pós-burocrática
Seleção dos participantes	Indicações pessoais	Profissão	Potencialidades
Promoção na carreira	Favoritismo	Mérito e antiguidade	Experiência e desempenho
Formas de especialização	Autoaprendizagem	Treinamento na organização	Profissional e conhecimentos
Hierarquia de cargos	Segundo a classe social	Linha de comando	Baseada na capacidade
Normas de procedimentos	Tradição ou capricho	Normas escritas	Pragmáticas e temporárias
Tempo no cargo	Dependente de favores	Permanente	Baseado na vida do projeto
Tratamento dos clientes	Pessoal	Impessoal	Universalista e democrática

Figura 14.3 *Correlação entre as eras, éticas comportamentais e respostas das organizações.*

bulência observado nas últimas décadas do século 20 e início do 21, fato que levou a serem denominadas "era da incerteza" (Galbraith, 1979) e "era da descontinuidade" (Drucker, 1980).

— Em um mesmo país, os três estágios mantêm-se concomitantemente, mas com incidências variáveis segundo o grau de desenvolvimento já alcançado pelas diversas regiões, causando dificuldades de entendimentos entre indivíduos e grupos. Um exemplo é o exposto no Capítulo 6, a respeito de vaqueiros nordestinos trabalhando na mina de magnesita como operários administrados por sulistas.

— Os países desenvolvidos avançam no tempo para a efetivação das mudanças sociais, ocorrendo o inverso no Terceiro Mundo, o que provoca descontinuidades econômicas e tecnológicas cada vez maiores e consequente aumento de tensões entre os níveis sociais. Essa verdadeira luta de classes, que, além da cidade, alcança o campo, tende a se intensificar cada vez mais em função dos desníveis econômicos, em grande parte decorrentes da explosão populacional, que levou a ser chamada de "poluição demográfica" e que é a impulsionadora de todas as demais. Além disso, e o que é pior, ela não está sendo entendida em suas consequências devastadoras, tanto pelas religiões quanto pelos partidos da direita e da esquerda. Fica a cargo do leitor o julgamento do que foi explanado.

— As organizações são progressistas quanto à aceitação das novas tecnologias, mas retardam as modificações sociais internas na dimensão dos preceitos, e sobretudo na da expressão de sentimentos que deveriam acompanhá-las. Isto em virtude de os dirigentes estarem acomodados e sentirem-se ameaçados com mudanças por não saberem para onde os conduzirão (Basil & Cook, cap. 4).

5. RESISTÊNCIAS ÀS MUDANÇAS SOCIAIS. Pelo fato de hoje situarem-se dentro desse período turbulento, os administradores defrontam-se com um dilema: manter o *status quo* das estruturas dentro dos modelos tradicionais, aceitando a posição acomodada de leigos e especialistas que não veem maneiras diferentes de fazer as coisas, ou tornarem-se agentes de mudanças para uma direção não determinada, utilizarem modelos não suficientemente testados e, ao mesmo tempo, tentar influenciar os tradicionalistas, os quais acham que "isso está certo porque sempre deu certo".

6. ADAPTAÇÕES ÀS MUDANÇAS SOCIAIS. Todavia, duas forças sociais muito grandes impulsionam as mudanças das organizações: primeiro a sociedade global (que não mais sente a empresa como geradora de bem-estar, mas como poluidora do ambiente); e segundo os próprios participantes (cuja insatisfação pelo trabalho sem significado e rotineiro a que estão submetidos é concretizada por greves, operações-tartaruga e baixa produtividade).

Por isso tudo, as diversas teorias administrativas (criadas desde o início do século passado e teimosamente mantidas e ensinadas nas escolas sem uma crítica sequer) estão sendo revistas e atualizadas, inclusive as funções do próprio administrador (Covre, p. 182; Ansoff, p. 197-205). Tais fatos são animadores pois mostram que, apesar de não termos nenhum autor de renome mundial que tenha escrito sobre Administração, começamos a nos aproximar do primeiro mundo.

Todavia, fazendo uma paráfrase do dia 17 de outubro de 1917, data em que a antiga Rússia comemorava a vitória do comunismo (e, por isso, o mês foi chamado de "outubro vermelho"), o dia 11 de setembro de 2001 poderia ser denominado "setembro negro" para os Estados Unidos. Pensando em termos sociológicos do método denominado **dialética**, poder-se-ia dizer que ocorreu uma esperada mudança qualitativa, decorrente de contradições que se avolumaram durante as lentas mudanças quantitativas que a antecederam.

Neste ponto, o leitor interessado em assuntos administrativos e organizacionais poderia perguntar: o que tais observações têm a ver com a Administração? A resposta é: **muito**. Isto porque o mundo se alterou, mas sem possibilidade de antervermos no que e em qual sentido pois, conforme explicado em capítulo anterior, a dialética é incapaz de informar qual a direção seguida após a mudança qualitativa.

Entretanto, esse mesmo leitor pode prever alguns eventos futuros, tendo por base certas tendências atuais. Inicialmente, muitos novos negócios devem surgir, enquanto antigos podem se reduzir e até desaparecer. Em outras palavras, o que deu certo no passado não tem a garantia da continuidade de sucesso no futuro. Em segundo lugar, cada vez mais se terá certeza de duas coisas que a pessoa não poderá perder: os **conhecimentos** teóricos e práticos que permitem saber o que interessa ser feito e a **experiência** para saber como realizar. Isso significa que mais e mais **títulos e diplomas perderão sua atual importância**, aliás, o que já vem acontecendo há algumas décadas.

A conclusão é uma só: os autores mencionados páginas atrás não erraram quando escreveram que estávamos na **era da incerteza**.

14.3 A CULTURA BRASILEIRA E A SOCIEDADE EM MUDANÇA

Para encerrar o capítulo e também este livro, convém examinar alguns efeitos provocados nas organizações pelas mudanças culturais que ocorrem neste início de século.

14.3.1 A cultura da sociedade influencia a cultura das empresas

A cultura da sociedade influencia a cultura das organizações que nela estão imersas, como a experiência confirma. Por isso, até a forma de atendimento ao público é diversa em uma filial de mesma rede de supermercados em uma cidade do interior e em outra situada na grande capital, bem como entre aquelas localizadas em bairros de população com diferente poder aquisitivo. Assim, o administrador deve ficar alertado de que a organização, não obstante seus esforços, terá os pontos positivos e negativos da **cultura brasileira** e, também, da subcultura da região na qual está imersa.

Existe, porém, uma cultura brasileira bem definida? Alguns autores sugerem a conveniência de examiná-la dentro de suas subculturas, pois a miscigenação portuguesa, indígena, negra, asiática e europeia foi diferenciada nas várias regiões do país. Trata-se de assunto analisado por Gilberto Freyre e autros sociólogos, que hoje é de conhecimento geral. Assim, destaca-se a importação negra de escravos para as zonas açucareiras do Nordeste e para as minas de ouro das "Gerais", a poligamia com índios em todo o Brasil e, por fim, a imigração italiana, espanhola, árabe, sefardita, alemã e polonesa para o Sul e Sudeste. O caso da subcultura rural nordestina não entendida pelos administradores sulistas citadinos examinado no Capítulo 1 ilustra essa afirmação.

Apesar dessas subculturas, Souza, utilizando um modelo de três variáveis culturais semelhante ao introduzido no Capítulo 2, sugere que a dimensão com **menor** predominância no Brasil é a tecnologia, seguida em maior grau pelos preceitos e finalizando com a expressiva, que é a mais enfatizada. Dessa maneira, detalha cada uma delas da seguinte forma.

— **Tecnologia**. Pelo raciocínio, adapta-se às situações de trabalho, analisando o que é conveniente fazer para si e para os outros. Isso tudo mostra que o brasileiro é, em termos de comportamento nas organizações, um autocrata-benevolente e mais individualista que participante.

— **Preceitos**. Os motivos modelados pela aprendizagem fazem com que utilize a severidade como método e a imposição como válida para que seja aceito seu próprio modo de encarar as tradições e a moral da autoridade, ao mesmo tempo em que é protetor e permissivo.

— **Sentimentos**. Os motivos liberados tornam o brasileiro afetivo, impulsivo, sensual, sem censura, curioso, auto-indulgente, egocêntrico, agressivo, manipulador e criativo, enquanto as vivências da infância o tornam submisso às pessoas que demonstrem poder (Souza, 1978, p. 64-69).

Nós acrescentamos que, pelas nossas observações, existe uma incapacidade do homem que vem do campo para trabalhar em fábricas de compreender a exigência de seus serviços serem executados com esmero. Esse aspecto tecnológico parece decorrer da cultura da sociedade rural, que aceita lavouras sem alinhamento ou maiores cuidados no plantio, criando atitudes para o trabalho como se fabricar peças fosse igual a plantar milho. Quanto à variável preceitos, é lugar-comum dizer que o brasileiro valoriza mais serviços de "colarinho e gravata", menos os de "camisa esporte" e nada quanto os de "graxa". Trata-se de suposições não comprovadas por pesquisas, porém o mesmo não se pode dizer da busca do título de "doutor" em lugar de "técnico", pois é fácil medir a diferença entre o número de candidatos às escolas de cada um desses dois tipos de profissão (Freyre, p. 164).

Ademais, pode-se dizer que, neste país, em virtude do "modo de produção escravocrata" no Brasil colônia, criaram-se pelo menos três características culturais que perduram até os dias de hoje.

— **Desprezo pelo trabalho manual**. A depreciação pelo trabalho manual em razão de ter sido atributo de escravo, a ponto de a profissão exercida não ter sido transformada em sobrenome de seus executores. Esse menosprezo não ocorreu na Europa, a ponto de Padeiro (*Baker* em inglês e *Becker* em alemão), Moleiro (respectivamente *Miller* e *Müller*), Tecelão (também *Webber* e *Weber*), Carpinteiro (*Charpentier* em francês), Pedreiro (*Mason* em inglês) ou Sapateiro (o corredor *Schumacher*, campeão de Fórmula 1) serem tão comuns que tais sobrenomes são encontrados até em listas telefônicas de capitais brasileiras, em decorrência das imigrações. Tais exemplos mostram a diferença cultural, pois a nós soam estranhamente sobrenomes como Barbeiro ou Alfaiate (que existem).

— **Separação de classes**. A nítida separação entre classes sociais, de um lado o fazendeiro "coronel" na casa-grande e de outro os escravos na senzala, que hoje ainda perdura pela forma autoritária e áspera que as classes média e alta tratam garçons, balconistas e ajudantes dos prédios de apartamentos. Essa divisão é fisicamente visível em cidades como Rio de Janeiro e Vitória, onde os descendentes dos escravos, gente de pele escura, mora nos verdadeiros guetos que são as favelas nos morros, isolada da planície onde habitam as classes média e alta. Por esse traço cultural, nos dias de hoje, muitos empresários visualizam seus empregados como coisas (ou "peças", conforme eram designados os escravos à venda) e não como pessoas, além de tudo descartáveis. Tal prepotência dificulta as aplicações das novas técnicas gerenciais de parceria patrão/empregado, cada vez mais difundidas no primeiro mundo. Essa diferenciação cultural tinha que se consolidar pelo motivo de, neste país, a escravidão ter durado três séculos e meio, durante os quais foram trazidos da África cerca de quatro milhões de negros.

— **Aprendizagem do ofício**. Diferente do artesão europeu, que na Idade Média aprendia o ofício com o mestre e sentia-se prestigiado e defendido por sua corporação — como a dos vidraceiros, a dos tecelões ou a dos sapateiros —, o escravo na fazenda era incumbido de fabricar coisas simples que não podiam ser importadas do reino, fazendo-as sem arte e gosto pela perfeição. Enquanto isso ocorria no sertão, na cidade, o artífice da terra, embora fosse homem livre, pertencia às mais baixas classes sociais e, sem habilitação, só era capaz de produzir artigos malfeitos. Esse desleixo era reforçado pela tradição da lavoura, em que o milho e a cana nascem mesmo se plantados sem alinhamento, razão pela qual muitos operários de hoje ainda têm a característica cultural de executar os serviços de qualquer jeito. Difere, assim, dos povos orientais que, por mais de mil anos, esmeraram-se em esculpir delicadas miniaturas e, por isso, não tiveram dificuldade em passar a fabricar instrumentos de precisão e componentes para Informática. Ao contrário, a cultura do serviço malfeito criou aventureiros "artífices", ou seja, o servente de obras compra um "metro" e uma colher e intitula-se "pedreiro", enquanto o ajudante de oficina adquire um jogo de ferramentas e torna-se "mecânico de automóveis". Pelas mesmas razões, amadores sem conhecimentos de eletrotécnica "montam e consertam" computadores com resultados bem conhecidos por suas vítimas. Por influência desses traços culturais, o empregado tende a não se identificar com a empresa em que trabalha, produzindo apenas o suficiente para não ser demitido e sem orgulho de fazer coisas bem feitas.

Além dessas três características culturais resultantes do regime escravocrata por séculos a fio, duas outras foram herdadas diretamente do reino de Portugal.

— A primeira é a **mania de legiferar** dos governantes, que criam códigos, leis, decretos-lei e portarias, além de manter a burocracia cartorária nos níveis federal, estadual e municipal (Prado, Cap. 2, "A cobiça"). Disso não poderia escapar a legislação trabalhista, que teve por modelo a *Carta del lavoro* da Itália fascista durante a década de 1930.

— A segunda é conhecida por "**querer levar vantagem em tudo**", já difundida no início do século 18 com o livro escandaloso *A arte de furtar*, na época atribuída ao padre jesuíta Antonio Vieira. Todavia, pelo estilo diferente desse sacerdote, hoje se acredita que o verdadeiro autor seja o célebre jurisconsulto português, Thomé Pinheiro da Veiga que, por ser bacharel, devia conhecer fatos concretos para afirmar que furtar não constitui uma prática e sim "uma ciência" (Vieira).

Todavia, tais fatos não eram novidades, pois, muito antes, o padre Francisco Xavier (canonizado anos após sua morte) relatou as roubalheiras perpetradas desde o início de 1500 pelos vice-reis das possessões portuguesas na Índia. Esse jesuíta era o evangelizador que acompanhou Martim Afonso de Souza, recém-nomeado pelo rei D. Manoel, o venturoso, tendo acusado esse novo vice-rei de ser quem mais conjugava o verbo roubar (Bueno, p. 133). É preciso destacar que esse mesmo Martim Afonso de Souza recebeu duas capitanias no Brasil, a do Rio de Janeiro e a de São Vicente. Nesta última fundou a vila que deu o nome ao lote que tinha sido aquinoado, e onde iniciou a plantação de cana de açúcar. Todavia, suas pretenções eram a de atingir Potosí, a montanha da prata situada nos Andes peruanos, seja subindo o Rio Paraguai pela bacia do Prata, seja atravessando o sertão pelo caminho dos índios, chamado de Peabiru. Por ter fracassado em ambas, concluiu que essa terra não lhe traria riquezas, optando, então, pela Índia, onde cometeu "sórdidas especulações com recursos do Tesouro Real e venda de cargos púlicos", como descreveu o historiador Duarte de Almeida (Bueno, p. 132).

Os brasileiros são mais desonestos que os demais habitantes do Primeiro ao Quarto Mundo? Jornais publicaram em 1995 os resultados de uma pesquisa que coloca o Brasil entre os cinco primeiros países mais corruptos, logo atrás da China. No entanto, isso não significa dizer que a resposta da pergunta acima deva ser "sim". Todavia, sem dúvida este é um dos países onde a impunidade pelo crime é muito grande, desde infrações de trânsito até ilícitos de toda ordem no Governo Federal e nos dos estados e municípios, como jornais, revistas e a televisão continuamente noticiam. É natural que tudo isso se estenda para as empresas, especialmente as micro e as de pequeno porte, onde o hábito é ter confiança nos empregados, além de, geralmente, uma só pessoa executar sozinha várias atividades administrativas, o que dificulta controlá-la.

Acontece que, neste país, é mais fácil o próprio empregado furtar a empresa por **controles malfeitos** do que no primeiro Mundo. Assim, na década de 1990 a Autolatina foi roubada em 13 milhões de dólares só em um ano, a Varig em 7 milhões de reais e a TV Globo em 4 milhões de reais, enquanto a Brahma ficou na lista com meio milhão de reais (A pirataria privada, p. 96-98).

Os ramos tradicionais de serviços já estabeleceram formas de minimizar desvios de dinheiro, que não podem ser chamadas de controle e sim de medidas preventivas. Assim, qualquer um já observou que em restaurantes e em pequenas lojas o caixa é um dos donos ou parente próximo. Entretanto, isso não resolve tudo, motivo pelo qual o administrador tem que introduzir na organização medidas práticas para dificultar fraudes, desde controles informatizados até circuitos internos de televisão. Isso exige consultorias especializadas e o estudo

da literatura existente, a exemplo de **Como os empregados roubam as empresas**, de Oliveira e **Manual de prevenção de fraudes**, de Prieto (Bernardes & Marcondes, p. 187).

Uma pergunta poderia ser feita: qual a razão de os textos universitários de administração omitirem esse traços culturais? A resposta é: porque existe o tradicional ufanismo de valorizar os aspectos positivos e omitir os negativos existentes nas organizações (pelo menos os que podem comprometer), ou seja; esconder a sujeira varrendo-a para baixo do tapete.

Neste ponto, você deve estar preocupado com essa visão pessimista da cultura deste país, inclusive em sua variável tecnologia, pois nunca conseguimos sequer um prêmio Nobel, ao passo que só a universidade inglesa de Cambridge conquistou onze durante o século 20.

Todavia, para animar, **podemos dizer que nossa cultura tem muitos aspectos positivos, embora com ressalvas**. Apesar das grandes diferenças regionais, que vão do trabalhador incansável até o indolente, sociólogos destacam algumas características comuns decorrentes do tipo de colonizadores que vieram para este país. Assim, o brasileiro não é conservador (pelo contrário, gosta de novidades), procura e adapta-se às mudanças, tem o espírito pioneiro de criar (porém é individualista e não cooperativo), é intuitivo e entusiasma-se facilmente (mas algo pessimista).

Finalizando, tais considerações sugerem que, no geral, o brasileiro tem menos senso de responsabilidade e ainda é imaturo, se comparado com os habitantes da América do Norte e da Europa Setentrional (Bernardes & Marcondes, p. 200).

14.3.2 A responsabilidade social do administrador

Embora preparado para ascender na hierarquia das grandes organizações, o administrador como classe profissional ainda tem pouca influência política no Brasil, diferente do que está sucedendo com a classe trabalhadora que, por meio de associações não políticas, a exemplo da Força Sindical, ou políticas, como o Partido dos Trabalhadores (PT), está cada vez mais influindo no país. A concretização desse fato está na própria Constituição promulgada em 1988 que, nos artigos do Capítulo II do Título II, concede novos benefícios aos empregados e, nos do Capítulo VII do Título III, permite ao funcionalismo público o direito de greve e o da associação sindical, até então proibidas.

Além do mais, a empresa que na era industrial era conceituada pelo fato de promover o desenvolvimento econômico, hoje é suspeita de depredar o ambiente. Por isso, a Constituição, em seu Capítulo VI do Título VIII, prevê sanções penais e administrativas a pessoas físicas e jurídicas que causarem danos ao equilíbrio ecológico de qualquer região.

Com isso tudo, cada vez mais é cobrada dos administradores pela sociedade a **responsabilidade social** das organizações, de sorte que já não basta o balanço financeiro para avaliar o desempenho da empresa, pois deverá ser complementado pelo **balanço social**, avaliando quantitativa e qualitativamente suas contribuições não econômicas para a sociedade. É certo que ainda se procura mascarar os débitos da poluição ambiental causada pelas indústrias com créditos de seus programas de ensino e assistência, admissão de deficientes para trabalhar, abertura do capital para empregados e até manutenção de praças e jardins das cidades. Entretanto, cabe ao administrador perceber esse processo rápido de mudança social e adiantar-se aos novos tempos pois, caso contrário, será responsabilizado por ter mantido a organização estacionada na era burocrática do isolamento (Gonçalves, p. 75).

Naturalmente, este alerta é dirigido ao administrador chamado "de vanguarda" por ter a visão da organização dentro da sociedade, e não do rotulado de "conservador", que não passa de um técnico voltado para a eficiência no cumprimento das ordens que recebe dos superiores (Covre, p. 182).

14.3.3 Que futuro nos é reservado?

Deixando de lado palpites de futurologia, somente pode-se afirmar que, no momento em que estas linhas estão sendo escritas, o método dialético aplicado às mudanças sociais faz prever a ocorrência de algum tipo de alteração qualitativa nas sociedades de todo o mundo. Isso porque o aumento da velocidade das alterações quantitativas na variável **tecnológica** deve provocar uma alteração qualitativa. Assim foi na Renascença com a invenção da imprensa e aperfeiçoamento de navios e instrumentos de navegação, que propiciaram a descoberta de novas terras, bem como no século 19 a máquina a vapor que encurtou distâncias e revolucionou a indústria.

Hoje os satélites, os computadores e a televisão facilitaram extraordinariamente as comunicações — que tornaram concretas as previsões de McLuham de o mundo "encolher" para apenas uma aldeia global. Tanto assim que muitas figuras e informações contidas neste livro foram obtidas na internet, diferente do que ocorreu com as edições anteriores. Essa variação tecnológica é mais perceptível do que as alterações que ela provocará nos preceitos e expressão de sentimentos, ou seja, novas crenças, normas e valores que irão determinar outras formas das pessoas se comportarem.

Todavia, a dialética não consegue prever a época em que essa mudança qualitativa poderá ocorrer nem sua direção, bem como se a intensidade será catastrófica ou não e se a alteração será paulatina ou rápida. Tanto assim que essa alteração poderá até estar acontecendo enquanto o leitor lê este livro. Em qualquer caso, deverão surgir novos tipos de organizações e de princípios administrativos, pois estes são práticas que decorrem da cultura da sociedade e se transformarão à proporção em que esta diferir da dos dias de hoje.

Por isso tudo, não mais terão lugar no mundo os administradores agarrados às práticas tradicionais que deram certo até os dias de hoje. Estão sendo substituídos pelos de vanguarda, que evoluírem acompanhando as mudanças culturais da sociedade.

TÓPICOS PARA EXPOSIÇÕES

14.1.1 Alguns princípios da Ecologia das Organizações

a) Definir Ecologia, explicando que se trata de ciência e que é comum referir-se a ela de forma errônea; b) explicar que a Sociologia possui um ramo denominado Ecologia Humana, que trata do relacionamento das pessoas com seu meio ambiente (exemplificar com o estudo das migrações e crescimento demográfico); c) por analogia com essa ciência vem sendo desenvolvida uma prática conhecida por Ecologia das Organizações, tendo por finalidade propor medidas para enfrentar as pressões ambientais); d) semelhante à Ecologia Biológica, que trata de espécies animais e vegetais, a Ecologia das Organizações não estuda uma empresa, mas ramos comerciais e industriais (exemplificar com o ramo das escolas, sejam estas particulares, sejam estatais).

14.1.2 Cadeias de fornecimentos/pagamentos

Baseando-se na Figura 14.1, explicar: a) a Ecologia Biológica tem como uma de suas bases a cadeia alimentar dos seres vivos em um determinado hábitat e, por analogia, a Ecologia das Organizações tem o fornecimento de bens e serviços a troco de pagamentos (dar exemplo de ambos os casos); b) a cadeia alimentar na Ecologia se inicia nos fornecimentos do solo, ar e água, enquanto na das Organizações principia no cliente por ser este a razão de ser das empresas (exemplificar com o ramo de confecções); c) um ramo industrial ou comercial fornece bens ou serviços a um segmento de cientes, e destes recebe em troca pagamentos, sem os quais não sobrevive.

14.1.3 Fatores do ecossistema que influenciam as organizações

Com base na Figura 14.2, expor: a) os principais fatores do ecossistema que influenciam uma espécie de organização, exemplificando com o caso do ramo de confecções de roupas; b) o esquema da figura costuma ser exibido na literatura sobre Administração, mas sem destacar a importância do cliente e as trocas de fornecimentos por pagamentos; c) o aproveitamento prático da Ecologia das Organizações reside na percepção clara da necessidade de analisar a interdependência de uma dada organização com segmentos de clientes e, também, das pressões sofridas pelos demais tipos de ramos existentes em seu ecossistema, sem o que ela pode tornar-se inviável.

14.2.1 Transformações sociais e a organização

Mostrar, exemplificando, o que o administrador tem que levar em conta para gerir coletividades de pessoas quanto à: a) mobilidade social; b) migrações; c) explosão demográfica; d) avanço tecnológico.

14.2.2 A evolução da sociedade; a era da incerteza

Tendo por base a Figura 14.3, mostrar a evolução das sociedades pelas mudanças nas: eras; éticas; respostas das organizações; resistências às mudanças; e adaptações às mudanças sociais. Mostrar que atravessamos um momento de incertezas que devem se prolongar para o futuro. Pode-se pensar que se trata de uma alteração dialética qualitativa, concretizada por ações suicidas, a exemplo das sofridas pelos Estados Unidos em 2001. Tornar claro que conseguir emprego ou criar empresa própria não depende tanto de títulos e diplomas, mas sim de conhecimentos de teorias e de práticas, bem como das experiências de coordenar pessoas e de concretizar bens e serviços que satisfaçam necessidades de clientes.

14.3.1 A cultura da sociedade influencia a cultura das empresas

Com base em cada uma das três variáveis culturais e o exemplo dos vaqueiros nordestinos, explicar: a) algumas características da cultura brasileira; b) traços culturais decorrentes do modo de produção escravista de quase quatro séculos; c) importância para o administrador perceber a cultura desenvolvida na organização por influência do seu meio ambiente.

14.3.2 A responsabilidade social do administrador

Baseado em exemplos concretos, explicar: a) o administrador profissional empregado não representa força política no país, como os empresários e trabalhadores; b) as mudanças na cultura da sociedade exigem cada vez mais a responsabilidade das empresas; c) o balanço econômico da grande empresa deve ser complementado pelo balanço social; d) tais fatos dizem respeito ao administrador de vanguarda voltado para o futuro e não para o tradicional que repete o passado.

14.3.3 Que futuro nos é reservado?

Explicar que: a) as mudanças tecnológicas cada vez mais rápidas (sobretudo as referentes às comunicações) alterarão as outras duas variáveis culturais das sociedades; b) o método dialético prevê tais alterações qualitativas em face das mudanças quantitativas, porém sem identificar quando e qual a direção que podem tomar; c) deverão ocorrer, também, mudanças nas práticas administrativas, de sorte que o administrador que não evoluir em conhecimentos, habilidades e treinamento não terá lugar na organização do futuro, que pode estar mais próximo do que se imagina (exemplificar com algumas mudanças possíveis no comportamento do administrador, sobretudo na participação de equipes).

QUESTÕES DE APLICAÇÃO

1. Aplique os esquemas das Figuras 14.1 e 14.2 a sua **escola** e indique, justificando; a) segmento de clientes quanto à 1. idade; 2. etnia; e 3. classe social; b) necessidades desses clientes a serem satisfeitas pelos fornecimentos da organização; c) 1. resultados concretos que dela se espera; e 2. forma de medi-los; d) principais concorrentes; e) 1. pagamentos e; 2. recebimentos do governo federal ou estadual (financeiros e pedagógicos); f) adaptação às finais; b) clientes intermediários para os quais executava instalações industriais; c) tipo de fornecimentos (inclusive os obrigatórios para o governo); d) espécie de pagamentos recebidos pelo que fornecia; e) os diversos tipos de fornecedores listados, especificando o que deles recebia; f) concorrentes.

2. Tendo por base alguma pequena ou microempresa de seu conhecimento que **encerrou** as atividades, responda justificando: a) fatores ambientais quanto a: 1. necessidades e classe social de seus clientes; 2. concorrência; e 3. fornecedores; b) 1. ramo de negócios; e 2. grau de sofisticação tecnológica (alto, médio ou baixo); c) características marcantes do(s) fundador(es) quanto a: 1. personalidade; 2. crenças e valores da classe social a que pertence(m); 3. habilidades; e 4. conhecimentos de administração; d) tipo de coordenação do(s) proprietário(s) (chefe, condutor ou líder); e) falhas mais evidentes na condução dos negócios pela parte-chave da estrutura simples da empresa.

3. Tendo por base a cultura brasileira, como o leitor se classificaria quanto a sua personalidade em relação a: a) características culturais referentes a: 1. tecnologia; 2. preceitos;

e 3. sentimentos; b) características decorrentes do "modo de produção escravocrata" colonial referentes a: 1. trabalho manual; 2. separação de classes sociais; e 3. aprendizagem de ofícios.

4. Com base no ramo da Sociologia chamada Ecologia Humana, as pretensões do leitor para ascender de classe social tem por base uma ou mais das seguintes alternativas: a) criar empresa própria: b) obter um bom emprego; c) manter-se na mesma região em que vive atualmente; d) migrar para a região do país que esteja oferecendo maiores oportunidades; e) manter-se atualizado, tanto técnica quanto culturalmente, para aproveitar oportunidades das mudanças sociais que estão ocorrendo cada vez mais rapidamente.

DISCUSSÃO EM GRUPOS

As crises da empresa Saiel (10ª parte)

Pelo motivo dos concorrentes se recusarem a comprar os suportes gravados com o nome Saiel, a empresa criou uma outra firma, agora com a razão social de Sumesa Suportes Metálicos S.A., para a fabricação de peças. Na função de presidente ficou responsável, ainda como empregado, o antigo contabilista que dirigia a Seção Financeira, sendo mantido o mestre para chefiar a linha de fabricação. Entretanto, a maior mudança foi a de local da nova empresa, que saiu da área metropolitana da Grande São Paulo para uma região agrícola de Minas Gerais, tanto para não mais ter que se submeter às contínuas reivindicações dos poderosos sindicatos quanto para ficar próxima das metalúrgicas produtoras de ferro laminado.

Todavia, essa mudança foi prejudicial para os negócios, que também se reduziram pelo motivo das indústrias que eram clientes terem parado de crescer, tanto em número de novas instalações quanto de ampliações das já existentes.

O resultado é que a Saiel e a Sumesa pediram concordata, acabando por ambas encerrarem suas atividades. Portanto, não alcançaram o porte de congêneres, a exemplo da Montreal e da Sade Sul Americana de Engenharia S.A., que tinha uma grande fábrica de torres em perfis de ferro galvanizado destinadas a linhas de transmissão elétrica e equipes que realizaram muitas obras de vulto, como as instalações elétricas e hidráulicas do Porto do Tubarão em Vitória.

Com base nas informações dadas a respeito da empresa Saiel nos Capítulos 4, 7 e 13 e partindo do explanado neste capítulo, cada grupo responda, **justificando**, à questão que lhe for designada.

1. Considerando somente a **linha de produtos padronizados** que a Oficina da Saiel fabrica, redesenhe a Figura 14.2, nela concretizando os fatores presentes no ecossistema da empresa: a) os consumidores finais; b) os clientes intermediários para os quais vende as peças de sua linha de produtos; c) o tipo de fornecimentos (inclusive os obrigatórios para o governo); d) a espécie de pagamentos recebidos pelo que fornecia; e) os diversos tipos de fornecedores listados, especificando o que deles recebia; f) os possíveis concorrentes desse ramo de negócios.

2. Considerando somente as **instalações industriais**, redesenhe a Figura 14.2, nela concretizando os fatores presentes no ecossistema da empresa: a) consumidores finais; b) clientes intermediários para os quais executava instalações industriais; c) tipo de fornecimentos (inclusive os obrigatórios para o governo); d) espécie de pagamentos recebidos pelo que fornecia; e) os diversos tipos de fornecedores listados, especificando o que deles recebia; f) concorrentes.

3. Explicar, justificando: a) ocorreu ou não mobilidade social dos proprietários; b) 1. vantagens; e 2. desvantagens de mudar para uma cidade de economia predominantemente agrícola; c) conveniência técnica e financeira de robotizar a nova fábrica ou de manter a tecnologia tradicional utilizada na Grande São Paulo.

4. Levando em consideração o encerramento das atividades da Saiel e da Sumesa, pondere, atribuindo os valores **alto**, **médio** ou **baixo**, a influência para esse fracasso dos seguintes fatores: a) demora em separar a fabricação da prestação de serviços pelo motivo de serem duas subculturas distintas; b) falta de monitoramento para acompanhar as mudanças sociais e econômicas; c) falta de uma ideologia básica, inclusive de promoções que impedisse um contabilista de coordenar a nova fábrica em lugar do engenheiro-chefe da Oficina; d) falta de conhecimentos e experiência administrativa dos diretores.

BIBLIOGRAFIA

A PIRATARIA PRIVADA. **Veja**. São Paulo, Abril, ano 29, n. 39, p. 96-98, jan. 1997.

ACKOFF, Russel. Towards a behavioral theory of communications. **Management science,** ano 4, p. 218-233, 1957-1958.

_____. **Planejamento empresarial.** Rio de Janeiro: Livro Técnico e Científico, 1974.

ADAMS, Stacey. *Toward an understanding of inequity. **Journal of Abnormal Social Psychology**.* n. 67, p. 422-436, 163.

ADIZES, Ichak. **Como resolver as crises de antigerência.** São Paulo: Pioneira, 1987.

AZEVEDO, Fernando. **Princípios de sociologia.** 7. ed. São Paulo: Melhoramentos, 1956.

_____. **A cultura brasileira.** 5. ed. São Paulo: Melhoramentos, 1971.

BALES, Robert. *In conference.* In: ETZIONI, Amitai (Org.). ***Readings on modern organizations***. Englewood Cliffs: Prentice Hall, s.d.

BARNARD, Chester. As funções do sistema de status nas organizações. In: DUBIN, Robert (Org.). **Relações humanas na administração.** São Paulo: Atlas, 1971. 2 v.

BASIL, Douglas, COOK, Curtis. **O empresário diante das transformações**. São Paulo: McGraw-Hill, 1978.

BERGAMINI, Cecília W. **Psicologia aplicada à administração.** São Paulo: Atlas, 1973.

_____. **Desenvolvimento de recursos humanos.** São Paulo: Atlas, 1980.

BERNARDES, Cyro, MARCONDES, Reynaldo C. 3. ed. **Teoria geral da administração**. São Paulo: Saraiva, 2003.

BERTERO, Carlos Osmar. Cultura organizacional e instrumentalização do poder. In: **Anais da 6ª Reunião Nacional da ANPAD**. Salvador, 1982.

BLAU, Peter. Diferenciação do poder. In: AGUIAR, Neuma (Org.). **Hierarquia em classes.** Rio de Janeiro: Zahar, 1974.

_____, SCOTT, Richard. **Organizações formais**. São Paulo: Atlas, 1970.

BUCKLEY, Walter. **A sociologia e a moderna teoria de sistemas.** São Paulo: Cultrix, 1971.

BUENO, Eduardo. **Capitães do Brasil.** Rio de Janeiro: Objetiva, 1999.

COLLINS, James C., PORRAS, Jerry I. 3. ed. **Feitas para durar**. Rio de Janeiro: Rocco, 1996.

COSTA, Luiz Antonio, COSTA, Suely Braz. 5. ed. **De boia-fria a empresário**, São Paulo: Saraiva, 1994.

COVRE, Maria de Lourdes Manzini. **A formação e a ideologia do administrador de empresas.** Petrópolis: Vozes, 1981.

DAVIS, James. **Produção de grupo.** São Paulo: Blücher, 1973.

132

DRAKE, Richard, SMITH, Peter. **Ciência do comportamento na indústria**. São Paulo: McGraw-Hill, 1976.

DRUCKER, Peter. **Administração em tempos turbulentos.** São Paulo: Pioneira, 1980.

_____. **Fator humano e desempenho.** São Paulo: Pioneira, 1981.

EMERY, F.E., TRIST, E.L. *Socio-technical systems*. In: EMERY, F.E. (Org.). *Systems thinking*. Middlesex: Penguin, 1969.

ETZIONI, Amitai. **Organizações modernas.** São Paulo: Pioneira, 1967.

_____. **Análise comparativa de organizações complexas.** Rio de Janeiro: Zahar, 1974.

FAYOL, Henri. **Administração industrial e geral**. 10. ed. São Paulo: Atlas, 1990.

FEIBLEMAN, J. , FRIEND, J. *The structure and function of organizations*. In: EMERY, Fred (Org.). *Systems thinking*. Middlesex: Penguin, 1969.

FERNANDES, Florestan. **Ensaios de sociologia geral aplicada.** São Paulo: Pioneira, 1960.

_____. **Elementos de sociologia teórica.** São Paulo: Nacional, 1970.

FERRARI, Alfonso Trujillo. **Fundamentos de sociologia.** São Paulo: McGraw-Hill, 1983.

FERREIRA, Aurélio Buarque de Holanda. **Novo dicionário da língua portuguesa.** Rio de Janeiro: Nova Fronteira, 1975.

FESTINGER, Leon. **Teoria da dissonância cognitiva.** Rio de Janeiro: Zahar, 1975.

FLEURY, Maria Thereza Leme, FISCHER, Rosa Maria. 2. ed. **Cultura e poder nas organizações**. São Paulo: Atlas, 1996.

FOGUEL, Sergio, SOUZA, Carlos Cesar. **Desenvolvimento e deterioração organizacional.** São Paulo: Atlas, 1980.

FREYRE, Gilberto. **Casa-grande e senzala**. Rio de Janeiro: Schmidt, 1938.

GALBRAITH, John Kenneth. **A era da incerteza.** São Paulo: Pioneira, 1979.

GONÇALVES, Ernesto Lima. Um novo instrumento de gestão empresarial: o balanço social da empresa. **Revista de Administração.** São Paulo: Inst. de Adm., FEA-USP, ano 14, n. 2, p. 73-83, abr./jun. 1979.

GREINER, Larry E. Evolução e revolução no desenvolvimento das organizações. **Biblioteca Harvard.** São Paulo: Abril-Tec, 1972.

HERBST, P. G. **Socio-technical design**. Londres: Tavistock, 1974.

HERSEY, Paul, BLANCHARD, Kenneth. **Psicologia para administradores de empresas.** São Paulo: EPU, 1974.

HERZBERG, Frederick. Novamente, como se faz para motivar funcionários? Interdependência. In: HAMPTON, D. (Org.). **Conceitos de comportamento na administração**. São Paulo: EPU, 1973.

HICKS, Herbert. *The management of organizations*: a system and human resource approach. New York: McGraw-Hill, 1972.

HORTON, Paul B., HUNT, Chester L. **Sociologia.** São Paulo: McGraw Hill do Brasil, 1980.

KAST, Fremont, ROSENZWEIG, James. **Organização e administração.** São Paulo: McGraw Hill, 1980. 2 v.

KAUFMAN, Herbert. **The forest ranger**. Baltimore: John Hopkins, 1967.

KELLY, Joe. **Organization behavior.** Homewood: Irving Dorsey, 1969.

KIESLER, Charles, KIESLER, Sara. **Conformismo.** São Paulo: Blücher, 1973.

KLEIN, Josephine. **O trabalho de grupo.** Rio de Janeiro: Zahar, 1968.

_____. **O estudo de grupos.** Rio de Janeiro: Zahar, 1972.

KRECH, David, CRUTCHFIELD, Richard, BALLACHEY, Egerton. **O indivíduo na sociedade.** São Paulo: Pioneira, 1969. 2 v.

LAKATOS, Eva Maria. **Sociologia geral.** 5. ed. São Paulo: Atlas, 1985.

_____, MARCONI, Marina de Andrade. **Metodologia científica.** São Paulo: Atlas, 1985.

LAWRENCE, Paul, LORSCH, Jay. **As empresas e o ambiente.** Petrópolis: Vozes, 1973.

LEWICKI, Roy J., LITTERER, Joseph A. **Negotiation.** Homewood: Irwin, 1985.

LIMA, Lauro de Oliveira. **Treinamento em dinâmica de grupo.** 4. ed. Petrópolis: Vozes, 1973.

LITTERER, Joseph. **Análise das organizações.** São Paulo: Atlas, 1970.

LOBOS, Julio (Org.). **Comportamento organizacional.** São Paulo: Atlas, 1978. 2v.

_____. **Sindicalismo e negociação.** São Paulo: Embranews, 1982.

LODI, João Bosco. **Administração por objetivos.** São Paulo: Pioneira, 1972.

LONGENECKER, Justin. **Introdução à administração.** São Paulo: Atlas, 1981.

MACIEL, Jarbas. **Elementos da teoria geral de sistemas.** Petrópolis: Vozes, 1974.

MALINOWSKI, Bronislaw. **Uma teoria científica da cultura.** Rio de Janeiro: Zahar, 1965.

MAQUIAVEL, Niccoló. **O príncipe.** Rio de Janeiro: Vecchi, 1965.

MARCH, James, SIMON, Herbert. **Teoria das organizações.** Rio de Janeiro: FGV, 1967.

MAXIMIANO, Antonio Cesar Amarú. **Gerência de trabalho de equipe.** São Paulo: Pioneira, 1986.

McCLELLAND, David. **A sociedade competitiva.** Rio de Janeiro: Expansão Cultural, 1972.

MECHANIC, David. O poder dos subordinados nas organizações complexas. In: DUBIN, Robert (Org.). **Relações humanas na administração.** São Paulo: Atlas, 1971. 2 v.

MERTON, Robert K. **Sociologia.** São Paulo: Mestre Jou, 1970.

MILLER, E. J., RICE, A. K. *Systems of organization: the control of tasks and sentient boundaries.* Londres: Tavistock, 1973.

MINTZBERG, Henry. **Criando organizações eficazes**: estruturas em cinco configurações. 2. ed. São Paulo: Atlas, 2003.

MOTTA, Fernando Prestes. **Teoria geral da administração:** uma introdução. São Paulo: Pioneira, 1974.

_____. **Organização e poder.** São Paulo: Atlas, 1986.

MURRAY, Edward. **Motivação e emoção**. Rio de Janeiro: Zahar, 1973.

MYERS, Scott. Quem são seus trabalhadores motivados? In: HAMPTON, David (Org.). **Conceitos de comportamento na administração.** São Paulo: Pedagógica, 1973.

ODEBRECHT, Norberto. **Educação pelo trabalho.** Salvador: Fundação Odebrecht, 1991.

OLIVEIRA, Luiz Antônio de. **Como os empregados roubam as empresas.** São Paulo: Quality mark, 1996.

OLIVEIRA, Marco Antonio G. **Cultura organizacional.** São Paulo: Nobel, 1988.

PEREIRA, Luiz Carlos Bresser. **Empresários e administradores no Brasil.** São Paulo: Brasiliense, 1974.

PFIFFNER, John M., SHERWOOD, Frank. **Organização e administração.** São Paulo: Bestseller, 1965.

PRADO, Paulo. **Retrato do Brasil.** 8. ed. São Paulo: Companhia das Letras, 1997.

PRIETO, Sergio F. **Manual de prevenção de fraudes.** São Paulo: STS, 1995.

SAYLES, Leonard, STRAUSS, George. **Comportamento humano nas organizações.** São Paulo: Atlas, 1969.

SHEPHERD, Clovis. **Pequenos grupos.** São Paulo: Atlas, 1969.

SOUZA, Édela L. Pereira. **Clima e cultura organizacionais.** São Paulo: Blücher, 1978.

TANNENBAUM, Robert, WESCHLER, Irving, MASSARIK, Fred. **Liderança e organização.** São Paulo: Atlas, 1970.

THOMPSON, Victor. **A moderna organização.** Rio de Janeiro: Freitas Bastos, 1967.

TRAGTENBERG, Maurício. **Burocracia e ideologia.** São Paulo: Ática, 1974.

VIEIRA, António. **Arte de furtar.** Rio de Janeiro: Nova Fronteira, 1992.

VILANOVA, Sebastião. **Introdução à sociologia.** São Paulo: Atlas, 1985.

WAGNER, John A., HOLLEMBECK, John R. **Comportamento organizacional**: criando vantagem competitiva. São Paulo: Saraiva, 1999.

WATZLAWICK, Paul, BEAVIN, Janet, JACKSON, Don. **Pragmática da comunicação.** São Paulo: Cultrix, 1973.

WEBBER, Ross. **Management.** Illinois: Irwin, 1975.

WEBER, Max. **A ética protestante e o espírito do capitalismo.** 2. ed. São Paulo: Thomson Learning, 2001.

_____, Os três aspectos da autoridade legítima. In: ETZIONI, Amitai (Org.). **Organizações complexas.** São Paulo: Atlas, 1981.

ZACCARELLI, Sergio Baptista. **Contribuição para o estudo da departamentalização administrativa.** Tese (Concurso de Cátedra). Fac. de Econ., Adm. e Contab. São Paulo: Universidade de São Paulo, 1967.

_____, FISCHMANN, Adalberto, SILVA LEME, Ruy Aguiar. **Ecologia de empresas;** um estudo do ambiente empresarial. São Paulo: Atlas, 1980.

ZIMBARDO, Philip, EBBESEN, Ebbe. **Influência em atitudes e modificação do comportamento.** São Paulo: Blücher, 1973.